Otto Protzen

Das Segeln auf klassischen Jachten

Otto Protzen

Das Segeln auf klassischen Jachten

ISBN/EAN: 9783867417273

Auflage: 1
Erscheinungsjahr: 2011
Erscheinungsort: Bremen, Deutschland

© Europäischer Hochschulverlag GmbH & Co KG, Fahrenheitstr. 1, 28359 Bremen (www.eh-verlag.de). Alle Rechte beim Verlag und bei den jeweiligen Lizenzgebern.

Bei diesem Titel handelt es sich um den Nachdruck eines historischen, lange vergriffenen Buches. Da elektronische Druckvorlagen für diese Titel nicht existieren, musste auf alte Vorlagen zurückgegriffen werden. Hieraus zwangsläufig resultierende Qualitätsverluste bitten wir zu entschuldigen.

Inhaltsverzeichnis.

ERSTER TEIL.

Seite

Die Anfangsgründe des Segelns
1. Die Unterscheidung von Booten und Yachten nach der Form des Bootskörpers und der Art der Takelung 2
2. Die Takelage 16
   - Die Spieren 17
   - Das Gut 24
   - Die Segel 34
3. Stabilität und Schwerpunkte 44
   - Deplacement und Auftrieb 45
   - Form- und Gewichts-Stabilität 45
   - Segel- und Lateralschwerpunkt 50
   - Die Theorie des Segelns 56
4. Unter Segel
   - Das Setzen und Bergen der Segel 61
   - Unter Segel 76
   - Manöver 83
   - Bootsunfälle, Grundberührungen, Havarien 94
   - Segeln im Strom 99
   - Ausweiche-Regeln 103

ZWEITER TEIL.

Seesegeln in kleinen Booten
I. Die besonderen Reize und die besonderen Aufgaben des Segelns auf See 107
II. Die Ziele einer kleinen Yacht und ihre besondere Technik . . 109
III. Die Seetüchtigkeit kleiner Yachten 111
IV. Das Segeln auf See
   - Das Wesen der Wellenbewegung (Seegang) 114
   - Segeln im Seegang 115
   - Die Segelmanöver 119
   - Manöver bei schlechtem Wetter 123
   - Seegang und Beiboot 125
   - Seegang und Flaute 126

		Seite
V.	Von der Seemannschaft	127
	Ankerplätze und Häfen	128
	Einsegeln in einen Hafen — Hafenmanöver	129
VI.	Die Navigation kleiner Yachten auf See	133
	Die Hülfsmittel kleiner Yachten	134
	Praktische Navigation	153
VII.	Segeln bei Nacht	169
VIII.	Die subjektiven und objektiven Gefahren der See	181
	Der Sturmwarnungs-Dienst	185
	Rettung aus Gefahr	191

DRITTER TEIL.

Das Regatta-Segeln		195
I. Das Trimmen		
	Der Rumpf	198
	Die Takelung	201
	Die Segel	208
II. Vorbereitung zur Wettfahrt		225
	Instandsetzung der Yacht, Malen, Segelnummerücher, Rennflagge	225
	Mannschaft	228
	Der Steuermann	230
III. Start		232
IV. Einige taktische Winke		238
V. Bojen runden		245
VI. Ausweicheregeln und Wettsegelbestimmungen		251
VII. Proteste		265
VIII. Ausschreibung und Veranstaltung von Wettfahrten		273
Sachregister		293

Vorwort.

Mit dem zweibändigen Werke „Yachtbau und Yachtsegeln" hatten wir uns bemüht, ein zeit- und sachgemäßes Handbuch über die gesamte Materie des Segelsports herauszubringen. Das Ende Dezember 1909 erschienene, trotz verhältnismäßig großer Auflage jetzt schon vergriffene Werk, konnte bei dem gewaltigen Umfange des behandelten Stoffes seine einzelnen Gebiete naturgemäß nur in gedrängter Kürze wiedergeben, und so hörten wir denn aus unserem geschätzten Leserkreise wiederholt den Wunsch nach einer gründlicheren Ausarbeitung dieses und jenes Buchteiles. Vornehmlich galt dieser Wunsch dem Kapitel über das Segeln selbst, und aus dem Bestreben, dieser Forderung gerecht zu werden, ist das vorliegende Buch „Die Kunst des Segelns" entstanden.

In seinem ersten Teile ist das gegeben, was der Segler, insbesondere aber der Anfänger im Segelsport, wissen und beherrschen muß, wenn er ein Segelboot, und sei es das kleinste, führen können will. Die Bearbeitung dieses Kapitels hat wieder Herr Dipl.-Ing. Peter Haentjens übernommen, dessen geschickte und belehrende Feder nun schon oft und erfolgreich im Dienste des Segelsports tätig war. Im zweiten Buchteile schildert Herr Dr. C. Hüttner aus seiner langjährigen reichen Praxis heraus, wie und wie weit der kleine Kreuzer, der sich in unserem Vaterlande binnen und an der Küste besonderer Beliebtheit erfreut, zu Kreuzfahrten in der Ostsee zu verwenden ist, welche besonderen Eigenheiten diesen Booten dabei anhaften und zu beachten, welche nautischen Hilfsmittel diesem Seesegeln im kleinen angepaßt und nützlich sind. Der dritte Buchteil ist dann dem Wettsegeln gewidmet und in seinen umfangreichen Ausführungen hat Herr Otto Protzen, dessen hohe Verdienste um den deutschen Herrensegelsport noch kürzlich bei der 25 jährigen Jubiläumsfeier des Deutschen Segler-Verbandes hervorgehoben wurden, in selbstloser Weise seine reichen Regatta-Erfahrungen, seine Studien und Versuche mit dem Trimmen von Booten und Segeln der deutschen Seglerwelt rückhaltlos übergeben. Auch der künstlerische Buchschmuck entstammt der Meisterhand Protzens.

Wir sind uns bewußt, daß in diesem Werke hier und da Wiederholungen aus den ersten seglerischen Werken der Yachtbibliothek vorhanden sind, sie ließen sich aber nicht vermeiden, da mit diesem Buche doch ein in sich geschlossenes Ganzes gegeben werden sollte. Wir hätten das aber auch nicht erreichen können ohne die hingebende Mitarbeit der drei Verfasser, denen wir auch an dieser Stelle dafür wärmstens danken.

BERLIN, Dezember 1913

Die Redaktion der Zeitschrift
„DIE YACHT"

DIE ANFANGSGRÜNDE DES SEGELNS

Viele angehende Segler, die dieses Buch lesen, um daraus zu lernen, oder auch solche, die schon jahrelang auf Binnengewässern oder See die edle Segelei pflegten, aber dennoch neugierigen oder auch wissensdurstigen Auges in seinen Seiten blättern, werden über das unscheinbare Kapitel von den Anfangsgründen des Segelns hinweggehen, da sie dieselben schon zu beherrschen vermeinen. Und doch gehe ich jede Wette ein, dass mir mancher auf die Fragen, die im folgenden beantwortet werden sollen, nicht einen klaren, bündigen Bescheid geben kann: ich wette, so ungefähr jeder zweite Segler kann es nicht, ein Prozentsatz, der noch sehr vorsichtig gegriffen ist. Glauben Sie das nicht, verehrte Leser? Dann greifen Sie sich eines schönen Tages einen Ihrer vielen Segelfreunde heraus, zeigen ihm ein beliebiges, dahersegelndes Boot und fragen ihn: Was ist das für ein Typ, welches Heck, welchen Bug, welche Takelage hat das Boot, ist es stabil oder rank, über- oder untertakelt oder hat es die richtige Segelfläche, sind die Segel gut getrimmt und richtig gesetzt, ist die Takelage in Ordnung? — Seien Sie versichert, dass mancher stumm bleiben wird oder auch sagt: Solche Kinkerlitzchen kümmern mich nicht viel, — ich segle, wie's mir passt und mir ist noch nie was beim Segeln passiert!

Und fragen wir uns jetzt, bevor wir uns in die Anfangsgründe der Kunst des Segelns stürzen: Hat es wirklich Zweck, diese Fragen beantworten zu können, ist es erforderlich, zu wissen, welche Bootstypen und Takelagen es gibt, wie verschieden Heck und Bug aussehen können, wie die Teile der Takelage und Segel heissen, wie die Schwerpunkte zueinander liegen, — und gehört das alles zur Kunst des Segelns? Dann müssen wir antworten: Alles das gehört unbedingt dazu, denn wenn man nichts von den Bootsformen und Takelagetypen versteht, dann wird man beim Kauf einer Yacht übers Ohr gehauen, kann man die Segel nicht richtig behandeln, so verdirbt man sie und wundert sich obendrein, dass sie so schlecht stehen, weiss man nichts vom Einfluss der Schwerpunkte aufeinander, dann kann man die guten oder schlechten Segeleigenschaften eines Fahrzeuges nicht beurteilen und sie innerhalb der möglichen Grenzen ändern. Wenn man aber alles dies in den allgemeinsten Umrissen beherrscht, dann betreibt man die Segelei als eine Kunst, von der die Laien behaupten, sie wäre unendlich schwer zu erlernen.

---

1. Die Unterscheidung von Booten und Yachten nach der Form des Bootskörpers und Art der Takelung.

Es könnte ja schliesslich gleichgültig sein, ob ich mir ein Boot kaufe, das einen Klippersteven und ein Spitzgattheck hat, ob es ein Schwertboot, Wulst- oder Flossenkieler und welche Takelage drauf gebaut ist, wenn mich nicht einige Pflichten, die die Kunst des Segelns ihren Anhängern auferlegt, zwängen, darüber eine kurze Betrachtung anzustellen. Hierzu gehört nicht allein die Rücksicht auf Zweckmässigkeit, sondern auch auf Schönheit, und um dies zu erläutern, sei als Beispiel gesagt, dass besagtes Spitzgattboot mit Klippersteven, sagen wir obendrein bei 7 m über alles mit einer Yawltakelage versehen, zwar dem Zweck seines Eigners völlig entspricht, aber durchaus nicht schön ist. Man könnte sich ferner bei diesem Spitzgattboot mit Klippersteven und Yawltakelage einen Wulstkiel und ein Balanzeruder denken, was ja nun wiederum, da man sie im allgemeinen nicht sieht, der Schönheit des Bootes keinen Abbruch tun würde, dafür aber um so mehr der Zweckmässigkeit. Und daher wird man, wenn unter den Anfangsgründen unserer Kunst auch der gesucht wird, nicht nur die Unterschiede der Bootsformen und Takelungen kennen zu lernen, sondern sie auf ihre Zweckmässigkeit und Schönheit in gleichem Masse zu prüfen, sehr bald das Praktische und zugleich Schöne herausfinden können. Mit den Grundbegriffen über die Unterschiede der Boote ausgerüstet, bildet man im aufmerksamen Vergleichen anerkannt guter Fahrzeuge und ihrer Risse, die, von meisterlicher Hand entworfen, in „Die Yacht" in reichem Masse veröffentlicht sind und werden, sein Auge für das praktische Sportsleben, und dann wird man nicht mehr so leicht mit einer „Gondel" übers Ohr gehauen.

Wir sprechen in unseren Anfangsgründen nur von Tourenbooten, denn bei Rennyachten kommt es auf die Schönheit nicht an. Da herrscht rücksichtslos und allein der Zweck der Schnelligkeit, und dem wird, soweit es in den Grenzen der Messformel erlaubt ist, alles geopfert: Bequemlichkeit, Festigkeit und Schönheit. Wie aber meist im Leben das Schöne siegt, so finden wir auch hier, dass die schnellsten Rennboote innerhalb eines bestimmten Typs, den die Messformel durch ihre Beschränkungen prägt, auch die schönsten sind, oder dass sich ein schneller, aber hässlicher Typ in seiner verfeinerten Durchbildung mit zunehmender Schnelligkeit zu grösserer Schönheit durchringt. Deshalb kann ein solches Boot an sich hässlich sein; innerhalb seines Typs ist es aber das schönste.

Ebenso jedoch, wie sich im Leben Begriff und Empfinden des Schönen durch andere Auffassung und Erziehung ändern, so macht auch die ästhetische Seite unseres Sportsgeistes dauernd Wandlungen durch. Und doch bleibt dieser Geist in bestimmten Grundbegriffen unwandelbar, die wir uns fest einzuprägen bestrebt sein sollen.

Die Formen des Bootskörpers.

Bug- und Heckformen.

Die, unsere Boots- und Yachtformen beherrschenden drei Bugarten finden wir in den ersten drei Skizzen, und sie werden je nach Zweck und Geschmack in mehr oder weniger abgeänderter Form angewandt.

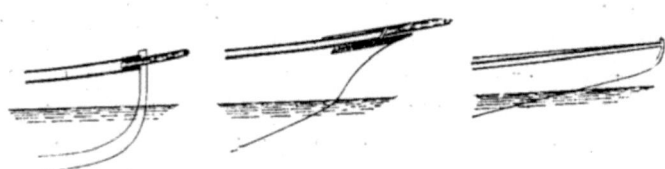

Abb. 1. Gerader Bug.   Abb. 2. Klipperbug.   Abb. 3. Löffelbug.

So alt wie der Bug mit geradem Steven, Abb. 1, ist, so ist man bei seegehenden Yachten mit grossem Lateralplan häufiger wieder auf ihn zurückgekommen, nachdem man das vordere Totholz aus

Gründen der Manövrierfähigkeit genügend weggeschnitten hatte. Wasserlinien und Spanten sind dabei scharf und über Wasser völliger werdend, um ein sanftes Einsetzen in die See zu erzielen. Verlängert wird dieser Bug durch einen mässig langen Klüverbaum.

Jüngeren Datums ist der in Abb. 2 dargestellte Klipperbug und -steven. Er ist das Produkt scharfer, hohler Wasserlinien und gleichfalls scharfer, nach aussen konkav ausfallender Spanten. Auch diese Bugform ist sehr seetüchtig und lässt sich leicht mit einem langen Lateralplan vereinigen. Würde man zu einem Klippersteven volle Wasserlinien und Spanten konstruieren, so ergäbe das eine plumpe Bugform. Der Klipperbug wird bei grossen, seegehenden Dampf- und Segelyachten angewandt und ist fast stets mit einem Klüverbaum versehen.

Ein echtes Kind des Rennsportes ist endlich der Löffelbug, Abb. 3. Lange, völlige Wasserlinien und runde Spanten ergaben in Verbindung mit dem kurz zusammengeholten Lateralplan diese Form, die sich bei Tourenbooten auf einen mässigen Ueberhang beschränkt, während sie bei Rennbooten unheimliche Längen annehmen kann. Ein gemässigter Löffelbug mit nicht zu kurzem Lateralplan hat sich als seetüchtig sehr bewährt, so dass wir in dieser Form im allgemeinen wohl die Lösung für Tourenyachten gefunden haben dürften; für Binnengewässer mehr Ueberhang und weniger Lateralplan, dafür aber grössere Schnelligkeit und Manövrierfähigkeit, für See das umgekehrte, wodurch geringe Einbusse an beiden Eigenschaften, aber grössere Seetüchtigkeit.

Bei den Heckformen können wir gleichfalls drei Hauptarten unterscheiden. In Abb. 4 ist ein mässig ausladendes Heck ohne Spiegel dargestellt, wie es bei Yachten älterer Bauart mit grossem Lateralplan und festem Ruder üblich war. Diese Heckform finden wir heute in etwas weiter ausladender Form mit einem Spiegel versehen bei den meisten Tourenyachten.

Abb. 5 zeigt das Spitzgattheck mit aussenhängendem Ruder. Es ist den nordischen Fischerbooten entlehnt und hat sich für seegehende Tourenyachten bestens bewährt. Da es aber naturgemäss für den schlanken Verlauf der Wasserlinien nicht günstig wirkt, ist es für schnellere Binnenyachten nicht zu empfehlen.

Das Gegenstück zum Löffelbug stellt das weit ausladende Heck der Abb. 6 dar. Es kann in seinem weiteren Verlauf nach vorn in einen Rumpf mit Flossenkiel und festem Rudersteven übergehen, oder sich zu dem runden oder prahmartigen Körper von Rennyachten ausbilden, an dem der Wulstkiel befestigt ist. Die Länge des Hecküberhangs soll mit dem des Bugs harmonieren. Bei Jollen mit geradem Steven ist dieser Ueberhang gleich Null, da der grosse Spiegel mit der Wasserlinie abschneidet. Abb. 7. Diesen in der Wasserlinie ansetzenden Spiegel finden wir auch bei seegehenden Tourenyachten, welche Konstruktion ebenfalls den Fischerfahrzeugen entlehnt ist. Um sich ein Bild dieser Bauart vorzustellen, denke man sich einfach in Abb. 4 das Heck in Verlängerung des schrägen Ruderstevens glatt abgeschnitten.

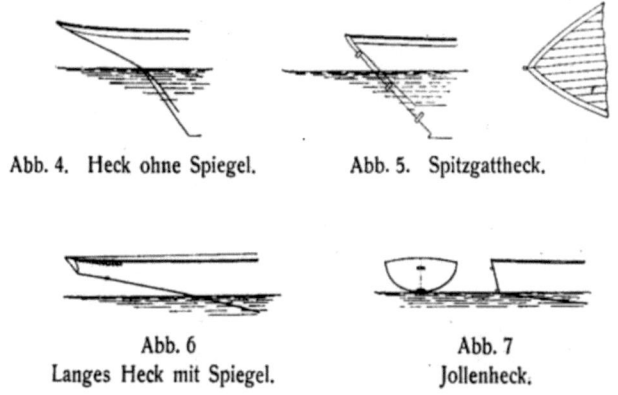

Abb. 4. Heck ohne Spiegel.   Abb. 5. Spitzgattheck.

Abb. 6
Langes Heck mit Spiegel.   Abb. 7
Jollenheck.

Wie Bug und Heck in ihren Ausdehnungen und Formen innerhalb der erwähnten drei Grundtypen verschieden sein können, so wechselt auch deren Anwendung nach Zweck und Aussehen. Zu einem geraden Steven mit Klüverbaum passt ebensogut ein mässig ausladendes Heck, wie ein Spitzgattheck. Weniger gut würde dagegen zu besagtem Steven das lang ausgezogene Rennyachtheck aussehen oder zum Spitzgattheck ein Klippersteven oder langer Löffelbug. Die Ueberhänge sollen harmonische Abmessungen und Formen haben, dann wird die Yacht gut aussehen.

Hauptspantformen.

Unter dem Hauptspant versteht man einen Querschnitt durch die breiteste Stelle der Yacht. Bei der Untersuchung über die Formen des Hauptspants treffen wir auch hier wieder auf drei Grundarten, die für den Typ des Fahrzeuges bezeichnend sind, die sich aber bei näherer Betrachtung auf zwei Spanttypen vereinigen lassen.

Das Hauptspant eines Schwertbootes, Abb. 8, zeigt einen breiten, völligen Querschnitt, der darauf berechnet ist, durch seine Form dem Boote die erforderliche Stabilität (Formstabilität) zu geben. Das in der Mittschiffsebene angeordnete Mittelschwert trägt zur Stabilität infolge seines geringen Gewichtes verschwindend wenig bei, was ja auch daraus hervorgeht, dass Boote mit hölzernen Mittel- oder auch Seitenschwertern ebenso steif sein können, wie solche mit eisernen Mittelschwertern. Das Schwert dient lediglich dazu, die seitliche Abtrift zu verringern.

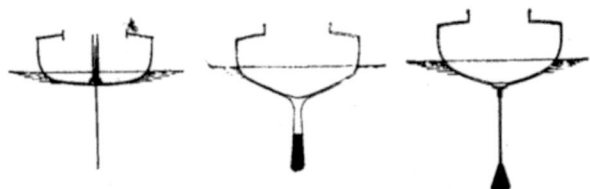

Abb. 8. Schwertboot.   Abb. 9. Flossenkiel.   Abb. 10. Wulstkiel.

Die zweite Art des Hauptspants finden wir bei der Flossenkielyacht, kurzweg dem Flossenkieler, Abb. 9. Diese Spantform und mit ihr die ganze Bootsform, hat sich aus der alten, tiefen Kielyacht entwickelt und ist in ihrem Ursprung zusammen mit dem Löffelbug und kurzen Lateralplan auf die berühmte Gloriana des weltbekannten amerikanischen Yachtkonstrukteurs Herreshoff zurückzuführen. Diese eingezogene Spantform gab den Yachten einen grossen, wirksamen Lateralplan, der ihnen beim Kreuzen zu einer bisher ungeahnten Höhe verhalf.

Es lag daher nichts näher, als im weiteren Ausbau dieses Gedankens die Wulstkielyacht zu ersinnen, deren Ballastkiel in Gestalt einer Holz- oder Eisenplatte mit wulstförmigem Ballast an den Bootsrumpf mit zwei Wickeln festgebolzt wurde. Abb. 10. Mit dem Wulstkieler glaubte man, eine treffliche Lösung gefunden zu haben, da mit der tiefsten Anordnung des Ballastes die grösste wirksame Lateralfläche vereinigt sei. Es zeigte sich jedoch, dass die Geschwindigkeit infolge der grossen Oberfläche der eingetauchten Teile und der hierdurch entstehenden Reibungs- und Wirbelwiderstände hinter den Erwartungen zurückblieb, so dass der Flossenkiel bisher siegreich das Feld behauptet hat. Hinzu kam, dass die Festigkeit der Bauart bei den geringen Befestigungsmöglichkeiten der Platte am Rumpf und der starken Beanspruchung der Kielplanken durch den tief gelagerten, schweren

Ballast eine zweifelhafte war, während die soliden Kielbalken des Flossenkiels dem Gebäude ein unverwüstliches Fundament gaben. Daher wird der Tourensegler schon aus diesem Grunde dem Flossenkieler den Vorzug geben müssen.

Die beiden letzten Spant- und Bootstypen bilden durch das Vorhandensein von besonderem Ballast zur Erzielung der nötigen Stabilität den Hauptunterschied gegen das Schwertboot, dem dieser Ballast gänzlich fehlt, sie sind daher auch in ihrer Form von der Stabilität unabhängiger, da ihre Breite erst in zweiter Linie in Frage kommt. Es wäre jedoch verkehrt, bei unkenterbaren Kielyachten, wie dies die Flossen- und Wulstkieler im allgemeinen sind, die Formstabilität zu vernachlässigen, worauf wir später noch genauer hinweisen. Hier sei nur gesagt, dass beim Kauf oder bei der Konstruktion einer Yacht nicht allein ihre Unkenterbarkeit massgeblich sein darf.

Die verschiedenen Spant- bezw. Kiel- oder Rumpftypen haben zu einigen Kombinationen geführt, wie z. B. der fast bis zur Platte des Wulstkielers zusammengeholte Flossenkiel von Rennyachten. Für den Tourensegler wichtig ist die Vereinigung von Kiel- und Schwertboot, wie sie in älteren Zeiten sehr gebräuchlich, in neueren dagegen durch das Vorgehen des Rennsports aus der Mode gekommen ist. In diesem Typ vereinigt sich die Stabilität der Kielyacht mit dem geringen Tiefgang des Schwertbootes; beides natürlich in beschränkter Weise. Auf flachen Gewässern ist ein solches Fahrzeug gut zu gebrauchen, doch ist trotz der erwähnten Vorzüge die Neigung zum Bau dieser Boote sehr gering.

Ruderarten.

Ueber die Frage, welches Ruder am zweckmässigsten ist, muss man sich bei der Anschaffung eines Segelbootes klar werden, und man sollte darüber nicht mit der gleichgültigen Wendung: Ruder ist Ruder! hinweggehen. Wir können zwei Hauptarten unterscheiden: das feste und das aufholbare Ruder. Ihre Verwendung ist teils von der Tiefgangsfrage, teils von anderen praktischen Gründen abhängig. Ein festes Ruder kann entweder als einfach wirkendes Ruder, mit dem Schaft an Vorderkante Blatt, am Rudersteven oder aussen am Heck bei Spitzgattbooten oder anderen Yachten im Fischertyp drehbar angeordnet sein, oder es hängt als Balanceruder, d. h. mit doppeltwirkendem Blatt, dessen kleinerer Teil, etwa ein Drittel, vor dem Schaft liegt, frei vom Kiel unter dem Bootskörper.

Das aufholbare Ruder hängt entweder aussen am Heck und kann in verschiedener Art leicht nach oben herausgezogen werden, oder es ist mit dem oberen Teil am Heck fest, und der im Wasser befindliche Teil des Blattes ist um ein Scharnier drehbar und wird mittels einer dünnen Stahlleine hochgeholt. Als dritte Ausführung kommt das unter dem Bootskörper hängende Balanceruder in Frage, das mittels eines Führungsrahmens in einen besonders eingebauten wasserdichten Ruderkasten, nach Art eines Schwertkastens, hineingezogen werden kann.

Für die Entscheidung, ob festes oder hochholbares Ruder, ist ohne weiteres der Tiefgang der zu befahrenden Gewässer massgeblich. Hat man häufiger flache oder verkrautete Stellen zu passieren, wo selbst das Ruder hinderlich sein würde, so entscheidet man sich für das aufholbare Ruder, sind aber diese Schwierigkeiten nicht vorhanden, so nimmt man das feste Ruder.

Beim festen Ruder wieder handelt es sich um die Frage: einfaches Ruder oder Balanceruder. Letzteres verdankt sein Entstehen der durch die Verteilung der Blattflächen vor und hinter dem Schaft erzielten Aufhebung des einseitigen Ruderdrucks. Man glaubte es ferner bei Yachten mit stark zusammengeholtem Lateralplan für eine gute Steuer- und Manövrierfähigkeit durch eine möglichst entfernt vom Lateralschwerpunkt, um den sich die Yacht dreht, gewählte Lage besonders vorteilhaft anwenden zu können. Von diesen beiden scheinbaren Vorzügen ist man neuerdings, auch durch den Rennsport, wieder abgekommen, da die Wirkung eines festen, einseitig wirkenden Ruderblattes, das sich um Hinterkante Kiel dreht, auch wenn es infolge des kurzen Lateralplanes weit nach vorn kam, der des Balanceruders überlegen war. Das freihängende Balanceruder hat ferner den Nachteil, dass sich Kraut, Schilf oder andere treibende Gegenstände zwischen Schaft und Bootskörper klemmen und so die Fahrt mindern und dass ferner der über das Blatt nach beiden Seiten genietete und geschlitzte Schaft in seinem Uebergang zum runden Querschnitt stark beansprucht wird und durch Bruch oder Verlust des ganzen Ruders der Grund mancher Havarie ist.

Für grössere Yachten ist das Balanceruder daher keinesfalls zu empfehlen, bei kleineren Kielbooten und Jollen kann man es ohne Bedenken verwenden, wenn man von dem zweiten Nachteil seiner freihängenden Lage, dem Mitschleppen treibender Gegenstände, absieht. Die Anbringung eines am Heck befestigten Ruders ist durch die Wahl der Yacht als Spitzgatt- oder anderes Fischerboot gegeben. Sie hat bei einem, nicht weit nach hinten reichenden Cockpit oder nicht vorhandenen besonderen Steuermannssitz den Nachteil, dass die Pinne den Decksplatz auf dem Heck sehr beschränkt.

Von diesem Gesichtspunkt muss man auch bei den aufholbaren Rudern ausgehen. Ein am Heck angebrachtes, hochholbares Ruder beengt bei weiteingebautem Hinterschiff durch die lange Pinne den Decksraum, und wenn man auf diesen sowohl, wie auf den infolge des eingebauten Hinterschiffs vorhandenen grossen Stauraum nicht verzichten will, so entscheide man sich für ein Balanceruder, das mittels Rahmen in einen Ruderkasten hineingeholt wird. Die dritte Art hochholbarer Ruder, bei denen das untere Blatt um ein Scharnier drehbar ist, kann man infolge ihrer geringen Festigkeit nur bei Segelkanoes und Gigs verwenden.

Freibord und Sprung.

Was das gute Aussehen eines Bootskörpers noch stark beeinflusst und leider auch zu wenig in seinen äthetischen Wirkungen beobachtet wird, sind die Höhe des Freibords und die Verteilung des Sprungs.

Unter Freibord versteht man die Höhe des über Wasser ragenden Teiles des Bootskörpers, gemessen an der niedrigsten Stelle des Schiffes von der Wasserlinie bis Oberkante Deck. Dies ist der sogenannte niedrigste Freibord, kurzweg Freibord genannt, der etwa auf dem ersten Drittel der Länge über Deck, von hinten gerechnet, liegt. Nach vorn und hinten nimmt der Freibord zu, und dies mehr oder weniger starke Aufholen des Bootskörpers nach vorn und hinten bezeichnet man mit dem Ausdruck Sprung. Der Gesamtfreibord ist also, wenn der niedrigste Freibord festgelegt ist, vom Sprung abhängig. Besondere Vorschriften für die Höhe des Freibords und Verteilung des Sprungs gibt es für Tourenyachten nicht, — das sind Fragen der Zweckmässigkeit und des Geschmacks. Sehen wir von einer zeitweisen Modekrankheit, die vom Rennsport übernommen war, ab, niedrig über Wasser liegende Fahrzeuge, also mit geringem Freibord und mit ganz schwachem Sprung, zu bauen, so wird uns schon der unter Deck beanspruchte Raum oder das für die Seetüchtigkeit erforderliche Reservedeplacement an den äussersten Grenzen halt machen lassen. Zuviel Freibord bringt zwar mehr Platz im Innern, trägt aber nicht zur Erhöhung der Stabilität und noch weniger zum guten Aussehen bei. Zuviel Sprung verdirbt eine sonst geschickte Linienführung im Bug und Heck, zu wenig gibt dem Boot ein weiches Aussehen und vermindert die Seefähigkeit.

Will man auf einen besonders grossen Freibord aus Gründen der Wohnlichkeit nicht gern verzichten, so wähle man eine entsprechende Bootsform, etwa einen Fischerbootstyp, der infolge seiner ganzen, massigen Erscheinung von vornherein auf ein hohes Ueberwasserschiff zugeschnitten ist. Man bedenke jedoch, dass derartige Fahrzeuge recht langsam sind, so dass sie auf stillen Binnengewässern nur einen mässigen Fortgang haben und einen unbeholfenen Eindruck machen.

Die Arten der Takelung.

Wer Sinn für einen zweckmässigen und schönen Bootskörper hat, wird in der Wahl der Takelage auch keinen Fehlgriff tun. Wem dieser Sinn fehlt, oder wer sich taub gegen gute Vorschläge und blind gegen treffliche Vorbilder stellt, der wird auf seinen dicken, plumpen, langsamen Bootsrumpf eine Takelage bauen, welche die Schnelligkeit nicht fördert und die Schönheit noch weiter mindert. Ein solcher Segler versteht nämlich unter Zweckmässigkeit nichts anderes als Bequemlichkeit und Ruhe, während Arbeit oder gar Gefahr, diese trefflichsten Eigenschaften jeden Sports, ihm das Leben nicht schwer machen dürfen. Daher wird er seine Takelage möglichst klein halten, oder sie so unterteilen, dass die Segelchen in einzelnen Kombinationen jeden bösen Wind mannhaft abwettern können. Da wir aber keine Biersegler sind, wollen wir uns bestreben, unserem Boot eine solche Takelage zu geben, die es vorwärts bringt, auch wenn wir mal arbeiten und in die Hände spucken müssen. Die Art der Takelung richtet sich nach ihrer Zweckmässigkeit und der Grösse des Bootes, und ihre verschiedenen Typen wollen wir daraufhin an Hand einiger Skizzen kurz betrachten.

Luggertakelage.

Die Luggertakelage, Abb. 11, wendet man auf kleinen Schwertjollen oder grösseren Beibooten an. Der Mast, weit vorn im Boot stehend, ist eine kurze kräftige Spiere, die meist nur durch ein Vorstag, manchmal auch gar nicht, nach vorn abgestützt ist, während Wanten erst bei grösseren Booten und Segeln erforderlich werden. Das Segel besitzt Gaffel und Baum und wird mit einem einzigen Fall, das mittels eines Hakens in eine Kausch der Gaffel greift, gesetzt. Gaffel, Baum und Vorliek reichen etwas vor den Mast, doch können Gaffel und Baum auch eine Klau erhalten, so dass sie direkt gegen den Mast stossen. Letztere Einrichtung wird man bei mittleren Jollen wählen, auf Beibooten begnügt man sich der Ein-

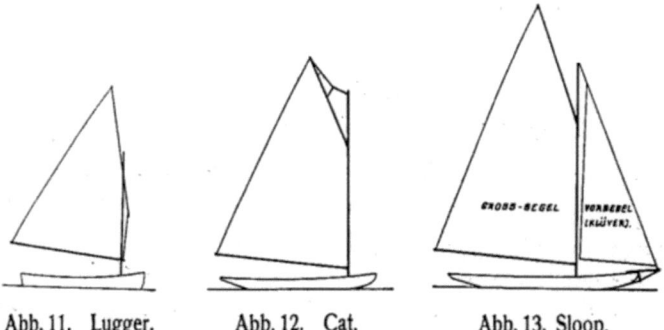

Abb. 11. Lugger.   Abb. 12. Cat.   Abb. 13. Sloop.

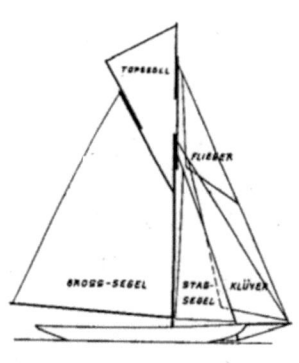
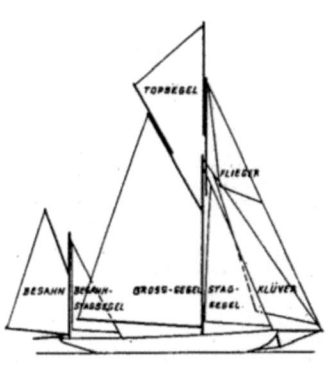

Abb. 14. Kutter.   Abb. 15. Yawl.

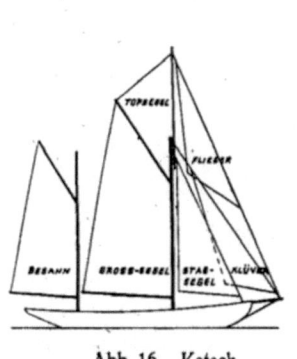
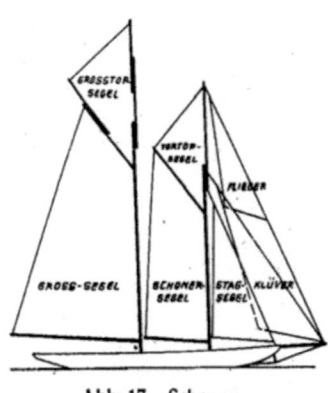

Abb. 16. Ketsch.   Abb. 17. Schoner.

fachheit, Billigkeit und Gewichtsersparnis wegen, mit der ersten Ausführung.

Cat-Takelage.

Die Cat-Takelage, Abb. 12, hat die allgemein übliche Anordnung von Gaffel und Baum, die Gaffel wird mit Piek- und Klaufall geheisst. Da der Cat aber das Vorsegel fehlt, muss auch hier der Mast im Boot weit nach vorn gerückt sein, um den Segelschwerpunkt an die richtige Stelle zu bringen. Bei grösseren Jollen ist diese Takelungsart noch mit Vorteil anzuwenden, da man, ohne jedoch die Segelfläche zu verringern, das Vorsegel spart. Das gute Segeln solcher Catboote ist für den Anfänger etwas schwieriger, weil ihm die unterstützende Hilfe des Vorsegels, namentlich bei Wendungen und Manövern, fehlt. Man hat diese Takelung auch bei grösseren Booten, bis zur Sonderklasse, also 51 qm Segel, versucht, doch zeigten sich dann normal getakelte Sloops überlegen.

Es mag bei einem Catboot, da es kein Vorsegel hat, scheinen, man habe diese Takelung, wegen der eingangs gerügten Bequemlichkeit, die vor allem die Arbeit scheut, gewählt. In gewissem Sinne ist diese Annahme berechtigt, da ja das fehlende Vorsegel in der Tat Arbeit spart, dagegen ist die Fläche des Grosssegels entsprechend grösser und das Segeln eines solchen Bootes etwas schwieriger geworden, durch welche Umstände die scheinbar gesparte Arbeit des Vorsegelbedienens wieder ausgeglichen sein dürfte, namentlich, wenn die Geschwindigkeit nicht vermindert worden ist.

Sloop-Takelage.

Die Sloop-Takelage, Abb. 13, herrscht heute bei mittleren und grösseren Jollen und Kielbooten vor. Sie besteht aus dem Grosssegel und einem Vorsegel. Der Mast ist durch das Vorsegel gegenüber der Cat etwas weiter nach hinten gerückt und das Grosssegel entsprechend verkleinert. Letzteres wird in gleicher Weise wie das Catsegel mit Piek- und Klaufall geheisst; das Vorsegel hat ein besonderes Fall. Die ursprünglichen, charakteristischen Merkmale einer Sloop, Vorstag am langen Klüverbaum und gewaltig grosses Vorsegel, haben sich bei den neueren Booten stark verwischt, da der Klüverbaum durch den weit ausladenden Bug teils gänzlich in Fortfall gekommen, teils stark gekürzt ist und das Vorsegel gleichfalls bescheidene Abmessungen angenommen hat. Um diese Unterschiede deutlicher in Erscheinung treten zu lassen, sei auf die Kuttertakelung hingewiesen.

Die Slooptakelung also, Pfahlmast ohne Stenge, einfaches Vorsegel und Grosssegel, manchmal auch Topsegel, wird noch bei Yachten mit ca. 80—90 qm Segelfläche angewandt und ist für Boote mit entsprechenden Abmessungen des Rumpfes für Binnengewässer sehr gut zu gebrauchen, vorausgesetzt, dass die nötige Bedienung vorhanden ist. Letztere Bedingung dürfte aber wohl stets erfüllt sein, da man Boote dieser Grösse kaum allein segelt und daher mindestens eine Hilfskraft in Gestalt eines guten Freundes oder gar Bootsmannes zur Verfügung hat. Mit zwei Mann im ganzen lässt sich aber ein Boot von 80—90 qm Segelfläche gut regieren, wenn beide ihr Handwerk verstehen. Natürlich' muss man da manchmal ein klein wenig arbeiten, aber das ist ja gerade der Zweck der Sache. Jedenfalls wäre es nicht angebracht, für Binnengewässer eine Unterteilung der Segel durch eine Yawl-, Ketsch- oder gar Schonertakelung vorzunehmen, wie dies vielfach zu sehen ist und wobei man dann gleichzeitig bemerken kann, dass derartige Boote bei leichtem und mittlerem Winde nicht recht vorwärts kommen und bei starker Brise ganz zu Hause bleiben.

Kutter-Takelage.

Die Kutter-Takelage, Abb. 14, entwickelt sich aus einer Vergrösserung der Slooptakelung. Man will die Unterteilung des Grosssegels noch nicht vornehmen, andererseits aber doch nicht zu grosse Flächen in dieses sowie das Vorsegel hineinbekommen. Deshalb teilt man das Vorsegeldreieck und erhält als vorderes Segel den Klüver, als zweites Vorsegel das Stagsegel, so genannt, weil es am Vorstag fährt. Das Grosssegel ist niedriger, aber breiter als das der Sloop gehalten, wird aber nach oben durch ein Topsegel vergrössert, welches, da es eine tüchtige Segelfläche mit starken Spieren darstellt, an einer besonderen Verlängerung des Mastes, der Stenge, gefahren wird. Ausser dieser Stenge gehört der Klüverbaum zu den besonderen Merkmalen eines Kutters, doch ist hier, im Unterschied zur Sloop, das Vorstag nicht an der Klüverbaumnock, sondern im Bug des Bootes befestigt. Ausser dem Klüver, der aber nicht an einem besonderen Stag fährt, ist am Klüverbaum die vordere Abstützung der Stenge, das Stengevorstag, befestigt, so dass ein Bruch des Klüverbaums zwar den Verlust des Klüvers und der Stenge, nicht aber den des Vorstages und damit das Mastes nach sich ziehen kann.

Grössere Rennkutter haben, um an Gewicht zu sparen, häufig die Stenge durch einen besonders zusammengebauten Masttop mit dem

Mast vereinigt, doch sind diese Konstruktionen nicht immer von der solidesten Bauart.

Die Kürzung der Segel eines Kutters erfolgt nun so, dass zunächst das Topsegel und dann zur Entlastung des Mastes die Stenge weggenommen wird, darauf erst geht das Reffen der Untersegel vor sich, doch kann man sich bei plötzlichen Böen schon durch Wegnehmen eines Vorsegels helfen, ohne dadurch an Manövrierfähigkeit zu verlieren.

Yawl-Takelage.

Die Yawl-Takelage, Abb. 15, kann zunächst die Kuttertakelung ersetzen, wenn deren Abmessungen für seegehende Yachten zu gross und unhandlich wird. Hier muss eine Unterteilung der Segelfläche des Grosssegels vorgenommen werden, da die Bedienung bei Seegang naturgemäss viel schwieriger ist, als in glattem Wasser. Zu diesem Zwecke wird das Grosssegel in zwei Segel geteilt, von denen das am Grossmast fahrende, bei weitem grössere, den Namen Grosssegel behält, während das hintere, kleinere, das Yawlsegel oder der Besahn, an einem besonderen Mast, dem Yawl- oder Besahnmast, gesetzt wird. Dieser Mast, und das ist das charakteristische bei der Yawl gegenüber der Ketsch, steht hinter dem Ruder und ist durch besondere Wanten, bei grösseren Yachten auch mit losnehmbaren Vorstagen, abgestützt. Der Besahnbaum wird mit einer besonderen Schot bedient, die teils direkt an Deck fährt, teils nach einem, über das Heck, ähnlich dem Klüverbaum, hinausgebauten Spiere, dem Ausleger, und von da an Deck fährt. Im übrigen sind Vorsegel, Topsegel und Stenge genau so wie beim Kutter angeordnet.

Es ist klar, dass man sich durch eine derartige Unterteilung allerhand praktische Vorteile verschafft, die namentlich bei schwacher Besatzung und vor allem auf See gut zu gebrauchen sind. Die einzelnen Segel können, da ihre Flächen kleiner und damit die Spieren leichter werden, besser und sicherer bedient werden, und durch das Fortnehmen des Grosssegels und eines Vorsegels bleibt die Yacht unter Klüver oder Fock und Besahn noch manövrierfähig genug, um einen schweren Sturm draussen abzuwettern oder ein schwieriges Fahrwasser zu befahren

Durch die Yawltakelung und die damit verbundene Unterteilung der Segel werden letztere naturgemäss im ganzen kleiner als beim Kutter, da der Besahn nicht das im Grosssegel eingebüsste Tuch wieder einbringen kann. Daher ist die Yawl für unsere Binnengewässer ein im allgemeinen untertakeltes Fahrzeug und infolgedessen langsam. Ihre Verwendung lässt sich sportlich nur rechtfertigen, wenn sie gleichzeitig als Seeboot dienen soll.

Ketsch-Takelage.

Die Ketsch-Takelage, Abb. 16, bildet den Mitteltyp zwischen Yawl- und Schonertakelung. Man wendet sie dann an, wenn das Grosssegel der Yawl zu riesige Abmessungen annimmt, also mit zunehmender Bootsgrösse. Sie ist auch vom Schönheitsstandpunkt betrachtet, nur für grosse, seegehende Yachten geeignet und verlangt schon durch die Stellung ihrer Masten einen gewissen Decksplatz. Die Ketsch ist nichts weiter, als eine vergrösserte Yawl, mit dem Unterschiede, dass infolge des vergrösserten Besahnsegels der Ketschmast, auch Besahnmast, vor das Ruder gesetzt ist. Dabei ist das Grosssegel immer noch beträchtlich grösser als der Besahn. Die übrige Besegelung, und auch die Versteifung des Besahnmastes, ist dieselbe, wie bei der Yawl, nur fehlt der Ausleger, da jetzt der Besahnbaum bequem von Deck aus geholt werden kann.

Da durch die Stellung des Ketschmastes vor dem Ruder bereits ein gewisser Decksplatz und damit eine stattliche Grösse der Yacht verlangt wird, wenn das Ganze nicht unbequem ist oder wie ein Spielzeug wirken soll, so findet man ketschgetakelte Yachten mangels der erforderlichen Bootsgrösse nicht auf unseren Binnengewässern, wo sie ausserdem noch langsamer, als die Yawls von der Stelle kommen würden, da sie infolge ihrer Takelage noch mehr untertakelt sind. Hier hat aber weniger diese Eigenschaft, als vielmehr die für kleinere Yachten sehr ungünstige Stellung des Besahns, den Leuten, die das Strippenreissen nicht sehr schätzen, einen Strich durch die Rechnung gemacht und so nehmen sie denn schon lieber mit der Yawl vorlieb.

Schoner-Takelage.

Der Weg vom Kutter über Yawl und Ketsch muss beim allmählichen Anwachsen der Segelflächen nicht unbedingt eingehalten werden, denn man kann die Ketsch, sofern sie infolge ihrer Grösse diese Takelung wirklich verdient, ohne weiteres überspringen und zu einem Fahrzeug übergehen, dessen vorderes Segel kleiner als das hintere ist, dem Schoner. Fig. 17. Für diese Takelung ist aber nur ein grosses, seegehendes Fahrzeug geeignet, während ein Schoner auf unseren Binnengewässern einem ruhigen, abgeklärten Lebenswanderer gleicht, dem auf dieser Welt nichts mehr passieren kann.

Infolge des Stellungswechsels der Masten haben sich auch ihre Namen verschoben, denn der vordere heisst jetzt Schoner- oder Fockmast, während der hintere Mast nunmehr die Bezeichnung Grossmast trägt. Entsprechend heissen die Segel Schoner- und Grosssegel. Der Schonermast hat fast die gleiche Höhe wie der Grossmast und sein Segel ist nur wenig kleiner als das Grosssegel, beide Masten tragen Stengen, an denen Topsegel gefahren werden, das Gross- bezw. Vortopsegel. Die Besegelung vor dem Fockmast ist die beim Kutter übliche. Die Absteifung des Grossmastes nach vorn erfolgt durch ein festes Stag, das vom Grosstop zum Vortop fährt und Grossstag heisst. Die Stenge des Grossmastes, die Grossstenge, und die des Fockmastes, die Vorstenge, werden gleichfalls besonders abgestützt.

Mit der Schonertakelung hat die Unterteilung der Segelflächen, bis zu den grössten Hochseeyachten, ein Ende erreicht, und wenn man dann noch weiter suchen will, so wird man vereinzelt auf Dreimastschoner treffen, die man namentlich in Amerika finden wird. Dort und in England ging die Begeisterung für den Segelsport sogar zum Bau von Barks und Vollschiffen über, aber nicht etwa solchen, die, wie die Royal Louise auf der Havel, schwimmende Modelle vorstellen, sondern die in ihren ganzen Abmessungen ihrer Takelung entsprechen und als seetüchtige, imponierende Fahrzeuge Weltreisen unternehmen.

Kurz zusammengefasst sind Inhalt und Nutzanwendung dieses ersten Kapitels folgende: Zu jedem Bootstyp gehören bestimmte Formen und Masse, die zueinander und zu dem betreffenden Typ passen; zu jeder Bootsgrösse gehört eine bestimmte Takelung, die, je nach ihrem Verwendungszweck, für Binnen oder See, zu einem sportsgerechten Segeln nicht beliebig ausgewählt werden kann. Legt man keinen Wert auf Masse und Formen, so wird man ein hässliches Boot bauen, zieht man eine bequeme Takelung der sportsgerechten vor, so wird man ein langsames Fahrzeug bekommen.

2. Die Takelage.

Die Namen oder Bezeichnungen der einzelnen Teile einer Takelage müssen einem guten Segler so in Fleisch und Blut übergegangen sein, dass er keinen Augenblick zögert, irgendeinen Gegenstand, der damit zusammenhängt, sofort beim richtigen Namen zu nennen. Das gehört nicht nur als selbstverständlich zu einem Sport, den man völlig beherrschen will, sondern es hat auch den praktischen Wert, leichter und sicherer den Gegenstand seiner Wünsche bezeichnen zu können. Wenn man aber einmal darauf achtet, in welcher bejammernswerten Weise viele, viele Segler die Seemanns- und Seglersprache missachten oder sie mit Füssen treten, indem sie heute so und morgen so die Fachausdrücke ganz nach Willkür ummodeln oder überhaupt falsch anwenden, dann findet man keine Erklärung dafür, weshalb dicke Bücher und Zeitschriften über die Segelei geschrieben, gedruckt, gekauft und obendrein gelesen werden.

Um möglichst viele dieser seltenen Ausdrücke zu erhaschen, schwebe uns bei einer Wanderung durch die Takelage und beim gelegentlichen Anklopfen nach diesem und jenem eine Kuttertakelage im Geiste vor, die wir dann auch später in Abb. 18 (Tafel) mit den hauptsächlichsten Bezeichnungen wiederfinden. Wir springen nun nicht gleich mit allen Kräften auf den Mast und betrachten von oben herab ein aufgetakeltes Boot, sondern bleiben fein an Deck und zerlegen mit schulmeisterlicher Gründlichkeit die Takelage in die üblichen drei Teile: Spieren, Gut und Segel.

Die Spieren.

Die Spieren, runde Hölzer, bearbeiten wir wieder in zwei Abteilungen: als feste und als bewegliche Spieren.

Die festen Spieren haben den Zweck, daran mittels der beweglichen Spieren und des Gutes die Segel zu setzen. Sie sind also gewissermassen der Knochenbau, das Gerippe der Takelage, und bestehen beim Kutter aus Mast nebst Stenge und Klüverbaum. Sie werden als fest bezeichnet, weil sie vor, während und nach dem Segeln im allgemeinen ihre Lage zum Boot oder untereinander nicht zu ändern pflegen, mit der Ausnahme, dass z. B. bei hartem Winde die Stenge gestrichen, d. h. weggenommen wird, oder die ganze Takelage von oben kommt, oder endlich letztere beim In- und Ausserdienststellen in Bewegung gesetzt wird. Aber auch in diesem unwürdigen Zustande bleiben sie dennoch feste Spieren, und wir schätzen sie, weil sie ruhig und vornehm ihren Dienst tun, ohne uns zu belästigen.

Die beweglichen Spieren dagegen, als da sind Grossbaum, Gaffel, Topsegelsraa und -schotraa nebst Spinnakerbaum, sind es, die uns viel Arbeit und Kummer machen. An ihnen sind unsere Segel befestigt, und wenn wir letztere entfalten wollen, bedürfen wir dazu der beweglichen Spieren.

Um gleich mit der Sprache herauszurücken, sei von vornherein gesagt, dass die äusseren Enden aller wagerecht liegenden festen und sämtlicher beweglichen Spieren Nocken heissen, also: Klüverbaumnock, Grossbaumnock, Gaffelnock, Spinnakerbaumnock, Raanock, und zwar heisst es die Nock in der Einzahl. Dagegen nennt man die äusseren Enden der senkrechten festen Spieren Toppen, und zwar: Masttop, Stengetop; Einzahl: der Top. Die den Nocken und Toppen entgegengesetzten Enden sämtlicher Spieren heissen durchweg Fuss, und zwar mit den unterschiedlichen Bezeichnungen versehen und so lange nicht ein Sonderausdruck den Sammelnamen ablöst.

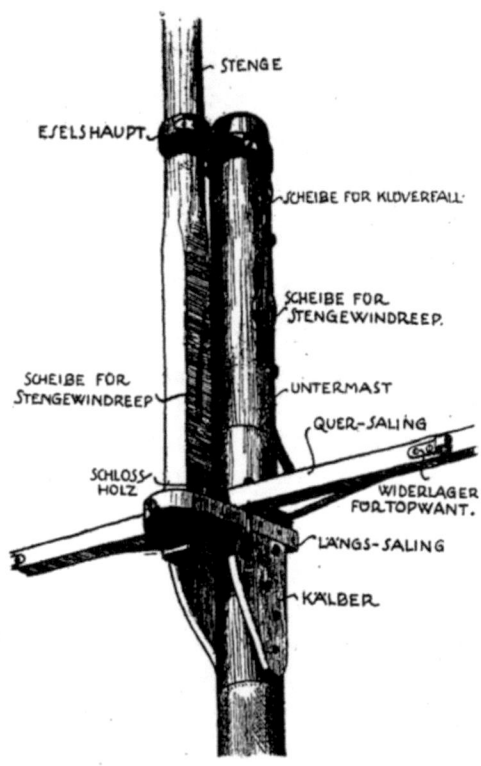

Abb. 19. Masttop, Saling und Stengefuss.

Der Mast.

Der Mast steht mit seinem unteren Teil, dem Mastfuss, mittels eines Vierkantes in einer viereckigen Aussparung des Kiels oder einem besonderen Beschlage, der Mastspur. Im Deck wird er im Mastloch mittels einer Anzahl Hölzer, Mastkeile genannt, gehalten, und diese

Durchführung des Mastes durch das Deck wird mit dem Mastkragen geschlossen. Etwa auf ein Drittel seiner Länge von unten hat der Mast seine grösste Stärke. Klettern wir hinauf, so kommen wir nach einer Weile an eine Stelle, wo wir nicht weiter können und gewöhnlich nach einigen krampfhaften und verdächtigen Beinbewegungen ins Rutschen geraten und wieder an Deck anlangen. Dies nennt der Seemann rauschen, und meist verbrennt man sich die Finger dabei. Die merkwürdige Stelle aber, etwas unterhalb des Tops, — aha! früher sagten wir Mastspitze! —, war die Saling. Abb. 19. Dieses Instrument besteht nun wieder aus zwei Hauptteilen, der Längs- und der Quersaling. Erstere dient zur Führung und Lagerung des Stengefusses und zum Halt für die Quersaling; sie ist mit zwei kräftigen Hölzern, den Mastkälbern, mit dem Mast und der Quersaling verbunden. Haben wir uns endlich mit einem kühnen Schwung auf die Saling befördert oder ebendorthin mit einem bequemen Bootsmannsstuhl vorheissen lassen, so erfassen wir gerührt und zitternd das Eselshaupt, den alleroberen Teil des Tops nebst einem brillenförmigen Beschlag zum Durchführen der Stenge. Was sich sonst noch am Masttop, womit man den Teil von der Saling bis zum Eselshaupt bezeichnet, findet, wollen wir nicht näher untersuchen, da es je nach der Takelage verschiedene Blöcke für Klau-, Piek- und Klüverfallen usw. sein können.

Die Stenge.

Mit Kennermiene betrachten wir die Stenge, und zwar zunächst den unteren Teil. Da sehen wir, dass derselbe vierkant ist, durch die Längssaling führt und auf dieser mit einem Querriegel, dem Schlossholz, aufsteht. Dieses Holz ist aus Eisen, aber es hat seinen Namen noch aus alten Zeiten behalten, wo es in Gestalt eines dicken Eichenkeils in den Schlitz der Stenge hineingeschlagen wurde.

Heutzutage hat man es sich bequemer gemacht, denn das Schlossholz ist in der Aussparung des Stengefusses ungleichmässig drehbar gelagert und fällt beim Anlüften der Stenge mit seinem schwereren Ende nach unten, so dass es auf und nieder zeigt und gänzlich in der Aussparung verschwindet. Jetzt kann die Stenge, ohne dass jemand im schweren Seegang den schwanken Mast erklomm, gefiert werden. Aber wie war sie vorher gelüftet worden?

Dafür haben wir eine besondere Vorrichtung, die wir, wenn sie auch in der Hauptsache zum laufenden Gut gehört, doch jetzt der Vollständigkeit wegen gleich erwähnen wollen. Diese Vorrichtung besteht aus zwei Scheiben, von denen die eine parallel zur Quersaling im Vierkant der Stenge und die zweite parallel zur Längssaling am Masttop befestigt ist. Durch diese beiden Scheiben läuft das Stengewindreep, das mit seinem losen Tampen an Deck fährt, während der feste auf der, der Windreepscheibe am Top gegenüberliegenden Seite des Mastes in einem Bolzen eingeschäkelt ist. In unserer Abb. 19, die den Masttop nebst Saling und Stengefuss vom Bug des Bootes aus zeigt, da die Stenge immer vor dem Mast sitzt, sind die beiden Windreepscheiben im Stengefuss und an der Backbordseite des Tops zu sehen, das feste Auge an der Steuerbordseite des Masttops dagegen nicht. Denkt man sich jetzt das Windreep in das Auge eingeschäkelt, durch die Stengescheibe, dann die B.B.-Mastscheibe geführt und von Deck aus, meist mit einer einfachen Talje geholt, so wird die Stenge angehoben, das Schlossholz klappt bei und die Spiere kann gefiert

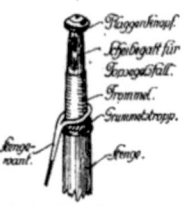

Abb. 20. Stengetop.

oder gestrichen werden. Am Stengetop, Abb. 20, der uns jetzt, die wir noch auf der Saling stehen, ziemlich nahegerückt ist, ist bis auf das daran befindliche Gut nichts besonderes zu entdecken, ausser dem Flaggenknopf, der eine kleine Scheibe zum Durchscheren der Standerleine besitzt und einer Scheibe für das Topsegelsfall.

Der Klüverbaum.

Die dritte feste Spiere eines Kutters, der Klüverbaum, ist an Deck in zwei Stellen fest gelagert. Sein vierkantiger Fuss ist entweder direkt im Deck mit einem kräftigen Schraubbolzen gehalten oder er lagert in einem niedrigen, kräftigen Holzgerüst, der Beeting, die aus zwei senkrechten, im Deck befestigten Hölzern, die zur seitlichen Abstützung dienen, besteht, nebst einer Querverbindung, die dem Fuss nach oben Halt gibt. Die zweite Stelle, in der der Klüverbaum gelagert ist, befindet sich im Bug des Bootes in Gestalt der Klüverbaumbrille. Dies ist ein ringförmiger Beschlag, der nach unten zu einem Flacheisen ausgeschmiedet und hierdurch mit dem Vorsteven verbunden ist und der den runden Teil des Klüverbaums durchlässt. An der Nock des Klüverbaums ist ein zweiter ringförmiger Beschlag vorgesehen, dessen angeschmiedete Augen zur Befestigung der Absteifungen dienen.

Der Grossbaum.

Von den beweglichen Spieren ist uns der Grossbaum die wichtigste. Der Baum kann, wie es Abb. 21 zeigt, durch einen mit Gelenken versehenen Beschlag mit dem Mast fest verbunden sein, oder

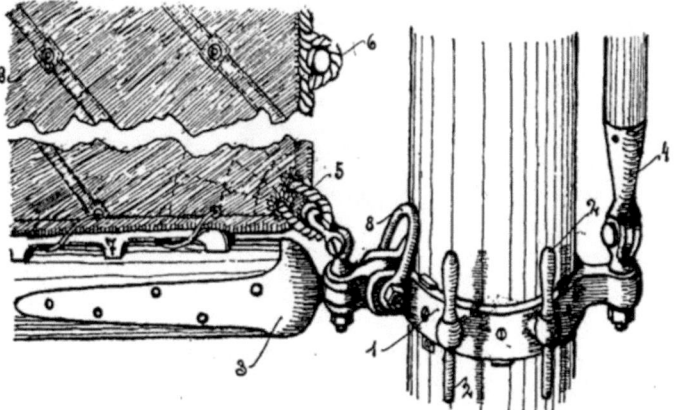

Abb. 21. Gross- und Spinnakerbaumbeschlag.
1. Mastbeschlag, 2. Beleg- oder Koffeinagel, 3. Grossbaumbeschlag, 4. Spinnakerbaumbeschlag, 5. Grosshalskausch, 6. Reffkausch, 7. Jackstag, 8. Schäkel für Reffkausch oder Trysegelshals, 9. Reffgatchen.

er ist mit einem, den Mast lose umfassenden Beschlag versehen, der gleichzeitig als Reffvorrichtung ausgebildet ist und ohne besondere Gelenke das Drehen des Baums um sich selbst und um den Mast, sowie ein senkrechtes Verschieben ermöglicht. Abb. 22. Bei der ersten Ausführung, die für grössere Yachten in Frage kommt, ist ein Drehen des Baums um sich selbst zum Zweck des Reffens nicht möglich. Hier muss also das Reffen des Grosssegels durch einzelne Reffbendsel oder durch Reffkauschen mit durchlaufender Reffleine erfolgen. Die zweite Anordnung, Abb. 22, wird für kleinere und mittlere Boote angewandt und ist für unsere Binnenyachten wohl die allgemein übliche. Eine weitere Art der Grossbaumbefestigung, verbunden mit der Drehreffvorrichtung, ist eine feste Anbringung am Mast, die gleichzeitig das Drehen des Baumes um die eigene Achse gestattet. Auf die Reffvorrichtungen kommen wir später noch zurück.

In der nach oben zeigenden Seite des Baumes ist zur Aufnahme des Unterlieks des Grosssegels eine halbrunde Nut, auch Keep genannt, eingehobelt, bei grösseren Yachten ist zu diesem Zweck eine besondere hölzerne Leiste, das Jackstag, angeordnet. Weiter nach hinten greifen die lederbenähten Grossschotringe in Gestalt von oben offenen Ringen um den Baum, oder bei grösseren Yachten sind an diesen Stellen Stahlstroppen oder -bänder zum Anschäkeln der Schotblöcke angeordnet. Die Wahl zwischen diesen beiden Einrichtungen ist von der Reffvorrichtung abhängig, und zwar sind offene Schotringe erforderlich, falls der Baum zum Reffen gedreht und das Segel auf den Baum gerollt wird, während feste Blöcke angebracht werden, wenn ein Bindereff vorhanden ist. Letzteres benötigt dann noch einen Beschlag in der

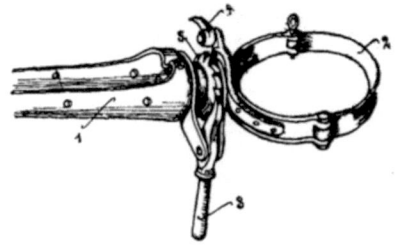

Abb. 22. Grossbaumbeschlag mit Drehreff (Patentreff).
1. Grossbaumbeschlag, 2. Loser Mastbeschlag, 3. Reffhebel, 4. Sperrklinke, 5. Sperrad.

Nähe der Nock des Baums, der die zum Ausholen des Segels beim Reffen erforderlichen Gatchen (Löcher) und Scheiben aufnimmt, und zwar finden wir auf der einen Seite ein Gatchen und auf der anderen eine Scheibe, und diese paarweise Anordnung wiederholt sich mit der Anzahl der Reffs.

Bei kleineren und mittleren Yachten ist das Unterliek des Grosssegels fest angeschlagen, während es bei grösseren nach Bedarf losgeworfen oder ausgeholt werden kann. Hierfür ist eine besondere Einrichtung vorhanden, die in Gestalt einer Iförmigen, flachen Eisenschiene oben auf dem Baum, vor seiner Nock, aufgeschraubt ist und auf der ein kleiner Gleitschlitten läuft, an den das Schothorn angeschäkelt ist. Ein an dem Schlitten angebrachter Stahlstander läuft über eine Scheibe im Baum unterhalb des letzteren nach vorn und ist hier mit einer Talje zusammengeschäkelt.

Bei kleineren Yachten trägt die Nock des Klüverbaums noch einen drehbaren Wirbel, in dem eine oder zwei Dirken angreifen, häufig ist dieser Dirkwirbel, auch Dirkwage genannt, nach unten verlängert und mit der Grossschot verbunden. Dieser bewegliche Dirkwirbel ist beim Baum mit Drehreffvorrichtung erforderlich und fehlt bei Yachten mit Bindereffs. Hier greifen die Dirken zu beiden Seiten des Baumes an festen Augen an, die in der Gegend der Schotblöcke in den Baum eingeschraubt oder durchgebolzt sind.

Die Gaffel.

Eine fast ebenso wichtige, bewegliche Spiere, wie der Baum, ist die Gaffel, von der, wie im dritten Teil des Buches geschildert wird, das gute Stehen eines Grosssegels sehr abhängig ist. Sie ist in ihren Abmessungen schwächer und kürzer als der Grossbaum und trägt an ihrem Fuss einen klauartigen Ansatz, der um den Mast fasst und ein gleichzeitiges Bewegen nach den Seiten und in senkrechter Richtung ermöglicht. Bei Jollen ist dieser Ansatz, die Klau, aus ein paar Holzbacken hergestellt, während grössere Gaffeln einen zylinderförmigen Beschlag oder Ring tragen. Die untere Seite der Gaffel hat zur Aufnahme des Oberlieks gleichfalls eine Keep, die ein seitliches Rutschen des Liektaus verhindert. Ist ein Topsegel vorhanden, so findet man vor der Gaffelnock eine Scheibe zum Führen der Topsegelschot; an der Nock selbst ist durch eine Schrauböse mittels eines Stropps ein kleiner Block für die Flaggleine angebracht.

Der Spinnakerbaum.

Diese bewegliche Spiere schätzen wir sehr, wenn sie uns vor einem frischen Winde den grossen, bauchigen Spinnaker ausbreiten hilft, dagegen wird sie in ihrem Ruhezustande zu allerlei unwürdigen Zwecken, als Staken usw., missbraucht oder man beschimpft sie, weil sie im Wege ist. Ihre Länge und Dicke richtet sich nach der Grösse des Spinnakers, gegen den bei Rennbooten das Grosssegel manchmal ein Taschentuch ist.

Kleinere Boote haben ein kurzes, harmloses Bäumchen, das am Fuss mit einer Klau versehen ist und mit dieser gegen den Mast gesetzt wird. Die Nock trägt noch ein Auge oder eine bessere Schrauböse, in die der Spinnakerhals mit einem Karabinerhaken und der Achterholer mit zwei halben Schlägen festgemacht wird. Man hantiert mit einem solchen losen Baum auf Jollen und ähnlichen Fahrzeugen wie mit einem Streichholz, bei grösseren Yachten und frischer Brise erfordert er aber schon die Kraft von 2—3 Mann. Ein loser Spinnakerbaum wird unter Deck verstaut.

Bei grösseren Yachten hat der Spinnakerbaum seinen festen Platz vor dem Mast, wo er, wie in Abb. 21 zu sehen, mit einem Gelenkbolzen, der in einen Schuh zur Aufnahme des Fusses ausgebildet ist, drehbar angebracht wird. Seine Nock trägt einen besonderen, ringförmigen Beschlag, der mit drei Augen versehen ist, je eins für den Achterholer, Vorholer und den Hals. Weiter ist an der Nock ein Block vorgesehen, durch den der Ausholer fährt, für den eine besondere Klampe am Fuss des Spinnakerbaumes vorhanden ist.

Die Raaen.

Die aus der Segelschiffahrt übernommene Bezeichnung Raa für alle wagerechten, in ihrer Mitte um den Mast drehbaren Rundhölzer trifft für die beweglichen Spieren, die im Segelsport diesen Namen tragen, nicht mehr zu. Ausser der Breitfock, die man auf grösseren Seeyachten, namentlich Schonern, an Stelle des Spinnakers und Schonersegels vor dem Winde fährt, und die an einer Raa gesetzt wird, dienen die übrigen Raaen nur zum Vergrössern oder besseren Stehen einiger Segel.

Das Topsegel wird, sobald es bei leichtem und mittlerem Winde über das Dreieck, das von Stenge- oder Masttop, Gaffelnock und Klau gebildet wird, hinausragen soll, als Vierkant- oder Raatopsegel von zwei Spieren über Gaffel und Stenge hinaus vergrössert. Die obere Spiere, an der das Fall angreift, heisst Topraa, und die an der Gaffelnock befindliche, an der die Schot holt, die Schotraa. Ausser den Augen zum Anschlagen von Fall und Schot und den üblichen Einrichtungen zum einfachen Anreihen eines Segels bieten diese Raaen nichts bemerkenswertes.

Eine dritte Raa fristet dann noch, wenig beachtet, häufig am hinteren Ende des Unterlieks des Vorsegels ein beschauliches Dasein und dient hier als Fussraa zum gleichmässigen Strecken des hinteren Teils des Segels beim Kreuzen. In der Mitte dieser Flussraa greifen die Vorsegelschoten an.

Das Gut.

Wenn der Anfänger in das Gut, auf berlinisch die Strippen, einer grösseren Yacht oder gar etwa eines Viermasters hineinsieht, so erblasst er und wendet sich schaudernd ab. Er bewundert dann still oder auch laut die Männer, die mit all diesem Takelkram umzugehen verstehen, ohne sich, selbst in stockfinsterer Nacht, zu vergreifen, und noch dazu ohne Wegweiser, wie z. B.: Stengestagsegelsfall zweiter

Nagel links! oder: Klaufall! Nur bei Gefahr fieren! usw. Aber Scherz beiseite, — es verhält sich so. Und wie einfach klärt sich alles, wenn man sich ein einziges Mal die Mühe gegeben hat, das Gut einer Kuttertakelage gründlich zu studieren. Da ist so ungefähr alles dran, was die Takelage der grössten Yachten umfasst, nur dass es sich hier wiederholt und erweitert, oder dass durch einige neue Segel kleine Vornamensänderungen herbeigeführt werden. Wir müssen also zunächst die Hauptnamen kennen lernen, und können diese dann leicht mit zahllosen Vornamen zu bestimmten seemännischen Bezeichnungen vereinen.

Das gesamte Gut teilen wir, den Spieren entsprechend, in festes oder stehendes und bewegliches oder laufendes Gut ein, und finden hier wieder, dass das feste Gut das sympathischere von beiden ist, da es uns keinen Kummer bereitet, — oder aber, wenn schon, dann auch feste! — während das laufende Gut dem Knütteldichter die Verse entrang:

> Laufend nennt man all das Gut,
> Wo man sich dran reissen tut!

Das feste Gut.

Mit festem oder stehendem Gut bezeichnet man alle Enden, die zur Absteifung der festen Spieren dienen und infolgedessen zum Bewegen der Segel nicht gebraucht werden. Da diese Enden den Segeldruck auf den Bootskörper zu übertragen haben, so muss ihre Zugfestigkeit sehr gross sein, und sie werden daher aus besonderem Stahldraht angefertigt, weshalb man auch vom Stahlgut spricht.

Die Bezeichnungen der einzelnen Teile des stehenden Gutes zerfallen, je nach der Richtung, in der sie die festen Spieren absteifen, in zwei Hauptgruppen. Diejenigen Enden, welche die Spieren nach den Seiten stützen, führen den Sammelnamen Wanten, während alle anderen, die zu Haltezwecken nach vorn oder hinten dienen, als Stagen bezeichnet werden. In der Einzahl heissen diese Enden: Das Want und das Stag. Versuchen wir, an dem Beispiel der Kuttertakelage die Bezeichnung des festen Gutes kennen zu lernen.

Der Mast wird nach den Seiten von den Wanten gehalten, und zwar heissen die an der Saling angreifenden die Unterwanten und die den Masttop stützenden die Topwanten. Nach vorn wird der Mast durch das Vorstag gehalten, nach hinten durch die Backstagen. Letztere sind dem übrigen festen Gut nicht ganz ebenbürtig zu rechnen, da bei aufgefiertem Grossbaum das Leebackstag losgeworden werden muss, aber da es dennoch nur zur Mastabsteifung und nicht zum Segelbewegen dient, muss es dem stehenden Gut einverleibt bleiben.

Sind mehrere Masten vorhanden, so werden den Hauptnamen nur die Vornamen vorangesetzt, und man spricht beim Schoner vom Fockwant und Grosswant, Vorstag und Grossstag, und bei der Yawl vom Grosswant und Besahnswant usw.

Nehmen wir die nächste feste Spiere, die Stenge, so werden hier die Vatersnamen des stehenden Gutes mit den geeigneten Vornamen versehen, und es ergibt sich, dass die Stenge nach den Seiten durch die Stengewanten, nach vorn durch das Stengevorstag, kurz Stengestag, und nach hinten durch die Stengebackstagen abgesteift ist. Beim Schoner spricht man demgemäss vom Vorstengewant, Vorstengestag, Vorstengebackstag, Grossstengewant, Grossstengestag, Grossstengebackstag. Auch hier ist das Stengebackstag nicht ganz rasserein, da es bei aufgefiertem Baum in Lee losgeworfen werden muss.

Diese Losnehmbarkeit der Backstagen und Stengebackstagen wird durch einen Klappläufer bewirkt, der mit einem Tampen an der Reeling fest ist, von hier durch einen, am Backstag eingesplissten Block und von da durch einen Leitblock an Deck zu einer Talje fährt, die nach Bedarf losgeworfen oder dichtgeholt wird. An der Küste nennt man diese Einrichtung, Abb. 23, auch Takel und Mantel, wobei unter Takel das eigentliche Backstag und unter Mantel der Klappläufer nebst Talje zu verstehen ist.

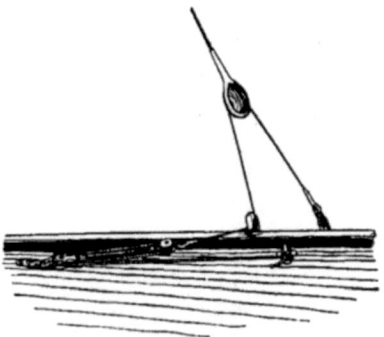

Abb. 23. Backstag mit Streckertalje.

Der Klüverbaum macht durch unsere Methode einen scheinbaren Strich, denn hier heissen sämtliche Absteifungen, ob sie nach unten oder nach den Seiten gehen: Stagen. Das Wasserstag verdient diese Bezeichnung ja mit Recht, da es den Klüverbaum in der Richtung nach vorn stützt, falls man sich den Baum aufgerichtet denkt. Die seitlichen Stützen heissen Bugstage, da sie zum Bug hinlaufen, und sie würden daher wohl eher den Namen Bugwanten verdienen, wenn nicht anzunehmen wäre, dass sie ihren Namen aus der grauen Vorzeit beibehalten hätten, wo der Klüverbaum nebst Bugspriet in einem Winkel von etwa 30—35 Grad in die Luft starrte und so die seitliche Absteifung mehr nach unten als nach der Seite erfolgte. Werden die Winkel, die Wasser- und Bugstagen, Abb. 24, mit dem Klüverbaum bilden, zu klein, so bringt man besondere Spreizen an, die aus kräftigem Rundeisen bestehen. So wird das Wasserstag durch den Stampfstock, so genannt, weil er beim Stampfen in die See den Zug des Wasserstags als Druck weitergibt, nach unten und die Bugstagen durch die Bugspreizen nach den Seiten zu einem grösseren Winkel ausgespreizt.

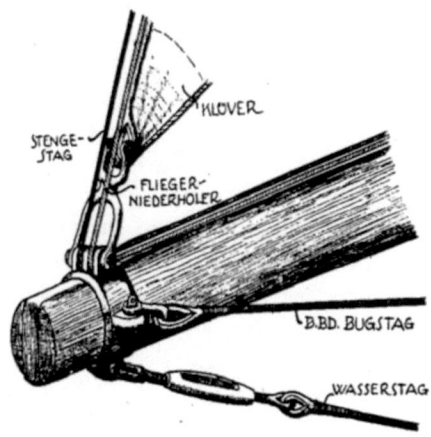

Abb. 24. Klüverbaumnock.

Bei Rennyachten ist der Mast gegen Knickung durch den Gaffeldruck durch ein besonderes Stag geschützt, dessen Spreize in Höhe der Klau sitzt und den durch diese auf den Mast ausgeübten Druck aufnimmt, und durch das von ihr gespreizte Stag auf Top und Fuss des Mastes überträgt. Dieses Stag führt im allgemeinen den Namen Jumpstag, seltener wird es nach seinem Erfinder auch Herreshoffstag genannt.

Nochmals kurz zusammengefasst: Das feste oder stehende Gut gehört zu den festen Spieren. Es zerfällt in Wanten und Stagen; erstere stützen die Spieren nach den Seiten, letztere nach vorn und hinten. Die Bezeichnung richtet sich nach den abzusteifenden festen Spieren.

Das laufende Gut.

Auch beim laufenden oder beweglichen Gut lösen sich die scheinbaren Schwierigkeiten schon nach kurzer Betrachtung in eitel Wohlgefallen auf, wenn auch nicht verhehlt werden soll, dass uns die reine Freude am schematischen Zerpflücken später noch durch einige Sonderausdrücke versalzen wird.

Das laufende Gut dient im allgemeinen zum Setzen und Bewegen der Segel, je nach Windstärke, Windrichtung und Kurs des Bootes. Es gehört zu den beweglichen Spieren, soweit diese mit den Segeln verbunden sind. Wir haben zwei Hauptgruppen zu unterscheiden: Fallen und Schoten, oder in der Einzahl, über die auch hier so mancher hervorragende Segler stolpert: das Fall und die Schot. Jede Hauptgruppe hat ihren bestimmten Wirkungskreis, aus dem sie nie herauskommt, und es ist infolgedessen unmöglich, dass in der Bezeichnung Verwechslungen eintreten können, sobald man die beiden Wirkungskreise unterscheiden gelernt hat.

Die Fallen dienen zum Vorheissen und Fieren, Setzen und Bergen sämtlicher Segel und treten für die Dauer des eigentlichen Segelns nicht in Funktion, ausser beim Auswechseln einzelner Segel. Die Schoten dagegen ermöglichen das Aendern der Segelstellung durch Auffieren oder Dichtholen und sind also, je nach der Aenderung der Wind- oder Kursrichtung, in mehr oder weniger starker Bewegung. Bei Regatten mit häufigen umspringenden Brisen werden die Schoten sogar „in der Hand gefahren", d. h. sie werden nicht belegt, sondern in der Hand gehalten, da das Segel jeden Augenblick mit Hilfe der Schot der neuen Windrichtung folgen muss, und diese ständige, aufmerksame Lebendigkeit überträgt der bescheidene Segler auf sein Werkzeug und spricht von „lebenden Schoten".

Die Namen der vielen Fallen und Schoten setzen sich nun, wie wir das ja schon kennen lernten, aus den Vor- und Zunamen zusammen. Kennt man den Hauptunterschied zwischen Fall und Schot, also den Zunamen, so fehlt als Vornamen nur die Bezeichnung des Segels, und der sporttechnische Ausdruck ist fertig. Wenn wir in wenigen Zeilen schnell die Fallen eines Kutters lernen wollen, so müssen wir wissen, dass das Grosssegel an zwei Stellen der Gaffel, der Piek und Klau, geheisst wird. Demnach haben wir ein Piekfall und ein Klaufall, und um es kurz zu machen, für das Stagsegel das Stagsegelsfall, für den Klüver das Klüverfall, das Topsegelsfall für das Topsegel, ferner Ballon-, Flieger- und Spinnakerfallen für die entsprechenden Segel.

Die Fallen sind nun nach den Kräften, die sie aufnehmen, in Material und Stärke verschieden und bei grösseren Yachten sind ausserdem besondere Vorrichtungen zum Heissen und Strecken vorhanden. Nebenbei bemerkt, das Wort „Heissen" (Hochziehen) wird nur in Verbindung mit den Fallen gebraucht, während man in ähnlichem Sinne bei den Schoten vom „Dichtholen" spricht. Ein Fall wird also nicht dichtgeholt, sondern geheisst, während eine Schot nicht geheisst, sondern dichtgeholt wird. Dagegen werden Fallen und Schoten gefiert; den Ausdruck „auffieren" braucht man nur bei den Schoten, „wegfieren" sagt man dagegen beim gesamten laufenden Gut.

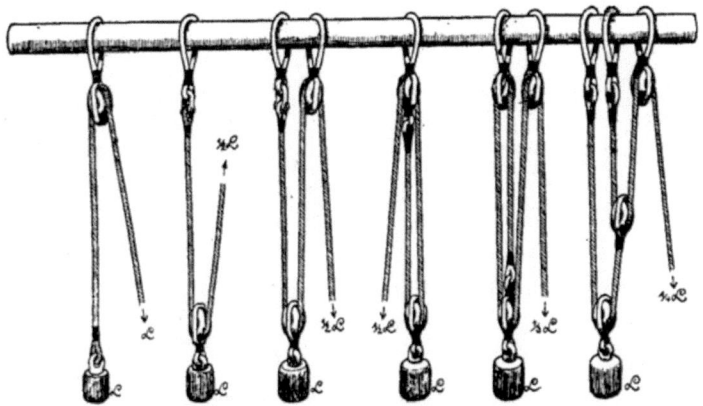

Abb. 25. Verteilung von Last und Kraft.

Nach dieser kleinen Abschweifung sehen wir uns zunächst das Material an, aus dem die Fallen bestehen. Kleinere Boote verwenden durchweg Manilatauwerk, und zwar sollte man hier wie überall nur vom besten nehmen. Der Preisunterschied zwischen gutem und schlechtem Tauwerk ist nicht gross, und er wird z. B. für sämtliche Fallen einer nationalen Jolle von 22 qm etwa 50 Pfennig bei einem Gesamtpreis von 4,50 Mark ausmachen. Das Tauwerk wird nach Gewicht verkauft, der Preis pro Kilo schwankt innerhalb bestimmter Stärken. Es reckt in der ersten Zeit ziemlich stark, und die Fallen müssen daher häufig nachgestreckt werden. Bei Jollen können infolge der geringen Gewichte von Spieren und Segeln einfach geschorene Fallen verwandt werden, was bedeutet, dass das Fall als einfaches Ende von Deck aus durch einen einscheibigen Block im Top nach dem betreffenden Segel fährt. Grössere Segel und Spieren erfordern zum Vorheissen grössere Festigkeit des Materials und mehr Kräfte der Bedienung, und da man an beiden sparen will, muss man die Enden mittelst geeigneter Blöcke nach dem bekannten Flaschenzugprinzip doppelt, dreifach oder noch öfter scheren. Aus Abb. 25 geht die Verteilung von Last und Kraft hervor, es wird aber daraus auch klar, dass man zum Verringern der Kraft bei gleicher Last mehr Weg, d. h. mehr Tauwerk, nötig hat. Manchmal wird die zu überwindende Kraft so gross, dass ein mehrfach geschorenes Ende zu ihrer Ueberwältigung nicht genügt. Man hilft sich dann so, dass man die

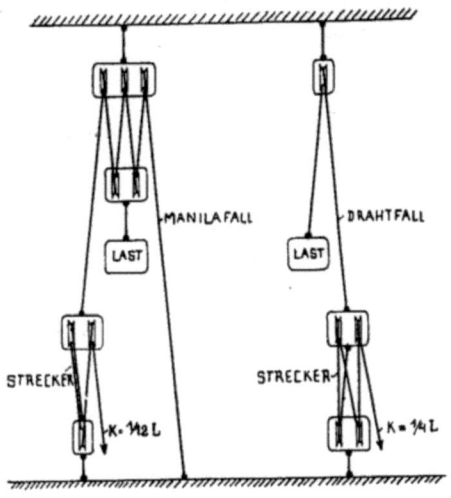

Abb. 26. Fallen mit Streckertaljen.

feste Part des Falls durch einen Leitblock nach einer mehrfach geschorenen Streckertalje führt, während die holende Part des Falls fest belegt ist. In dieser Weise sehen wir häufig die Piek-, Klau- und Klüverfallen grösserer Yachten als mehrfach geschorene Fallen mit Streckertaljen ausgerüstet. In Abb. 26 wird diese Anordnung in der linken Skizze schematisch angedeutet, während rechts das sonst mehrfach geschorene, eigentliche Fall durch ein einziges Drahtfall ersetzt ist, an dem mit einer besonderen Talje die Last geholt wird. Es lassen sich so noch viele Möglichkeiten zum Sparen von Kraft zusammenstellen. Den Ersatz mehrfach geschorener Fallen durch ein einziges, entsprechend starkes Stahlfall wählt man dann, wenn grosse Taulängen in Frage kommen, die bei gesetztem Segel stark recken würden.

Was die Schoten betrifft, so ist deren Bezeichnung genau so einfach, wie die der Fallen. Man muss nur die Segel kennen, und dann ist das Ende, mit dem man sie auffiert oder dichtholt, die dazugehörige Schot. Auf einem Kutter haben wir demnach: Grossschot, Stagsegelsschot, Klüverschot, die beiden letzteren kurzweg Vorschoten genannt, ferner Topsegelsschot, Spinnaker-, Ballon- und Fliegerschoten. Schwierigkeiten machen dem Anfänger zunächst höchstens die Topsegelsschot und namentlich die Spinnakerschot. Da erstere nur zum Ausholen des Segels nach der Gaffelnock dient und selten, höchstens zum Nachstrecken, in Gang gesetzt wird, sieht er den Zweck dieses Namens nicht recht ein, und so stürzt er auch, wenn er die Spinnakerschot bedienen soll, häufig an den Achterholer, während doch die andere Ecke des Segels gemeint ist.

Bei kleineren und mittleren Booten bestehen die Schoten aus geklöppelten oder geschlagenen Baumwollenden, für grössere Yachten nimmt man das dauerhaftere und billigere Manila. Baumwolle fasst sich angenehmer an und macht die Finger nicht ganz so vierkant, wie Manila; letzteres hat in neuem Zustande auch noch die unangenehme Eigenschaft, dass es, namentlich in nassem Zustande, kinkt, d. h. durch ungleichmässiges Recken der einzelnen Kardeele in sich selbst Törns oder Verdrehungen hervorruft, deren Entfernung sehr lästig ist und die beim plötzlichen Gebrauch der Enden recht störend in Erscheinung treten können. Will man ein mit vielen Kinken versehenes Ende austörnen, so wirft man es am besten über Bord und lässt es schleppen, wobei natürlich der eine Tampen, d. h. Ende des Taus, mit über Bord muss. Man darf also nicht beide Tampen an Deck belegen.

Häufig findet man die Ansicht vertreten, geteertes Tauwerk sei haltbarer und besitze nicht die unangenehme Eigenschaft des Kinkens. Letzteres trifft zwar zu, aber die Haltbarkeit ist nicht besser oder sogar geringer, da zu geteertem Tauwerk meist Hanf von schlechterer Beschaffenheit genommen wird, der aber durch das Tränken mit Teer sein schlechtes, braungelbes Aussehen verliert, wodurch die Festigkeit aber keinesfalls gewinnt. So lange geteertes Tauwerk nicht durch die Witterung ausgelaugt ist, fleckt es stark, was man an seinen Händen allenfalls verträgt, dagegen weniger an Segeln, Sweatern und weissen Hosen. Ausserdem schwimmt es nicht, wie Manila, sondern versackt sofort, woraus zu ersehen, dass es erheblich schwerer ist. Manila schwimmt übrigens auch nur so lange, bis es das nötige Wasser in sich aufgenommen hat, was bei neuen Enden etwas länger dauert als bei alten.

Bisher hat uns das laufende Gut wenig Kopfzerbrechen gemacht, da wir es nach seiner Haupteinteilung in Fallen und Schoten nur mit den Namen der zugehörigen Segel zu versehen brauchten, um die richtige Bezeichnung zu treffen. Es sind aber noch einige kleine Vorrichtungen übrig, die auch zum laufenden Gut gehören und die nicht in den allgemeinen Rahmen fallen. Da ist zunächst die Spinnakertopnant, ein einfach geschorenes Fall, mit dem ein grösserer Spinnakerbaum, der seinen festen Platz vor dem Mast hat, gefiert und geheisst wird. In diesem Falle spricht man nicht vom Heissen, sondern Auftoppen des Spinnakerbaums. Um gleich beim Spinnakergeschirr zu bleiben, so wird der gefierte Spinnakerbaum nach hinten durch den Achterholer und nach vorn durch den Vorholer abgestützt; bei kleineren Yachten fehlt letzterer gänzlich. Er ist aber bei einem grösseren Spinnaker nötig, da sonst bei plötzlichem Backschlagen desselben durch eine spitze Brise der Baum nach achtern gegen das Want gedrückt und unrettbar zerbrochen wird. Der Achterholer besteht bei kleineren und mittleren Booten aus einem einfachen, kräftigen, aber nicht zu schweren Ende; bei grösseren Yachten aus einem Drahtstander mit Klappläufer, um das Holen zu erleichtern. Will man den Spinnaker nach der Nock seines Baumes ausholen, so benutzt man hierzu ein kräftiges Ende, das durch einen Block an der Nock fährt und an einer Klampe am Spinnakerbaum belegt wird, den Spinnakerausholer.

Es gibt dann noch einige Taljen, die dazu dienen, meist mit Hilfe eines Drahtstanders den Hals der Segel, d. h. die vordere, untere Kante, soweit sie nicht fest angeschäkelt ist, zu strecken, und mit dem Hals das Vorliek. Auf einem Kutter finden wir Halstaljen beim Stag- und Topsegel, und, soweit der Grossbaum mit einem losen Drehreff versehen ist, auch an diesem. Man spricht also von der Grosssegels-, Topsegels- und Stagsegelshalstalje. In diese Kategorie fällt auch der Fliegerniederholer, der, meist ein einfaches Ende, zum Strecken des Fliegerhalses dient, dessen höhere Aufgabe aber gleichzeitig darin besteht, den leichten Flieger, der mit seinen Schoten auf dem darunter liegenden Klüver und mit seinen vielen Stagreitern, mit denen er am Stengevorstag gleitet, an diesem sehr grosse Reibung hat, beim Bergen niederzuholen, da er sonst trotz losgeworfenen Fliegerfalls nicht freiwillig aus seiner luftigen Höhe herunterkommt.

Ausser der Spinnakertopnant ist an aussergewöhnlichen Fallen noch das Stengewindreep zu erwähnen, das wir bereits bei der Besprechung der festen Spieren als zum Setzen und Streichen der Stenge erforderlich kennen lernten. Es besteht aus einem Drahtstander, der bis in Mannshöhe über Deck reicht und dort durch einen Schäkel mit einem Klappläufer oder einer mehrscheibigen Arbeitstalje verbunden wird. Diese Taljen werden nur beim Gebrauch angeschlagen, während das Windreep in seinem Ruhezustande mit einem Hüsing in den Wanten beigebunden wird und dort ein unbeachtetes Dasein fristet.

Wie die Topnant den Spinnakerbaum, so hebt die Dirk den Grossbaum nach oben an. Bei kleineren Yachten besteht sie aus einem Hanf- oder Baumwollende, das von der Grossbaumnock, wo es am Dirkwirbel angreift, und durch eine Kausch, die am Mast in Höhe der Klau sitzt, an Deck fährt. Grössere Yachten fahren zwei Dirken, die als Stahlenden zu einem Block am Mast fahren, der hier unterhalb der Saling an einem Hanger, Abb. 27, angebracht ist, von wo der Drahtstander einige Meter über Deck mit einer Talje verbunden ist, die das Andirken erleichtert.

Abb. 27. Hanger.

Ausser dem Spinnakerausholer finden sich bei näherer Besichtigung des laufenden Gutes noch einige vor, die der Erwähnung bedürfen. Da ist zunächst bei grösseren Yachten der Grosssegelsausholer, mit dem mittels einer bereits beim Kapitel Grossbaum beschriebenen Einrichtung das Unterliek des Grosssegels gestreckt oder losgeworfen wird. Er besteht, ähnlich wie die Halstaljen, aus einem Drahtstander nebst Talje; die holende Part der Talje wird an einer Klampe am Grossbaum belegt. Einen anderen Ausholer finden wir dann noch bei Seeyachten auf dem Klüverbaum, wo er, durch eine Scheibe in der Nock laufend, den über den Klüverbaum geschobenen Wanderring, an dem der Klüverhals eingeschäkelt wird, nach aussen zur Nock holt. Zurückgeholt wird der Ring und mit ihm der Klüver entweder durch letzteren selbst, nachdem er niedergeholt ist, oder durch eine besondere Sorgleine. Die ganze Einrichtung ermöglicht, den Klüver von Deck aus zu setzen, während auf Binnengewässern gewöhnlich ein Mann mit Hilfe von Bug- und Wasserstag den Klüver zur Nock hinausbringt, was jedoch auf See wenig empfehlenswert ist.

Auf dem Klüverbaum findet sich ein weiterer Ausholer für den Ballon. Er besteht in einem einfachen Ende, das von Deck durch einen Leitblock auf der Nock zurück an Deck führt. Mit diesem Ballonausholer wird der Hals des Ballons nach der Klüverbaumnock geholt.

Der Vollständigkeit halber sei noch eines seltenen Vogels gedacht, der Trippleine. Sie hat den allgemeinen Zweck, eine bereits gesetzte Spiere nach einer bestimmten Richtung zu holen. Bei den auf älteren Rennyachten üblichen Steilpiektakelagen diente sie dazu, die parallel dem Mast laufende, lange Gaffel an den Masttop heranzuholen. Ihre feste Part war an der Gaffel angeschäkelt, dann schlang sie sich um den Mast und lief zur Gaffel zurück nach einer Leitkausch, von der sie an Deck fuhr. Grosse Rennyachten wenden sie an, um das Auswehen des Topsegels nach Lee zu verhindern, indem nach Luv ein Stahlende von der Nock der Schotraa durch einen Leitblock an der Nock des Grossbaums fährt, von wo es mit einer Talje bedient wird, die ähnlich wie beim Grosssegelsausholer am Grossbaum belegt wird.

Die Segel.

Die Segel sind die Seele der Yacht, denn sie verleihen ihr Bewegung und Leben. Wir müssen ihnen daher unsere grösste Liebe und Aufmerksamkeit widmen, denn von dem Augenblick, wo sie die Werkstatt des Segelmachers verlassen und uns zum Gebrauch übergeben sind, können wir sie wie die Seele eines Kindes nach unseren Wünschen und Ideen modeln. Nur ihren Charakter, ihre Grundeigenschaften, die ihnen Konstrukteur und Segelmacher mit auf ihren windigen Pfad gaben, vermögen wir kaum zu ändern. Verteilte der Konstrukteur die Schwerpunkte nicht recht, oder schnitt der Segelmacher die Rundung der Bahnen falsch, so wurde uns ein Schmerzenskind beschert, das wir meist erst mit dem Verkauf des Bootes loswerden. Taten sie aber ihr bestes, so liegt es des weiteren nur an uns, die schlummernden, edlen Fähigkeiten zu erwecken und zu entwickeln.

Wenn diese vorsichtige, ja zarte Behandlung für die Segel unserer Tourenboote als übertrieben angesehen werden mag, da alsdann mancher Segler vor lauter Sorge seines Lebens nicht mehr froh zu werden glaubt, so sind die Arbeiten, die sich aus dieser Sorgfalt ergeben, in Wirklichkeit nicht so gross, wie sie zuerst scheinen. Sie zu studieren, finden wir im dritten Teil reichliche Gelegenheit, und wenn das dort Gesagte im besonderen dem Rennsegler gilt, so rate ich dem Tourensegler doch, von dem Manne der hohen Schule zu lernen, ihm fleissig auf die Finger zu sehen und alles abzulernen, was er für richtig und praktisch hält.

In diesem Kapitel wollen wir uns nur mit den grundlegenden Begriffen über den Bau und die Benennung der Segel und ihrer Teile beschäftigen, damit wir auch hier alle Ecken und Kanten beim richtigen Namen nennen können.

Das Material, aus dem die Yachtsegel hergestellt werden, ist Baumwolle, deren Qualität sich je nach dem Verwendungszweck für Renn- oder Tourensegel durch Gewicht und Festigkeit unterscheidet, wodurch natürlich auch die Preise beeinflusst werden. Es hat keinen Zweck, für eine Touryacht besonders kräftiges Tuch zu wählen, da dies die Takelage unnötig schwer und das Boot, namentlich bei leichtem Winde, langsam macht. Die Haltbarkeit ist, ausser gegen mechanische Verletzungen, auch nicht grösser, eine gleich gute Behandlung vorausgesetzt, da die Baumwollfaser nach einigen Jahren die Festigkeit unwiederbringlich verliert, ob sie nun in einem starken oder etwas schwächeren Tuch steckt.

Die Segel werden aus schmalen Tuchstreifen, den Bahnen oder Kleidern, zusammengesetzt, die noch vor einigen Jahren parallel zum Achterliek der Segel angeordnet wurden, während man, durch die günstigen Erfolge des Rennsports veranlasst, auch bei den kräftigen Segeln der Tourenyachten andere Bahnen in des Wortes verwegenster Bedeutung wandelt. Beim Gross- und Stagsegel eines Kutters lässt man die Bahnen senkrecht zum Achterliek verlaufen, weil hierdurch bei gleichzeitiger günstiger Ausnützung der Festigkeit, des gleichmässigen Reckens und der Möglichkeit, die Rundung des Bauchs richtig zu formen, dem Wind der beste Abfluss geschaffen wird. Beim Topsegel verlaufen die Kleider parallel zum Oberliek, und beim Klüver eines Kutters, dessen Unterliek nach dem Schothorn hin ziemlich hochgezogen ist, ordnet man den oberen Teil der Bahnen senkrecht zum Achterliek, den unteren Teil senkrecht zum Unterliek an, so dass sich eine Anzahl Bahnen in der Halbierungslinie des Schothornwinkels zu einer Naht vereinigen. In dieser Richtung soll dann auch der Zug der Klüverschot erfolgen. Die eben beschriebene Anordnung der Bahnen geht aus der Abb. 28 sehr schön hervor, die den Oertzschen Kreuzer Nirwana von 153 qm Amwindsegelfläche darstellt.

Auf einer grösseren Yacht unterscheiden wir die Untersegel und die Beisegel. Als Untersegel sind bei einem Kutter Grosssegel, Stagsegel und Klüver zu bezeichnen, während als Beisegel die Leichtwettersegel, Drei- und Vierkanttopsegel, Flieger, Ballon und Spinnaker zu rechnen sind, die bereits durch ihr leichteres Tuch von den festeren Untersegeln abstechen. Der Vollständigkeit wegen seien als Beisegel noch Ballonstagsegel, Ballonklüver und Ballonflieger erwähnt, die nur in Regatten bei leichter Brise als Amwindsegel gefahren werden. Für schweres Wetter können, falls, namentlich auf See, in bestimmten

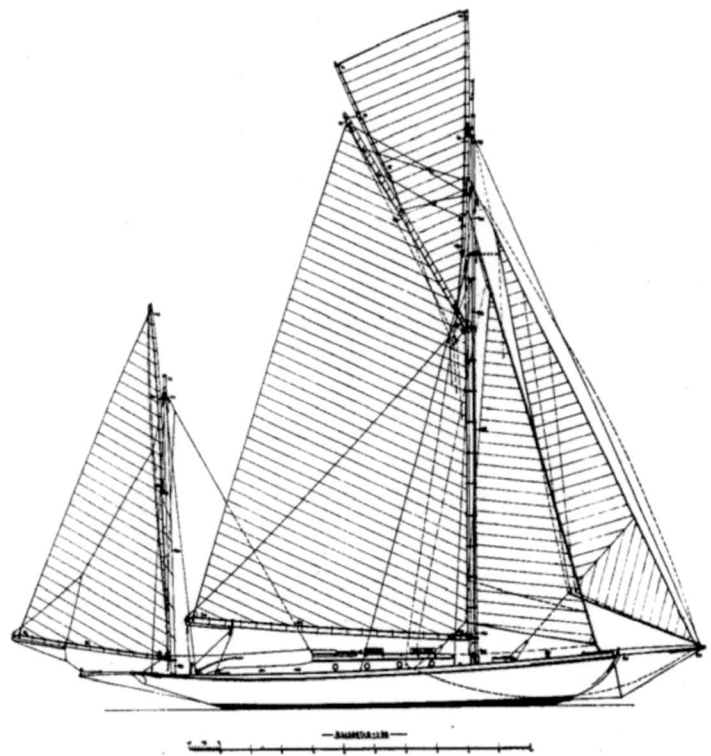

Abb. 28. Anordnung der Segelbahnen oder Kleider.

Fällen vom Reffen abgesehen werden muss, besondere Sturmsegel benutzt werden, von denen das baumlose Grosssegel aus schwerem Tuch, teils als Gaffelsegel, teils als dreieckiges Segel unter dem Namen Trysegel bekannt, im Seegang vorzügliche Dienste leistet.

Die einzelnen Teile eines Segels lernen wir am besten an Hand der Abb. 29 kennen. Wir nehmen zu diesem Zwecke ein viereckiges Segel, da hier die wichtigsten Bezeichnungen vereinigt sird, die beim dreieckigen Segel nicht alle vorkommen.

Die umgeschlagenen und eingesäumten Ränder eines Segels nennt man Lieken, — in der Einzahl das Liek. — Die vordere Kante des Segels heisst Vorliek, die gegenüberliegende hintere Kante Achter- oder Hinterliek, der untere Rand wird Unterliek und der gegenüberliegende obere Rand Oberliek genannt. Vor-, Ober- und Unterliek sind durch seitlich angenähte, schwach geteerte Hanfenden, die Liektaue, verstärkt, nur am Hinterliek fehlt dieses Liektau. Es ist am

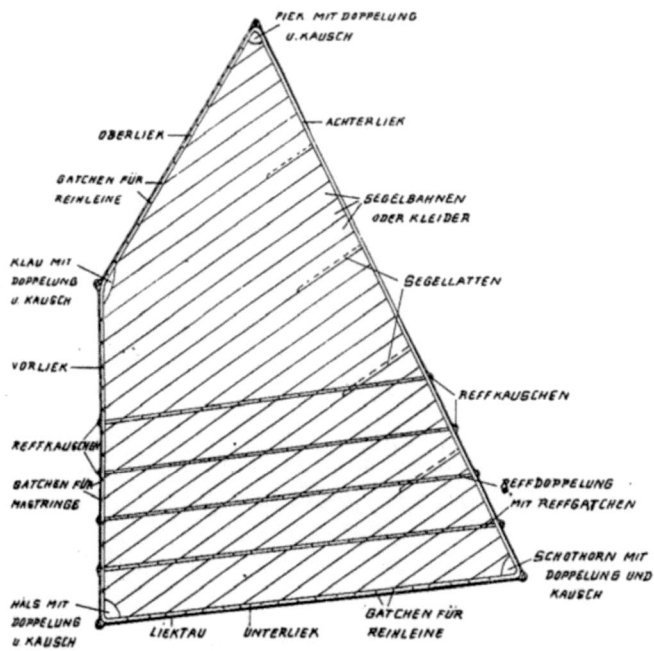

Abb. 29. Die Bezeichnung der Teile eines Segels.

Hinterliek weggelassen, um ein Recken des Segels zu ermöglichen, das hier durch die Biegsamkeit von Baum und Gaffel nicht in demselben Masse wie beim Vorliek erfolgen kann. Nur in der Gegend der beiden hinteren Ecken des Segels sind am Achterliek zur Verstärkung kurze Liektaue angebracht, von denen sich das untere bei eingenähten Reffkauschen bis über die oberste Kausch erstreckt. An Stelle des fehlenden Liektaus hat man in den breiten Saum des Hinterlieks eine dünne, kräftige Leine, die Liekleine, eingezogen. Da man mit ihr selbst während des Segelns den Stand des Achterlieks durch Auffieren oder Dichtholen regulieren kann, heisst sie auch Regulierleine. Die Liektaue sind samt und sonders nach einem internationalen Segelmacherbrauch auf der Backbordseite der Segel angenäht, und man kann, wenn man hierauf achtet, nie Gefahr laufen, ein Segel, dessen Form man nicht gleich übersehen kann, falsch zu setzen. Dies ist namentlich von Wert, wenn man nachts ein Vorsegel auswechseln oder das Trysegel anschlagen und setzen soll. Bei Rennyachten wird das Vorliek des Grosssegels und der Vorsegel vielfach aus Stahldraht gemacht, der in die Lieken eingenäht wird, doch muss man hier auf ein besonders gutes Trocknen der Segel und namentlich der stärkeren Lieken achten, da die Stahlenden sonst rosten und brechen. Man nimmt Stahllieken, weil diese bei grösseren Segeln weniger recken. An den Ecken sind in die Liektaue Metall- oder verzinkte Eisenkauschen eingesplisst, die zur Befestigung des Segels an den Spieren, oder, bei dreieckigen Segeln, an den Fallen und Schoten dienen.

Jede Ecke eines Segels hat eine besondere Bezeichnung, und zwar heisst die vordere untere Ecke beim viereckigen wie auch dreieckigen Segel der Hals, zu dessen Befestigen und Strecken wir ja bereits die Halstalje kennen lernten. Die hintere untere Ecke, in deren Nähe oder an der auch direkt die Schot angreift, nennt man das Schothorn, welche Bezeichnung gleichfalls für alle Segel gilt. Dagegen ist ein kleiner Unterschied bei der Bezeichnung der oberen Ecken, wovon beim viereckigen Segel ja zwei vorhanden sind, während sie sich beim dreieckigen zu einer Spitze vereinen. Beim Gaffelsegel heisst die vordere obere Ecke die Klau, weil sie an dem klauenförmigen Teil der Gaffel sitzt. Die hintere obere Ecke ist die Piek, die mittels der Gaffel durch das Piekfall bedient wird. Beim dreieckigen Segel vereinigen sich die beiden eben genannten Ecken zu einer einzigen, dem Kopf, seltener auch der Heiss, von heissen, genannt. Alle Segelecken sind durch eine Tuchdoppelung verstärkt, da sie am meisten beansprucht werden.

Um das Hinterliek zum guten Stehen zu bringen, steift man es durch dünne Holzlatten ab, die in besondere, auf das Segel genähte, schmale Taschen, die Lattentaschen, hineingeschoben und am Herausfallen durch Befestigen mittels eines Bendsels am Hinterliek gehindert werden. Diese Einrichtung hat sich auch für die Segel von Tourenyachten sehr bewährt, und man sollte im Interesse eines guten Segelns nicht darauf verzichten, nur aus dem Grunde, weil es zu umständlich ist, die Latten bei jeder Fahrt hineinzustecken und später wieder zu verstauen. Bequeme Leute lassen sie daher einfach weg und fahren lieber mit killendem Achterliek, oder sie lassen sie den ganzen Sommer über in den Taschen stecken und sind erstaunt, an diesen Stellen Stockflecken zu entdecken, die sich auf die Dauer einstellen, da das Holz die bei einem Regenwetter aufgesaugte Nässe in seiner dichten Verpackung so leicht nicht wieder loswerden kann. Die Anbringung recht vieler Latten ist für ein Tourenboot natürlich nicht zu empfehlen, dagegen sollte man für mittlere Boote 3—4 kräftige, breite Eschenholzlatten von mässiger Länge nehmen, die bei einem gelegentlichen schnellen Herunternehmen der Segel einen unfreiwilligen Schlag vertragen können. Die Latten dürfen nicht so lang sein, dass sie gegen das Ende der Tasche stossen, da hierdurch Falten im Segel erzeugt werden, sie sollen auch nicht so dick sein, dass sie die Taschen stramm ausfüllen, da hierdurch das Segel in der Nähe der Latte, namentlich bei nassem Wetter, verreckt wird.

Ueber das Herausstehen der Latten über das Achterliek gehen die Ansichten auseinander. Mancher Rennsegler lässt sie über das Liek einen oder mehrere Zoll herausragen, weil sie sich so am wirksamsten auf das Liek stützen und dem Segel einen festeren Halt geben sollen. Andere wieder schieben sie ganz in die Taschen hinein und binden diese zu, so dass die Latten völlig verschwinden. Letzteres kann nur erreicht werden, wenn das Haltebendsel an der Latte selbst und nicht am Hinterliek angebracht ist. Diese Methode hat den, namentlich für Tourenyachten, sehr praktischen Vorteil, dass das Hinterliek völlig glatt bleibt, so dass weder Dirken noch Flaggleinen sich hinter den meist hervorstehenden Latten verhaken können. Ausserdem sind uns Nachteile über den seglerischen Wert dieser Methode nicht bekannt. Bei Rennyachten finden wir häufiger auch in den Achterlieken der Vorsegel kurze Latten, doch sind diese für Tourenyachten nicht zu empfehlen, da sie beim häufigen Bergen der Vorsegel sehr hinderlich sind.

Für dreieckige Segel fallen einige der erwähnten Bezeichnungen fort. Hier haben wir nur das Vorliek, Achterliek und Unterliek, letzteres auch Fuss genannt. Da wir nur ein Liek haben, das beim Setzen und Strecken besonders beansprucht wird, das Vorliek, so ist auch nur hier, wieder an Backbord, ein Liektau angenäht, das bei grösseren Segeln durch ein Stahlliek ersetzt ist. Werden die Vorsegel jedoch an einem Stag mittels besonderer Oesen, der Stagreiter, angereiht, so sind auch hier die Lieken, selbst bei grossen Segeln, aus schwach geteertem Hanf. So finden wir z. B. Stagreiter und Hanflieken beim Stagsegel und Flieger. Das Hinterliek hat kein Liektau, aber auch keine Regulierleine, ebenso fehlt dem Unterliek das

Liektau. Nur so weit etwa, wie sich die Doppelungen an den drei Ecken erstrecken, sind kurze Liektaue vorgesehen, die zum Befestigen der eingesplissten Kauschen dienen. Die Ecken eines dreieckigen Segels kennen wir bereits als Hals, Schothorn und Kopf oder Heiss.

Das Verkleinern der Segel erfolgt durch das Reffen. Bei dem Gaffelsegel kleiner und mittelgrosser Boote, etwa bis zu der Grenze der auf unseren Binnengewässern üblichen Grösse, erfolgt das Reffen durch ein Drehreff, das meist unter dem schönen Namen Patentreff bekannt ist. Da die meisten Patente dieser Art erloschen oder sonstwie umgangen oder überholt sind, trifft die Bezeichnung nicht mehr recht zu, doch hat sie sich so eingebürgert, dass wir sie wohl nicht mehr loswerden. In Abb. 22 ist eine derartige Drehreffvorrichtung gezeichnet und man ersieht leicht, dass die Drehung des Grossbaums und das hierdurch bewirkte Aufrollen des Segels durch einen Hebel, den Reffhebel, erfolgt, der in ein Sperrad eingreift, das durch eine Sperrklinke am Zurückdrehen verhindert wird. Bei guter Konstruktion aller Teile arbeiten diese Reffs sehr schnell und zuverlässig, ist das Material jedoch schlecht oder der Beschlag zu schwach, so erlebt man gerade dann einen unangenehmen Bruch des Reffs, wenn man ihn am wenigsten gebrauchen kann.

Für grössere Yachten kommen diese Reffvorrichtungen nicht mehr in Frage, da alsdann infolge des grossen Segels die Kräfte zum Aufrollen desselben und die Abmessungen des Reffbeschlages zu gross werden.

Man macht daher den Grossbaum, der jetzt einen Beschlag nach Abb. 21 erhält, nicht mehr um sich selbst drehbar, sondern lässt ihn fest und bindet das genügend gefierte Segel auf ihm zusammen. Hierzu gibt es zwei Methoden, von denen die erste, bei der das zu reffende Tuch mit Reffbendseln festgemacht wird, aus der Handelsschiffahrt übernommen ist. Das Segel ist zum allmählichen Verkleinern mit zulegendem Winde in mehrere Reffs eingeteilt, wobei man unter einem Reff einen bestimmten Streifen Tuch versteht, an dessen Oberkante die Reffbendsel in gewissen Abständen, alle parallel dem Grossbaum, angenäht sind. In Richtung dieser Bendsel ist das Segel durch eine aufgenähte Doppelung verstärkt. Im Vor- und Achterliek sind in gleicher Höhe mit der Bendselreihe in das Liektau Reffkauschen, runde Augen aus Metall oder verzinktem Eisen, eingesplisst, mit denen das gefierte Segel am Baum festgemacht wird. Am Vorliek geschieht dies durch einen kräftigen Schäkel, am Achterliek dagegen wird das Festmachen etwas umständlicher. Wir müssen uns vorstellen, dass das eigentliche Unterliek beim Reffen überflüssig geworden und an seine Stelle eine Reffbendselreihe getreten ist, die ja durch die aufgenähte Doppelung zum Aushalten eines erhöhten Zuges eingerichtet ist. Diese Doppelung bildet also jetzt das neue Unterliek und muss, damit das Segel stehen soll, nach hinten ausgeholt werden. Gleichzeitig muss die Reffkausch des Achterlieks auf den Baum heruntergeholt und dort festgehalten werden. Um dies zu bewerkstelligen, ist ein besonderer Beschlag vorgesehen, den wir bereits bei der Besprechung des Grossbaums kennen gelernt haben. Vor dem Ausholen des Segels wird ein kurzes Ende, Steckbolzen genannt, das an einem Tampen mit einem Knoten, dem Stopperstek, am anderen mit einer spitz zulaufenden Takeling, dem Hundspünt, versehen ist, von unten durch ein für das betreffende Reff bestimmtes Gatchen des Beschlages gesteckt, wobei der Stopperstek das gänzliche Durchscheren verhindert. Darauf holt man den Steckbolzen durch die Reffkausch und von hier durch die auf der anderen Seite des Gatchens im Beschlag des Baumes liegende Scheibe, schlägt auf das freie Ende des Steckbolzens eine Talje, die Refftalje, auf und holt mit dieser den Steckbolzen steif. Hierdurch wird das Segel sowohl nach hinten ausgeholt, wie auch die Reffkausch des Achterlieks fest auf den Baum gebracht. Nachdem der Steckbolzen an einer besonderen Klampe am Grossbaum belegt worden ist, wird die Refftalje verstaut. Bevor all diese Arbeiten geschehen, ist der Ausholer des Unterlieks loszuwerfen. Ist das Segel gut ausgeholt, so wird das lose hängende Tuch unterhalb der Reffbendsel aufgerollt, auf den Baum gestaut und mittels der Bendsel, die um den Baum oder das Jackstag herumgenommen werden, zusammengebunden. Diese Methode wird indes selten angewandt, da die am Segel befestigten vielen Reffbendsel ein schlechtes Abfliessen des Windes bewirken und das Segel unnötig schwer machen.

Die allgemein übliche Art des Reffens eines grossen Segels ist jedoch fast die gleiche, nur hat man an Stelle der vielen Reffbendsel eine durchlaufende Leine, die Reffleine, vorgesehen, die durch Messinggatchen, die an Stelle der Bendsel in das Segel eingeschlagen sind, durchgesteckt und um den Baum oder das Jackstag herumgenommen wird. Damit dieses Einbinden des gerefften Tuchs schneller vor sich geht, fängt man mit dem Durchstecken der Leine in der Mitte der Gatchenreihe an, holt den einen Tampen der Leine nach vorn, den anderen nach hinten durch und macht sie am Hals und an der Baumnock gut fest. Im übrigen erfolgt das Festmachen der Reffkauschen und das Ausholen des Segels in der bereits beschriebenen Weise mit

Steckbolzen und Refftalje. Es sei bei dieser Gelegenheit darauf hingewiesen, dass beim Ausreffen des Segels oder, wie man auch sagt, Ausschütten der Reffs, zunächst die Reffleine losgemacht und gut überholt wird und dann erst der Steckbolzen entfernt werden darf, während bei umgekehrtem Verfahren der durch den losgeworfenen Steckbolzen freiwerdende Zug des nach hinten ausgeholten Segels durch die noch feste Reffleine auf die Gatchen kommt und diese aus dem Tuch ausreissen.

Das Festmachen eines Segels an Baum und Gaffel geschieht in folgender Weise. Das Unterliek wird in die Keep des Grossbaums gelegt und mit der Halskausch am Fuss des Baumes entweder angeschäkelt oder bei kleineren Yachten mit einer kräftigen, nicht zu langen Leine festgezurrt. Darauf wird die Kausch des Schothorns an den Schlitten des Ausholers angeschäkelt und dieser ausgeholt, bis das Unterliek mässig steif kommt. Ein zu starkes Ausholen vertrimmt das Segel; man soll nur soviel ausholen, dass das Liek keine losen Buchten bildet und, sobald solche entstehen, diese durch leichtes Nachholen wieder entfernen. Darauf wird das Unterliek angereiht, indem man eine kräftige, dünne Leine, die in die Halskausch eingesplisst ist, um den Baum herumnimmt, dann durch ein Gatchen des Unterlieks steckt, wieder um den Baum und durch das Gatchen nimmt und so bis zum Schothorn fortfährt, wo der nicht zu lange Tampen der Leine festgemacht und verstaut wird. Zum Anreihen der Segel wird auch vielfach der Marlschlag benutzt, weshalb man auch vom Anmarlen spricht. Dieser Marlschlag besitzt die Eigenschaft, dass er sich selbst bekneift, d. h. nicht aufgeht, wenn das Ende, mit dem er gemacht wird, lose kommt. Nach unserer Erfahrung sollte man den Marlschlag bei neuen Segeln nicht anwenden, da er das Liek an den Stellen, wo es mit den Gatchen am Baum sitzt, dort so fest hält, dass ein Recken des ganzen Lieks verhindert wird, wodurch kleine Fältchen im Tuch entstehen. Die erste Art des Anreihens erlaubt jedoch dem Liek, ein bei Feuchtigkeit erfolgendes Zusammenziehen auf seine ganze Länge zu verteilen, da die einfachen Buchten der Reihleine hierzu genügend Spielraum lassen. Man sollte diese Marlschläge erst dann anwenden, wenn das Segel gänzlich ausgereckt ist.

Wenn ein besonderer Ausholer nicht vorhanden ist, so wird ein kräftiges, dünnes Ende in die Schothornkausch des Segels eingesplisst und dieses durch ein möglichst weites und glatt ausgefeiltes Loch in der Nock des Grossbaums gesteckt, von hier wieder durch die Kausch, dann durch das Loch und so etwa drei- bis viermal hin und her. Hierdurch hat man jetzt eine Art kleiner Talje hergestellt, mit der man ohne besondere Kraftanstrengung das Ausholen vornehmen kann. Der lose Tampen dieses Ausholers wird dann noch einige Male um den Baum und durch die Kausch genommen, worauf er mit einigen halben Schlägen festgemacht wird. In gleicher Weise wird das Oberliek an die Gaffel angereiht, sowie die Top- und Schotraa am Topsegel und die Fussraa am Vorsegel angemarlt.

Das Vorliek eines Gaffelsegels wird am Mast mittels der Reihleine befestigt oder angereiht, die in die Kausch der Klau eingespliesst und von hier in einfachen Buchten um den Mast herum und durch die Gatchen im Vorliek nach Deck fährt, wo sie dichtgeholt und am Mast belegt wird. Bei grösseren Yachten finden wir an Stelle der Reihleine Holzringe, die in gewissen Abständen am Liek mittels besonderer Gatchen und Bendsel festgezurrt sind. Diese Mastringe, auch Legel genannt, sind aus Eschenholz und werden in Dampf zu ihrer Form gebogen; beim Reffen müssen sie soweit losgebunden werden, wie das Segel weggerefft werden soll.

Das Vorsegel wird im allgemeinen nicht gerefft, sondern durch ein kleineres ersetzt. Anderenfalls hat es eine oder zwei Reihen angenähter Reffbendsel, mit denen es bei zulegendem Winde weiter gekürzt werden kann. In der Verlängerung dieser Bendselreihen sind im Vor- und Hinterliek Reffkauschen eingesplisst, deren vordere an Deck oder auf dem Klüverbaum festgemacht oder an die Halstalje angeschäkelt, während an die Kausch des Hinterlieks die Klüverschot angeschlagen wird. Das jetzt herunterhängende Tuch wird mit dem losen Hals und Schothorn nach innen fest zusammengerollt und darüber die Reffbendsel mit einem Kreuzknoten fest verknotet.

Sind, wie beim Kutter, zwei Vorsegel vorhanden, so ist das Stagsegel, falls deren nicht mehrere vorhanden sind, mit einer oder zwei Reffbendselreihen versehen. Der Klüver dagegen wird durch einen kleineren von stärkerem Tuch ausgetauscht, und häufig kann auch dieser noch durch ein besonders kleines Segel, den Sturmklüver, ersetzt werden. Ist auch hierfür der Wind zu stark, so nimmt man den Klüver ganz fort und segelt nur mit der Stagfock.

Häufig findet man auf kleineren und mittleren Yachten als Vorsegel die Rollfock, die insofern einen praktischen Wert hat, als man das auf ihr rouleauxartig aufgewickelte Segel durch einen einfachen Zug an einem um den Fuss ihrer Rollstange gewickelten Ende vom grossen Ballonklüver bis zum kleinsten Amwindsegel verkleinern oder vergrössern kann. Durch eine besondere Konstruktion, auf die wir aber nicht näher eingehen wollen, wird sogar das Spinnakersetzen mit wenigen Handgriffen ermöglicht. So verlockend diese Erfindung aussieht, namentlich, wenn beim Anlegen oder Festmachen der Klüver blitzschnell verschwindet, kann sie doch auf keinen Fall empfohlen werden. Erstlich hat das festaufgerollte Segel im Ruhezustand nicht die geringste Luft, um die stets vorhandene, wenn auch geringe Feuchtigkeit loszuwerden, und zweitens ist das Möbel ausserordentlich schlecht zu verstauen. Nimmt man die Rollfock unter Deck, so exerziert man zunächst eine Weile mit dieser langen Stange herum; lässt man sie stehen, so ist der Schutz der Persenning ein dürftiger, da das Wasser leicht von oben hineinläuft. Ausserdem kann man die Stange nicht so steif durchsetzen, wie das Vorliek eines gewöhnlichen Segels, oder man hat, falls die Stange von vornherein über das Vorstag geschoben ist, überhaupt keine Möglichkeit des Nachstreckens, so dass ein gutes Amwindsegeln ausgeschlossen ist. Also alles in allem, die Rollfock ist trotz einiger guten Eigenschaften zu verwerfen.

Zum Schluss dieses Abschnittes weise ich wegen der Behandlung der Segel nochmals auf den dritten Teil dieses Buches hin.

3. Stabilität und Schwerpunkte.

Erschrecken Sie nicht, verehrter Leser, vor der dräuenden Ueberschrift, die so sehr nach der grauen Theorie aussieht und doch nur soviel davon enthüllen soll, dass es ausreicht, um einige Fragen zu beantworten, auf die ein guter Segler prompten Bescheid geben muss und es doch in den wenigsten Fällen kann. Da gehen wir einfach auf ein Boot und fragen nicht lange: trägt es uns auch, oder: fällt es nicht um? Wir wundern uns gar nicht, dass ein Segelfahrzeug überhaupt vorausfährt und nicht achteraus, und wir segeln fast vierkant gegen den Wind an und denken nur, wenn's doch noch etwas höher ginge! Das ist uns durch Gewohnheit und Erfahrung so selbstverständlich geworden, dass wir die Antwort darüber vergessen haben, und doch könnte ein zweifelnder Anfänger, der allem auf den Grund gehen möchte, eines Tages fragen: warum schwimmt das Boot überhaupt und warum trägt es uns, weshalb fällt es nicht um und warum segelt es nicht rückwärts, sondern vorwärts und sogar beinahe gegen den Wind? Da können wir doch unmöglich antworten: es versinkt nicht, weil es hohl ist; es fällt nicht um, weil Blei dran hängt oder weil es so breit ist; es segelt voraus, weil es gar nicht anders kann, und es kreuzt, weil es einen Kiel hat. Und da wir doch eine Antwort geben müssen, wollen wir uns für kurze Zeit in die längst entschwundenen Physikstunden der Schule zurückdenken und einige Erinnerungen über Gewicht, Auftrieb, Schwerpunkt und Hebelarm auffrischen.

Deplacement und Auftrieb.

Jeder im Wasser schwimmende Körper verdrängt nach dem archimedischen Grundsatz eine Wassermenge, die ebenso schwer wie der Körper selbst ist. Diese verdrängte Wassermenge heisst Wasserverdrängung oder Deplacement, und ihr Gewicht ist gleich ihrem Rauminhalt mal dem spezifischen Gewicht des Wassers. Denkt man sich den schwimmenden Körper gewichtslos, so müsste man einen bestimmten Druck ausüben, um ihn so tief ins Wasser zu drücken, wie er einsank, als er sein Gewicht besass. Gegen diesen Druck wird vom Wasser ein gleichwertiger Gegendruck auf den gewichtslosen Körper ausgeübt. Dieser Gegendruck heisst Auftrieb und ist gleich dem Gewicht des verdrängten Wassers, dem Deplacement. Die Druckkräfte des Auftriebs sind vertikal aufwärts gerichtet. Denkt man sich die einzelnen Druckkräfte zu einer einzigen Kraft vereinigt, so geht deren Richtung vertikal aufwärts durch den Schwerpunkt des verdrängten Wassers, des Deplacements.

Ist also ein Körper schwerer als das Gewicht des von ihm verdrängten Wassers, so versinkt er, kann dagegen sein Inhalt genau soviel oder mehr Wasser verdrängen, als er wiegt, so schwimmt er. Verdrängt ein Körper genau soviel Wasser, wie sein Gewicht beträgt, so geht er bei der geringsten weiteren Belastung unter, falls diese seinen Inhalt nicht vergrössert; fasst sein Inhalt dagegen mehr Wasser, als der ganze Körper wiegt, so kann er solange weiter belastet werden, bis der Inhalt des Körpers eine Wassermenge von der Schwere seines Gesamtgewichts verdrängt hat. Diesen Ueberschuss an Tragfähigkeit nennt man Reservedeplacement, — und somit wären die beiden ersten Fragen: warum ein Boot überhaupt schwimmt und weshalb es uns trägt, bereits gelöst.

Form- und Gewichtsstabilität.

Unter der Stabilität einer Yacht versteht man ihre Fähigkeit, sich aus einer geneigten Lage wieder aufzurichten. Diese Fähigkeit kann sie sowohl ihrer Form, wie auch ihrem Gewicht verdanken, und man spricht daher von der Form- und der Gewichtsstabilität. Ballastlose Boote, wie Jollen, nehmen ihre Stabilität zunächst aus ihrer Form, wenn wir von dem lebenden Ballast absehen. Unkennerbare Yachten dagegen haben sie, namentlich wenn sie sehr schmal sind, nur der Lage, der Verteilung ihres Gewichtes zu verdanken.

Wenn wir uns dies klar machen wollen, müssen wir uns ein wenig mit zwei Schwerpunkten befassen, von denen die ganze Stabilität abhängt, — mit dem Form- und dem Gewichtsschwerpunkt. Wir sagten bereits, dass die Richtung der Auftriebskraft durch den Schwerpunkt des verdrängten Wassers, des Deplacements, gehe. Da der ins Wasser eingetauchte Teil eines Körpers, bei einer Yacht also das Unterwasserschiff bis zur Wasserlinie, das Gewicht des ganzen Körpers oder der Yacht darstellt, so haben wir den Schwerpunkt dieses eingetauchten Körpers oder dieser Form zu bestimmen, um den Form- oder Deplacementsschwerpunkt zu erhalten. Auf die Erklärung der

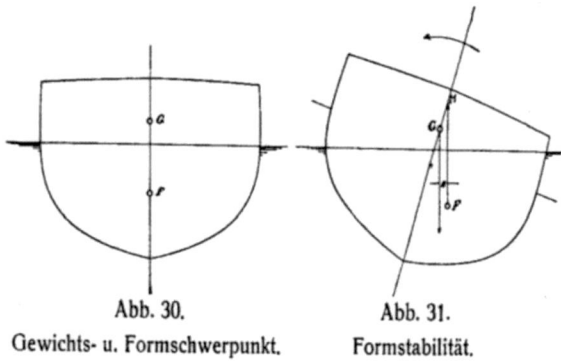

Abb. 30. Abb. 31.
Gewichts- u. Formschwerpunkt. Formstabilität.

Berechnung des Deplacements und seines Schwerpunktes, sowie anderer Schwerpunktsbestimmungen, wollen wir hier verzichten, da das über den Rahmen des Buches hinausgeht, und wir begnügen uns mit der Tatsache, dass die Schwerpunkte rechnerisch festgelegt werden können.

In Abb. 30 finden wir in F den Schwerpunkt des bis zur Wasserlinie eingetauchten Körpers, hier durch einen Teil desselben, das Hauptspant, dargestellt. Wir sehen, dass dieser Form- oder Deplacementsschwerpunkt stets unterhalb der Wasserlinie liegen muss, wir sehen aber auch, dass er sich mit der eingetauchten Form verschiebt. Sobald wir das Boot überneigen, wird die eingetauchte Form und damit die Lage ihres Schwerpunktes eine andere. Abb. 31. In unserem Falle hat sich F nach rechts verschoben, da das eintauchende Stück durch seine Form den Körper nach dieser Seite vergrösserte. Durch eine andere Bauart hätte aber auch das Umgekehrte eintreten können, indem die Form bei einer Neigung nach rechts nicht nach dort, sondern nach links zunahm. Alsdann wäre der Schwerpunkt nach links gewandert.

Der zweite Schwerpunkt, der die Stabilität beeinflusst, ist der System- oder Gewichtsschwerpunkt G. Auch er kann rechnerisch mit Hilfe der Gewichte der einzelnen Bauteile ermittelt werden. Um uns einen Begriff von diesem Punkt zu machen, denken wir uns eine Yacht völlig aus dem Wasser herausgehoben und frei in der Luft in einem Punkte so unterstützt, dass sie in jeder Lage im Gleichgewicht ist, mag der Kiel nun oben oder unten, seitwärts oder sonstwohin ragen. Theoretisch ist das eine Kleinigkeit, und wenn wir uns die nötigen Vorrichtungen bauten, würde es auch praktisch möglich sein. Dieser Punkt ist nun der gesuchte Schwerpunkt des ganzen

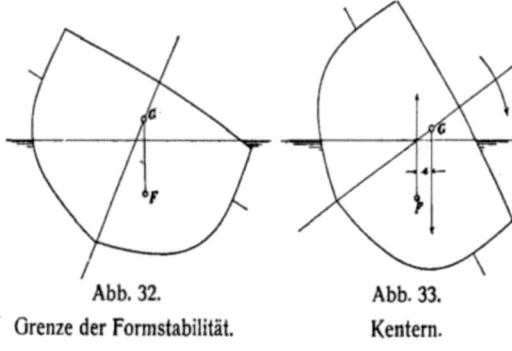

Abb. 32.
Grenze der Formstabilität.

Abb. 33.
Kentern.

Systems, weshalb er auch Systemschwerpunkt heisst. Er bleibt unverrückbar an seiner Stelle, nach welcher Richtung man das System auch drehe, wobei vorausgesetzt wird, dass die Lage und Menge der Gewichte um nichts geändert wird. Bei ballastlosen Booten liegt der Gewichtsschwerpunkt G über dem Formschwerpunkt F, wie in Abb. 30 dargestellt. In Abb. 31 sehen wir, dass G an seiner alten Stelle im Schiff geblieben ist, nur dass er sich mit dem ganzen System gedreht hat, während F nach rechts auswanderte.

Die Stabilität, d. h. die Neigung, sich wieder aufzurichten, kommt nun folgendermassen zustande. In Abb. 31 wirkt in G die Schwerkraft, das Gewicht der Yacht, senkrecht nach unten, in F dagegen greift der Auftrieb senkrecht nach oben an. Da nun F um den Abstand e nach rechts von G ausgewandert ist, so entsteht ein in der Richtung des Pfeiles aufrichtendes Kräftepaar mit dem Hebelarm e. Das aufrichtende Moment ist gleich Kraft $\times$ Hebelarm = Schiffsgewicht $\times$ e.

Je grösser der Hebelarm e der aufrichtenden Kraft ist, um so grösser ist die Stabilität bei der betreffenden Neigung. Die Richtung der durch F vertikal nach oben gehenden Kraft des Auftriebs schneidet die Mittelachse des Schiffes im Punkt M, dem Metazentrum. Der Abstand des Metazentrums M vom Gewichtsschwerpunkt G, die Strecke MG, nennt man die metazentrische Höhe. Je grösser sie ist, je höher also das Metazentrum liegt, um so stabiler ist das Schiff. Wir sehen also, dass ein Boot nur durch seine Form und ohne Ballast in der Lage ist, sich wieder aufzurichten.

Bleiben wir bei dem Beispiel und drehen in Abb. 32 unser Boot weiter nach rechts, so ersehen wir aus Abb. 32, dass die Form des eingetauchten Körpers sich so verändert hat, dass ihr Schwer-

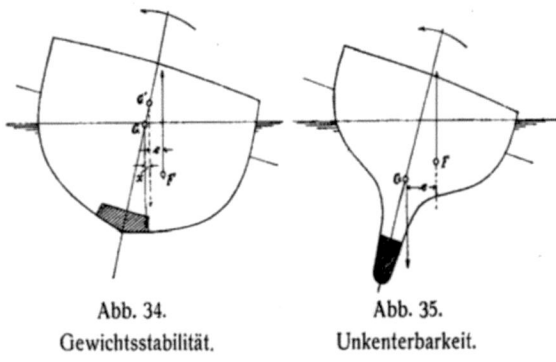

Abb. 34.
Gewichtsstabilität.

Abb. 35.
Unkenterbarkeit.

punkt F mit zunehmender Neigung nicht weiter nach rechts auswandert, während dies bei G der Fall ist. In dem gezeichneten Augenblick ist die Grenze der Stabilität erreicht, das Schiff hat keine Neigung mehr, sich aufzurichten, und liegt zum Kentern. Derartige Augenblicke hat jeder Jollensegler, namentlich in Regatten, zu hunderten erlebt, wo er sich ergebungsvoll fragte: steht sie wieder auf, oder steht sie nicht wieder auf? Dann legte er sich noch weiter nach Luv, und meistens tat diese Verschiebung von G ihre Wirkung. Hieraus ergibt sich der Wert des beweglichen oder Luvballastes, der es ermöglicht, den sonst unverrückbaren Systemschwerpunkt G zu verschieben. Betrachten wir diese Situation von der mathematischen Seite, so drücken wir uns etwa folgendermassen aus. Da der Hebelarm e gleich Null geworden ist, so ist das aufrichtende Moment ebenfalls gleich Null, da Kraft $\times 0 =$ Schiffsgewicht $\times 0 = 0$ ist. In diesem Fall fällt M mit G zusammen, da die in F angreifende Richtung des Auftriebs durch G geht, d. h. die metazentrische Höhe ist gleich Null.

— 49 —

Wird das Boot jetzt, z. B. durch eine Böe oder einen von Luv nach Lee herabstürzenden Anfänger noch weiter nach rechts geneigt, so wandert infolge der Form des Bootes F links von G aus, und es entsteht ein in der Pfeilrichtung drehendes Kräftepaar, das die nach rechts begonnene Neigung unterstützt, d. h. das Boot kentert. Abb. 33.

Durch das Hinzufügen oder die Verschiebung von Gewichten kann man die Stabilität erhöhen. Legt man, Abb. 34, in das bisher ballastlose Boot an eine möglichst tiefe Stelle ein Gewicht, so wird der ursprünglich hochliegende Gewichtsschwerpunkt G' tiefer nach

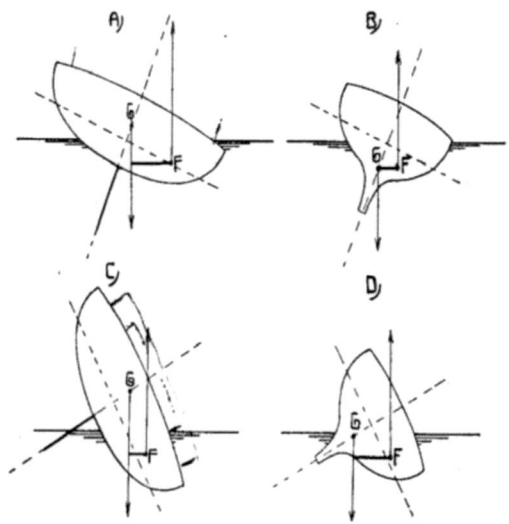

Abb. 36. Anfangs- und Endstabilität.

G verschoben. Hierdurch vergrössert sich der Hebelarm e um die kleine Strecke x, und es wird das aufrichtende Moment = Gewicht × (e + x). Die metazentrische Höhe wächst um die Strecke GG'. Hieraus ist zu ersehen, dass das Hinzufügen von Ballast oder das Tieferlegen von Gewichten die Stabilität vergrössert, dass dies aber in erhöhtem Masse geschieht, wenn der Ballast soweit seitlich von F gestaut wird, dass der aufrichtende Hebelarm e ein möglichst grosser wird (Luvballast).

Legt man nun den Ballast in reichlicher Menge so tief, dass er den Systemschwerpunkt G u n t e r den Formschwerpunkt F bringt, so ist stets ein aufrichtendes Moment vorhanden, d. h. das Boot ist unkenterbar. Abb. 35. Diese in der Hauptsache durch das Gewicht und weniger durch die Form erzeugte Neigung, sich aufzurichten, nennt man Gewichtsstabilität.

Es wäre nun verkehrt, anzunehmen, dass man bei unkenterbaren Booten auf die Formstabilität gänzlich verzichten könne. Sie ist vielmehr für geringe Neigungswinkel von grösstem Wert, und wie aus Abb. 36 hervorgeht, ist hierbei nach den Skizzen A und B der aufrichtende Hebelarm bei dem breiten, aber ballastlosen Schwertboot erheblich grösser, als der des schmalen, unkenterbaren Flossenkielers. Hieraus ergibt sich, dass bei geringen Neigungen ein schmales, unkenterbares Boot ranker ist, als ein breites Fahrzeug ohne Ballast, d. h. die Anfangsstabilität des letzteren ist grösser. Neigt man beide Boote im gleichen Winkel weiter, Skizze C und D, so tritt das Umgekehrte ein, indem jetzt der aufrichtende Hebelarm beim Schwertboot kleiner, beim Flossenkieler dagegen immer grösser wird, d. h. die Endstabilität des letzteren ist grösser. Man hat nun, nicht allein bei Touren-, sondern auch Rennyachten, beide Eigenschaften dergestalt vereinigt, dass man bei mässiger Breite, die der Schnelligkeit nicht schadet, aber die Anfangsstabilität erhöht, einen grossen Ballast, soweit derselbe sich mit den sonstigen Gewichtsverhältnissen verträgt, einbaut.

Segel- und Lateralschwerpunkt.

Diese beiden Schwerpunkte sind je nach ihrer Lage zueinander entscheidend für das gute Segeln einer Yacht, vorausgesetzt, dass Bootskörper und Segel ebenfalls das ihre tun. Haben aber die beiden letzteren die denkbar besten Eigenschaften und versteht es der Konstrukteur oder Segler nicht, das Verhältnis von Lateral- und Segelschwerpunkt zueinander richtig zu bemessen oder hinzutrimmen, so ist Hopfen und Malz verloren. Dem Konstrukteur oder Segelmacher kann es unmöglich gelingen, selbst an Hand reicher Erfahrungen, die Lage der beiden wichtigsten Punkte so abzustimmen, dass nichts mehr daran zu ändern wäre, denn eine neue Bootsform beinflusst die Segeleigenschaften in stets neuer Weise. Dem Segler bleibt es daher überlassen, das Werk, das zum allerletzten Schliff in seine Hand gegeben wird, zur Vollendung zu führen.

Der Segelschwerpunkt ist, wie aus dem Wort leicht zu erraten, derjenige Punkt sämtlicher Segel, in dem wir uns den Wind, zu einer einzigen Kraft vereint, angreifend vorstellen. In die Rechnung werden zur Ermittelung des Gesamtsegelschwerpunktes nur die Schwerpunkte der einzelnen Amwindsegel eingesetzt, da die richtige Lage des Gesamtschwerpunktes hauptsächlich für gute Amwindeigenschaften in Frage kommt. Auch diese Schwerpunktsberechnung sei uns erlassen, es sei nur angedeutet, dass man zunächst, meist zeichnerisch, die Schwerpunkte der einzelnen Segel bestimmt, was ja nicht schwierig ist, da diese lauter Dreiecke oder Vierecke sind. Diese Schwerpunkte bezieht man auf eine gemeinsame Achse, meist nimmt man die durch die Mitte der Wasserlinie gehende Senkrechte und berechnet mittels der von dieser Achse aus gemessenen Entfernungen der einzelnen Schwerpunkte den Abstand des Gesamtschwerpunktes von der Achse. Dann ist die Entfernung vom Lateralschwerpunkt ebenfalls gegeben.

Der also theoretisch gefundene Segelschwerpunkt, wie wir den Schwerpunkt sämtlicher Segel jetzt einfach nennen werden, ist nun nicht der wirkliche Schwerpunkt, also der Punkt, an dem wir uns die Windkraft angreifend denken. Er wäre es, wenn der Wind senkrecht auf das Segel bliese, also etwa beim Segeln platt vor dem Winde. Trifft der Wind aber schräg auf das Segel, so verschiebt sich der Schwerpunkt gegenüber seiner theoretischen Lage. Bleiben wir beim Segeln am Wind und denken uns den Wind schräg von vorn auf ein flachgeschnittenes Grosssegel blasend, so werden die dicht hinter dem Mast das Segel treffenden Windfäden in Kraft und Richtung ungehindert auftreffen und dann am Segel entlang nach hinten abfliessen. Es bildet sich also auf dem Segel ein Windpolster, das nach dem Achterliek zu immer dicker wird, da weiter nach hinten neue Windteilchen hinzutreten, die es in dauernder Bewegung halten. Dieses Luftpolster verhindert nun die in der Mitte und weiter hinten auftreffenden Windfäden, ungehindert auf das Segel zu treffen, sie werden vielmehr vorher in ihrer Kraft geschwächt und in ihrer Richtung abgelenkt. Daher wirkt der Wind am hinteren Teil des Segels nicht so stark wie am vorderen, und es ist klar, dass der Schwerpunkt, wenn Gleichgewicht herrschen soll, weiter nach vorn wandern muss.

Bei den neueren, nach Art der Vogelflügel und Tragflächen von Flugzeugen bauchig geschnittenen Segeln ist die Wirkung eine günstigere. Der Bauch hat je nach den Erfahrungen des Segelmachers oder Konstrukteurs in einem gewissen Abstande vom Vorliek seine grösste Rundung, die nach hinten immer flacher verläuft. Hierdurch treffen die weiter hinten aufprallenden Windteilchen auf eine ihrer Richtung immer mehr zugeneigte Ebene, so dass sie trotz des abstreichenden Windpolsters kräftiger wirken können, als beim platten Segel, dessen Fläche an allen Stellen fast die gleiche Neigung zur Windrichtung hat. Daraus folgt, dass sich beim bauchigen Segel der Schwerpunkt nicht so stark nach vorn verschiebt wie beim platten Segel, dass also die Windkraft besser ausgenützt wird. Es folgt ferner, dass nicht ohne weiteres zu demselben Boot ein flaches und ein bauchiges Segel passt, wie das ja die Praxis hinreichend bewiesen hat, denn der Segelschwerpunkt ist stets ein anderer.

Unter dem Lateralplan einer Yacht versteht man die seitliche Projektion ihres Unterwasserschiffes nebst Ruder. Beim Segeln verhindert oder, genauer gesagt, vermindert der Lateralplan durch seine Grösse und Form das seitliche Abtreiben des Fahrzeuges. Der Angriffspunkt aller, die seitliche Abtrift verhindernden Kräfte, des Seiten- oder Lateralwiderstandes, ist der Lateralschwerpunkt. Um diesen

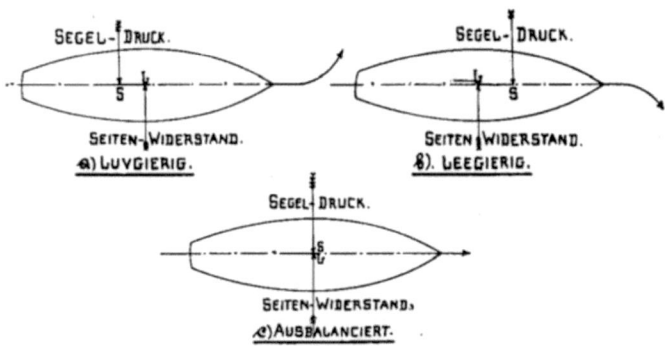

Abb. 37. Luv- und Leegierigkeit.

Punkt, bezw. eine durch ihn gedachte Achse dreht sich das Fahrzeug bei Wendungen, die wir zunächst nur als solche durch Ruderwirkung hervorgebracht ansehen wollen. Es treten ferner Drehungen des Schiffes um die Lateralachse ohne Wirkung des Ruders auf, wenn durch die Lage des Segelschwerpunktes vor oder hinter dem Lateralschwerpunkt Drehmomente erzeugt werden. In der Gleichgewichtslage in bezug auf Drehung befindet sich das Fahrzeug, wenn der Segelschwerpunkt genau in einer senkrechten Ebene mit dem Angriffspunkt des Seitenwiderstandes liegt. Je nach der Lage des Segelschwerpunktes vor oder hinter dem Lateralschwerpunkt wird die Yacht lee- oder luvgierig, oder sie ist, wenn beide Punkte übereinander liegen, ausbalanciert. In Abb. 37 bedeutet S den Segelschwerpunkt und L den Lateralschwerpunkt, und es ist klar, dass sich nach dem Abstand dieser Punkte voneinander das Mass der Luv- oder Leegierigkeit richtet. Der Vorteil der Luvgierigkeit kommt namentlich beim Segeln gegen den Wind, beim Kreuzen in Betracht. Hier konzentriert sich das Bestreben des Seglers dahin, sein Schiff so hoch wie möglich am Winde zu segeln oder an den Wind zu bringen. Hierin wird er durch die Luvgierigkeit seines Fahrzeuges von selbst unterstützt, da letzteres ohne Ruderlegen, das stets fahrthemmend wirkt, an den Wind zu gehen bestrebt ist. Ferner wird durch die Luvgierigkeit das Wenden oder Ueberstaggehen erleichtert. Zu grosse Luvgierigkeit hebt den erwähnten Vorteil beim Kreuzen vollständig auf und vermindert sogar die Geschwindigkeit, da man, um ein Aufdrehen des Fahrzeuges, ein Indenwindschiessen zu verhindern, so stark Ruder legen muss, dass die Fahrt gestoppt wird. Die Leegierigkeit ist unter allen Umständen schädlich, da man stets mit dem Ruder arbeiten muss, um das Fahrzeug an den Wind zu bringen. Ausbalancieren, wie in Abb. 37, Skizze c angegeben, lässt sich eine Yacht praktisch nicht, wie es überhaupt

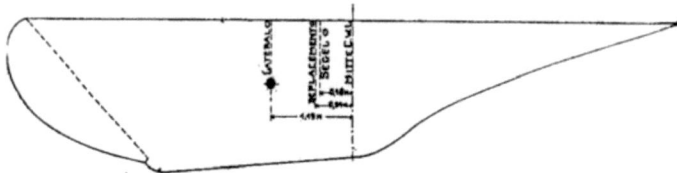

Abb. 38. Lateralplan und Schwerpunkt einer 10 m R-Yacht.

unmöglich ist, ein Schiff längere Zeit nur mittels der Segelstellung ohne Zuhilfenahme des Ruders auf geradem Kurs zu halten. Man spricht von einer gut ausbalancierten Yacht, wenn sie so wenig Ruder, namentlich beim Kreuzen, nötig hat, dass es scheint, als steuere sie lediglich mit den Segeln. Ein solches Boot ist aber stets etwas luvgierig, manchmal, namentlich bei leichtem Winde, leegierig.

Die Lage des wirklichen Angriffspunktes des seitlichen Widerstandes ist weder theoretisch noch praktisch genau zu bestimmen, da sie sich mit der Grösse und Form des Lateralplans bei verschiedenen Geschwindigkeiten stets ändert. Man geht daher bei der Untersuchung über die Segeleigenschaften eines Fahrzeuges von der Lage des Lateralschwerpunktes zum Segelschwerpunkt aus. Der rechnerisch oder auf anderem Wege gefundene Lateralschwerpunkt, Abb. 38, wäre der wirkliche Angriffspunkt des Seitenwiderstandes, wenn das Schiff nur seitlich, nicht aber auch voraus durchs Wasser getrieben würde. Der Seitenwiderstand setzt sich zusammen aus den Widerständen, die das Schiff in seiner Kielrichtung und senkrecht dazu erfährt. Durch die Fahrt nach vorn werden infolge der Reibung zwischen Bordwand und Wasser die der Bordwand zunächst liegenden Wasserteilchen mitgerissen. Die Bewegung dieser Wasserteilchen ist am Bug gleich Null, da der Bug in gänzlich unbewegtes Wasser eintritt. Der Bug reisst die ihm zunächstliegenden Wasserteilchen mit nach vorn; diese Bewegung der Wasserteilchen wird nach dem hinteren Ende des eingetauchten Schiffskörpers immer stärker; sie wächst also mit der Länge des Schiffes. Es bewegt sich daher nicht allein das Schiff selbst vorwärts, sondern die es umgebenden Wasserteilchen folgen ihm eine Strecke, durch die Reibung mitgerissen. In derselben Weise wird eine seitliche Bewegung des Wassers erzielt, wenn der Lateralplan in schräger Richtung dagegen drückt. Während der vordere Teil des Lateralplanes gegen in Ruhe befindliche Wasserteilchen trifft und diesen erst eine Beschleunigung erteilen muss, drückt der hintere Teil gegen Wasserteilchen, die durch den vorderen bereits in Bewegung versetzt waren. Er findet infolgedessen geringeren seitlichen Widerstand und es ist klar, dass, wenn der Lateralplan im Gleichgewicht bleiben soll, sein wirklicher Schwerpunkt weiter nach vorn rückt, als er der Berechnung nach lag. Die Erscheinung ist die gleiche, wie beim Segelschwerpunkt.

Wäre in Abb. 38 der theoretische Lateralschwerpunkt L der wirkliche Angriffspunkt des seitlichen Widerstandes, so könnte man den Segelschwerpunkt S, falls auch dieser als der wirkliche angenommen wird, ohne weiteres lotrecht über L legen, um ein weder lee- noch luvgieriges, also ausbalanciertes Schiff zu bekommen, oder man legte S dicht hinter L, um eine geringe Luvgierigkeit zu erzeugen. Man muss aber infolge der Verschiebung von L während des Segelns schon bei der Konstruktion der Segel die Lage ihres Schwerpunktes zu dem in Wirklichkeit nach vorn rückenden Lateralschwerpunkt berücksichtigen, um nicht ein stark luvgieriges Boot zu bekommen. Daher legt man den Segelschwerpunkt S vor den theoretischen Lateralschwerpunkt L, und zwar in einem Abstande, der in Prozenten der Länge der Wasserlinie ausgedrückt wird. Die Werte für diesen Abstand zwischen S und L sind nach der Länge und Völligkeit der Boote und der Form ihres Lateralplans verschieden und basieren lediglich auf praktischer Beobachtung und Erfahrung. Um einen Anhalt zu geben, sei der Durchschnittswert von 0,04 bis 0,08 der Länge der Wasserlinie für kleine und mittlere Boote genannt. Dieser Wert gilt indes für flachgeschnittene Segel, für bauchige Segel dürfte er erheblich höher sein.

Die Lage des Gewichts- und Deplacementsschwerpunktes zum Lateralschwerpunkt kommt während des Segelns auf geradem Kurse und solange die beiden ersten Schwerpunkte übereinanderliegen, für eine Veränderung der Segeleigenschaften nicht in Frage. Für ein schnelleres Wenden und Anluven ist es jedoch von grossem Wert, wenn der Gewichtsschwerpunkt hinter dem Angriffspunkt des Seitenwiderstandes liegt, da hierdurch die Wendung beschleunigt wird, weil man sich die lebendige Kraft des segelnden Schiffes im Gewichtsschwerpunkt vereinigt denkt. Liegt dieser vor dem Lateralschwerpunkt, so wird das Anluven oder Wenden verzögert. Bei Neigungen der Yacht, hervorgerufen durch den Segeldruck, ändert sich die Lage des Gewichtsschwerpunktes nicht, dagegen kann sich die des Deplacements- oder Formschwerpunktes verschieben. Dies geschieht, wenn die Ueberwasserform beim Eintauchen sich ungleichmässig verändert. Sind die Ueberwasserlinien im Hinterschiff voller als im Vorschiff, im Vergleich zu den Unterwasserlinien, so rückt der Deplacementsschwerpunkt nach hinten und umgekehrt. Im ersten Falle heben die eintauchenden volleren Formen das Hinterschiff und drücken das Vorschiff tiefer, werden die Formen des Vorschiffs beim Ueberliegen voller, so rückt der Deplacementsschwerpunkt nach vorn, das Vorschiff wird gehoben und das Hinterschiff ins Wasser gedrückt. Durch beide Aenderungen wird naturgemäss eine Verschiebung des Lateralschwerpunktes oder des Angriffspunktes des Seitenwiderstandes herbeigeführt. Im ersten Falle rückt er nach vorn und die Luvgierigkeit nimmt zu, im zweiten Falle rückt er nach hinten und die Luvgierigkeit nimmt ab.

Im folgenden sind die zur Aenderung der Segeleigenschaften eines Schiffes möglichen Mittel kurz zusammengestellt:

Die Luvgierigkeit wird vermindert durch:	Die Leegierigkeit wird vermindert durch:
1. Aenderung der Segel: a) Vergrössern der Vorsegel, b) Verkleinern der Hintersegel, c) Gleichzeitiges Verändern von a und b, d) Aenderung der Takelungsart.	1. Aenderung der Segel: a) Verkleinern der Vorsegel, b) Vergrössern der Hintersegel, c) Gleichzeitiges Verändern von a und b, d) Aenderung der Takelungsart.

Die Luvgierigkeit wird vermindert durch:	Die Leegierigkeit wird vermindert durch:
2. Aenderung der Maststellung: a) Verrücken eines oder aller Masten nach vorn, b) Verringern des Falls der Masten (nach vorn stagen).	2. Aenderung der Maststellung: a) Verrücken eines oder aller Masten nach hinten, b) Vergrössern des Falls der Masten (nach hinten stagen).
3. Aenderung des Lateralplans: a) Vergrössern des hinteren Teils des Lateralplans durch Vergrössern der Steuerlastigkeit (Verschiebung von Ballast oder Gewichten nach hinten), b) Vergrössern des hinteren Teils oder Verkleinern des vorderen Teils durch Ansetzen oder Wegnehmen von Totholz am Hinter- bezw. Vorsteven, oder durch beides.	3. Aenderung des Lateralplans: a) Verkleinern des hinteren Teils des Lateralplans durch Verkleinern der Steuerlastigkeit (Verschiebung von Ballast oder Gewichten nach vorn), b) Verkleinern des hinteren Teils oder Vergrössern des vorderen Teils des Lateralplans durch Wegnehmen oder Ansetzen von Totholz am Hinter- bezw. Vorsteven, oder durch beides.

Von diesen Mitteln sind die einfachsten und billigsten, mit denen aber auch nur geringe Aenderungen herbeigeführt werden können, die unter 1a, b und c, 2b und 3a angeführten. Die übrigen dürften in den meisten Fällen solche Kosten verursachen, dass man gänzlich davon absieht, — die Yacht ist eben verpfuscht.

Die Theorie des Segelns.

Wenn wir dies kurze Kapitel noch unter den Abschnitt über Stabilität und Schwerpunkte nehmen, so geschieht das, weil es an sich einen theoretischen Einschlag hat und die Erklärung einer Reihe von

Begriffen, die in ihm vorkommen, unter den vorangegangenen Darstellungen zu finden sind. Wir erwarten ausserdem noch die Antwort auf die eingangs gestellte Frage, warum ein Schiff voraus und nicht rückwärts segelt und weshalb es fast direkt gegen den Wind fahren kann.

Der Druck des Windes auf eine Fläche hängt von der relativen Geschwindigkeit des Windes in bezug auf diese Fläche ab, d. h. von der Geschwindigkeit des Windes, seiner Richtung zu der Fläche und der Geschwindigkeit der Fläche selbst. Segelt eine Yacht platt vor dem Winde mit einer Geschwindigkeit $= v$, und ist die Windgeschwindigkeit $= V$, so ist die relative Geschwindigkeit des Windes in bezug auf die Geschwindigkeit der segelnden Yacht $= V - v$. Dieser relativen Geschwindigkeit entspricht der auf die Segel ausgeübte Winddruck. Hieraus folgt, dass der Segeldruck mit der relativen Geschwindigkeit zunimmt, dass also dicke, plump gebaute Schiffe, die grossen Widerstand im Wasser erzeugen und infolgedessen langsam sind, weniger Segel oder eine stärkere Takelage fahren müssen, als scharf gebaute, schnelle Schiffe, da bei ersteren die relative Windgeschwindigkeit und damit der Segeldruck grösser ist als bei letzteren. Setzt eine Böe ein, so wird die Takelage im ersten Augenblick des Einfallens am stärksten beansprucht, da das Schiff noch keine der erhöhten Windgeschwindigkeit entsprechende Fahrt aufnehmen konnte.

Nach der Windrichtung und dem Kurs unterscheidet man beim Segeln:

1. Vor dem Wind. Der Wind kommt platt von achtern, d. h. seine Richtung fällt genau oder annähernd genau mit der Kursrichtung zusammen.

2. Raumer Wind. Der Wind kommt von der Seite. Er wird als raum bezeichnet von dem Augenblick, in dem das Schiff nicht mehr vor dem Winde segelt, bis zu dem Augenblick, in dem es, mit dichtgeholten Schoten am Winde segelnd, die Schoten auffiert. Man unterscheidet als Unterteilung des raumen Windes:

a) Backstagswind, wenn der Wind schräg von hinten über die Backstagen einkommt,

b) halber Wind oder Dwarswind, wenn er rechtwinklig zur Kursrichtung weht, und

c) raumer Wind, wenn er ein Auffieren der Schoten am Wind gestattet, bis zu dem Augenblick, wo er dwars einkommt.

3. Am Wind. Der Wind kommt unter spitzem Winkel von vorn, und das Schiff segelt so hoch, wie es infolge seiner Form und Besegelung möglich ist.

Man spricht beim Segeln weniger von Steuer- und Backbord, als von Luv und Lee, wobei alles, was, von der Mittschiffsrichtung gerechnet, dem Winde entgegenliegt, mit Luv, das, was von dieser Richtung mit dem Winde oder vom Winde abliegt, mit Lee bezeichnet wird.

Die Fähigkeit eines Bootes, mit achterlichem Winde zu segeln, bedarf keiner Erklärung; in dem Augenblick aber, wo die Schoten

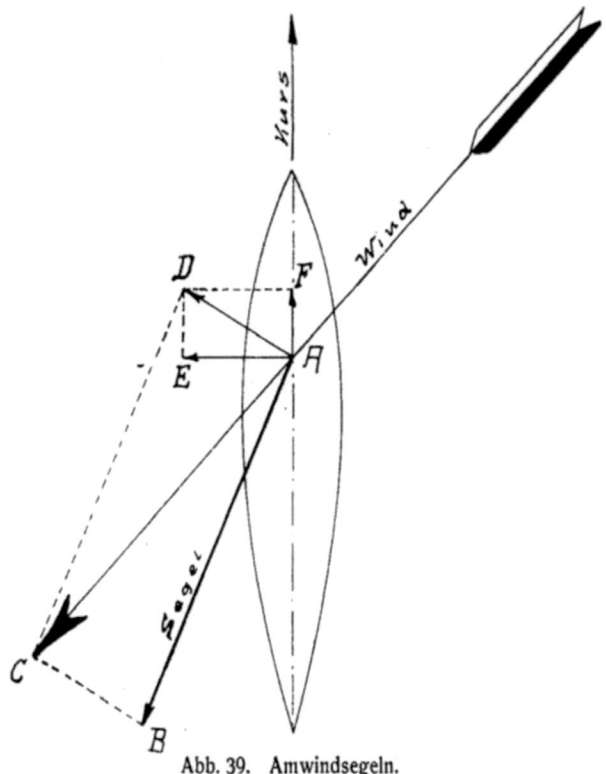

Abb. 39. Amwindsegeln.

angeholt werden und man höher am Winde segelt, kommt zu der Vorwärtsbewegung eine seitliche Bewegung des Schiffes, die nach der Windrichtung, Segelstellung und Schiffsform verschieden gross ist. Diese seitliche Bewegung wird durch den Widerstand des Lateralplans bis zu einer bestimmten Grenze aufgehalten; je höher das Schiff am Winde segelt, um so stärker ist die seitliche Bewegung. Dies seitliche Wegtreiben nennt man Abtrift oder Leeweg und ist gleich dem Winkel, den Fahrt- und Kursrichtung miteinander bilden. Dass ein Fahrzeug voraussegelt und nicht achteraus, und dass es bis zu einer gewissen Grenze gegen den Wind segeln kann, erklärt sich aus der folgenden Betrachtung

Man denkt sich die Kraft des Windes in zwei Kräfte zerlegt, die zusammen dieselbe Wirkung hervorrufen. Das Aufsuchen dieser Kräfte, deren Mittelkraft die gegebene Kraft ist, heisst das Zerlegen einer Kraft. Eine Kraft wird in zwei gleichgerichtete Kräfte zerlegt, indem man zwei Kräfte sucht, deren Summe gleich der gegebenen Kraft ist, und die beide in derselben Richtung wirken, wie die gegebene. Dies Zerlegen geschieht durch die Konstruktion des Parallelogramms der Kräfte. In Abb. 39 ist die Richtung und Stärke des Windes durch die Strecke A C ausgedrückt und die Segelstellung mit A B bezeichnet. Man zerlegt nun die Kraft des Windes A C in zwei andere Kräfte, von denen die grössere nutzlos an dem dichtgeholten Segel in der Richtung desselben und in der Stärke A B vorbeistreicht, während die zweite senkrecht zum Segel in der Richtung und Stärke A D wirkt. Da der am Segel vorbeistreichende Teil A B der Windkraft verloren ist, bleibt für die Vorwärtsbewegung noch die Kraft A D übrig. Diese wird wieder in zwei Kräfte zerlegt, deren grössere A E senkrecht zur Fahrtrichtung oder zum Lateralplan gerichtet ist und die Krängung und Abtrift des Schiffes beeinflusst, während die kleinere A F in der Kielrichtung nach vorn wirkt.

Wäre kein seitlicher Widerstand gegen die grössere Kraft A E vorhanden, wie dies z. B. bei einem Boot mit aufgeholtem Schwert oder einem kiellosen Boot der Fall ist, so würde das Schiff nach der Seite, nach Lee, weggetrieben und eine Fahrt voraus nicht erzielt werden. Der Kraft A E leistet aber das Schwert oder der Kiel durch den Druck gegen das Wasser einen so bedeutenden Widerstand, dass sie beinahe als aufgehoben zu betrachten ist, während die kleinere Kraft A F ausreicht, um den Widerstand in der Längsrichtung zu überwinden, mithin die Fahrt voraus bewirkt. Die seitlich wirkende Komponente A E wird durch den Wasserwiderstand aber nicht ganz aufgehoben, da das Wasser keine feste Materie ist, die einem Druck standhält. Daher treibt das Fahrzeug um eine gewisse Strecke gleichzeitig mit der Vorausbewegung nach der Seite weg: es hat Abtrift, macht Leeweg oder treibt ab. Die Grösse der Abtrift richtet sich nicht allein nach der Grösse und Form des Unterwasserschiffes, sie ist auch von der Segelstellung und Ruderführung abhängig. So wird eine Yacht, die so hoch wie möglich am Winde segelt, erhebliche Abtrift haben, da der allergrösste Teil der Windkraft AB nutzlos am Segel entlang streicht und der geringe Rest AD zu schwach ist, seinen kleineren Teil AF zur Ueberwindung des Widerstandes in der Bootsrichtung zu benutzen.

Für die Stellung der Segel nach Stärke und Richtung des Windes kommt der scheinbare Wind in Betracht. Nach der Abb. 40 ist er die Resultierende aus dem durch die Fahrt des Schiffes erzeugten Gegenwind AC, dessen Richtung der Fahrtrichtung entgegengesetzt

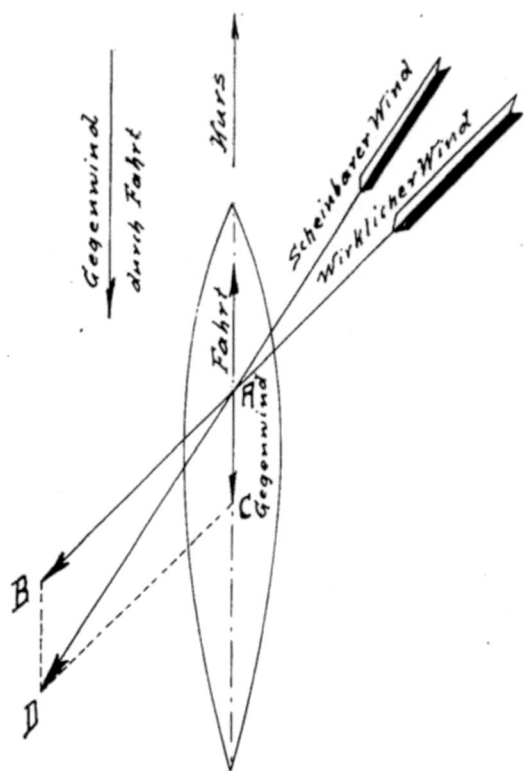

Abb. 40. Scheinbarer Wind.

ist, und der wirklichen Windrichtung und Geschwindigkeit AB. Die Zusammensetzung der Strecken AB und AC zu einem Parallelogramm ergibt die Grösse und Richtung der Resultierenden AD, d. h. des scheinbaren Windes. Wie aus der Abbildung zu sehen, ist der scheinbare Wind vorlicher, d. h. mehr von vorn kommend als der wirkliche. Eine allgemein gebräuchliche Anleitung zur richtigen Stellung der Segel zum Winde gibt an, dass die Stellung der Segel den Winkel zwischen Fahrt- und Windrichtung halbieren soll. Das ist eine Regel, die man einem Anfänger als gute Faustformel mit auf die erste Segelfahrt gibt, die uns aber zu einem guten Amwindsegeln nicht viel nützen kann. Nach dieser Faustformel müsste die Segelstellung ohne Rücksicht auf die Stärke des Windes die gleiche bleiben. Bei auffrischender Brise wird aber mit zunehmender Schiffsgeschwindigkeit der scheinbare Wind immer vorlicher, da die Komponente AC grösser wird. Da man nun zur besten Ausnutzung der Windkraft erfahrungsgemäss die Segel etwas über die Richtung hinaus anholt, aus welcher der scheinbare Wind kommt, so ergibt sich, dass man bei auffrischendem Winde die Segel dichter holt und sie bei abflauender Brise fiert, da durch die Fahrtverringerung der Gegenwind schwächer und der scheinbare Wind raumer wird. Natürlich wird auch der Fall eintreten, dass die Segelstellung den Winkel zwischen Wind- und Fahrtrichtung halbiert. Liesse man dagegen bei gleicher Windrichtung, aber verschiedener Stärke, die Stellung der Segel unverändert, so würde man aus den angeführten Gründen nicht die höchste Geschwindigkeit erzielen.

4. Unter Segel.

Das Setzen und Bergen der Segel.

Auf einem Boot, das nur ein einziges Segel hat, ist die Frage, welches Segel zuerst gesetzt werden soll, durchaus überflüssig. Manchen Seglern scheint sie aber auch für grössere Yachten unwesentlich zu sein, die mehrere Segel besitzen. Es mag noch verzeihlich erscheinen, wenn der Klüver zuerst gesetzt wird und lange Zeit vor der Abfahrt lustig im Winde schlackert, dagegen ist eine Praxis nicht zu billigen, die es für richtig hält, zuerst das Topsegel, dann Stagsegel und Klüver und zuletzt das Grosssegel zu setzen. So lächerlich das klingt, es kommt in der Tat vor, und diese Segler verfahren beim Bergen ihrer Segel in gleicher Weise: zuerst nehmen sie das Grosssegel fort, dann folgen Klüver und Stagsegel und zuletzt das Topsegel. Welchen Gesichtspunkten diese merkwürdige Praxis entspringt, habe ich nie erforschen können.

Hat man Zeit und Gelegenheit, die Segel an der Boje oder vor Anker zu setzen, so ist die gegebene Reihenfolge: Grosssegel nebst Topsegel und dann die Vorsegel, von letzteren wiederum den Klüver zuerst und erst nach dem Losgehen das Stagsegel. Das Stagsegel setzt man deshalb erst nach dem Loswerfen der Boje oder Anbordnehmen des Ankers, um bei den ersten Arbeiten auf dem Vorschiff ungehindert zu sein. Aus dem gleichen Grunde birgt man es als erstes Segel vor dem ankern oder an die Boje gehen. Man soll die Segel nicht unnötig früh setzen, sondern sich so einrichten, dass man kurz nach dem Auftakeln losfährt. Der Grund hierzu ist der, dass das ungleichmässige Schlagen der Segel diesen sowohl wie der Takelage und den Bootsverbänden, namentlich bei starkem Winde, schadet.

Nicht immer kann man in segelklarem Zustande den Ankerplatz verlassen. Das kann teils daran liegen, dass man in einem engen Fahrwasser oder auf einem von zahlreichen, dicht nebeneinander liegenden Yachten beengten Liegeplatz nicht manövrieren kann, teils spricht die knappe Zeit ein Wort mit, die uns bei günstigem Winde veranlasst, zunächst vor dem Klüver in See zu gehen und in der Fahrt die übrigen Segel zu setzen. Man muss sich aber darüber klar sein, dass man dann nur in beschränktem Masse manövrierfähig ist und daher in der Beobachtung von Gegenseglern, denen man auszuweichen hat, doppelt vorsichtig sein muss. Macht man diese nicht durch besondere Zeichen auf seine Manövrierunfähigkeit aufmerksam, so gibt einem nicht das Segeln vor dem Klüver ohne weiteres das Recht auf Kurshalten als manövrierunfähiges Schiff, sondern man ist ebenso unter Segel, wie jedes andere Boot, hat also vorschriftsmässig auszuweichen.

Man setzt das Grosssegel deshalb zuerst, weil sein Vorheissen und Hintrimmen die meiste Arbeit verursachen, Klüver und Stagsegel bleiben mit angeschlagenen Schoten und Fallen klar an Deck liegen oder sie werden aufgetucht und klar zum Ausreissen gesetzt. Ist ein Topsegel vorhanden, so wird dieses ebenfalls gesetzt, ehe man von der Boje geht, man kann aber diese Arbeit ebenso gut in der Fahrt machen und gewinnt so einige Zeit, falls die erste Strecke ohne häufige Kreuzschläge gesegelt werden kann.

Wir machen uns jetzt an das Auftakeln selbst und stellen uns vor, dass wir eine Sloop segelklar machen sollen. Wir nehmen an, dass ein einzelner Mann die vorbereitenden Arbeiten soweit erledigen soll, dass die Segel zum Vorheissen vollkommen klar gemacht, also alle Schoten und Fallen angeschlagen sind. Unser allererstes Werk ist das Fortnehmen und Bergen des Flaggenstockes, und dann nehmen wir das Grosssegel in Angriff und lösen die Bendsel der Persenning oder holen die Reihleine, mit welcher letztere zugezurrt war, durch die Gatchen durch, schiessen sie auf und machen sie mit einem halben Schlag dicht an dem Gatchen, in den sie eingespliesst ist, fest. Die Reihleine soll stets säuberlich aufgeschossen und festgemacht werden, da sie sonst beim Verstauen der Persenning überall hinderlich ist. Jetzt schiessen wir die Persenning auf, indem wir sie von der Nock des Baumes nach vorn holen, so weit jedoch nur, dass ein Stück von etwa 1½ m ihres vorderen Teils frei bleibt. Der übrige Teil wird zu einem handigen Päckchen aufgeschossen und nun die freigebliebenen 1½ m dazu benutzt, die mit ihrer reinen Innenseite nach aussen gekehrte Persenning so zu bewickeln, dass das Ganze wieder mit der Wetterseite der Persenning nach aussen gegen Schmutz und Wasser geschützt ist. Ebenso verfährt man mit der Schweisspersenning, doch wickelt man diese meist mit der Hauptpersenning zusammen auf, falls sich beide gemeinsam hantieren lassen. Die aufgeschossene Persenning legt man zunächst ins Cockpit, in das man auch andere Sachen, wie Segelbock, Vorsegelsäcke, Zeisinge, verstaut, bis sie später an ihren Platz gebracht werden.

Auf grösseren Booten dient das Piekfall, ausser seinem eigentlichen Zweck, dem Heissen der Piek, dazu, mittels eines Taustropps den Grossbaum in der Mitte abzufangen, um ihn gegen Durchbiegen infolge des Gewichtes der Gaffel und des Segels zu schützen. In diesem Falle hat man vor dem Lösen der Persenning das Piekfall von dem Taustropp abzuschäkeln und in den Wanten oder an der Nagelbank zu belegen. Manche Segler, die sich gerne unnötige Arbeit machen, lassen das Piekfall nach dem Abschäkeln des Stropps los, so dass es bei geeigneter Belastung entweder hoch geht oder sich in den übrigen Fallen am Mast verschlingt und später nur mühsam zu entwirren ist. Die kleine Mühe des Belegens von Enden darf man daher, nicht nur in diesem Falle, niemals scheuen.

Jetzt werden Piek- und Klaufall angeschlagen, und zwar so, dass die einzelnen Parten der Fallen voneinander völlig klar gehen. Kann man dies nicht sofort feststellen, so holt man das betreffende Fall soweit durch, dass die Parten steif kommen, und ist trotzdem ein halber Schlag hineingekommen, was ja schliesslich dem besten Segler mal passieren kann, so merkt man das sicher, wenn das Segel gesetzt ist. Dann soll man nicht lange nach oben starren und denken, der halbe Schlag würde sich wohl von selbst austörnen, sondern schnellstens das Segel fieren und den Törn herausbringen. Hierbei gibt es nun auch wieder bequeme Herren, die fieren ihre Fallen nur so weit, dass sie gerade den Schäkel fassen können, aber bei dieser Methode wird die Arbeit noch mühsamer. Denn kaum ist der Bolzen des Schäkels herausgezogen, dann fällt die Gaffel herunter und es beginnt eine Art Danaidenarbeit, ein Kampf mit der gesunkenen Gaffel und dem nach oben strebenden Fall. Wenn man also das Segel schon zu diesem Zwecke fiert, so tue man es gründlich. Die Schäkel der Fallen und Schoten werden nach allgemeinem, aber wenig beachtetem Brauch so angeschlagen, dass das Auge des Bolzens nach Steuerbord zeigt. Dies hat namentlich für fest eingebaute Schäkel den praktischen Wert, dass man bei Dunkelheit den Bolzen sofort von der richtigen Seite in den Schäkel stecken kann, ohne lange an der Gewindeseite Bohrversuche zu veranstalten.

Piek- und Klaufall sind angeschlagen und beide Fallen durchgeholt und belegt. Ist eine Flaggleine vorhanden, so legt man sie klar längs Deck oder über das Segel und macht die verknoteten Tampen im Want oder sonstwo am Mast fest. Die Flaggleine muss soviel Lose haben, dass sie beim Vorheissen des Segels nicht steif kommen und brechen kann. Auch die Flaggleine wird manchem zum Schmerzenskind, der eine kleine Mühe scheut, um sich über die grosse zu ärgern. Ein solcher Segler birgt nämlich seine Flagge nicht durch mehr oder weniger feierliches Niederholen und Abschlagen, bevor er die Segel wegnimmt, sondern er fiert mit letzteren Flagge und Leine zusammen. Abgesehen davon, dass bei diesem durchaus unseemännischen Manöver die Flagge samt Leine häufig zu Wasser kommt, hat er später beim Segelsetzen den Nachteil, dass sich die zusammengeknoteten Tampen der Leine oben an der Piek befinden, so dass er sie beim Setzen der Flagge herunterholen muss. Das ist manchmal gar nicht so einfach, denn die dünne Leine hat sich vielfach vertörnt und ist, da sie keinen freien Tampen hat, schlecht auszutörnen, so dass ein Herunterholen des Knotens manchmal nur mit Kraft erfolgen kann, wobei ein etwas wütender Ruck der Leine oder einigen ihrer Kardeele das Lebenslicht ausblasen kann.

Wenn wir nun noch ein übriges tun wollen, so nehmen wir den Segelbock weg, was nach Loswerfen der Grossschot und Andirken des Baumes erfolgen kann. In den wenigsten Fällen bleibt der Bock nach dem Andirken an Deck stehen, so dass man besser tut, den Baum mit der Schulter anzulüften und den Bock wegzunehmen, damit er beim Umfallen nicht das Deck beschädigt oder über Bord fällt. Das jetzt in der Dirk hängende Segel wird darauf noch etwas angedirkt, die Grossschot dichtgeholt und wieder belegt.

Das Grosssegel ist nun bis auf das Lösen der Zeisinge und Einstecken und Festbinden der Segellatten klar zum Setzen. Sind die Latten nicht zu lang, so kann man sie vor dem Heissen des Segels festmachen, häufig geht dies jedoch nur während des Segelsetzens, woraus hervorgeht, dass man von vornherein auf übertrieben lange Segellatten im Interesse des schnellen Segelsetzens verzichten sollte.

Das Klarmachen des Vorsegels macht uns weniger Arbeit. Wir schütteln es aus seinem Sack, machen den Hals fest und haken die Stagreiter, vom Hals beginnend, über das Vorstag.. Entstehen Zweifel darüber, welche Ecke der Kopf oder Hals ist, welche von beiden also nach oben oder unten kommt, so halte man sich an die bekannte Regel, dass die Liektaue auf der B.B.-Seite des Segels angenäht sind. Das Vorsegelsfall wird beim Anschlagen genau so wie Piek- und Klaufall behandelt: es soll von allen anderen Enden frei gehen und keinen Törn haben, der Schäkel zeigt mit dem Bolzenauge nach St.B. Nachdem man das Vorsegel mit einem Zeising im Bug gegen Fortwehen gesichert hat, setzt man das Fall leicht durch und belegt es. Dann werden die Schoten angeschlagen, die je nach der Konstruktion durch Blöcke oder die Kauschen eines Drahtstanders am Schothorn laufen. Schäkel der Schoten mit dem Bolzenauge nach St.B., der lose Tampen erhält gegen Herausschlagen aus der Leitklüse beim Ueberstaggehen oder sonstwie bei flatternden Segeln einen Sicherungsknoten, der als Achtknoten sehr schnell zu lösen ist.

Bei einem grösseren Boot, etwa einem Kutter, hätten wir zwei Vorsegel klar zu machen, von denen der Klüver mit dem Hals auf der Nock des Klüverbaums zu befestigen oder an einem Wanderring nach dort auszuholen wäre. Derartige Wanderringe findet man fast nur auf Seeyachten, da man hier nicht immer auf den Klüverbaum hinaus kann, was ja binnen stets möglich ist. Dann würde ein Ring mit seinem Aus- und Einholer das Vorgeschirr nur unnötig komplizieren. Bringen wir also den Klüver eigenhändig auf die Nock, so legen wir ihn vorher an Deck so klar, dass er beim Herausbringen nicht hängen bleibt oder über Bord fällt. Da der Klüver nicht mit Stagreitern festgemacht wird, ist die Arbeit des Halseinschäkelns schnell getan. An Deck zurückgekehrt, werden Fall und Schoten in bekannter Weise angeschlagen und das Segel im Bug des Bootes gut festgezurrt. Als zweites Vorsegel folgt dann das Stagsegel.

Ausser dem Topsegel werden die Beisegel, wie Flieger, Ballon und Spinnaker, im allgemeinen erst in der Fahrt zum Setzen klar gemacht, da sie vorher hindernd im Wege liegen. Man kann die Vorbereitungen indes soweit fördern, dass die Segelsäcke, Schoten und die Halstalje des Topsegels klar zum Gebrauch gestaut werden, falls man die raalosen Beisegel, wie Flieger und Ballon nicht aufgetucht bereits vor Antritt der Fahrt setzt. Hierauf werden wir noch besonders zurückkommen.

Die Untersegel wären somit klar zum Vorheissen, und ehe wir hiermit beginnen, wollen wir einige Handgriffe kennen lernen, deren verschiedene Anwendung auf den ersten Blick den Fachmann vom Laien oder Anfänger unterscheidet. Beim Setzen eines Segels können wir folgende Handgriffe trennen: das Vorheissen, das Strecken und das Belegen der Fallen.

Das Vorheissen, d. h. Hochziehen eines Segels, soll schnell erfolgen, damit der zunächst noch an Deck liegende lose Teil möglichst bald vor dem Ueberbordwehen geborgen wird. Das Heissen muss ferner gleichmässig geschehen und nicht ruckweise, damit man ein Unklarwerden oder Verhaken leicht merkt, während durch kräftiges Rucken schon manches Segel zerrissen wurde. Ein schnelles und gleichmässiges Vorheissen kann nur durch das Hand-über-Hand-Heissen ausgeführt werden. Man fasst zu diesem Zweck das Fall mit einer Hand so hoch wie möglich, und während man es gleichmässig und kräftig, aber nicht mit einem Ruck, heisst, greift die zweite Hand über die erste. Bevor die heissende Bewegung der ersten Hand zu Ende ist, nimmt die zweite diese Bewegung auf, und so erfolgt durch fortwährendes Uebereinandergreifen der Hände, also: Hand über Hand, ein schnelles und vor allem stetiges und nicht ruckweises Heissen des Segels. Anfänger fassen das Fall meist mit beiden Händen gleichzeitig und rucken es langsam hoch, wobei nach jedem Ruck eine längere Pause und ein Fieren des Falls zu bemerken ist, da zum Nachfassen beide Hände wieder nach oben gebracht werden müssen. Diese Art des Heissens wird allerdings auch dann erforderlich, wenn das Hand-über-Hand-Heissen infolge der Grösse des Segels nicht mehr möglich ist, oder das Segel fast zu Blocks geheisst ist, so dass man besondere Kraft anwenden muss. Auf grösseren Booten, wo diese Art des Heissens eintreten kann, sind meist mehrere Bedienungsmannschaften vorhanden, so dass je zwei ein Fall gemeinsam bedienen. Alsdann fasst der grössere der beiden das Fall so hoch wie möglich, der kleinere dasselbe dicht unter der Hand des anderen, und nun beginnt das Heissen, indem der kleinere stets unter die Hand des grösseren greift. Sind beide Personen von gleicher Grösse, so greift, durch ein stilles Uebereinkommen, die eine etwas weniger hoch. Beide fassen stets mit der gleichen Hand, also einmal mit der linken, einmal mit der rechten. Anfänger werden sich bei diesem gemeinsamen Heissen stets belemmern, da jeder versucht, möglichst hoch zu greifen, wobei sie sich mit den ungleich gehobenen Armen anstossen, dann gleichzeitig mit beiden Händen zufassen, oder zu tief greifen und so allerhand komische Kollisionen herbeiführen. Wird das gleichmässige Heissen plötzlich durch ein unbekanntes Hindernis aufgehalten, so soll man nicht mit aller Kraft solange reissen, bis der Widerstand überwunden ist, sondern nachsehen, woran es hapert. Denn sonst könnte es leicht passieren, dass man plötzlich ein Riesenloch im Segel erblickt, das Ende einer zerbrochenen Latte durchs Tuch fahren sieht, oder der Flaggleine zu einem unfreiwilligem Bruch verhilft.

Das Strecken oder Durchsetzen eines Falls oder sonst eines Endes kann durch einen oder mehrere Mann erfolgen, je nach der Kraft, die aufgewendet werden muss. Soll ein einziger Mann das Ende durchsetzen, so legt er es um einen Belegnagel der Mastducht, des Mastes oder der Nagelbank, erfasst den losen Tampen mit der linken Hand, das nach oben laufende Fall in Schulterhöhe mit der rechten und reisst es durch einen kräftigen, senkrecht zum Ende wirkenden Zug an seine Brust heran. Hierdurch wird das Segel um ein kleines Stück geheisst oder vielmehr das Fall gestreckt. Jetzt bringt man das Fall wieder in seine alte Richtung, wobei man jedoch mit der rechten Hand so kräftig nach unten zieht, dass ein Fieren des Segels verhindert wird. Das unterhalb der rechten Hand befindliche Stück des Falls bis zum Belegnagel kommt dadurch los, und diese Lose wird mit der linken Hand nachgeholt. Hierdurch ist die Linke weiter nach oben gekommen, und bevor man mit der Rechten von neuem einfällt, greift man mit der Linken nach unten nach, ohne indes das Ende loszulassen. Darauf erfolgt ein neuer Ruck der rechten Hand, die inzwischen wieder in Schulterhöhe gebracht worden ist, wodurch das Fall oder Liek um ein weiteres kleines Stück gestreckt wird. Das Wichtigste beim Strecken ist, dass die rechte Hand das mittels des Rucks eingeholte Ende nicht wieder zurückgehen lässt, dass sie also nach dem Ruck soviel Zug nach unten ausübt, dass das durchgeholte Ende um keinen Zoll fiert. Ist die Lose mit der linken Hand durchgeholt, so muss diese das Ende so fest halten, dass der mit der rechten Hand auszuübende neue Ruck kein Nachgeben des um den Belegnagel laufenden Falls, das man mit der linken hält, bewirkt. Diese Fehler, das Nichtnachgeben des eingeholten Endes mit der rechten nach unten, das mangelhafte Durchholen der Lose und Festhalten des Endes mit der linken, werden von Anfängern gern und häufig gemacht: man sieht ein kurzes Hochgehen und ein gleich darauf folgendes Fieren des

Segels um dasselbe Stück, ein Beweis, dass das durchgeholte Fall nicht nach unten gegeben wurde.

Strecken zwei oder mehrere Leute ein Fall, so stoppt der eine ab, indem er die Funktion übernimmt, die vorher der eine Mann mit dem linken Arm ausführte, d. h. er legt das Fall um den Nagel, hält es beim Einfallen des zweiten Mannes dort eisern fest und holt dann die von oben gegebene Lose durch. Der zweite Mann übernimmt die Arbeit des rechten Armes, indem er einfällt, also mit beiden Händen das Fall kräftig an seinen Körper heranreisst und dann durch gleichzeitigen, kräftigen Zug nach unten das Ende wieder in seine alte Lage bringt. Hierdurch erhält das zwischen seinen Händen und dem Belegnagel befindliche Ende Lose, die der zweite Mann nachholt.

Man soll beim Einfallen in ein Ende möglichst mit den Armen und nicht mit dem ganzen Körper arbeiten, also das Fall durch Krümmen der Arme an sich heranreissen und nicht mit dem Körpergewicht nach hinten schwingen. Der Grund ist der, dass man im letzteren Falle beim Bruch des Endes auf den Rücken stürzt, was bei den verschiedenen Aufbauten, Klampen, Ankern usw. nicht sonderlich angenehm ist, während man bei der ersten Methode höchstens ins Taumeln gerät, da der Körper ja fest stehen blieb und nur die Arme die Arbeit verrichteten. Nicht immer lässt es sich vermeiden, dass man das ganze Körpergewicht beim kräftigen Einfallen zu Hilfe nehmen muss, jedoch soll man, namentlich in Regatten, bei Nacht und auf See vorsichtig sein, damit man nicht durch Verletzungen oder Ueberbordfallen ausser Gefecht gesetzt wird.

Bei grösseren Booten erfolgt das Strecken der Fallen meist mit besonderen Streckertaljen, die wir bereits früher erwähnten, doch ist auch hierbei noch das Einfallen und Abstoppen durch zwei oder mehr Mann nötig, und namentlich zum Vorheissen des Grosssegels bis zu dem Punkte, wo Piek- und Klaufall soweit durchgeholt sind, dass nunmehr mit den Streckertaljen weitergearbeitet werden kann. Auf grossen Yachten wird sogar die Streckertalje um ein besonderes Mastspill gelegt, da Menschenkräfte zu einem gründlichen Durchsetzen nicht mehr ausreichen.

Das Strecken eines Falls darf nicht übertrieben werden, da man dadurch leicht das Segel vertrimmen und das Fall selbst unnötig belasten würde. Namentlich bei neuen Segeln kleiner Boote soll man auf ein vorsichtiges Strecken achten. Hier können die schwachen Hanflieken so sehr gereckt werden, dass im Tuch des Vorlieks kleine Falten entstehen, ein sicheres Zeichen, dass das Liek stärker gereckt wurde als das Tuch selbst. Die Gefahr, ein Segel durch übermässiges Strecken des Falls zu vertrimmen, ist gering, wenn nur ein einzelner Mann das Strecken vornimmt, sie wächst mit der Kraft, die zum Durchsetzen aufgewandt werden kann, und ist am grössten, wenn eine mehrfach geschorene Streckertalje vorhanden ist, bei deren Holen man wenig Gefühl für die durch sie ausgeübte Kraft hat. Ein Liek soll so stark gestreckt sein, dass es durch einen mässig kräftigen Winddruck auf das Segel nicht aus seiner Lage gebracht werden kann, und die hierzu erforderliche Spannung lernt man schnell durch ein Hin- und Herziehen des Lieks mit der Hand beurteilen. Da, wo ein Liek angereiht ist, also das Vorliek eines Grosssegels mit einer Reihleine oder durch Mastringe, oder auf grösseren Booten das Vorliek des Stagsegels oder Fliegers mit Stagreitern, braucht man das Fall oder die Halstalje nicht so stark zu strecken, wie bei Segeln, deren Vorliek nicht angereiht ist, also bei grösseren Booten mit zwei Vorsegeln der Klüver.

Nach dem Beendigen des Streckens wird das Ende belegt, und zwar nimmt man zunächst einen vollen Schlag oder Rundtörn um die Klampe oder den Koffeinagel, und dann erst belegt man kreuzweise weiter, damit sich die einzelnen Schläge bekneifen.. Als ersten Schlag nimmt man deshalb einen Rundtörn, weil man diesen am schnellsten machen kann, während ein Kreuzschlag weniger gut auszuführen ist, da die Kraft des gestreckten Endes noch nicht richtig abgestoppt ist, sondern noch Druck auf dem Tampen ist. Ueber das endgültige Festlegen des losen Tampens gehen die Meinungen der Sachverständigen auseinander, mancher hält den Kopfschlag, einen Knoten, bei dem das lose Ende durch Unterlegen unter das feste von diesem bekniffen wird, für das einzig wahre, andere verdammen ihn in Grund und Boden. Nach meinen Erfahrungen und Beobachtungen liegt das richtige in der Mitte, d. h. man kann den Kopfschlag da anwenden, wo er nicht schadet, und man soll ihn weglassen, wenn er gefährlich werden kann. Auch hier lehrt die Erfahrung allein, die Grenze zwischen Gut und Böse innezuhalten. Bei neuen Manilaenden ist der Kopfschlag gefährlich, weil sich der Schlag beim Nasswerden des Endes so fest zusammenzieht und bekneift, dass man ihn selbst mit einem kräftigen Marlspieker nur schwer lösen kann, besonders wenn er schon von vornherein fest angezogen war. Dies gilt namentlich für dünne und mittelstarke Enden, die sich beim Zusammenziehen zwischen die darunter liegenden Kreuzschläge klemmen, so dass sie eine kompakte Manilamasse bilden, an der man vergeblich herumsticht. Aeltere ausgereckte Enden sind ebenso wie ganz starke Enden weniger gefährlich, doch kann auch hier bei vorherigem kräftigen Durchholen in trockenem Zustande ein starkes Bekneifen eintreten. Macht man dagegen den Kopfschlag so lose, dass er bequem vom Nagel abgehoben werden kann, dann wird er sich bei ausgereckten Enden nicht bekneifen. In den meisten Fällen ist indes der Kopfschlag völlig überflüssig, da man das lose Ende fast stets so zwischen den Nagel und die feste Part des Endes klemmen kann, dass es gegen unfreiwilliges Losreissen genügend gesichert ist. Nur dann, wenn dies nicht möglich ist, kann man bei gut ausgereckten Enden ruhig einen nicht zu festen Kopfschlag machen. In erster Linie sind alle Fallen, die zum schnellen Segelbergen gebraucht werden, also Klau- und Piekfall, Topsegels-, Klüver- und Stagsegelsfall, nach Möglichkeit mit Kopfschlägen zu verschonen oder höchstens in der angedeuteten Weise mit ihnen zu versehen. Dem Anfänger aber sei hiermit jeglicher Kopfschlag verboten, sei es bei neuen oder alten, dicken, dünnen oder ausgereckten Enden, denn ihm fehlt noch das Urteil darüber, wie fest er den Schlag machen darf, wie stark sich ein Ende beim Nasswerden ziehen kann und wie gross die Schwierigkeit des Losmachens ist.

Ehe wir uns auf das Setzen und Bergen der einzelnen Segel einlassen, wollen wir schnell klar Deck machen, um diese Arbeit vorweg zu nehmen, da sie in der Hauptsache mit dem Klarieren der Enden zusammenhängt. Das Verstauen der an Deck liegenden Enden, so, dass sie jederzeit klar zum Gebrauch liegen, beginnt mit ihrem Ausschiessen. Hierunter versteht man ihr Aufrollen in Schleifen oder Buchten, deren Durchmesser in bestimmtem Verhältnis zu dem der Enden stehen. So sind z. B. diese Buchten beim dickeren Klaufall grösser zu nehmen, als beim dünneren Fliegerfall, und es ist sowohl unpraktisch, wie auch unschön, wenn ein starkes Ende zu einem kleinen, hohen Häufchen aufgetürmt wird, oder wenn sich ein schwaches Ende in meterlangen Buchten über Deck windet. Ist ein Ende rechts geschlagen oder gereept, so schiesst man es rechts auf, ist es links geschlagen, dann geht der Verlauf der Buchten nach links. Man nennt ein Ende rechts geschlagen, wenn die Krümmung oder der Schlag seiner Kardeele von links nach rechts, also in der Drehrichtung des Uhrzeigers, verläuft. Hanftauwerk ist meistens rechts geschlagen, Drahttauwerk dagegen links. Ersteres wird also rechts und letzteres links aufgeschossen.

Beim Aufschiessen der Enden pflegt sich der Anfänger den losen Tampen zum Ausgangspunkt seines Unternehmens zu suchen, was auf zweierlei praktische Hindernisse stösst. Erstlich muss er, falls mehrere

Enden an Deck übereinander liegen, mit dem aufgeschossenen Teil seines Endes häufig unter diesen durch und dann entdeckt er, namentlich bei neuen Enden, ein unangenehmes Verdrehen oder Kinken, das sich mit zunehmendem Aufschiessen verstärkt. Beiden Uebelständen entgeht er ohne weiteres, wenn er das Ende vom festen Tampen aufschiesst, also von der Stelle, an der es belegt ist. Angenommen, unser Freund beabsichtige, das Klaufall aufzuschiessen, so fasst er, da er den Belegnagel des Klaufalls selbst in dunkler Nacht unfehlbar herausfindet, einfach nach diesem hin und schiesst das Ende ohne Schwierigkeiten auf. Denn da der lose Tampen sich frei drehen kann, törnen sich die beim Aufschiessen entstehenden Kinken durch Drehen des Endes um sich selbst ohne weiteres aus. Kann man das Ende infolge seiner Länge und seines Gewichtes noch bequem hantieren, so schiesst man es in der Hand auf, indem man mit der linken Hand die Buchten fasst, die die rechte zureicht. Hierbei wird bei entstehenden Kinken das Ende ausgedreht, indem man es mit der rechten Hand solange in Richtung seines Schlages dreht, bis die Kinken verschwinden. Ist das Ende zu lang oder infolge seiner Stärke zu unhandlich, so schiesst man es mit beiden Händen an Deck auf. Bei sehr langen und stark verkinkten Enden lässt man sich dieselben zureppen, indem ein zweiter Mann durch Ausdrehen die Kinken entfernt. Neue, lange Enden wirft man häufig, falls sie sehr starke Kinken zeigen, während der Fahrt über Bord, wobei der lose Tampen frei schwimmen muss, um sich ausdrehen zu können. Das Ende dreht sich so lange, bis der letzte Kink verschwunden ist. Beim Einholen wird es dann an Deck aufgeschossen. Da jedes Ende klar zum Gebrauch liegen soll, ist es erforderlich, dass es sich von der Stelle aus, von der es gebraucht wird, also vom festen Tampen am Belegnagel, frei abrollen kann. Hat man daher ein Ende aufgeschossen, so legt man es so hin, dass der belegte Tampen nach oben kommt. Der Anfänger lässt gewöhnlich ein Ende nach dem Aufschiessen so liegen, wie es gerade liegt, und er denkt nicht daran, dass hierbei, falls er es an Deck aufgeschossen hat, der feste Tampen unten liegt. Man vergesse also nicht, das Ende nach dem Aufschiessen umzudrehen.

Die aufgeschossenen Enden werden so gestaut, dass sie jederzeit klar liegen und bei schräger Lage des Bootes nicht rutschen oder durch überkommendes Wasser weggespült werden können. Werden die Enden auf offenen Booten unter Deck verstaut, so hängt man sie am besten an einem weitgebogenen Haken oder mittels eines unter Deck befestigten kurzen Endes auf; man vergesse dann aber nicht, sie vor dem Fieren abzuhaken und klar hinzulegen.

Das weitere Klar-Deck-machen erstreckt sich auf das Verstauen der vorläufig ins Cockpit oder an Deck gelegten Zubehörteile, wie Flaggenstock, Bock, Zeisinge, Stroppen, Persennings und Segelsäcke, die unter Deck fest und vor allem trocken und sauber fortzulegen sind.

Nachdem wir so die wichtigsten Handgriffe zum Segelsetzen kennen gelernt haben, wollen wir die einzelnen Segel setzen und bergen, wobei nur noch einzelne Anweisungen, die sich in den allgemeinen Ratschlägen nicht unterbringen liessen, hervorgehoben werden sollen.

Grosssegel. Piek- und Klaufall sind angeschlagen, der Baum ist angedirkt, der Bock weggenommen, die Latten sind ins Achterliek gesteckt und die Flaggleine ist nach vorne gebracht. Es soll ein mässig grosses Segel sein, das ein Mann allein setzen kann. Die letzten Zeisinge werden losgemacht, und in die eine Hand nimmt man das Piekfall, in die andere das Klaufall. Mit einigen Zügen wird die Piek bis zu etwa 30—45° Neigung geheisst, wobei sie von der Dirk klar gehalten oder, falls zwei Dirken vorhanden, mit der einen Hand durch einen Druck gegen die Gaffel zwischen beide dirigiert wird, während in diesem Augenblick die andere Hand die Piek weiter vorheisst, damit sie nicht wieder aus den Dirken weht. Jetzt ergreift man beide Fallen zusammen mit beiden Händen und heisst sie Hand über Hand vor, wobei man stets nach achtern sieht, ob die Segellatten nicht hinter Dirken oder Flaggleine haken und letztere klar fährt. Ist das Segel soweit geheisst, dass man an das Strecken des Klaufalls gehen kann, so belegt man die Piek, jedoch muss diese soweit vorgeheisst sein, dass sie nur noch wenig nachgestreckt zu werden braucht. Muss nämlich die Piek noch stark geheisst werden, so kommt durch das Aufrichten der Gaffel das Vorliek wieder lose und das Strecken desselben war umsonst. Wird das Vorliek durch Herunterholen des Baumes mittels der Halstalje gestreckt, so wird das Klaufall, nachdem es soweit geheisst ist, dass der Baum etwas höher, als nötig über Deck liegt, belegt und darauf der Hals gestreckt. Dann wird die Piek noch soweit nachgesetzt, dass sich in der Gegend der Klau zwischen Gaffel und Vorliek kleine Falten bilden, zum Zeichen, dass das Segel über die ihm vom Segelmacher gegebenen Grenzen hinaus mittels der Piek gestreckt wurde. Wird später durch Loswerfen der Dirk der Grossbaum gefiert und kommt ferner beim Segeln durch Anholen der Grossschot Druck auf das Segel, so verschwinden die kleinen Falten gänzlich. Wird das Segel aber dauernd überpiekt, so entsteht in der Nähe der

Klau ein Bauch, der anzeigt, dass das Segel vertrimmt ist. Ist an Stelle der Mastringe eine Reihleine vorgesehen, so wird diese nach dem Strecken der Fallen angeholt, und zwar so, dass sie überall gleichmässig zum Tragen kommt und das Vorliek an den Mast heranholt. Darauf wird die Leine, nachdem sie einmal durch das unterste Gatchen und um den Mast herumgeholt ist, mit einem Slipstek belegt.

Nachdem noch die Flagge gesetzt ist, wobei die holende Part der Leine beim Belegen mässig durchgesetzt wird, während der lose Tampen in leichter Bucht durchhängt, damit die Flagge auswehen kann, werden die Fallen aufgeschossen und das Setzen des Grosssegels ist beendigt.

Vorsegel. Ist nur ein einziges Vorsegel vorhanden, so wird dasselbe in der beschriebenen Weise angeschlagen und gesetzt, das Fall wird aufgeschossen, und nach Fieren der Dirk können wir in See gehen. Sind, wie beim Kutter, zwei Vorsegel vorhanden, so wird zunächst nur der Klüver gesetzt, während das Stagsegel an Deck liegen bleibt, um uns beim Ankeraufgehen oder Losmachen des Bojereeps nicht zu behindern. Hat man geankert, so bindet man sofort das Stagsegel hoch, damit es vom Deck frei hängt, da beim späteren Einhieven der Kette Wasser und Schmutz an Deck kommen. Man setzt dann das Stagsegel erst, wenn aller Schmutz vom Deck abgespült ist. Das Aufbinden des Stagsegels geschieht am besten, indem man einen kräftigen Zeising um den vorderen Teil des Segels herumbindet und am Block des Falls oder an der Kausch des Kopfes festzurrt und dann nach Loswerfen oder Ausschäkeln der Halstalje das Fall mit dem zusammengebundenen Segel vom Deck freiheisst. Das Schothorn wird mit einem zweiten Zeising im Want beigefangen.

Will man die Vorsegel fix und fertig setzen, ohne sie im Winde schlagen zu lassen, so setzt man sie aufgetucht. Das Auftuchen eines Segels geht folgendermassen vor sich. Das Segel wird lang an Deck gelegt, der Hals an einer Klampe des Vorschiffs oder am Poller festgemacht und der Kopf mittels eines Endes oder Zeisings soweit nach achtern geholt, dass das Vorliek mässig steif kommt. Darauf legt man das Schothorn über das Vorliek, dass es ein wenig darüber hinausragt und so tief sitzt, dass man es bei gesetztem Segel zum Anschlagen der Schoten bequem erreichen kann. Dann knien zwei bis drei Mann an Deck nieder und rollen das Tuch nach dem Vorliek hin fest auf. Das so zusammengerollte Segel wird jetzt bebendselt, indem man in etwa dreiviertel Meter grossen Abständen Segelgarntampen darum bindet. Diese Bendsel werden über und unter dem

Schothorn doppelt genommen, da sie das Gewicht der angeschlagenen Schoten tragen müssen, während man am Kopf des Segels nur einzelne Kardeele des Garns nimmt, da zu starkes Garn beim Ausreissen des Segels an dieser Stelle nicht brechen würde und das Segel wieder gefiert werden müsste.

Topsegel. Schot und Fall sollen von allen anderen Fallen, den Dirken, Back- und Stengebackstagen klar fahren, dann werden beide, sowie die Halstalje, angeschlagen und geheisst. Ist eine Schotraa vorhanden, so muss deren Gewicht von der Schot getragen werden, damit das Heissen des Falls nicht zu schwer geht. Der Hals wird leicht durchgeholt, damit die Topraa, an der das Fall meist unterhalb der Mitte angeschlagen ist, nicht über die Gaffel kippt und sich zwischen den Parten des Piekfalls festklemmt. Ebenso muss die Schotraa vor einem Ueberkippen über die Gaffel durch Mitheissen der Schot und Durchholen der Halstalje geschützt werden. Ist das Fall zu Blocks geheisst, so wird der Hals gestreckt und das Vorliek an der Stenge angereiht. Darauf wird die Schot ausgeholt, was häufig dadurch unterstützt wird, dass man die Piek mehr als nötig vorheisst, darauf die Topsegelsschot ausholt und die Piek wieder in die richtige Lage einfiert. In der Fahrt setzt man das Topsegel, wenn irgend möglich, in Luv. Man kann dann auf dem Luvdeck bequemer und trockener hantieren und die Raaen fahren klarer von Fallen und Dirk, da sie gegen das Grosssegel gedrückt werden, während sie, in Lee vorgeheisst, vom Grosssegel und Mast wegwehen. Soll die Schot während des Segelns ausgeholt oder nachgestreckt werden, so dreht man für kurze Zeit auf oder fiert die Grossschot und streckt die Topsegelsschot bei losem Grosssegel. Beim Bergen des Topsegels, das auch möglichst in Luv erfolgen soll, achte man darauf, dass bei zu schnellem Loswerfen von Schot und Hals die Schotraa nicht über die Gaffel geworfen wird. Man holt am besten das Segel mittels der Halstalje soweit herunter, dass die Raaen klar gefiert werden können.

Flieger. In den meisten Fällen wird der Flieger in der Fahrt gesetzt, indem ein Mann mit dem aufgeschossenen Segel unter einem Arm auf den Klüverbaum hinausgeht oder sich bei grösseren Booten das Segel nach dort zureppen lässt. Er steckt den Hals oder Niederholer an, hakt die Stagreiter über das Stengevorstag, schäkelt Fall und Schoten an und gibt das Zeichen zum Heissen. Dabei bleibt er solange auf der Nock des Klüverbaumes, bis das Segel soweit vorgeheisst ist, dass es nicht mehr zu Wasser kommen kann. Der Flieger wird auch vielfach aufgetucht gesetzt, was namentlich auf Regatten geschieht.

Zum Bergen des Fliegers gehen wieder ein oder zwei Mann auf den Klüverbaum und fangen das Segel während des Fierens auf, so dass es nicht zu Wasser kommt. Beim Fieren sollen gleichzeitig Niederholer und Schoten von Bord aus geholt werden, damit sie gleichfalls trocken bleiben.

Ballon. Er füllt mit seinem Tuch das ganze Vorsegeldreieck aus, dessen Ecken Mast- bezw. Stengetop, Klüverbaumnock und Mastfuss bilden. Auf kleinen Yachten ohne Klüverbaum wird der Ballon wie jedes andere Vorsegel gesetzt und geborgen, auf grösseren ist dies jedoch nicht möglich, ohne dass der untere Teil des Segels zu Wasser kommen würde. Hier wird daher der Ballon zunächst am Fall zu Blocks geheisst, darauf der Hals mittels des Ausholers, der durch einen an der Klüverbaumnock befindlichen Block läuft, ausgeholt und dann die Schot dicht geholt. Das Bergen eines grossen Ballons, das bei frischer Brise nicht ganz leicht ist, geschieht folgendermassen. Ein oder zwei Mann fassen das Unterliek in der Nähe des Schothorns, worauf der Ausholer gänzlich losgeworfen wird, so dass das Segel zur Seite fliegt. In diesem Augenblick wird das Unterliek zusammengeholt und dann das Fall so schnell gefiert, dass der Ballon, ohne zu Wasser zu kommen, geborgen werden kann. Hierbei muss das Segel nach luvard geholt werden, wobei die Schot mitzufieren ist. Vor dem Bergen des Ballons soll wenigstens ein Vorsegel wieder gesetzt sein.

Spinnaker. Je nach der Grösse des Spinnakers und der dadurch bedingten Konstruktion des Spinnakergeschirrs unterscheiden wir zwei Arten des Spinnakersetzens. Die leichteste besteht darin, dass nach Anschlagen des Falls, Einhaken des Halses in den Karabinerhaken der Spinnakerbaumnock, Festlegen der Schot und Achterausbringen des Achterholers um Wanten und Backstagen herum, das Fall geheisst, der Baum nach vorn neben dem Vorstag herausgeschoben, mit seiner Klau gegen den Mast gesetzt und der Achterholer angeholt wird. Bei grösseren Segeln sind zum Herausbringen des Baumes nach vorn zwei bis drei Mann erforderlich. Bei Brise hat es keinen Zweck, den Versuch zu machen, den Baum gleich querab herausbringen zu wollen; er wird unweigerlich nach vorn geklappt, da der Druck des Windes bei dem kleinen Hebelarm zu gross wird und ausserdem meist das Segel zu Wasser kommt. Man geht auch bei leichtem Winde am sichersten, wenn man den Baum nach vorn herausbringt und ihn dann nach achtern holt. Der geringe Zeitverlust wird durch die Sicherheit des Manövers reichlich eingeholt. Ist der Spinnakerbaum am Mast fest, wird er also mit einer Topnant gefiert, mit Vor- und Achterholer festgesetzt und der Hals mit einem besonderen Ausholer bedient, so geschieht das Setzen des Spinnakers folgendermassen. Die Topnant wird gefiert, bis der Baum bei aufrechter Schiffslage etwa parallel zum Wasserspiegel liegt, Vor- und Achterholer werden ausgebracht und belegt, Fall und Ausholer werden am Kopf und Hals angeschlagen, die Schot belegt und dann das Fall geheisst. Ist dasselbe zu Blocks, so wird es belegt, und der Hals bis zur Nock des Baumes ausgeholt, worauf der Ausholer gleichfalls festgelegt wird. Beim Heissen vertörnt sich der Spinnakerkopf manchmal, indem er bei leichtem Winde durch das sich beim Heissen drehende Fall infolge des geringen Gewichtes des Segels mitgedreht wird. Man entfernt diese Törns, indem man das Fall ein oder mehrere Male ein kurzes Stück fiert und wieder heisst, wobei sich das Fall ausdreht.

Das Bergen des Spinnakers geschieht in umgekehrter Reihenfolge. Im ersten Falle, beim kleinen Segel und losen Baum, wird letzterer nach Loswerfen des Achterholers nach vorn gebracht, vom Mast losgenommen und nach hinten geschoben. Darauf rafft man das Unterliek zusammenn und fiert das Fall so schnell, wie es das Bergen des Segels erlaubt. Bei der zweiten Methode wird der Ausholer losgeworfen und der Hals eingeholt, darauf das Unterliek zusammengerafft und das Fall gefiert. Beim Auftoppen des Baumes werden Vor- und Achterholer losgeworfen.

Ausser den bisher erwähnten Segeln wären noch der Ballonflieger, Ballonklüver, Amwindballon und das Ballonstagsegel zu nennen, die wir jedoch fast nur auf Rennyachten finden und deren Setzen und Bergen genau wie bei den gewöhnlichen Vorsegeln geschieht. Bei der Yawl-, Ketsch- und Schonertakelage käme noch der Besahn oder Treiber bzw. das Schonersegel hinzu, doch dürfte deren Bedienung ebenfalls der näheren Erklärung erübrigen.

Unter Segel.

Wir haben die Segel gesetzt, die Enden aufgeschossen, klar Deck gemacht und alles unter Deck gut verstaut, so dass wir von der Boje oder dem Ankerplatz losgehen können. Liegt das Boot nach allen Seiten hin gut frei, so dass wir manövrieren können, wie wir wollen, ohne andere Yachten zu gefährden oder an Grund zu geraten, so wird das Vorsegel nach der Seite ausgeholt oder backgehalten, auf der das Bojereep an Deck oder die Ankerkette durch die Klüse fährt. Hierdurch wird der Bug nach der entgegengesetzten Seite gedrückt und wir vermeiden es, über die Boje oder die Ankerkette zu segeln. Ist man von der Boje frei oder der Anker soweit hochgenommen, dass die Yacht segelt, so nimmt man das Vorsegel auf die andere Seite und bringt die Segelstellung mit dem Kurs und der Windrichtung in Uebereinstimmung.

Ist der Ankerplatz dagegen durch in der Nähe liegende Boote beschränkt, oder sind Land und flaches Wasser nicht weit entfernt, so muss man sich genau überlegen, welches Manöver man zu machen hat, um von allem freizusegeln. In erster Linie bedenke man, dass ein Boot ohne Fahrt durchs Wasser nicht steuerfähig ist, und dass eine Yacht kurz nach dem Loswerfen der Boje oder Ausreissen des Ankers zunächst so gut wie gar keine Fahrt macht. Sie treibt mehr zur Seite als voraus, und dies um so mehr, je weniger Lateralplan durch geringen Tiefgang oder stark zusammengeholten Kiel vorhanden ist. Die so entstehende Abtrift und Manövrierunfähigkeit in den ersten Augenblicken nach dem Loswerfen sind daher vor allem in die Rechnung, wie man sich am besten freisegelt, einzusetzen. Erkennt man, dass man nicht ganz sicher freikommt, so muss man das Boot durch Schleppen, Rudern oder Ausfahren von Leinen soweit verholen, bis man den nötigen Platz hat, was man allerdings in solchen Fällen besser vor dem Segelsetzen tun sollte. Will man die Abtrift so sehr wie möglich beschränken, so kann man bei kleinen Booten durch kräftiges Vorausholen am Bojereep oder an der Ankerkette Fahrt und Steuer ins Schiff bringen. Bei einer grösseren Yacht hält man den Klüver back und wartet, bis sie mit dichtgeholtem Grosssegel am Bojereep voraussegelt. Erst wenn die Boje querab vom Bug ist, wirft man los. Dies Manöver erfordert einige Aufmerksamkeit und Geschicklichkeit, da man den günstigen Augenblick des Loswerfens nicht verpassen darf, was meist dadurch geschieht, dass man das Bojereep, auf dem starker Druck steht, nicht rechtzeitig los bekommt. Dann dreht das Boot in den Wind und die Arbeit war vergebens.

Hat man nach dem Loswerfen sein Boot noch durch viele, dicht zusammenliegende Yachten zu bugsieren, so sei man auch hierbei vorsichtig, denn Zusammenstösse mit verankerten Fahrzeugen haben meist üble Havarien im Gefolge. Daher mache man, namentlich wenn das Boot nicht vorzüglich manövriert, lieber einen kleineren oder grösseren Umweg; die geringe Mühe lohnt sich schon und man vergibt seinem seglerischen Schneid durchaus nichts, wenn man in solchen Fällen vielleicht etwas zu vorsichtig erscheint. Sitzt man erst auf einer fremden Ankerkette drauf und reisst sich hierbei Löcher in die Segel, oder rasiert dem lieben Nachbar Wanten oder Vorgeschirr weg, dann helfen alle Entschuldigungen, wie: Schralen des Windes, Einsetzen einer Böe, Schwoien des anderen Bootes, nicht das geringste, und man muss es sich gefallen lassen, dass man zum Schaden auch noch den verdienten Spott erntet.

Die Stellung der Segel ist der Wind- und Fahrtrichtung anzupassen, und man kann dem Anfänger als Faustregel die mit auf den Weg geben, dass die Segel vermittels der Schoten so zu fahren sind, dass sie den Winkel zwischen Wind- und Fahrtrichtung ungefähr halbieren. Beim Aufkreuzen würde also beispielsweise der Grossbaum bis zu zwei Strich nach mittschiffs geholt werden können, da man mit einem modernen Boot und guten Segeln bis vier Strich an den Wind gehen kann. Ein Strich = $11¼$ Grad. Flache Boote werden bei Brise etwas voller und mit loseren Segeln gefahren, als tiefgehende Yachten, da ihr seitlicher Widerstand geringer ist und bei zu grosser Höhe eine starke Abtrift auftreten würde. Hier ist andererseits aber wieder da die Grenze gezogen, wo bei zu vollen Segeln zuviel Höhe verschenkt wird. Der weise Mittelweg, das Voll- und Beisegeln, ist der richtige, d. h. bei grösster Höhe grösste Fahrt. Ohne das Können des Tourenseglers anzuzweifeln, muss ich aber behaupten, dass das Erlernen des wirklich guten Kreuzens nur im Regattabetrieb möglich ist, in der Wettfahrt mit gleichen Booten, wo man darauf geprüft wird, dass Höhe und Fahrt in jedem Augenblick aufs beste zueinander abgepasst sind. Hierbei ist natürlich das gute Stehen der Segel die Hauptbedingung, die nicht nur vor Antritt der Fahrt, sondern während der ganzen Reise beobachtet werden muss. Aber auch die, namentlich auf Binnengewässern, sich dauernd ändernde Windrichtung bringt dem guten Segler Vorteile, wo sie dem Anfänger nur Kummer macht. Nicht nur in der Regatta, sondern auch beim gemütlichen Tourensegeln soll man darauf achten, den launischen Windgott nach Möglichkeit auszunutzen und ihm die besten Seiten abzugewinnen. Fällt eine Böe ein, so kann man, da dies meist raum erfolgt, ein Stück Höhe gewinnen, und man geht bei raumendem Winde solange mit, bis er wieder eine feste, stetige Richtung angenommen hat. Wird er spitzer oder schralt er immer mehr zu unseren Ungunsten, so geht man ein Weilchen mit und probiert, ob die alte Richtung nicht bald wieder durchkommt. Ist das nicht der Fall, dann geht man schnell auf den anderen Bug und versucht hier sein Heil. Beim Anluven sollen die Segel nie so lose kommen, dass sie flattern, und alle Bewegungen des Bootes sollen möglichst sanfte sein, da ein zu plötzliches Ruderlegen der Geschwindigkeit schadet.

Jede drehende Bewegung des Bootes, die durch Ruderlegen veranlasst wird, wird dadurch begrenzt, dass man sie gleichfalls mit dem Ruder wieder aufhält, d. h. man stützt das Boot. Je schneller also das Ruder gelegt wurde, um so schneller und kräftiger dreht es und um so härter muss es gestützt werden, wobei die Fahrt naturgemäss gemindert wird.

Auch beim Segeln mit raumem Winde, also mit gefierten Schoten, ist die Stellung der Segel zum Winde für die Geschwindigkeit wesentlich. Es genügt nicht, dass die Segel gut voll stehen, sie müssen vor allem dem Winde einen günstigen Abfluss gestatten und dabei doch kräftig ziehen, wobei sie gleichzeitig das Boot ausbalanzieren sollen, damit das Ruder möglichst wenig gebraucht wird. Auch hier zeigt am besten die Wettfahrt, welche Segelstellung dem Boote am günstigsten ist.

Wenden und Halsen. Sämtliche Wendungen, die wir mit einem Boote machen, sei es um den Kurs zu ändern, auszuweichen, an die Boje zu gehen oder einen über Bord gefallenen Mann zu fischen, setzen sich aus zwei Manövern zusammen, dem Wenden und dem Halsen. Um sie am besten zu verstehen, wollen wir uns vorher die Begriffe Luven und Abfallen klar machen, denn das Wenden ist nichts weiter, als ein verlängertes Luven, und das Halsen nichts anderes, als eine Fortsetzung des Abfallens. Die Bezeichnung Luven oder Anluven kommt vom Worte Luv her, worunter die Seite des Bootes zu verstehen ist, von welcher der Wind herkommt. Diese Seite nennt man auch Luvseite. Dreht man daher sein Boot mit dem Bug so, dass der Wind immer spitzer wird, dass man also gewissermassen dem Winde entgegenfährt oder nach Luv segelt, so geht man an den Wind oder luvt an. Dies erreicht man dadurch, dass man das Ruderblatt nach Luv legt, wobei die Pinne also nach Lee zeigt, und gleichzeitig die Segel dichter holt. Segelt man z. B. platt vor dem Winde, so kann man solange luven, bis die Segel ganz dicht geholt sind und die Yacht am Winde liegt. Hierbei segelt das Boot immer noch auf demselben Bug, nur sind mit dem Ruderlegen die Segel angeholt worden.

Die Seite des Bootes, von welcher der Wind wegweht, nennt man Lee oder Leeseite, und der Anfänger merkt sie sich am besten daran, dass das Boot nach Lee überliegt und auf der Leeseite die Segel dichtgeholt sind. Dreht man nun sein Boot so, dass der Bug dem Winde folgt, sich also von Luv entfernt, so fällt das Boot vom Winde ab, welche Bewegung kurz als Abfallen bezeichnet wird. Das Abfallen beginnt von dem Augenblick, wo eine am Winde segelnde Yacht die Schoten auffiert und das Ruderblatt nach Lee dreht, bis zu dem Augenblick, wo die Segel völlig bis zu den Wanten aufgefiert sind und das Boot platt vor dem Winde segelt.

Setzen wir nun die Bewegung des Luvens fort, so kommen die Segel lose, sobald wir über die Am-Wind-Stellung hinausgehen, und drehen wir das Boot durch Ruderlegen weiter, so gehen die Segel auf die andere Seite über, da wir durch den Wind gegangen sind. Dies Manöver nennen wir Wenden oder Ueberstaggehen. Setzen wir in gleicher Weise das Abfallen fort, so tritt der gefürchtete Moment ein, wo uns das aufgefierte Grosssegel um die Ohren schlägt und wir Gott danken, wenn alles gut gegangen ist. In diesem Augenblick hatte der Wind nämlich ebenfalls von der anderen Seite in die Segel geblasen, aber was er beim Wenden von vorne tat, vollführte er beim weiteren Abfallen von hinten, und das Manöver, auf diese Weise das Segel auf den anderen Bug zu bekommen, nennen wir Halsen.

Die Bedienung der Segel beim Wenden und Halsen wollen wir an Hand eines auszuführenden Manövers kennen lernen, wobei einige Kommandos gegeben seien als Beispiele, in welcher Weise man solche Kommandos abgibt und nicht, um darzutun, dass es ohne Kommandieren überhaupt nicht ginge. Im Gegenteil. Eine gute Mannschaft besorgt auf den einfachen Befehl Wenden oder Halsen alle Handgriffe, die für die Segelbedienung nötig sind. Ist dagegen die Mannschaft nicht so eingearbeitet oder sachkundig, dass sie selbständig arbeiten könnte, so muss man sie eben kommandieren. Wir nehmen also zunächst an, dass unser Kutter beim Aufkreuzen in die Nähe des Landes gekommen und gezwungen wäre, über Stag zu gehen. Diese Absicht kündet der Führer durch den Ruf: Klar zum Wenden! oder einfach: Wenden! an, wodurch die Mannschaft auf das Manöver aufmerksam gemacht wird und ihre Posten besetzt. Die Ankündigung des Manövers soll aber auch den unter Deck befindlichen Personen die demnächstige veränderte Bootslage melden, damit sie selbst oder bewegliche Gegenstände nicht unvermutet von Duchten und Tisch fliegen. Hat die Mannschaft das Kommando wiederholt, zum Zeichen, dass sie auf ihrem Posten ist, so heisst es: Rhe!, wobei die Vorschoten losgeworfen werden, während durch Ruderlegen die Wendung ausgeführt wird. Ist das Boot soweit durch den Wind gebracht, dass die Segel nach der anderen Seite auswehen, so werden die Vorsegel ohne weiteres Kommando dichtgeholt, während die Grossschot durch die Einrichtung des Leitwagens einer besonderen Bedienung nicht bedurfte. Das Wenden soll so erfolgen, dass die nötigen Handgriffe gut ausgeführt werden können, es soll schnell gehen, um keine Fahrt, im Winde liegend, zu verlieren, und wiederum nicht zu schnell, um in der Wendung durch einen kleinen Aufschiesser Höhe zu gewinnen. Bei Schwertbooten ist ein übertrieben schnelles Wenden manchmal die Ursache des Kenterns gewesen, da die auf der ursprünglichen Luvseite sitzenden Personen nicht schnell genug auf die neue Luvseite gelangen konnten und nun, in Lee sitzend, das krängende Moment des Winddrucks und der Wendung durch ihr Gewicht noch vermehrten. Bei leichten Jollen oder Booten mit langem Lateralplan wirkt ein hartes Ruderlegen, namentlich bei Seegang, so ungünstig, dass sie nicht durch den Wind kommen, sondern mit flatternden Segeln achteraus treiben. Tritt dieser Fall ein, so versuche man nicht, durch Wriggen mit dem Ruderblatt, die Wendung zu erzwingen, sondern lege das Ruder nach der entgegengesetzten Seite. Denn da das Boot rückwärts segelt, können wir ihm die gewünschte Drehung durch Legen des Ruderblattes nach Lee sofort geben, ohne erst einen neuen Anlauf zu machen. Hierzu hat man manchmal auch gar keinen Raum, und daher soll man sofort, wenn die Wendung versagt und das Boot achteraus geht, das Ruder den anderen Weg, als man es bei der gewöhnlichen Wendung tut, legen.

Das Halsen ist in weiten Kreisen als ein sehr gefährliches Manöver verschrien, und das von Rechts wegen. Denn besagte Kreise haben mit diesem Manöver infolge ihrer geringen Segelkunst schlechte Erfahrungen gemacht, die namentlich bei kräftiger Brise auftreten, und bei grossen Yachten im Verlust von Stenge, Backstag, Baum und Ueberbordfallen von Mannschaft bestehen, während harmlose Jollen meistens kentern. Die erforderlichen Manöver sind bei unserem Kutter, der mit Topsegel und Flieger und den dazu gehörigen Stengebackstagen am Winde segelt, folgende: Das Ankündigungskommando heisst: Klar zum Halsen! Hierauf werden Grossschot, Back- und Stengebackstag und Fliegerschot besetzt! Dann folgt: Fier auf Grossschot!, wobei das Ruder gelegt wird und die Yacht abfällt. Die Grossschot wird nur dann gefiert, wenn das Abfallen zu schwer geht, und man fiert sie gewöhnlich nur bis zum Leebackstag, so dass dieses noch fest bleiben kann. Fällt die Yacht auch dann nicht schnell genug, so muss nach Loswerfen des Backstags die Grossschot ganz gefiert werden. Ist das Boot soweit abgefallen, dass der Wind fast platt von achtern in das Grosssegel fällt, so heisst es: Hol dicht Grossschot! Hierbei haben die Mannschaften so schnell und kräftig zu arbeiten wie nur irgend möglich, und der Steuermann hat darauf zu achten, dass der Wind das Segel nicht unvermutet herumwirft. Ehe dies geschieht, kommt das Kommando: Los Luvbackstag und Stengebackstag! Setz' durch

Leebackstag und Stengebackstag! Rund achtern! Der letzte Befehl zeigt an, dass das Grosssegel durch weiteres Ruderlegen übergehen soll und wahrschaut die Mannschaft vor Grossbaum und Grossschot. Sind die Backstagen in Luv durchgesetzt und in Lee losgeworfen und ist das Segel übergegangen, so heisst es: Ueber vorn!, worauf die noch backen Vorschoten nach Lee gebracht werden. Die Vorschoten werden beim Halsen zunächst nicht bedient, da sie vor dem Winde doch nicht ziehen, dagegen nach Uebergehen des Grosssegels das Boot gegen ein unfreiwilliges Aufdrehen stützen, weil sie noch in Luv belegt sind. Erst nachdem auf dem Hinterschiff alles klar ist, werden die Vorsegel übergenommen. Da wir einen Flieger gesetzt hatten, sei bemerkt, dass das eben Gesagte für seine Schoten nicht gilt. Diese müssen vielmehr der Stellung des Grossbaumes entsprechend bedient werden, da sie ja hinter dem Grosssegel nach achtern fahren und also vom Fieren und Dichtholen der Grossschot abhängig sind. Meist wird das Halsen dadurch verpfuscht, dass der Steuermann durch starkes Ruderlegen das Heck zu schnell durch den Wind bringt, so dass die Grossschot nicht dicht geholt und die Backstagen nicht bedient werden können. Vor allem muss man sich davor hüten, direkt nach dem Halsen aufzudrehen, was meist unfreiwillig geschieht, da der Führer sein Boot nicht rechtzeitig stützt. Bei grossen Yachten kann das unfreiwillige Aufdrehen das Leedeck so zu Wasser bringen, dass die dort arbeitenden Leute leicht weggespült werden können, während eine Jolle unweigerlich kentert. Wer also mit dem Halsen noch auf etwas gespanntem Fusse steht, der unterlasse es jedenfalls bei Brise und übe das gefährliche Manöver bei leichtem Winde solange, bis es ihm auch bei stärkerem glückt. Denn nichts geht über das schneidige Halsen bei strammer Brise auf einer Jolle!

Abwettern von Böen. Kleine unscheinbare Böen bringen meist nur Gutes: Fahrt ins Schiff und Bewegung in die Mannschaft. Kräftige, plötzliche und lang anhaltende Dauerböen aber erproben die Segelkunst von Führer und Mannschaft aufs gründlichste, denn jetzt heisst es für den Führer: fix überlegen und entscheiden, die Ruhe und den Kopf oben behalten, klare, deutliche und richtige Befehle geben, und für die Mannschaft: schnell, kräftig und an der richtigen Stelle zupacken, das Wasser nicht scheuen und, wenn's sein muss, bis zum Bauch reinspringen, wenn das Backstag los muss.

Für offene Schwertboote seien zum Abwettern einer Böe folgende Verhaltungsmassregeln gegeben. Segelt das Boot am Wind, so wartet man das Herankommen der Böe, das man an der schwärzlichen Kräuselung des Wassers bemerkt, ruhig ab, dreht, sobald das Segel den stärkeren Wind bekommt, langsam auf und segelt mit loser Schot oder so hoch am Winde, dass das Boot noch etwas Fahrt voraus macht, aber keinesfalls ohne Fahrt im Winde liegt. Dreht man zu früh auf, so stoppt die Böe die Fahrt gänzlich ab, und da man alsdann kein Steuer im Schiff hat, ist man dem nächsten Windstoss hilflos preisgegeben. Kann man nicht aufdrehen, weil die Böe zu plötzlich und stark einsetzt, so fiert man das Segel, hält das Boot aber noch so am Winde, dass die Fahrt nicht ganz verloren geht. Segelt man mit halbem Winde, so ist das Auffieren der Segel die beste Lösung, während ein schnelles Aufdrehen das Kentern nach sich ziehen kann, da die krängende Wirkung des Windstosses durch das gleichfalls nach Lee krängende Moment des aufschiessenden Bootes verstärkt wird. Bei einer achterlichen Böe hält man gleichfalls Kurs und balanciert das Boot durch Verteilen des Ballastes aus. Kann man das Segel nicht mehr halten, ohne das Kentern oder den Verlust des Mastes zu befürchten, so dreht man mit loser Schot ganz langsam auf. Hält die Böe länger an, so refft man entweder oder kriecht unter Land und ankert dort.

Bei grösseren Booten tritt an Stelle des Kenterns in Böen der Verlust der Takelage, und man soll daher auch hier trotz der Unkenterbarkeit nicht auf alle Fälle durchhalten, sondern entweder in den Wind gehen oder die Schoten loswerfen, bei länger anhaltenden Böen aber reffen und ankern.

Manöver.

In grossen Umrissen haben wir gelernt, wie man ein Boot handhabt, ohne es umzuwerfen oder andere zu beschädigen. Wir müssen aber noch lernen, es so zu gebrauchen, dass es förmlich in unserer Hand lebt, und dass uns kein Zufall oder Unfall unvorbereitet treffen kann. Hierzu ist das Erlernen von einigen Manövern erforderlich, dessen erstes und wichtigstes uns zeigt, das Boot als Rettungswerkzeug zu gebrauchen.

Mann über Bord.

Wir wollen uns nicht lange damit aufhalten, zu erzählen, auf welche verschiedenen Arten jemand über Bord fallen kann, es genüge die dringende Warnung zur Vorsicht und der ernste Appell an die Pflicht der schweren Verantwortung, die jeder Segler als Führer eines Schiffes trägt. Nicht immer kann er es hindern, dass ein Mitsegler aussteigt, aber wenn dieser Fall eintritt, dann muss er auf jeden Fall in der Lage sein, den Mann wieder lebend und gesund an Bord zu bringen. Dazu gehört ausser den Kenntnissen der Manöver die nötige Ausrüstung, die in wenigstens einer schwimmfähigen Boje besteht. die leicht zu erreichen ist. Das Anbinden von Bojen in den Wanten ist durchaus zu verwerfen, da sie dort meist so fest gebunden sind, dass man sie nicht los bekommt, was ohne weiteres mit diesem Verfahren zusammenhängt. Entweder liegt die Boje an Deck klar, höchstens mit einigen dünnen, leicht zerreissbaren Bendseln festgezurrt, oder sie liegt im Cockpit in der Nähe des Steuermanns. Sind zwei Bojen vorhanden, so wird die zweite mit einer langen Leine versehen, damit an ihr der Mann an Bord geholt werden kann, wenn die Yacht beim Manöver in seine Nähe kommt, ohne dass es möglich ist, ihn direkt an Bord zu nehmen. Das Mitnehmen eines Beibootes ist nicht unter allen Umständen erforderlich, höchstens für See und grössere Yachten. Für kleinere Boote und Jollen kann man aber von der Mitnahme eines Beibootes auf Binnengewässern absehen, wenn man sich in der Handhabung seines Fahrzeuges sicher genug fühlt.

Fällt jemand über Bord, so wird die Mannschaft durch den lauten Ruf: Mann über Bord! auf ihre Posten beordert, während der Führer sofort durch den Ruf: Boje über Bord! diese möglichst nach achtern in das Fahrwasser werfen lässt. Jeder Segler weiss, dass er beim Ueberbordfallen zunächst nach der ausgeworfenen Boje suchen soll, die bei richtigem Funktionieren des Manövers im Fahrwasser oder in seiner Nähe schwimmen muss. Die Gewissheit, in kurzer Zeit bereits einen Halt zu finden, gibt ihm daher die nötige Ruhe, um die Boje richtig zu handhaben. Besteht sie aus einem Korkring, so werden die Arme nacheinander durch ihn hindurchgesteckt, so dass die Boje nunmehr unter seinen Armen liegt und ihn bequem trägt.

Für den Bootsführer ist es indes die Hauptaufgabe, sein eigenes Boot oder ein Beiboot an den Verunglückten in der kürzesten Zeit heranzubringen. Weiss man jedoch, dass der Ueberbordgefallene gar nicht oder nur schlecht schwimmen kann, so muss ein kräftiger Schwimmer der Besatzung, mit einer Boje ausgerüstet, unmittelbar nach dem Unfall über Bord springen, um den Mann solange über Wasser zu halten, bis beide geborgen werden. Wird das Bergungsmanöver mit der Yacht selbst gemacht, so sind je nach der Fahrt- und Windrichtung zwei verschiedene Manöver auszuführen, die die schnellste Rettung verbürgen. Wir nehmen an, dass der Unfall in ruhigem Wasser passierte, so dass die Yacht dicht an den Verunglückten herangehen kann, wobei sie mit möglichst geringer Fahrt im Winde liegen soll, da im einfachen, noch dazu schnellen, Vorbeifahren die Bergung unmöglich oder höchst unsicher ist. Dies sollte man nur bei flauem Winde versuchen, wo exakte Bergungsmanöver viel zu lange dauern würden. Nimmt man den Mann durch einen Aufschiesser an Bord, so muss noch soviel Fahrt im Schiff sein, dass dasselbe gut

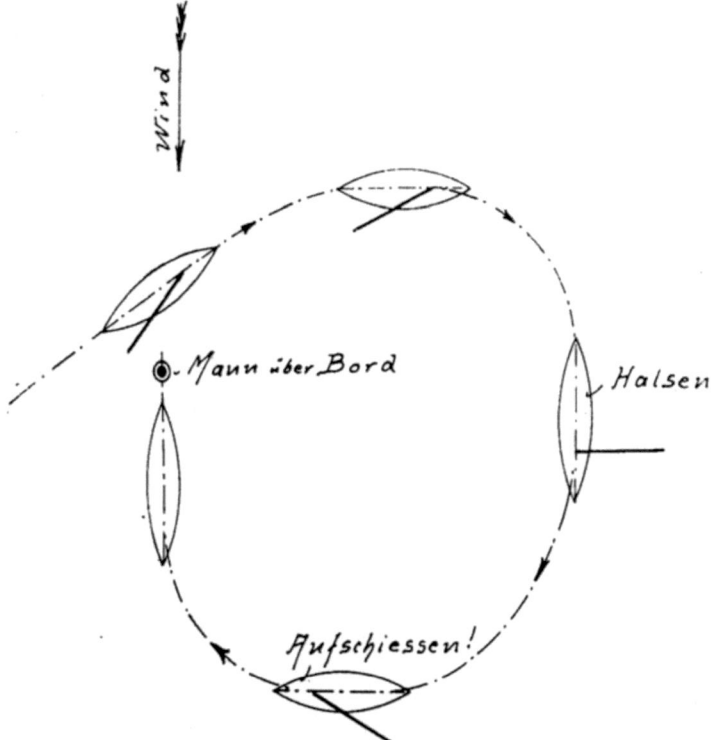

Abb. 41. Mann über Bord-Manöver (Bojefischen).
I. Fall: Am Wind.

steuerfähig ist, damit man beim Versagen des Manövers dasselbe noch einmal wiederholen kann. Die erste Bedingung zu einem guten Gelingen des Manövers ist, dass man genügenden Raum zu seiner Ausführung hat. Man muss daher, um sich diesen zu verschaffen, zunächst ein Stück von der Unfallstelle wegsegeln; die Grösse des Manövrierplatzes hängt von der Manövrierfähigkeit der Yacht ab und ist um so· geringer, je schneller das Boot dreht.

Segelt das Boot am Winde, Abb. 41, I. Fall, so kommt man, vorausgesetzt, dass keine Hindernisse im Wege liegen, am schnellsten zur Unfallstelle, indem man halst, darauf mit halbem Winde soweit segelt, bis der Schwimmende querab ist und dann aufdreht. Man halse, wenn möglich, mit dichten Schoten, damit mit dem Bedienen

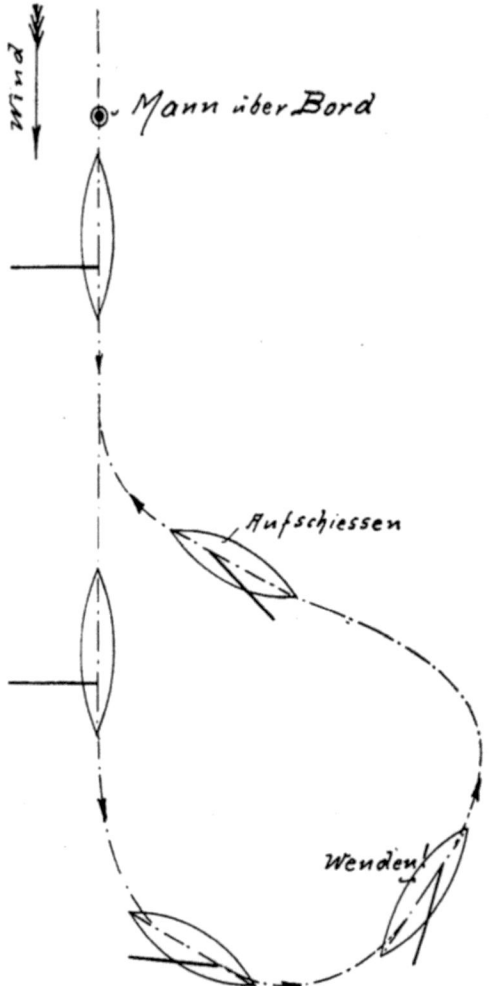

Abb. 41a. Mann über Bord-Manöver (Bojefischen).
II. Fall: Vorm Wind.

der Segel keine Zeit verloren geht, wobei denn ein etwas heftiges Uebergehen des Baumes nicht immer zu vermeiden, aber auch zu entschuldigen ist. Geht der Mann über Bord, wenn man vor dem Winde segelt, Abb. 41a, II. Fall, so geht man an den Wind, bis man zum Ueberstaggehen die nötige Höhe hat. Dann segelt man, womöglich gleichfalls mit halbem Winde, soweit, bis der Mann querab ist und dreht dann auf. In beiden Fällen läuft man zuerst, je nach der Manövrierfähigkeit, ein grösseres oder kleineres Stück weiter, um Platz zu gewinnen. Beim Segeln mit halbem Winde ist es gleichgültig, ob man halst oder wendet, doch ist der grösseren Sicherheit halber das Wenden vorzuziehen.

Ich empfehle nicht allein für das Mann-über-Bord-Manöver, sondern auch für ähnliche Manöver, wie Bojefischen oder anlegen, das Ansteuern des betreffenden Gegenstandes bei halbem Winde und nicht hart am Winde. Man kann im ersten Fall dann stets das Manöver durch Luven oder Abfallen noch etwas korrigieren, falls der Wind böig ist oder stark schralt, was dagegen beim Segeln hart am Winde nur nach einer Richtung, nämlich durch Abfallen nach der Leeseite, möglich ist, womit einem aber bei spitzem Winde nicht gedient ist, da man dann beim Aufdrehen nicht genau im Winde liegt. Auch für solche Manöver bei Nacht ist diese Methode zu empfehlen, durch die man bei einiger Uebung fast einwandfrei die Unfallstelle wiederfindet. Je nach der Windrichtung und Segelstellung geht man durch Luven oder Abfallen auf halben Wind, wendet oder halst dann und läuft mit halbem Winde wieder zurück. Für die durchsegelte Entfernung und den beim Wenden gewonnenen Luvraum oder beim Halsen verlorenen Leeraum, die mit zu berücksichtigen sind, bekommt man bei einiger Uebung ein sehr genaues Gefühl, das den richtigen Augenblick des Aufdrehens selten verpassen lässt. Man lasse sich indes nicht verleiten, dies Verfahren als absolut einwandsfrei anzuerkennen und demnach die üblichen Vorsichtsmassregeln ausser Acht zu lassen. Diese sollen gerade bei Nacht verdoppelt werden, und der Mann, der Ausguck hält, hat besonders scharf die Unfallstelle im Auge zu behalten. Ist dieser Ausguck im Segeln so erfahren, dass er die Manöver beurteilen und leiten kann, so gibt er dem Führer oder Mann am Ruder die nötigen Kommandos, wie: halsen, luven, wenden, abfallen, aufdrehen, deren Ausführung dann vom Führer geleitet wird. Sitzt man allein im Boot, so vereinigen sich natürlich Beobachtung und Ausführung der Manöver, und nur die grösste Kaltblütigkeit kann einen Erfolg zeitigen.

Auf einem grösseren Boot, das schwerer manövriert, tut der Führer am besten, sofort das Aussetzen des Beibootes zu befehlen. Er wählt aus der Besatzung einen oder zwei der zuverlässigsten Leute aus, von denen der eine rudert, während der zweite die Richtung angibt. Den Ueberbordgefallenen nimmt man am besten übers Heck ins Boot hinein, und wenn dies nicht möglich ist, holt man eine bereitgehaltene Leine unter seinen Armen durch und lascht ihn an der Heckducht fest, falls er sich nicht selbst halten kann. Dann rudert man nach dem in der Nähe aufgedrehten, oder auf See beiliegenden, Schiff heran und bringt den Verunglückten in Lee der Yacht wieder an Bord.

An die Boje gehen.

Um an einer verankerten Boje festzumachen, soll man dort mit einer so geringen Fahrt ankommen, dass das Boot bei Andecknehmen des Bojereeps fast still steht, dass also kein stärkerer Zug auf Reep und Kette kommt. Die Grundlagen zu diesem Manöver sind in dem letzten Abschnitt über das Fischen eines über Bord Gefallenen eingehend geschildert, nur müssen sie hier bis ins feinste ausgeführt und abgepasst werden, um eben dieses Abstoppen an einem bestimmten Punkte zu erreichen. Wird nämlich die Boje bei zu grosser Fahrt an Deck genommen, so kann man sie entweder nicht rechtzeitig festmachen und noch weniger mit der Hand halten, oder das Bojereep wird durch die übermässige Beanspruchung gesprengt. Das Bojereep kleiner Boote hängt gewöhnlich an einem Korkschwimmer, an dem man das Reep an Deck holt und hier belegt, während der Schwimmer am Stag festgezurrt wird. Auf sehr schnell drehenden Booten muss der die Boje fischende Mann darauf achten, dass er beim Aufdrehen nicht über Bord fällt, weshalb der Steuermann das Ruderlegen durch den Ruf: Wahrschau! ankündigt.

Grössere Boote sind an einer Kette festgemacht, die infolge ihres Gewichtes eines görsseren Schwimmers in Gestalt einer Tonne bedarf. Da man die Tonne nicht an Deck nehmen kann, ist an einem Ring das Bojereep eingeschäkelt, das an Deck gegeben wird, während die Tonne selbst durch ein nach dem Klüverbaum fahrendes Ende, die Sorgleine, vom Bug des Bootes freigehalten wird. Soll nun die Boje gefischt werden, so wird ein am Tampen der Sorgleine befindlicher offener Haken in den Ring der Tonne eingehakt und, nachdem die Sorgleine an Deck belegt und so die Yacht vorläufig festgemacht ist, das Bojereep an Deck gegeben, das jetzt den ganzen Zug der im Winde liegenden Yacht aufnimmt. Beim Loswerfen einer auf diese Weise festgemachten Yacht verfährt man in umgekehrter Reihenfolge, indem man zuerst den Haken der Sorgleine aushakt und dann das Bojereep loswirft. Man achte jedoch darauf, dass man hierbei die Tonne nicht übersegelt, wodurch die Aussenhaut beschädigt oder die Tonne zum Wegsacken gebracht werden kann.

Ankern.

Für die Auswahl eines geeigneten Ankerplatzes ist nicht nur die augenblicklich geschützte Lage desselben massgeblich, sondern vor allem der gute Ankergrund und die Möglichkeit, ihn bei jedem Wetter ohne Schwierigkeiten zu verlassen. Ankert man also bei ablandigem Winde im Schutze der Küste, so bedenke man, dass durch Umspringen des Windes die Yacht um die Länge der Ankerkette auf Land zu schwoit, und dass sie auch dann noch das nötige Wasser unter dem Kiel haben muss. Auch kommt in diesem Falle durch Wind und Seegang mehr Kraft auf den Anker, so dass er bei nicht einwandsfreiem Grunde ins Treiben geraten kann. Daher verzichte man lieber auf ein vor Wind und Seegang geschütztes, lauschiges Plätzchen, da bei schlechtem Ankergrund und umspringendem Winde die Yacht ins Treiben gerät. Flachgehende Boote gehen auf Binnengewässern meist mit dem Bug ans Ufer, da sie mit einem Staken oder Riemen leicht wieder flott zu machen sind, was bei grossen Yachten nur mit Hilfe von Anker und Spill möglich ist. Sie bringen dann zur Sicherheit, um das Heck vom Lande freizuhalten, einen Heckanker aus, der entweder fallen gelassen wird, ehe man das Land erreicht, oder den man nach der Landung mit dem Boot ausfährt, oder mit kräftigem Schwunge vom Heck achteraus wirft.

Das eigentliche Manöver des Ankerns besteht in dem Klarmachen des Ankers, dem Ankern selbst und den Vorsichtsmassregeln nach dem Ankern. Den Ort, an dem der Anker fallen soll, erreicht man durch einen Aufschiesser, der wie beim Bojefischen so abgepasst ist, dass die Yacht an der ausgesuchten Stelle völlig stilliegt oder noch besser achteraus geht, damit die Kette frei vom Anker fällt. Das Klarmachen des Ankers besteht in dem Zurechtmachen des Ankers selbst, indem beim gewöhnlichen Admiralitätsanker der Stock durch den Schaft durchgesteckt und mit Splint und Bendsel gesichert wird, oder indem beim Draggen die zweite Kreuzpfluge senkrecht zur ersten gedreht und auf gleiche Weise gesichert wird. Dann holt man genügend Kette an Deck und schäkelt dieselbe frei von allen Enden am Stock an, so dass der Anker klar über Bord geworfen werden kann. An das Kreuzstück des Ankers wird die Sorgleine mit der Ankerboje gebunden, so dass man beim Bruch der Kette den Anker an der Leine wieder heben oder die Kette fischen kann. Die Länge der an Deck geholten Kette soll je nach der Beschaffenheit des Grundes und den Wetterverhältnissen die zwei- bis vierfache Tiefe des Ankergrundes haben. Kurz bevor der Ankerplatz erreicht wird, lässt man das Stagsegel bergen, damit auf dem Vorschiff bequem gearbeitet werden kann, was bei schlagendem Segel nicht gut möglich ist.

Sind die Vorbereitungen vollendet, so wird dem Führer gemeldet: Anker klar zum Fallen! Ist die Fahrt des Bootes durch den Aufschiesser abgestoppt, so gibt der Führer das Kommando: Klar bei Anker!, worauf sich ein Mann zum Ueberbordwerfen des Ankers bereithält. Dann heisst es: Fallen Anker! Jetzt wird der Anker frei von der Bordwand weggeworfen und das Ausrauschen der Kette abgestoppt, nachdem der Anker den Grund erreicht hat. Vor dem Wegwerfen des Ankers soll darauf geachtet werden, dass niemand mehr in den Buchten der an Deck aufgeschossenen Kette steht, was durch die Warnung: Aus der Kette! erfolgt. Sackt jetzt das Boot langsam achteraus, so wird soviel Kette gesteckt, bis diese in einem Winkel von etwa 45 Grad nach vorn zeigt. Treibt das Boot dann noch, so wird noch mehr Kette gesteckt, und wenn auch das nicht hilft, muss der Anker wieder hochgeholt werden, da er vermutlich nicht klar von der Kette gefallen ist. Es kommt häufig vor, dass sich die Kette um die Pflugen schlingt, so dass diese nicht zum Eingreifen in den Boden kommen können; manchmal ist auch der Stock des Admiralitätsankers oder der zweite Arm des Draggens beigeklappt, da sie schlecht gesichert waren. In allen Fällen muss der Anker klariert und von neuem fallen gelassen werden.

Ist die Kette belegt, so überzeugt sich der Führer selbst davon, ob der Anker hält. Er wartet zu diesem Zweck so lange, bis das Boot gut achteraus gesackt und die Kette steif gekommen ist, und beobachtet dann an vorbeitreibenden Gegenständen, wie Wasserschaum und Holz, oder durch eine angenommene Deckpeilung ein etwaiges Treiben. Man lässt auch ein Lot oder einen anderen schweren Gegenstand an einer dünnen Leine an den Grund und beobachtet deren Richtung. Zeigt dieselbe von der Hand zum Wasser hin nach vorn, so treibt das Boot und es muss Kette gesteckt werden. Ausser den beiden erwähnten und gebräuchlichsten Ankersorten werden auch die stocklosen Patentanker sehr empfohlen, da sie sehr einfach zu bedienen sind und vorzüglich halten sollen.

Auf Booten mit offenem Cockpit, die den Anker gewöhnlich unter Deck fahren, wird der Anker nicht aufs Vorschiff gebracht, sondern im Cockpit klar gemacht. Nur die Ankertrosse wird nach vorn geschafft, dort am Poller oder Mast belegt und der lose Tampen frei von Wanten und Backstagen, aussen um diese herum, nach dem Cockpit gegeben und dort auf den inzwischen klar gemachten Anker gesteckt. Beim Kommando: Fallen Anker! wird der Anker vom Cockpit aus über Bord geworfen, wodurch man sich einen lästigen Transport spart.

Bei leichtem Winde und kurzer Ankerrast kann man das Grosssegel, leicht angedirkt, stehen lassen, das Vorsegel wird gefiert und festgemacht. Segelt das Boot aber bei stärkerem Winde am Anker, so nimmt man auch das Grosssegel weg, beschlägt es und lässt es in den Dirken hängen oder legt es in den Bock. Während der Nacht soll man auf ungeschütztem Ankerplatz stets die Segel klar zum Setzen haben, es sollen also die Fallen und Schoten angeschlagen sein, so dass nach Lösen der Zeisinge Grosssegel und wenigstens ein Vorsegel sofort gesetzt werden können.

Vor dem Ankeraufgehen sind Grosssegel und Vorsegel zu setzen; das Stagsegel wird in der bereits beschriebenen Weise hochgebunden, um es vor dem Ankerschmutz zu schützen. Dann heisst es: Klar bei Anker! Hiev Anker! oder: Hol ein die Kette! Die Mannschaft holt die Kette soweit hoch, bis sie auf und nieder, d. h. senkrecht nach unten zeigt, wobei aber der Anker noch im Grunde festsitzt. Dies wird nach achtern mit den Worten gemeldet: Anker auf und nieder! Nun wartet der Führer den Augenblick ab, wo ein Schwoien des Bootes dieses auf den richtigen Bug gebracht hat, und kommandiert, damit das Boot nicht wieder zurückschwoit: Klüver back an Backbord (oder Steuerbord)! Darauf: Reiss aus den Anker!, worauf die Mannschaft den Anker mit aller Kraft aus dem Boden bricht. Sie meldet dies: Anker ist hoch! und hievt ihn vor die Klüse. Das endgültige Andecknehmen erfolgt dann bei kleineren Ankern mit der Hand, bei grösseren unter Verwendung eines gerade nicht gebrauchten Falls, wie Ballon- oder Spinnakerfall. Soweit wie möglich ist der Anker schon aussenbords gereinigt, die gründliche Reinigung geschieht dann an Deck, worauf das Stagsegel gesetzt werden kann.

Reffen.

Die verschiedenen Arten von Reffvorrichtungen haben wir bei der Besprechung von Grossbaum und Grosssegel bereits eingehend geschildert, und wir wollen hier nur einige Anweisungen zu ihrem Gebrauch geben.

Das auf den Yachten unserer Binnengewässer meist übliche Patent- oder Drehreff ist sehr einfach zu handhaben und man kann es unter bestimmten Bedingungen gebrauchen, ohne die Grossschot zu fieren. Das ist möglich, wenn das Boot raumschots, also mit gefierten Schoten segelt, so dass der Druck auf die Schotringe, die sich in der Hauptsache dem Drehen des Baumes entgegensetzen, nicht besonders gross ist. Auf kleineren Yachten kann das Drehreff mit seinem normalen Griff betätigt werden, auf grösseren muss man diesen Griff durch einen aufgesteckten Hebel, meist in Gestalt eines Gasrohres, verlängern. Ist die Reffvorrichtung am Mast lose, so dass sie nach oben oder unten gleiten kann, so dreht man den Baum solange, bis die Klau des Reffs das Ende des Messingbeschlages des Mastes erreicht hat. Würde man weiterdrehen, so könnte die Klau den nichtbeschlagenen Teil des Mastes beschädigen. Man fiert also rechtzeitig Piek- und Klaufall und dreht dann weiter ein. Bei einem Drehreff, das durch einen Beschlag mit dem Mast verbunden, also an diesem fest ist, müssen beim Drehen des Baumes Piek und Klau gleichmässig mit dem Aufrollen des Tuches gefiert werden.

Beim Drehen des Baumes soll sich das Vorliek nicht über-, sondern nebeneinander aufrollen, denn sonst wird der Hals des Segels schneller aufgerollt als das Schothorn, und das Segel hängt nach hinten herunter. Man lege also das Vorliek dicht bei dicht beim Drehen auf dem Baum nebeneinander und lasse keinen Spielraum zwischen den Törns, damit das noch stehende Liek nicht zu weit vom Mast weggeholt wird. Das Achterliek soll ebenfalls glatt aufrollen und man holt es mit der Hand nach hinten aus, wenn es anfängt, unklar zu kommen, so dass Falten im Segel vermieden werden. Die gleiche Aufmerksamkeit ist auf Schotring und Dirk zu richten, namentlich auf ersteren, der bei etwaigem Einrollen ins Segel Löcher hineinreisst. Sollten Schotring und Dirk unklar kommen, so bringe man sie durch vorsichtiges Rucken an Segel oder Schot wieder in die richtige Lage, oder gehe, falls dies nicht gelingt, aufs Heck und mache sie mit der Hand frei. Will man reffen, wenn die Yacht am Winde segelt, so muss für die Zeit des Eindrehens die Grossschot gut losgeworfen werden, doch behält man noch soviel Druck im Segel, dass das Boot noch Fahrt voraus macht. Ist das Reffen beendet, so setzt man Piek und Klau, sowie den Hals wieder durch und holt die Reihleine an.

Das Bedienen des Bindereffs ist etwas umständlicher, als das des Drehreffs, und man geht zu diesem Zweck auf Binnengewässern am besten vor Anker, während man auf See beidreht. Der Baum wird angeholt, die Dirken werden durchgesetzt und Piek und Klau soweit gefiert, dass man die Reffkausch des Vorlieks am Baum festmachen und durch die des Achterlieks den Steckbolzen holen kann. Ist der Steckbolzen mittels der Refftalje steifgeholt und am Baum gut belegt, so beginnt man mit dem Durchholen der Reffleine durch die Gatchen und um das Jackstag herum, und zwar von der Mitte des Segels nach vorn und achtern. Dann rollt man das gereffte Tuch fest zusammen, holt die Reihleine steif nach und belegt ihre Tampen am Grossbaum. Dann können Piek und Klau wieder durchgesetzt werden. Auf See fährt man gewöhnlich den Steckbolzen für ein mittleres Reff dauernd im Segel, so dass man sich die gefährliche Arbeit des Durchsteckens durch die Kausch bei Seegang erspart.

Beim Reffen des Vorsegels fiert man das Fall, bis die Reffkausch des Vorlieks an der Halstalje oder an Deck angeschäkelt werden kann, die Schot wird an der entsprechenden Kausch des Achterlieks festgemacht. Geht dies bei stehendem Segel nicht auszuführen, so wird das Segel geborgen und das Umschäkeln von Schot und Hals, sowie das Einbinden des Tuches an Deck vollendet. Beim Einrollen und Festzurren des losen Tuchs achte man darauf, dass Hals und Schothorn gut in das aufzurollende Tuch eingeschlagen und die Bendsel mit doppelten Kreuzknoten versehen werden.

Das Ausreffen geht natürlich bei weitem schneller vor sich, als das Einreffen, schon aus dem einfachen Grunde, weil das Wetter ruhiger geworden ist und daher leichter gearbeitet werden kann. Beim Drehreff wird nach Lösen der Halstalje die Sperrklinke aus dem Sperrad gehoben und dann, wie es bei den meisten Patentreffs der Fall ist, der Hebel aus dem gezahnten Antriebsrade nach der Seite herausgedrückt. Hierdurch wird der Baum frei und das Segel rollt beim Heissen von Piek und Klau von selbst ab. Beim Drehen des Baums, der durch leichtes Ansetzen der Luvdirk vor dem Zuwasserkommen geschützt ist, achte man wieder darauf, dass Dirk und Schotring klargehen.

Beim Ausreffen eines mit Binderreff gekürzten Segels wird gleichfalls die Luvdirk angesetzt, Piek und Klau geschrickt, d. h. ein wenig gefiert, und darauf die Reihleine losgemacht und aus den Gatchen herausgezogen. Erst jetzt wird der Steckbolzen losgeworfen, worauf die Reffkausch im Vorliek ausgeschäkelt und der Hals wieder angeschlagen werden kann. Wirft man dagegen den Steckbolzen los, bevor die Reihleine losgemacht oder entfernt ist, so kommt der ganze Zug des Steckbolzens auf die hinteren Reffgatchen und diese können, falls die Reihleine nicht nachgibt oder bricht, mit dem Segeltuch ausreissen, was eine umständliche und schlecht aussehende Reparatur bedingt.

Auswechseln von Segeln.

Häufig wird das Kürzen der Vorsegel auch durch Austausch der grösseren gegen kleinere Segel bewerkstelligt, namentlich auf grösseren Yachten. Hier hat man eine vollständige zweite Garnitur von Vorsegeln, für den Klüver meist auch eine dritte, die dann noch durch Bendsel gereeft werden kann. Beim Auswechseln eines Vorsegels verfährt man so, dass man das neue Segel zuerst unter oder über dem alten setzt und dann erst das grössere Segel wegnimmt. Zu diesem Zweck sind Fall, Hals und Schot in doppelter Auflage nötig, während man sonst das stehende Segel zunächst wegnehmen und sich solange ohne Vorsegel behelfen muss, bis das neue Segel gesetzt ist. Kann das grössere Segel dagegen stehen bleiben, so setzt man das andere am besten auf seiner Luvseite, doch wird sich dies nicht immer machen lassen. Ein Auswechseln kann ferner beim Zerreissen eines Vorsegels nötig werden, und man nimmt in solchem Falle am besten zunächst das havarierte Segel fort, um ein weiteres Zerreissen zu verhüten.

Bootsunfälle, Grundberührungen, Havarien.

Gekentert.

Das Kentern ist nicht so gefährlich wie es aussieht, und wenn das Boot schwimmt und die Insassen trägt, kann man sich höchstens einen tüchtigen Schnupfen dabei holen. Aber auch das Kentern hat seine Praxis, und es ist durchaus nicht dasselbe, wenn der erfahrene Segler oder der Anfänger kentert. Ersterer merkt sofort, dass sein Stündlein geschlagen hat, und salviert sich und seine Mitsegler rechtzeitig auf den Luvbord des Bootes, so dass sie häufig nur nasse Beine bekommen. Der Anfänger aber und die nicht von ihm gewahrschauten Mitsegler fallen dagegen nach Lee ins Wasser, wie die Padden von den Mummelblättern und verwickeln sich hierbei häufig in Segel und Schoten, falls sie nicht schon vorher trotz des böigen Wetters in Lee sassen und jetzt unter das Segel kommen.

Hat man unbefahrene und ängstliche Personen an Bord, so kümmert man sich zunächst um deren Sicherheit und bringt sie an das schwimmende Boot heran oder setzt sie auf dieses hinauf, soweit dessen eigene Schwimmfähigkeit oder eingebaute Luftkästen diese

Mehrbelastung erlauben. Auf keinen Fall verlasse man das Boot, um schwimmend das Land zu erreichen, sondern warte, bis ein Fahrzeug zur Hilfe naht. Sackt das Boot weg, so muss man sich an Rettungsringen und Korkwesten, die in Fahrzeugen mit Ballast nie fehlen sollten, über Wasser halten, oder, falls diese nicht vorhanden sind, treibende Gegenstände, wie Bodenbretter und Riemen ergreifen. Auf Binnengewässern sind die Wassertiefen meist so gering, dass Mast oder Segel des weggesackten Bootes noch über das Wasser ragen, so dass man sich an diesen festhalten kann.

Ist das gekenterte Boot an den Strand getrieben oder geschleppt worden, so achte man besonders auf die Segel und drehe diese so, dass sie nicht ins Schilf oder aufs Ufer geraten. Kann man das Boot nicht mit stehenden Segeln aufrichten, so schlägt man die Segel ab und breitet sie nach vorherigem gründlichen Abspülen mit klarem Wasser an einer geeigneten Uferstelle aus oder hängt sie zum Trocknen auf. Ist beides nicht angängig, so beschlägt man das Segel an Gaffel und Baum und legt es schräg auf den Segelbock oder auf eine aus den Riemen hergestellte Gabel. Nach Heissen des Schwertes verstopft man den Schwertkasten, falls dieser offen, mit einigen Lappen oder Segelsäcken, Hemden usw. und dreht dann das Boot so, dass das Ruder beim Aufrichten in tiefes Wasser kommt. Dann richtet man es mit dem Mast hoch und schöpft es mit Eimern oder anderen Gefässen völlig aus.

Auf Strand.

Schwertboote sind beim Festkommen durch Hochheben des Schwertes und Staken mit einem Riemen leicht wieder flott zu machen, und auch kleinere Kielboote kann man durch Absetzen mit dem Riemen oder Spinnakerbaum leicht wieder abbringen. Vor allem sind sofort nach dem Aufbrummen die Schoten loszuwerfen, damit das Boot nicht weiter gekrängt und höher auf den Strand gesetzt wird.

Bei grösseren Booten ist die Art des Abbringens davon abhängig, mit welcher Fahrt und Windrichtung das Festfahren geschah. Die Beschaffenheit des Grundes, auf den man aufläuft, spielt insofern eine Rolle, als seine mehr oder weniger grosse Festigkeit das Eindringen des Kiels und damit die Möglichkeit des Loskommens bedingt. Segelt man sich am Winde liegend fest, so legt man sofort das Ruder zur Wendung und lässt die Vorsegel loswerfen. Es ist möglich, dass das Boot dann beim Ueberkrängen noch soviel dem Ruder gehorcht, dass es durch den Wind kommt. Dann werden die Vorsegel sofort back geholt und die Grossschot wird zunächst gefiert, um die Drehung nach der tiefen Seite zu vergrössern. Hierauf holt man die Grossschot langsam dicht und erzielt in den meisten Fällen durch Krängen mittels Segeldruck das Freikommen. Merkt man, dass das Boot anfängt, flott zu werden und zu segeln, so fiert man die Grossschot wieder, damit die Yacht, die noch keine Fahrt und Steuerkraft hat, nicht aufdreht und von neuem festkommt.

Diese einfachste Methode des Fest- und Loskommens lässt sich aber nicht immer anwenden, namentlich, wenn die Yacht raumschots oder vor dem Winde an Grund kommt, wobei dann vielleicht der Seegang noch das seinige zum gänzlichen Festkommen beiträgt. In den wenigsten Fällen, namentlich vor dem Wind, gelingt es dann, das Boot nur mit den Segeln an den Wind zu bringen und frei zu segeln; man riskiert hierbei gewöhnlich, noch höher auf Land gesetzt zu werden. Daher versuche man diesen Weg nicht erst lange, sondern werfe sofort sämtliche Schoten los und fahre den Anker aus. Hat man in Luv genügend Wasser und ist der hintere Teil des Kiels frei, so fährt man ihn querab vom Bug aus; ist jedoch vorauszusehen, dass der Achtersteven beim Drehen des Bootes an Grund kommt, dann muss man das Boot übers Heck holen, wozu die Segel zu bergen sind und der Anker querab vom Heck ausgefahren werden muss.

Das Ausfahren des Ankers geschieht folgendermassen: Der Anker wird auf die Heckducht des Beibootes gelegt, so, dass die Pflugen nach aussen zeigen, während der Stock im Boot ist. Von Bord aus wird genügend Kette ins Boot gegeben und ebensoviel Kette an Deck klar zum Ablaufen aufgeschossen. Zur Sicherheit gegen den Verlust des Ankers sowie Bruch der Kette wird die bereits vom Ankermanöver her bekannte Ankerboje an einem kräftigen Ende am Kreuzstück befestigt, und dann wird das Beiboot nach der ausgesuchten Richtung hin gerudert. Im Heck des Beibootes steht ein zweiter Mann, der die dort aufgeschossene Kette willig ausrauschen lässt, nachdem die an Bord aufgeschossene Kette abgelaufen ist. Sobald der letzte Kettentörn das Beiboot verlässt, wird der Anker über Bord geworfen und die Kette von Bord eingeholt. Gelingt es bei viel Wind und Seegang nicht, den Anker an der schweren Kette genügend weit auszufahren, so kann man sein Heil mit Anstecken einer kräftigen Trosse versuchen, oder die Kette wird an Bord abgeschäkelt und der Tampen ins Beiboot gegeben. Dann kann man den Anker weit genug ausfahren, steckt auf den Kettentampen ein Ende und holt ihn mit diesem an Bord. Das

Einhieven geschieht zunächst von Hand; später mit dem Spill oder unter Zuhilfenahme mehrscheibiger Arbeitstaljen.

Rührt sich das Boot nicht von der Stelle und wird der Anker durch den Grund geholt, so muss die Yacht künstlich gekrängt werden, um den Kiel vom Grunde zu lockern. Zu diesem Zwecke werden sämtliche Segel geborgen und das Grosssegel gut beschlagen und kräftig angedirkt nach Lee ausgeschwungen. Zur weiteren Belastung gehen mehrere Mann auf die Nock des Grossbaums, die auch noch durch Anhängen des Beibootes oder eines Reserveankers beschwert werden kann. Diese Methode des Krängens genügt in den meisten Fällen, um die Yacht abhieven zu können, und wenn auch dann noch der Anker immer wieder an Bord geholt wird, muss man die bezahlte oder unbezahlte Hilfe eines Schleppers in Anspruch nehmen.

Wer auf flachen Binnengewässern des öftern sich vom Grunde abhieven musste, weiss bald recht gut, dass es bei kräftigem Festkommen gar keinen Zweck hat, Segelmanöver zu machen, die ihn voraussichtlich nur höher auf Land setzen. Er wird daher kurz entschlossen, auch gegen den Willen der knurrenden Mannschaft, sofort die Segel bergen lassen und gleich an das Abhieven mit ausgefahrenem Anker und ausgeschwungenem Grossbaum gehen.

Havarien.

Beim Tourensegeln kommen selten Havarien vor, die das Segeln wesentlich beeinträchtigen; beim Wettsegeln endigt fast keine Regatta, in der eine frische Brise weht, ohne den Bruch von Masten, Fallen oder Wanten. Im letzten Falle wird man sich wenig mit einer sachgemässen Reparatur aufhalten, sondern sich nach Hause schleppen lassen, da ein Weitersegeln in den wenigsten Fällen noch Aussicht auf einen Sieg hat. Auf einer Tourenyacht dagegen, die manchmal zum Erreichen ihres Hafens noch lange Strecken zurückzulegen hat, müssen wir daran denken, den Schaden mit Bordmitteln wenigstens soweit zu beheben, dass wir ohne fremde Hilfe weiter kommen können. Im folgenden seien einige kurze Anweisungen gegeben, wie bei der Behebung einer Havarie der einzelnen Takelageteile verfahren werden soll.

Luvwant oder Luvbackstag: Man geht sofort auf den anderen Bug und macht den Anker zum Fallen klar. An dem gebrochenen, jetzt in Lee befindlichen Want oder Backstag schlägt man mit starken Zeisingen ein kräftiges, doppeltes Ende an und setzt dieses mit einer Talje steif. Ein gleichzeitiges Verkleinern der Segel ist je nach der Windstärke vorzunehmen.

Vorstag: Man geht vor den Wind und klariert den Anker. Die Reparatur erfolgt wie beim Want oder Backstag, auch kann man ein oder mehrere freie Vorsegelsfallen als Ersatz nehmen.

Wasserstag: Vor den Wind gehen und Klüver bergen. Es wird ohne Klüver weitergesegelt.

Bugstag: Man geht auf den anderen Bug und birgt den Klüver, wenn man das Stag nicht durch ein starkes Ende nebst Talje wieder steif durchsetzen kann.

Vorschot: Man holt sofort die Luvschot an, ohne indes das Segel back zu holen, und schert in Lee eine neue Schot ein. Beim Kreuzen geht man am besten über Stag, da sich das Auswechseln der Schot in Luv bequemer ausführen lässt.

Grossschot: Ist die Schot dicht am Tampen gebrochen, so scheert man sie wieder ein, indem man aufdreht, den Baum zunächst durch Einscheeren einer einzelnen Part festgemacht und dann die übrigen Parten nachholt. Ist die Schot in der Mitte gebrochen, so lässt man beim Einscheeren die Hälfte der Parten weg, splisst dann die Enden mit einem Langspliss zusammen und holt die übrigen Parten nach.

Piek- oder Klaufall: Man dirkt den Baum an und ankert sofort. War das Fall mehrfach geschoren, so versucht man, durch Weglassen einer Part den Schaden zu beheben, andernfalls macht man einen Langspliss. Hierbei muss man jedoch darauf achten, dass derselbe so dünn wie möglich wird, damit er durch die Blöcke läuft.

Mast: Auf Binnengewässern lässt sich die über Bord gefallene Takelage bequem bergen, treibt man auf Land, so ankert man rechtzeitig. Weitersegeln wird man mit Hilfe eines Notsegels nur bei günstigem Winde. Sonst wird man rudern, mit dem Beiboot schleppen oder andere Schlepperhilfe nehmen. Auf See wird die Takelage nach Möglichkeit an Deck genommen; geht dies nicht, so muss man sie kappen und treiben lassen. Ein Notmast kann aus Gaffel oder Spinnakerbaum hergestellt werden, die mit Vorstag und Wanten abgestützt wird. Als Notsegel nimmt man einen kleinen Klüver.

Drehreff: Ist der Bolzen des Baumbeschlages abgeschoren, so lascht man den Baum mit einigen kräftigen Zeisingen am Mast fest und dirkt soviel an, dass der Baum nicht hängt.

Ruder: Auf kleinen Booten steuert man mit einem Riemen, auf grösseren mit dem Spinnakerbaum, an den ein Brett angelascht ist, in beiden Fällen unter Zuhilfenahme der gekürzten Segel. Riemen oder Baum werden auf dem Heck drehbar festgelascht.

Segeln im Strom.

Wer stets in ruhigem Wasser segelte, wird beim Segeln in starkem Strom zunächst einen guten Teil seiner Segelkunst, auf die er so stolz war, zusammenschrumpfen sehen, wenn er gegen eine unsichtbare Kraft ankämpfen muss, an deren Vorhandensein er sich erst gewöhnen muss.

Man hat hier, um zum Ziele zu kommen, mit der Abtrift zu rechnen, die als Resultierende aus der Stromrichtung und -Geschwindigkeit und der Schiffsrichtung und -Geschwindigkeit entsteht. Abb. 42. Das Mass dieser Abtrift hat man beim Segeln quer zum Strom

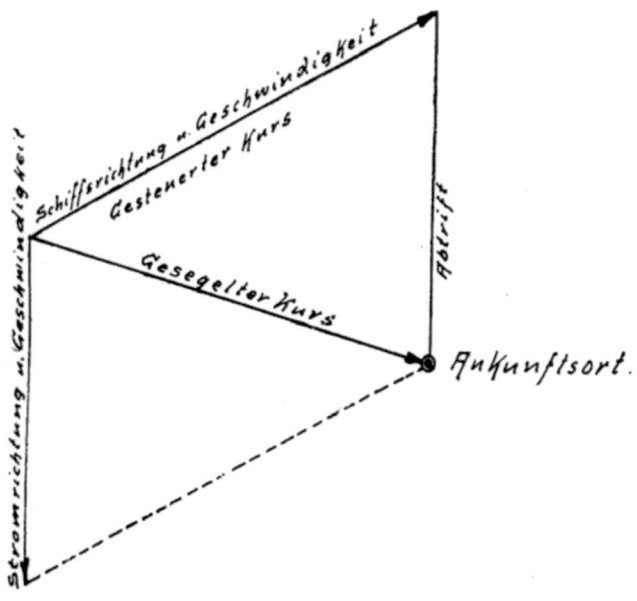

Abb. 42. Stromversetzung.

zu berücksichtigen, und man hat demnach stets mehr oder weniger stromauf vom Ziele zu steuern. Beim Passieren eines Hindernisses, sei es ein verankertes Schiff oder eine Boje, segelt man stets unterhalb desselben über den Strom, falls man nicht eine reichliche Stromhöhe genommen hat, die auch bei aussetzendem oder schwächer werdendem Winde ein Vorbeikommen auf jeden Fall ermöglicht. Dieselbe Regel gilt beim Ankern. Man soll also stets stromunterhalb oder neben Brücken, Stegen, Tonnen oder anderen Fahrzeugen ankern, um von der Strömung nicht auf diese Hindernisse beim Treiben des Ankers heraufgesetzt zu werden.

Auf Flussmündungen, die mit Ebbe und Flut zu rechnen haben, muss man die Aenderung der Stromrichtung und das damit verbundene Fallen und Steigen des Wassers beim Ankern oder Festmachen an Brücken und Bollwerken berücksichtigen. Beim Ankern soll man, um von anderen Fahrzeugen klar zu bleiben, genügend Platz zum Schwoien beim Wechsel der Tide haben, dasselbe gilt natürlich für das Ankern in der Nähe von Brücken, Buhnen, Dückdalben usw. Beim Festmachen am Bollwerk müssen Vor- und Achterleine so lang sein, dass sie beim Wegsacken des Bootes bei Ebbe nicht steif kommen und brechen, oder dass sich das Boot daran aufhängt, so dass Klampen oder Poller, an denen die Leinen fest sind, aus dem Deck gerissen werden.

Das Segeln im Strom ist auf raumen Strecken und bei guter Brise durch den mit- oder gegenlaufenden Strom beeinflusst und macht keine weiteren Schwierigkeiten, solange man einen geraden Kurs segelt. Macht man aber Segelmanöver, wie sie z. B. beim Anlegen vorkommen, oder kreuzt man im Strom, so sei man beim Ruderlegen doppelt vorsichtig, da die Strömung die vom Ruder bewirkte Wendung unterstützt oder aufhält, je nachdem man gegen oder mit dem Strom segelt. Man muss dabei bedenken, dass nur die Fahrt durchs Wasser dem Boot die Steuerfähigkeit verleiht und nicht die Fahrt über den Grund, nach der ein Segler, der nur auf stromlosen Gewässern segelte, im allgemeinen die Steuerfähigkeit seines Bootes zu beurteilen gewohnt war, da hier Fahrt durchs Wasser und über den Grund dasselbe ist. Segelt man gegen den Strom, so ist die Fahrt durchs Wasser und damit die Steuerfähigkeit grösser, als wenn man mit dem Strom segelt, und da bei Manövern und Wendungen der Strom stets in anderer Richtung durchsegelt wird, so ist die Manövrierfähigkeit in jedem Augenblick eine andere.

Beim Kreuzen stromab versagt dem Anfänger, namentlich in der leichten Jolle, manchmal die Wendung, da er meist die gute Fahrt, die er, im Strom treibend, über den Grund machte, mit der Fahrt durchs Wasser, die seinem Boot die Steuerkraft verleiht, verwechselte. Hinzu kommt die hemmende Wirkung des Seegangs, der bei einer stromaufstehenden Brise kurz und kabbelig, also für leichte Fahrzeuge sehr unangenehm ist. Aus Abb. 43 geht das Versagen einer Wendung im Strom hervor. Hier ist in I die Yacht am Winde liegend dargestellt, während in II das Ruder zur Wendung gelegt ist. Wird jetzt die Fahrt durch Seegang und unvorsichtiges Ruderlegen abgestoppt und durch den entgegenstehenden Wind und Seegang kleiner als die Stromgeschwindigkeit, so drückt der Strom das Boot in die alte Lage zurück.

Bei näherer Betrachtung haben wir dasselbe Bild wie beim Versagen der Wendung im stillen Wasser, wo das Boot beim Achteraussegeln wieder auf den alten Bug kommt. Versagt also im Strom die Wendung, so legt man auch hier das Ruder den anderen Weg und bringt auf diese Weise sein Boot über Stag.

Für die günstigste Ausnutzung der Strömung und das Vermeiden von Untiefen im Strom kann man sich an einige allgemeine Gesichts-

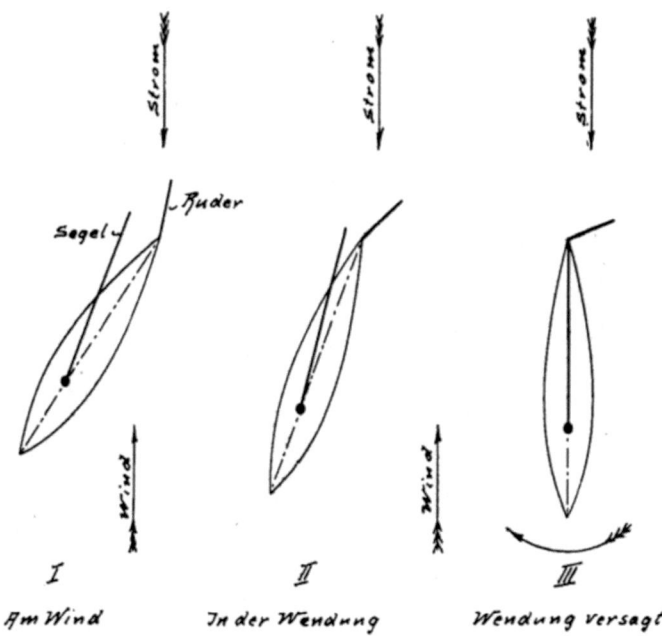

Abb. 43. Versagen der Wendung im Strom.

punkte halten, die fast immer zutreffen. Segelt man gegen den Strom, so halte man sich bei Krümmungen stets auf derjenigen Seite des Flussbettes, auf welcher der geringste Strom läuft. Dies ist stets unterhalb der konvexen Ufer der Fall, da die Wassermassen infolge des Beharrungsvermögens die einmal angenommene gerade Richtung solange beibehalten, bis sie das gegenüberliegende Ufer zwingt, sie zu ändern. Abb. 44. So wechselt innerhalb eines gewundenen Strombettes der stärkere Strom von Ufer zu Ufer, und hiermit ist auch das Entstehen der Untiefen verbunden, die sich überall da bilden, wo unterhalb der konvexen Ufer der geringe Strom den mitgeführten Sand-

Stein- und Schlammteilchen die nötige Ruhe gibt, um sich abzulagern. Diese Erscheinung lässt sich auch auf Flüssen mit ganz geringem Strom, wie z. B. Havel und Spree, beobachten, wo stromunterhalb

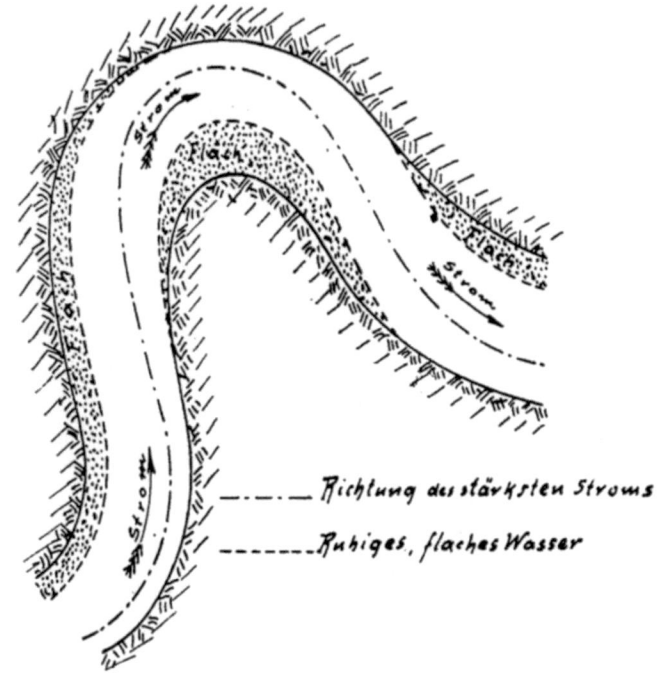

Abb. 44. Untiefen im Strom.

von Inseln und Landvorsprüngen weite Flachs sich ins Wasser hinein erstrecken. Auf schnellfliessenden Strömen, wie Oder, Weichsel, Elbe,

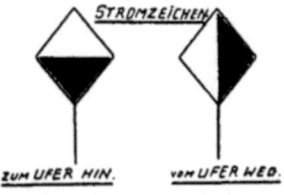

Abb. 45. Stromzeichen.

wo die Untiefen je nach den Flusskrümmungen sehr schnell wechseln, werden die Schiffer durch besondere Stromzeichen auf den einzuhaltenden Kurs aufmerksam gemacht. Abb. 45. Ein am Ufer stehendes, wagerecht geteiltes Zeichen bedeutet, dass man solange auf dieser Flussseite segeln kann, bis ein vertikal gestreiftes Schild auf demselben Ufer sichtbar wird. Man hält alsdann auf das am anderen Ufer stehende, horizontal gestreifte Zeichen und fährt dort solange, bis wieder ein vertikal geteiltes Schild das Aendern des Kurses anzeigt. Diese Tafeln stehen senkrecht zur Stromrichtung und sind auf beiden Seiten gestreift, auf der einen vertikal, auf der anderen horizontal, so dass für die Berg- oder Talfahrt stets nur eine Seite in Frage kommt.

Die Ausweicheregeln.

Auf Binnengewässern sind die Segler bisher von den dort herrschenden Schiffahrtspolizei-Verordnungen recht stiefmütterlich behandelt worden, die den Berufsfahrzeugen Rechte verleihen, welche von einigen gewissenlosen Führern solcher Schiffe häufig in böswilliger Absicht ausgenutzt werden, um Sportfahrzeuge aller Art zu belästigen oder auch in gefährliche Situationen zu bringen. Gerichtliche Klagen mussten an Hand der bestehenden Bestimmungen abgewiesen werden, und es bleibt uns Seglern daher vorläufig nichts anderes übrig, als genau nach diesen Vorschriften zu verfahren, auch wenn wir manchmal durch bösartige Uebergriffe einzelner Schiffsführer in Harnisch gebracht werden. Das in den besonderen Schiffahrtspolizei-Verordnungen für Rhein, Weser, Oder, Elbe und märkische Wasserstrassen festgesetzte Strassenrecht unterscheidet sich vielfach von dem auf See geltenden, da besondere Rücksicht auf Schleppen und Treideln genommen, sowie Berg- und Talfahrt unterschieden wird. Man tut also gut, sich über die Bestimmungen eines Reviers, auf dem man segeln will, genau zu unterrichten.

Auf See sind wir Segler besser daran, denn hier gelten Vorschriften, die keinen Unterschied zwischen Lust- und Gebrauchsfahrzeug kennen, und wenn auch einige besondere Fälle kürzlich Anlass zu einem kleinen Angriff der Seedampferführer gegen die Segler gaben, so haben sich die eingelegten Beschwerden doch als übertrieben herausgestellt, so dass hier eine Aenderung oder die Forderung eines besonderen Befähigungsnachweises nicht mehr zu befürchten ist. Diese Bestimmungen des Seestrassenrechts haben bereits seit langer Zeit die Binnensegler zur Regelung des Verkehrs unter sich übernommen und kommen damit aufs beste aus, soweit die Ausführung der Gesetze streng beachtet wird.

Ueber das Ausweichen von Segelfahrzeugen untereinander sind im Artikel 17 der Vorschriften des Deutschen Reiches über das Seestrassenrecht folgende einfachen Bestimmungen getroffen:

Sobald zwei Segelfahrzeuge sich so nähern, dass Gefahr des Zusammenstosses entsteht, muss das eine dem anderen, wie nachstehend angegeben, ausweichen:

a) Ein Fahrzeug mit raumem Winde muss einem beim Winde segelnden Fahrzeuge aus dem Wege gehen.
b) Ein Fahrzeug mit Backbord-Halsen beim Wind muss einem Fahrzeug mit Steuerbord-Halsen beim Winde aus dem Wege gehen.
c) Haben beide Fahrzeuge raumen Wind von verschiedenen Seiten, so muss das, welches ihn von Backbord hat, dem anderen aus dem Wege gehen.
d) Haben beide Fahrzeuge raumen Wind von derselben Seite, so muss das luvwärts befindliche dem leewärts befindlichen aus dem Wege gehen.
e) Ein Fahrzeug, welches vor dem Winde segelt, muss dem anderen aus dem Wege gehen.

Soweit die Bestimmungen über das Ausweichen von Segelfahrzeugen untereinander, die so einfach und klar sind, dass sie nur der Erläuterung einiger Ausdrücke bedürfen, die wir in unserer Seglersprache selten oder nie anzuwenden pflegen. Eine Erklärung der Begriffe beim oder am Wind, raumer Wind und vor dem Winde haben wir bereits in dem Abschnitt über die Theorie des Segelns gegeben, dagegen sind uns die Ausdrücke Backbord- und Steuerbord-Halsen unbekannt. Unter Hals versteht man bei einem drei- oder viereckigen Segel bekanntlich die vordere, untere Ecke; die gleiche Bezeichnung gilt beim Raasegel. Hier werden die Untersegel, die am Unterliek keine Raa haben, beim Segeln am Wind so festgemacht, dass der Leeteil des Segels durch die Schot, der Luvteil dagegen, der Hals, durch eine besondere Halstalje nach vorn steif gesetzt wird. Daher ist unter Steuerbord-Halsen ein Schiff zu verstehen, dessen Raasegel so gebrasst sind, dass der Hals, die Luvkante des Segels, nach Steuerbord zeigt, die Schot dagegen in Lee an Backbord dicht geholt ist, woraus zu ersehen, dass der Wind von Steuerbord einkommt und das Schiff auf Backbordbug oder mit Backbord-Schoten segelt. Es bedeuten daher Steuerbord-Halsen und Backbord-Schoten die gleiche Lage in bezug auf den Wind; ebenso Backbord-Halsen und Steuerbord-Schoten.

Nach Absatz a) des Artikels 17 ist es also gleichgültig, ob das am oder beim Winde segelnde Fahrzeug Backbord- oder Steuerbord-Halsen hat; solange es am Winde segelt, haben ihm alle Fahrzeuge auszuweichen, die raumer segeln.

Absatz b) klärt das Ausweicherecht zweier mit verschiedenen Halsen am Wind segelnden Schiffe, von denen das mit Backbord-Halsen, also Steuerbord-Schoten auszuweichen hat. Das andere, das mit Steuerbord-Halsen oder Backbord-Schoten, oder auf Backbord-Bug segelt, hat also Wegerecht vor allen anderen Fahrzeugen, gleichgültig, ob sie beim Wind, raum oder vor dem Winde fahren, weshalb auch der Backbord-Bug der vornehme Bug genannt wird.

In Absatz c) wird das Recht des vornehmen Buges auch für Schiffe in Anspruch genommen, die raumen Wind von verschiedenen Seiten haben.

Absatz d) ist eine Folgerung aus Absatz a), in welchem das Ausweichen des raumer segelnden Fahrzeuges vor dem beim Winde liegenden verlangt wurde. Es ist im Falle d) nur für die beiden Fahrzeuge raumer Wind angenommen. Es ergibt sich aber, dass von zwei Schiffen, die bei Wind von derselben Seite sich einander nähern, das leewärts befindliche immer höher am Winde segelt, als das luvardsche, so dass hier in weiterem Sinne für das Leefahrzeug das Vorrecht des Beimwindsegelns beansprucht wird.

Der Absatz e) wird uns Seglern manchmal recht unbequem, wenn man mit Spinnaker und Topsegel vor dem Winde daherbrausend, einer aufkreuzenden kleinen Jolle ausweichen muss. Das kreuzende Boot hätte es ja viel einfacher, durch Abfallen oder Wenden aus dem Wege zu gehen. Da diese Vorschrift aber für die auf See vor dem Winde leichter zu regierenden Raaschiffe zugeschnitten ist, während das am Winde segelnde Raaschiff schwer über Stag geht und zum Ausweichen immer abfallen müsste, wobei es grosse Höhe verschenken würde, so nehmen wir die kleine Unbequemlichkeit gerne in Kauf, um nicht durch besondere Bestimmungen Verwirrung zu stiften, wobei uns ausserdem die mühsam ersegelte Höhe gesichert bleibt.

Es heisst dann weiter in Artikel 21, dass in allen Fällen, wo nach den vorgenannten Bestimmungen eins von zwei Fahrzeugen dem anderen ausweichen muss, letzteres seinen Kurs und seine Geschwindigkeit beizubehalten hat. Hiernach ist also derjenige, der das Wegerecht hat, verpflichtet, seinen Kurs weiterzusegeln, bis er von dem anderen klar ist, damit letzterer nicht durch unvermutete Manöver an der Ausführung seiner Absicht gehindert wird, was leider noch vielfach zu beobachten ist. Zu demselben Artikel 21 heisst dann noch die sehr beherzigenswerte Anmerkung: Wenn jedoch infolge von dickem Wetter oder aus anderen Ursachen zwei Fahrzeuge einander so nahe gekommen sind, dass ein Zusammenstoss durch Manöver des zum Ausweichen verpflichteten Fahrzeuges allein nicht vermieden werden kann, so soll auch das andere Fahrzeug so manövrieren, wie es zur Abwendung eines Zusammenstosses am dienlichsten ist. Diese Vorschrift sollte von jedem Segler nicht nur in den erwähnten Fällen streng beobachtet werden, sondern namentlich dann, wenn er mit der Unkenntnis eines Anfängers, der sein Boot und seine Ausweicheregeln noch nicht ganz in der Gewalt hat, zu tun bekommt. Man sieht meist auf den ersten Blick, wie weit es mit der Sachkenntnis eines anderen Seglers, der nicht vorschriftsmässig ausweicht, her ist, und man soll nur dann mit einem gesegneten Donnerwetter dazwischen fahren, wenn der andere aus Fahrlässigkeit, Gleichgültigkeit oder bösem Willen handelt. Solchen Leuten gegenüber ist man ja nicht machtlos, da man sie für etwaige Beschädigungen haftbar machen kann, aber man vermeidet doch lieber Zusammenstösse und schimpft einmal kräftig, als sich mit havarierten Planken und der Aussicht auf einen Prozess den schönen Sommer zu verderben.

Die allgemeinen Ausweicheregeln, die dem Seestrassenrecht entnommen sind, dienen, wie schon gesagt, nur zur Regelung des Verkehrs der Segler untereinander. Wie man sich dagegen auf den verschiedenen Binnengewässern den Berufsfahrzeugen und auf See den Dampfern, Schleppzügen, Fischerbooten und anderen Fahrzeugen gegenüber zu verhalten hat, das zu erfahren, muss dem Studium der einschlägigen Vorschriften überlassen bleiben, deren Wiedergabe für den Rahmen dieses Buches viel zu weit führen würde.

I. Die besonderen Reize und die besonderen Aufgaben des Segelns auf See.

Wer nur gewohnt ist, die Ruderpinne auf unseren Binnengewässern, und seien sie auch noch so ausgedehnt, zu meistern, der hat von der Kunst des Segelns immerhin erst einen kleinen Teil erlernt, und wer niemals über ihre Grenzen hinaus sein Boot auf das sonnige Meer, auf die See zu steuern Gelegenheit nimmt, der geht auch der feinsten Reize verlustig, die ihm der Segelsport zu bieten vermag. Wer in langer Zeit eifrigen Lernens sein Boot wie einen guten Freund kennt, zu führen und zu behandeln versteht, wer sein heimatliches Binnenrevier in allen Einzelheiten schon ergründet hat, allmählich jeden Schilfhalm kennt und schon auf jedem Dreck gesessen hat, den wird früher oder später doch einmal die Sehnsucht nach der Entdeckung neuer Küsten treiben; aus der engen Gesellschaft ewig nummerierter weisser Segel lockt es ihn in die Einsamkeit der braunen Küstenfahrer, in das Reich unserer Fischer und weiter auch in die wiegenden Wellen der wirklichen See. Welche andere, welche ganz neue Welt bietet sich dem Auge des Seglers dar, der hierher aus dem Binnenwasser gelangt. Welche unvergleichlichen Bilder!

Der grosse Hafen mit seinen tausend Masten, an denen die Flaggen aller Nationen flattern. In dem unruhigen, geschäftig bewegten Durcheinander des Hafenlebens sucht zwischen den rauchenden Schloten der grossen Ueberseedampfer, der Kauffahrer, den Standarten der Kriegsschiffe des Seglers interessiertes Auge immer wieder nach den verbliebenen Zeugen aus der Blütezeit der Segelschiffahrt, den Vollschiffen und Barken, den „Mühlenseglern", die einst über die Ozeane liefen und heute nur noch dem Holztransport von Finnlands oder Russlands Häfen aus dienen.

Dann wieder der kleine, einsam auf ferner Insel gefundene Fischerhafen in seiner stimmungsvollen Abgeschiedenheit. Ein paar Molen umrahmen ein zeitverlorenes Bild träumenden Friedens, während draussen das Meer seine ruhelosen Lieder singt.

Die Reize, die im besonderen nur das Seesegeln zu bieten vermag, sind sehr mannigfaltiger Art. Auf dem weiten freien Wasser entsteht erst das Bewusstsein der völligen Freiheit, der gänzlichen Unabhängigkeit von der Mitwelt und das unvergleichliche Glücksgefühl, weitab und unerreichbar für des Alltags kleine Sorgen zu sein, und von noch viel feinerem Reiz ist dem Seesegler der freiwillige Abhängigkeitszustand von Wind und Wetter und Wellen und die Ungewissheit über das Ziel, das diese wechselnden Faktoren ihm bestimmen und das zu erreichen Wesen und Inhalt seiner vielseitigen Aufgaben ausmachen. Die Mittel und Methoden, diese mannigfaltigen Aufgaben sicher zu lösen, sind auf keinem Binnenwasser zu erlernen; eine grosse Reihe besonderer Kenntnisse und Fähigkeiten aus mancherlei Wissenszweigen muss sich der Seesegler zu eigen machen, und je mehr er von jedem einzelnen weiss, um so vielseitiger vermag er seinen Sport zu gestalten. Das ist wohl ein den Seesegelsport besonders auszeichnendes Moment, dass zu den Bestandteilen seines Sports ausser der eigentlichen Segelkunst notwendig und wesentlich das grosse Gebiet der Navigation, der Wetter- und Meereskunde und manches andere Wissensgebiet noch gehören.

Die Lösung der besonderen Aufgaben, die Ausdehnung und Grösse des unendlichen Reviers dem Segler stellen, nimmt Interesse und Aufmerksamkeit auch in erster Linie in Anspruch, dann erst wird man mit Bewusstsein auch auf die vielen natürlichen Schönheiten reagieren, die eine weite, sonnige Welt ringsum bieten, und schliesslich vermag das Interesse weit über die Planken des Bootes hinaus eine tausendfältige Anregung zu erfahren durch die innige Berührung, in die man, ohne es eigentlich zu beabsichtigen, mit dem fremdländischen Leben und Treiben, den Sitten, der Kunst und der Geschichte des fernen, unbekannten Landes kommt. Wenn alle diese Dinge auch nur einzelne, individuelle Interessen berühren, so charakterisieren sie doch die reichen Genussmöglichkeiten, die gerade der auf See geübte Segelsport zu bieten vermag.

II. Die Ziele einer kleinen Yacht und ihre besondere Technik.

Während die See früher nur als das Reich der grösseren Yachten galt, sind heute unserem modernen Bootsmaterial auch in seinen kleinsten Vertretern ausgedehnte, wenn auch wohlbestimmte und begrenzte Teile ohne besondere Gefahr zugänglich. Die mit der See in Verbindung stehenden Küstengewässer, die Haffs und Bodden, stellen, streng genommen, nur grosse Binnengewässer dar. Die Förden und Buchten der schleswig-holsteinischen Küste, die ebenso ausgedehnten wie landschaftlich reizvollen Gewässer um Rügen sind ihrem Charakter nach nicht anders. Die westliche Ostsee in ihrer ganzen Ausdehnung, das dänische Inselreich mit Sund und Belten ebenso wie die Ostküste des dänischen Jütland bieten im Sommer auch den kleineren Booten ausgedehnte Gelegenheiten zu weiten Tourenfahrten, und selbst unsere die charakteristischen Eigenschaften des Binnenkreuzers zeigenden Yachten können aus der starren Ruhe eines Scheintoten, zu der sie auf unseren engen Wassern verurteilt sind, hier zu wirklichem Leben erwachen, wenn ihnen die See auch nur die verbindende Strasse zwischen den verschiedenen und durch sie getrennten Binnenrevieren ist. Die östliche Ostsee jedoch kommt für ausgedehnte Reisen kleiner Boote nicht in Betracht, da ihre Häfen nur in grossen Abständen voneinander liegen und bei schlechtem Wetter nicht immer sicher zugänglich sind.

Die Ziele, die sich in dem oben näher begrenzten Revier eine kleine Yacht wählen kann, sind, wie schon angedeutet, in gewisser Weise von ihrer Grösse abhängig. Die allerkleinsten, die Jollen, dürften sich, wenn sie fest genug gebaut sind, wohl auf die Küstengewässer beschränken; man kann mit ihnen aus mancherlei Gründen weitere Reisen nicht unternehmen. Sie bieten ja nicht die Möglichkeit des Uebernachtens und sind als offene Boote nur unter eng begrenzten Wetterverhältnissen verwendbar.

Jedem gedeckten Fahrzeug jedoch, mit Einrichtungen, die längeren Aufenthalt an Bord ermöglichen und das auch ein paar Tage unterwegs sein kann, ohne dass ihm der Wasservorrat ausgeht, ist eigentlich kein Ziel unerreichbar. Dazu ist freilich notwendig, dass man in erster Linie mit den bestehenden Wetterverhältnissen rechnet und alle seine Entschliessungen von ihnen abhängig machen kann.

Dennoch kann man seine Methoden nicht wie eine grosse Yacht wählen, die irgendeinen Hafen verlässt mit der Absicht, erst einen vielleicht 200 Sm. entfernten Hafen wieder anlaufen zu wollen, und die ohne besondere Anstrengung der zahlreichen Mannschaft auch einmal recht grobes Wetter über sich ergehen lassen kann. Auch pflegt der grosse Segler oft gar nicht so sehr Wert auf das schnelle Erreichen eines Ziels zu legen, als vielmehr darauf, dauernd unterwegs zu sein.

Die Technik des kleinen Bootes, um ferne Ziele zu erreichen, ist eine ganz andere. Ausgedehnte, weite Fahrten sind ihm nur möglich, wenn es sich tastend von Hafen zu Hafen fühlt und ruhig umkehrt, wenn es sich unterwegs herausstellt, dass ein gestecktes Ziel aus meteorologischen Gründen unerreichbar ist, oder wenn es erkennt, dass ihm die Verschlechterung des Wetters besondere und nicht sicher zu beurteilende Schwierigkeiten bereiten wird. Die Kräfte der kleinen Mannschaft, die noch nicht einmal immer aus gleichwertigen Seglern besteht, sind allzubald erschöpft und es muss eine ihrer ersten Sorgen sein, diese Kräfte nach Möglichkeit zu schonen; das Mass der Anstrengungen aber ist nie vorher zu bestimmen. Um in dieser Beziehung grossmöglichste Sicherheit zu erreichen, muss es sich der kleine Segler zur Regel machen, bei allen Fahrten über See sich den Rückweg zu decken oder mit Sicherheit einen Hafen in Lee zu wissen; für die westliche Ostsee trifft der günstige Fall zu, dass man von jedem beliebigen Punkte aus in allen Kompassrichtungen Häfen vorfindet, die gestatten, schnell genug in Schutz zu kommen, wenn ein erstrebtes Ziel den Wünschen unerreichbar ist.

Diese Technik des kleinen Bootes ist die tiefere Ursache, dass es nicht möglich ist, eine beabsichtigte Reise in allen Einzelheiten vorher festlegen zu wollen, wie die Sommerfahrten eines Reisebureaus. Nur von Wind und Wellen, ihren Gesetzen und Launen ist das Ziel einer kleinen Yacht abhängig.

Der Neuling in der Seesegelei dürfte auch nicht mit einemmal und ohne ernste Schulung an grosse Aufgaben herangehen, er muss sie seinen Fähigkeiten und Erfahrungen entsprechend wählen, Mannschaft und Boot muss ihnen auch dann gewachsen sein, wenn sich die äusseren Verhältnisse plötzlich in ungünstiger Richtung ändern.

Er muss diese der Aenderung unterworfenen Verhältnisse in all ihrer Mannigfaltigkeit kennen und zu beurteilen verstehen. Die nutzbringende Verwendung aber aller gemachten Erfahrungen, aller Beobachtungen, aller erworbenen Kenntnisse und Fähigkeiten werden erst allmählich seine Leistungsmöglichkeiten steigern. —

III. Die Seetüchtigkeit kleiner Yachten.

Wollte man diese Eigenschaften kleiner Yachten werten etwa nach einem Massstab, den man der Seetüchtigkeit grosser Schiffe zugrunde legt, dann müsste man sie ganz allgemein verneinen, und nicht nur für alle jene kleinen Yachten, die den Betrachtungen an dieser Stelle zugrunde liegen, sondern auch für sehr viel grössere Yachten. —

Die Segelyacht ist in erster Linie ein Sportgerät, und mehr noch als in irgendeinem anderen Sport tritt die Sachbedeutung objektiver Eigenschaften des Rüstzeugs zurück gegen die subjektiven Leistungsmöglichkeiten, die der Einzelne, der Meister, aus ihm herauszuholen versteht. Die Seetüchtigkeit seiner Yacht ist ihm nur eine Funktion der eigenen Tüchtigkeit, und auf welch harte Probe man auch immer die objektiven Eigenschaften stellen mag, man wird stets bestätigt finden, dass Wind und Wellen immer auf seiten der geschicktesten Seefahrer sind. —

Betrachtet man die Seetüchtigkeit der Yachten unter diesem Gesichtswinkel als relative Eigenschaften, deren ganzer Sinn und Zweck darin liegt, das eigene Können zu unterstützen, so kann man sagen, dass auch die Seetüchtigkeit kleiner Yachten heute keineswegs mehr in einfacher Weise abhängig von ihrer Grösse, ihrem Kubikinhalt, ist, sondern dass sie vielmehr beruht auf einer Anzahl von Eigenschaften, die auch das kleinste Boot aufweisen kann. Ganz allgemein ist wohl die Seetüchtigkeit eine Funktion des Wetters, und sie wird um so geringer, je schlechter das Wetter wird. Daher gilt der Grundsatz, eine Yacht niemals in schlechtes Wetter zu bringen, mithin von dem Boot Geschwindigkeiten zu verlangen, die es ermöglichen, die kurzen Seestrecken, welche die Häfen in der westlichen Ostsee voneinander trennen und welche etwa 20 bis höchstens 45 Seemeilen betragen, in einer so kurzen Zeit abzusegeln, dass eine Ueberraschung von so schlechtem Wetter, dass die Handhabung des Bootes auf See gefährdet werden könnte, nicht eintritt.

Die absolute Geschwindigkeit unserer neueren Boote ist also ein bemerkenswerter Faktor, der ihre relative Seetüchtigkeit verbürgt. Daher ist es auch für das kleine Tourenboot wichtig, nicht so sehr Wert zu legen auf die Grösse und Bequemlichkeit der Innenräume, falls dies nur auf Kosten der Entwicklung guter Segeleigenschaften geschehen kann.

Da eine kleine Yacht unter schlechtem Wetter doch nur ein Wetter verstehen kann, das zuviel Wind und demgemäss einen hohen Seegang erzeugt, das schlechte Wetter aber niemals plötzlich auftritt, die Zunahme der Windstärken vielmehr in weitaus den meisten Fällen eine ganz allmähliche ist, so wird eben auf Grund der grossen Geschwindigkeit, die ein modernes Boot zu entwickeln imstande ist und die es durch ausgiebige Verwendung der Uebersegel, des Ballons, Spinnakers, eventl. auch Topsegels, immer erzielen soll, auch die kleinste Yacht längst einen Hafen erreicht haben, ehe sie überhaupt in die Lage kommt, von Eigenschaften wirklicher Seetüchtigkeit Nutzen zu ziehen.

In ihrer Bedeutung für die Sicherheit des Fahrzeugs überschätzt wird wohl die Forderung des wasserdichten, selbstlenzenden Cockpits auch für kleine Boote; dagegen kann man es als eine ausserordentlich glücklich getroffene Einrichtung bezeichnen, schnell mit einem Eimer Wasser jeden Schmutz daraus wegzuspülen. Die Gefahr, dass bei achterlichem Winde von den auflaufenden Wellen Brecher über das Heck schlagen, besteht ernstlich wohl nicht, oder doch wohl nur unter ganz ausserordentlichen Verhältnissen, und dann könnte solcher Gefahr auch auf andere Weise begegnet werden. —

Von ganz ausserordentlicher Wichtigkeit dagegen sind die Eigenschaften der Unkenterbarkeit und Schwimmbarkeit unter allen Verhältnissen, die dem gedeckten Boot durch Anordnung des tiefliegenden Aussenballastes (Blei oder Eisenkiel) verliehen werden, und die einen der wesentlichsten Unterschiede gegen die früheren Schwertyachten mit dem losen Innenballast darstellen.

Wollte man einmal die Eignung für die See, die Seetüchtigkeit, an der Hand des vorhandenen Bootsmaterials prüfen, so stösst man auf bedeutende Schwierigkeiten, da wir Klassen ausgesprochener kleiner Tourenboote nicht haben.

Unser Bootsmaterial stellt ein sehr vielfältiges Gemisch dar aus den verbliebenen Resten des Segellängenmessverfahrens, das auch in seinen kleinen Klassen zum Teil die Forderungen erfüllte, die der reisende Segler zu stellen berechtigt ist, und den Repräsentanten der jetzigen Metermessformel, die nach einstimmigem Urteil in den kleinen Klassen eine Bedeutung für ausgedehnte Segelfahrten auf See nicht haben. Die Unzulänglichkeit der jetzigen Messformel, die das schnelle Rennboot erzeugt ohne Rücksicht auf vielerlei Bedürfnisse des Kreuzfahrers, hat als bemerkenswerte Reaktion dazu eine Fülle eigener, nur auf spezielle Wünsche des Bestellers individuell abgestimmter Boote erzeugt, deren Einzigkeitscharakter natürlich die Frage nach ihrer Eignung für die See hier nicht entscheiden lässt.

Einen nicht geringen Anteil an der Entwicklung der kleinen Kreuzer hat in neuerer Zeit auch der Hilfsmotor gewonnen, und oft mit der Bestimmung, dem kleinen Boot erhöhte Seetüchtigkeit zu verleihen. Wenn man einmal davon absieht, dass der Motor in der Segelyacht eine Stilwidrigkeit, eine unreinliche Vermischung der wohl charakterisierten Hilfsmittel zweier wesensverschiedener Sportarten darstellt, so mag zugegeben werden, dass er blutigen Anfängern und vielleicht auch alternden Seglern eine wertvolle Hilfe sein kann, die eigene Unsicherheit zu korrigieren, den Mangel an Ausbildung, Erfahrung und Können durch ihn zu ersetzen. Wenn alles schon verloren geglaubt, steigt der Deus ex machina in einer Wolke von Benzin und Oel heraus und leitet auch den verlassensten Waisenknaben in den sicheren Hafen. Des echten Seglers höchster Stolz und seines Ehrgeizes ganzer Wesensinhalt wird es dagegen immer sein, die weit gesteckten Ziele segelnd und nur segelnd zu erreichen.

Die Lösung aller Aufgaben, der schwierigen, ja der abenteuerlichen selbst, nur mit Hilfe des eigenen, selbständigen und wohlcharakterisierten Sportgerätes gibt der Kunst des Segelns auf See in kleinen Yachten erst ihren Wert, ihre Bedeutung und ihren Reichtum.

Dazu sollen im folgenden Wege, Mittel und Methoden gezeigt werden.

IV. Das Segeln auf See.

Das Wesen der Wellenbewegung (Seegang).

Unter Seegang versteht man bekanntlich die fortschreitende wellenförmige Oberflächenbewegung, welche unter dem Einfluss des Windes hervorgerufen wird. Es ist zu betonen, dass diese Bewegung lediglich eine Formveränderung der Oberfläche darstellt, eine Auf- und Abwärtsbewegung der Wasserteilchen. Mit einem Transport der Wasserteilchen in horizontaler Richtung ist eine Wellenbewegung nicht verbunden, und jedes Wasserteilchen verändert seinen Ort in dieser Richtung nicht. —

Der Seegang ist abhängig von der Windstärke, und die Grössen, die eine Welle näher bestimmen, ihre Länge und Höhe, sind abhängig von der Wassertiefe und der Grösse der Wasserfläche.

Während auf unseren kleineren Binnenseen Seegang niemals in erheblichem Masse entstehen kann, sind die Wellen auf den grossen aber umschlossenen Haffs und Bodden wohl charakterisiert und auch unterschieden von den Seewellen. Bei grösseren und nahezu gleichen Windstärken beobachtet man auf den grossen Küstengewässern einen kurzen und steilen Seegang, wogegen dann draussen die Seewellen um das vielfache länger sind. Die Länge gemessen als die Entfernung von Kamm zu Kamm und die Höhe als die senkrechte Entfernung zwischen dem höchsten Punkt des Wellenbergs und dem tiefsten Punkt des Wellentals. Seegang und Windstärke sind annähernd proportionale Grössen. — Die Fortpflanzungsgeschwindigkeit der Wellenbewegung ist jedoch geringer als die Windgeschwindigkeit. Der Segler kann dies oft auf einem grossen Küstengewässer, dem Haff z. B., beobachten. Wenn nach einer ganz windstillen Nacht erst spät am Morgen wieder stärkere Brise aufkommt und man sich an einer Leeküste befindet, so sieht man von der gegenüberliegenden, vielleicht 10 Sm. entfernten Luvküste den ganz allmählich entstehenden Seegang langsam auf sich zu kommen, während man selbst noch lange Zeit in dem ganz ruhigen Wasser segeln kann. Anderseits zeigt sich, als eine weit häufiger von dem Segler zu machende Beobachtung, dass nach Aufhören des Windes der Seegang noch eine gewisse lange Zeit andauert, ja, dass man oft in eine von fernher kommende Wellenbewegung hineingelangt, ohne jedoch gleichzeitig oder überhaupt den Wind, der sie verursacht, zu bekommen. Bei östlichen Winden trifft man solch toten Seegang oft zwischen Möen und Rügen an, ohne vorher oder nachher überhaupt

Wind zu spüren. Die Ursache dafür liegt in den stärkeren Winden in der östlichen Ostsee.

Die Geschwindigkeit der Wellen ist immer grösser als die einer Segelyacht, man wird daher niemals, auch vor dem Winde nicht, den Wellen weglaufen können.

Segeln im Seegang.

Für das Segeln im Seegang darf zunächst allgemein bemerkt werden, dass die stampfenden, rollenden oder schlingernden Bewegungen auch für eine kleine Yacht von mannigfacher Bedeutung sind. Die Verbände sowohl als auch die Takelage werden unter dem Einflusse dieser in ihren Richtungen und Kräften sich fortwährend ändernden Bewegungen ganz anders beansprucht als im glatten Wasser, und man wird oft genug Gelegenheit haben, bei lang andauerndem Kreuzen in härterem Seegang dadurch geringe Formänderungen (Durchbiegungen), hervorgerufen durch einseitige Beanspruchungen, konstatieren zu können, dass das Boot vorübergehend mehr Wasser nimmt. Derartige geringe Veränderungen pflegen dann in ruhigem Wasser sehr schnell zurückzugehen und brauchen bei festgebauten Booten niemals ein Grund zu der Besorgnis zu sein, dass etwa das kleine Fahrzeug nun völlig leck schlägt. Der besonderen Festigkeit und Widerstandsfähigkeit der Takelage ist erhöhte Aufmerksamkeit zuzuwenden, ein einzelner Schäkelbolzen, der sich selbsttätig durch die Stampfbewegungen des Bootes löst, kann leicht die Ursache für sehr viel umfangreichere Schäden sein.

Segeln am Winde.

a) Segelführung. Es gilt als eine der ersten Regeln, die Grösse der Segelfläche auf See der bestimmten Windstärke genau anzupassen, sie aber niemals zu gross zu belassen, wenn etwa der Wind auffrischen sollte. Die Aufmerksamkeit des Steuernden wird völlig in Anspruch genommen von der Ruderführung im Seegang, und es bedeutet für ihn eine besondere Anstrengung, wenn er bei zu grosser Segelfläche sich der doppelten Aufgabe widmen muss, einerseits das Boot so hoch am Winde zu steuern, dass nur ein Teil davon auf die Segel wirkt, und anderseits das Ruder der Wellenbewegung entsprechend zu führen. Ein übermässiges Pressen der Segel erschöpft bei langen Seetörns auf die Dauer ganz ausserordentlich die Kräfte der geringen Mannschaft und ist vornehmlich auch aus diesem Grunde unratsam.

Als eine Vorbedingung für das Amwindsegeln gilt es weiterhin, die Vorsegelfläche möglichst klein zu wählen und immer sehr viel kleiner als unter gleichen äusseren Bedingungen auf Binnengewässern, und zwar einerseits, weil die das Vorschiff treffenden Wellen ganz allgemein auf das Boot eine nach Lee wirkende Kraft ausüben, anderseits aber mit der ausgesprochenen Absicht, dem Boot eine leichte Luvgierigkeit, die das Steuern erleichtert, unbedingt zu erhalten. Es ist zu bemerken, dass der Seegang die weitere Ursache ist, dass man namentlich mit einem kleineren Boot nicht dieselbe Höhe am Winde erreichen kann wie auf glattem Binnenwasser. Zumeist wird man es überhaupt vorziehen, auf einen Strich an Höhe zu verzichten. Man erreicht ein anzukreuzendes Ziel vielfach trotzdem ebenso schnell und jedenfalls ohne die anstrengend aufmerksame Handhabung des Steuers, die bei Haltung grossmöglichster Höhe erforderlich ist.

b) Ruderführung. Solange die unter einem spitzen Winkel gegen die Yacht treffenden Wellen eine gewisse geringe Höhe nicht übersteigen, besteht die Tätigkeit des Steuernden nur darin, die Yacht gut am Winde zu halten und die Regelmässigkeit ihrer Bewegungen dadurch zu unterstützen, dass er ganz gleichmässig der Auf- und Abwärtsbewegung der Yacht mit dem Ruder nachgibt. Die Wellen sind klein und das Boot läuft über sie hinweg. Die Fahrtrichtung des Bootes bedarf unter diesen Umständen also nahezu keiner Korrektur durch den Steuernden. —

Bei höher werdenden Wellen und bei gleichzeitig unregelmässiger Länge ändern sich diese Verhältnisse. Die unter dem Boot weglaufenden Wellen verleihen ihm eine drehende Bewegung, die nach Luv oder nach Lee gerichtet ist, je nachdem wo Wellenberg oder Wellental das Boot trifft. Die Tätigkeit des Steuernden besteht jetzt darin, diese durch die Wellenbewegung erzeugten drehenden Bewegungen durch entsprechende Ruderlage fortwährend zu korrigieren und gleichzeitig die Yacht gutmöglichst am Winde zu halten. Dies ist bei relativ stärkerem Winde noch am leichtesten, bei schwachem Wind und unverhältnismässig stärkerer Wellenbewegung ist die mit dem Ruder zu leistende Arbeit sehr viel grösser, da die Bewegungen des Bootes der Hauptsache nach durch die Wellen und nicht in gleichem Verhältnis durch den auf die Segel gerichteten Winddruck beeinflusst werden. In diesem Falle ist sehr viel mehr Aufmerksamkeit notwendig. —

Von einer gewissen Höhe der Wellen an, die freilich durch die Grösse des Bootes bedingt ist, hat der Steuernde jede einzelne der heranlaufenden Wellen in bezug auf ihre das Boot beeinflussenden

Wirkungen individuell zu behandeln. Wenn das Boot den Wellenberg hinaufsteigt, so verlangsamt sich notwendig seine Geschwindigkeit, und beim Abstieg in das Wellental tritt dann nachher das Umgekehrte ein. Die Absicht des Steuernden muss darauf abzielen, die Welle derart hinaufzusteigen, dass das Boot, auf dem Kamm angekommen, noch gute Fahrt hat, um dem Ruder zu gehorchen. Man wird also bei dem Anstieg auf den Wellenberg mit dem Steuer eine Bewegung der Yacht nach Lee hervorrufen, wodurch erreicht wird, dass sie die Welle nicht an ihrer steilsten Stelle sondern möglichst schräg ansteigt. Der Weg, den das Boot, auf diese Weise den Kamm ersteigend, zurücklegt, ist zwar grösser als bei steilem Anstieg, die dazu notwendige Kraft aber geringer. Beim Abstieg in das Wellental legt man das Ruder den entgegengesetzten Weg, so dass man hart am Winde mit guter Fahrt den Anstieg auf die nächste heranlaufende Welle beginnen kann.

Diese Art der individuellen Behandlung jeder einzelnen Welle hat jedoch nur solange Gültigkeit, als auch die Wellenlänge in einem bestimmten Verhältnis zur Bootsgrösse steht. Bei kurzen und steilen Wellen setzt das kleine Boot in jede Welle mit einem donnerähnlichen Krachen ein, und es muss jetzt die Hauptsorge der Steuernden sein, dieses heftige Schlagen und Stampfen, das auf die Dauer zu Durchbiegungen, Aufreissen der Nähte usw. führen kann, möglichst herabzumindern. Bei den kleinen Yachten, welche unter dem Einfluss und Messverfahren der Rennsegelei entstanden sind und weit ausladende Ueberhänge aufweisen, ist das Segeln in nahezu jedem Seegang mit einem unangenehm empfundenen Aufschlagen des Bugs in jede einzelne Welle verbunden, bei den neuerdings entstandenen kleinen Tourenbooten, mit nur kurzen Ueberhängen ist es wesentlich geringer; aber da immerhin bei einem bestimmten Verhältnis zwischen Wellenlänge und Bootslänge bei allen Booten ein geräuschvolles Aufschlagen stattfindet, so ist der Vermeidung dieser Erscheinung allgemein grosse Aufmerksamkeit zuzuwenden. Dies geschieht dadurch, dass man die Fahrt des Bootes durch geringes Anluven vor jeder steileren Welle vermindert und abfällt, sobald man den Kamm passiert hat und auf die Rückseite der Welle kommt.

Bei besonders hohen und steilen Wellen ist man schon deshalb zum Anluven verpflichtet, weil sonst das ganze Boot durch sie hindurchgeht und man das ganze Vorschiff voll Wasser bekommt.

Wenn, veranlasst durch besonders ungünstige und veränderliche Wetterlagen, die Wellen besonders hoch und dem Fortkommen der Yacht hinderlich werden, wenn es sich herausstellt, dass das kleine

Boot einen erheblichen Fortgang am Winde nicht mehr hat und auch die zu leistende Arbeit eine zu anstrengende wird, bleibt ihr weiter immer noch die Möglichkeit, jetzt raumschots oder vor dem Winde ein Ziel zu erreichen.

Raumschots.

Der Einfluss der Kraftmomente, die als Folge der Wellenbewegung die Yacht nach Luv oder Lee zu drehen beabsichtigen, werden um so grösser, je mehr man raumschots und unter Innehaltung eines bestimmten Kurses die Yacht steuert. Die Korrektion mit Hilfe des Ruders wird ebenfalls um so grösser und zweifacher Art, einmal den Einfluss dieser die Yacht aus dem Kurse bringenden Drehbewegungen zu korrigieren und den Kurs zu halten, zweitens aber bei vereinzelt höheren Wellen gelegentlich anzuluven, um dadurch zu verhindern, dass die Welle direkt quer auf die Bordwand trifft. Mit halbem Winde segelnd kann man seitlich heranlaufende höhere Wellen derart nehmen, dass man entweder in sie hineinluvt, oder aber auch einige Striche abfällt und die Welle von achtern auflaufen lässt; es ist eben nur darauf zu achten, dass sie nicht mit voller Gewalt seitlich auf die Bordwand trifft und dann als Brecher mit viel Wasser an Deck schlägt.

Vor dem Winde.

Vollends den schwierigsten Teil des Segelns auf See stellt für eine kleine Yacht das Steuern platt vor dem Winde dar, wenn die Wellenbewegung erheblich ist. Die von achtern auflaufenden Wellen üben, je nachdem wie sie das Heck der Yacht treffen, eine mehr oder weniger stark anluvende Wirkung aus; dies ist fortwährend durch langsames und ruhiges Rudergeben in der einen oder anderen Richtung zu verhindern. Da man in der Vor-dem-Wind-Lage relativ grössere Segel bei vorausgesetzt fester Takelage zu tragen imstande ist als in der Am-Wind-Lage, so muss man das Anluven gerade unter solchen Verhältnissen unbedingt vermeiden; denn ein einmal durch Luven bis etwa in die Backstagslage gelangtes Boot wird, da in dieser Lage die Krängung als neues stark anluvendes Moment hinzutritt, nicht leicht durch das Ruder wieder in die Vor-dem-Wind-Lage zu bringen sein. Das Anluven kann in gewisser Weise durch Backsetzen des Vorsegels verlangsamt, wenn auch nicht ganz verhindert, werden.

Neben der Aufgabe, das Anluven der Yacht in die Dwarslage zu verhindern, tritt für den Steuernden die zweite, ebenso wichtige Aufgabe, das Uebergehen des Grossbaums durch geeignete und geschickte Handhabung des Ruders zu verhindern! Die seitlichen Schlingerbewegungen und das Gieren der Yacht, auch in einem nicht einmal besonders hohen Seegang begünstigen das Uebergehen des Baumes ausserordentlich, und daher ist diese Gefahr auch sehr viel grösser als auf den Binnengewässern. Das Segeln vor dem Winde bedeutet ein dauerndes, wenn auch stetig und ruhig auszuübendes Arbeiten an der Pinne. Grosse Yachten ersetzen, um das mit grosser Gewalt erfolgende Herumschlagen der schweren Spieren beim Uebergehen des Baumes zu verhindern, das Grosssegel durch das ohne Baum zu fahrende Trysegel. Die kleine Yacht, die damit nicht ausgestattet zu sein pflegt, hilft sich dadurch, dass sie den Grossbaum hoch andirkt und eventuell auch noch die Gaffel wegfiert.

Die gleiche Massnahme, soweit sie das Andirken des Baumes betrifft, pflegt man auch beim Raumschotssegeln zu ergreifen, um zu verhindern, dass das weit ausladende Rundholz das Wasser pflügt, eventuell gar havariert wird.

Das leichte Stützen des Grossbaumes durch die Luvdirk sollte beim Segeln im Seegang eigentlich unter allen Verhältnissen geschehen; das Segel wird sehr viel gleichmässiger beansprucht, und die ruckartigen Bewegungen, die der schwere Baum im Seegang ausführt, werden von der festgesetzten Dirk stark gemildert.

Um mit grösserer Sicherheit das Uebergehen des Grosssegels zu vermeiden, pflegt man, namentlich bei stärkerem Seegang, häufig so zu steuern, dass der Wind nicht direkt achterlich einkommt, sondern ein oder zwei Strich von der Luvseite. Man gelangt auf diese Weise nur durch sogenanntes „Kreuzen vor dem Winde" an das eigentliche Ziel, wenn es direkt vor dem Winde liegt. —

Die Segelmanöver.

Die Segelmanöver sind im allgemeinen und in ihrer Ausführung nicht anders als die gleichartigen auf den Binnengewässern, und es sind nur verhältnismässig wenig Umstände, die hier besondere Beachtung verdienen.

Wenden und Halsen.

Es gilt als ausgemacht, dass das Manöver des „Wendens" von den heutigen modernen Yachten unter allen Bedingungen leicht ausgeführt wird, und dass man mit ihnen niemals in die früher so oft unangenehm empfundene Situation kommt, das misslungene Wendemanöver jetzt durch Halsen zu dem beabsichtigten Erfolg zu führen. Für grössere Boote ist das wohl unbedingt richtig, nicht immer für ganz kleine Yachten, deren Trägheitsmoment sich oft nicht als gross genug erweist, um kurze, sehr steile und schnell aufeinander folgende Wellen beim Wenden zu überwinden. Es hiesse doch die wirklich vorhandenen Verhältnisse vollkommen verkennen, wollte man bestreiten, dass die auch noch so gut manövrierfähige kleine Yacht unter bestimmten Be-

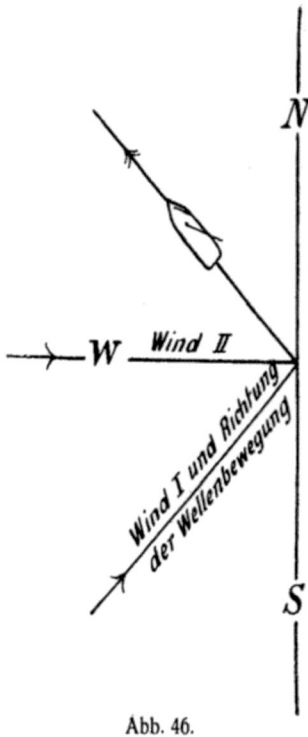

Abb. 46.

dingungen nicht über Stag zu bringen ist. Solche Bedingungen liegen z. B. vor, wenn ein kurzer, steiler Seegang dadurch entsteht, dass eine Wellenbewegung auf Strom trifft. Vor dem Warnemünder Hafen z. B. trifft man bei starken nördlichen Winden und einem gleichzeitig ausgehenden Strom bis zu einer Entfernung von ein paar Seemeilen solchen kurzen Seegang an. Bei starken südöstlichen Winden steht auf dem Greifswalder Bodden bei Palmer Ort, und bei starken nordwestlichen Winden in den schmalen Baggerrinnen bei Barhöft dann immer ein kurzer, steiler Seegang, in dem beim Gegenan-Kreuzen das Manöver des Wendens mit dem kleinen Boot durchaus nicht immer mit Sicherheit gelingt, oft durch Backhalten des Vorsegels unterstützt werden muss, aber auch gänzlich versagen kann. An besonders exponierten Stellen., z. B. bei Darsser Ort und Arcona, steht bei allen Winden von erheblicher Stärke eine von dem kleinen Boot beim Wenden nicht leicht zu überwindende See. Aehnliche Verhältnisse liegen vor, wenn Wind und Wellenbewegung nicht konstant aus der gleichen Richtung kommen, wenn also nach Herumgehen des Windes der Seegang aus der alten Richtung noch eine gewisse lange Zeit andauert. Das kann man oft in den grossen Buchten der westlichen Ostsee beobachten, wenn der zunächst aus SW kommende Wind allmählich und bedingt durch das Fortschreiten einer Depression nach Westen dreht, ohne dass die Richtung der Wellenbewegung schnell genug nachfolgt. Dagegen ankreuzend hat man dann, wie eine einfache Ueberlegung ergibt, auf Backbordbug zunächst die Wellen direkt von vorn, und das Manöver des Wendens wird immer gelingen, auf Steuerbordbug aber laufen die Wellen alsdann direkt dwars (d. h. also unter einem Winkel von acht Strich) auf das Boot zu; will man wenden, so muss man zunächst vier Strich gegen den Wind anluven und dann weitere vier Strich gegen die Wellenbewegung abfallen. Eine einzige höhere Welle, gegen die Nase des Bootes gerichtet, schlägt es dann auf den alten Bug zurück, und wenn man sich unter diesen besonderen Verhältnissen nicht gleich zum Halsen entschliesst, kann man durch mehrfaches Probieren seine Beobachtungen beliebig oft wiederholen. (Vergl. Abb. 46.) Es ist ersichtlich, dass diese Frage mit der Manövrierfähigkeit einer kleinen Yacht nichts zu tun hat, vielmehr zu erklären ist durch ihren Mangel an lebendiger Kraft einerseits und anderseits durch die Eigenart besonderer Wellen und Wellenbewegungen.

Reffen.

Die Notwendigkeit des Reffens muss rechtzeitig erkannt werden. Wenn es vor dem Absegeln in der Ruhe des Hafens geschieht, ist es nur die halbe Arbeit und unterscheidet sich in der Ausführung auch nicht von der auf Binnenwässern geübten Methode. Hat man einen Hafen verlassen und bemerkt draussen, dass das Boot die Segelfläche unter den bestehenden Verhältnissen nicht gut zu tragen vermag, so ist die Ausführung der Arbeit schon sehr viel schwieriger, weil es sich auf dem im Seegang schaukelnden Boot sehr viel schwerer hantieren lässt, jedenfalls geht es dann immer sehr viel langsamer vor sich. Es gilt zu bedenken, dass das Ausreffen von ein oder zwei Ringen immer eine sehr viel leichtere Arbeit ist als das Einreffen. Unsere neueren Yachten mit den weit vorn stehenden Masten machen das Reffen während des Segelns überhaupt zu einer schwierigen Operation. Das Boot ist, auch wenn man das Vorsegel vorher wegnimmt, nicht leicht im Winde zu halten; das Eindrehen des Grossbaums muss sehr schnell geschehen, ist meist aber nur in mehreren aufeinanderfolgenden Phasen zu machen, da das Segel wieder Wind fängt, auch ohne Vorsegel abfällt, die Schot dicht holt und das Boot wieder zu segeln beginnt. Man muss erneut anluven und das Boot immer wieder in den Wind bringen, ehe man das Reffen fortsetzen und den Reffhebel drehen kann.

Von besonderer Wichtigkeit ist die richtige Segelführung bei veränderlichem und böigem Wetter. Dann ist es notwendig, die Segel nicht grösser zu fahren, als etwa den stärksten zu erwartenden oder auch beobachteten Böen entspricht und sie in vorübergehend ruhigeren Zwischenpausen auch nicht wieder zu vergrössern.

Das Auftreten der Böen ist im grossen und ganzen zweifacher Art.

Zunächst stellen Böen länger anhaltende Verstärkungen eines schon bestehenden meist starken Windes dar. Es handelt sich alsdann um eine Wetterlage, die man in bezug auf den Wind als böig bezeichnet und die die charakteristische Schlechtwetterlage der sogenannten schlechten Sommer ausmacht. Die böigen Winde wehen immer aus Richtungen, die zwischen SW und NW schwanken. —

Eine zweite Art der Bö ist die Gewitterbö. Sie zeigt selbst nicht die charakteristischen Erscheinungen des Gewitters, sondern geht vielmehr als Eilung einem Gewitter voraus oder ist als Ausläufer von Gewittern zu betrachten, die sich an der Küste entladen. Sie wird beobachtet aus ganz ruhiger konstanter Wetterlage heraus und stellt, wenn sie wiederholt auftritt, meist die Vorboten dar für eine langsame Aenderung des herrschenden guten Wetters. Die Gewitterbö bietet in ihrer Wolkenform ein wohlcharakterisiertes Bild, und man muss es unbedingt lernen, sie so frühzeitig zu erkennen, dass man alle Operationen, die vorzunehmen sind, um sie gefahrlos abzuwettern, in völliger Ruhe vornehmen kann. Man kann jedoch kein Urteil und keinen Anhaltspunkt darüber haben, welche Windstärken sie zu entwickeln vermag, und es ist ein Gebot der Vorsicht auf dem kleinen Boot, sich immer auf ausserordentlich starke Windstösse gefasst zu machen. Die Methoden, sie abzuwettern, sind verschieden. Man muss es für geraten halten, zunächst das Grosssegel dicht zu reffen und es noch vor dem Einsetzen der Bö ganz niederzulegen, vorausgesetzt, dass man soweit von der Küste entfernt ist, um genügend Seeraum zu haben, allein vor dem Vorsegel zunächst mit der Bö wegzulaufen. Erweist sie sich in ihren ersten Stössen nicht übermässig stark, dann wird man das nun schon gereffte Grosssegel schnell genug wieder vorheissen können, eine Operation, die in ihrer Ausführung sehr viel leichter ist als etwa das Reffen des wildschlagenden Grosssegels nach erfolgtem Einsetzen der Bö. Es kann vorkommen, dass eine derartige Gewitterbö von solcher Heftigkeit ist, dass man an ein Reffen, wenn man es vorher versäumt hat, überhaupt nicht mehr denken kann, da zudem der schnell auftretende Seegang das Arbeiten erschwert.

Die vielfach empfohlenen Methoden, auf glattem Binnenwasser vielleicht von Wert, das Boot so hoch am Wind zu segeln, dass ein Teil des Windes an den Segeln vorbeistreicht, können jedenfalls für ein kleines Boot nicht mit Erfolg ausgeführt werden, da die Wellen es so sehr in seinen Bewegungen beeinträchtigen, dass es bald höher, bald sehr viel weniger hoch am Wind liegt, bald auch die Segel ganz voll hat. Jedenfalls ist auch schon das Segeln mit gefierter Piek und dem notwendig dann in dem starken Wind sehr schlagenden Segel nur eine Methode, die als Korrektur begangener Fehler oder unterlassener rechtzeitiger Reff-Massnahmen zu betrachten ist.

Manöver bei schlechtem Wetter.

Wenn trotz der dicht gerefften Segel sich ein Weitersegeln verbietet, weil die Wellen zu hoch sind, so kommen für grosse Yachten wohl die folgenden Manöver in Frage: Beidrehen, Treibanker, vor dem Klüver lenzen; für das kleine Boot jedoch können sie nicht alle gleichmässig nützlich sein. Wenn man nicht vorher schon darauf verzichtet hat, gegen Wind und gegen Seegang alles nur Denkbare aus dem kleinen Boot zur Erreichung eines bestimmten Zieles herauszuholen, vielmehr zeitig umgekehrt ist und seinen Kurs auf einen Hafen in Lee gerichtet hat, dann kann man zunächst die Erfahrung machen, dass das „Beidrehen" bei den meisten neueren Yachten nicht ausführbar ist.

Das Beidrehen besteht darin, mit backgeholtem Vorsegel und ganz dicht geholtem Grosssegel die vorwärtstreibenden Kraftmomente aufzuheben, die Yacht soll langsam seitlich nach Lee sacken und das breite Kielwasser gegen die anlaufenden Wellen schützen. Der weit vorstehende Mast ist die Ursache, dass das Boot, von dem Vorsegel nach Lee gedrückt, immer wieder Fahrt voraus bekommt.

Viel wirkungsvoller ist, wenn man sich nun einmal entschlossen hat, das schlechte Wetter draussen abzureiten, oder wenn man auch einmal in derart unglückliche Umstände gerät, dass man es nicht anders machen kann, beispielsweise während einer Nacht, die es nicht gestattet, einen unbekannten Hafen anzulaufen, die Methode, sich vor Treibanker zu legen. Die Vorbereitungen der Konstruktion des Treibankers sind vor dem Segelbergen zu machen. Man befestigt den Spinnakerbaum, zusammengelascht mit anderen noch vorhandenen Rundhölzern, hahnepotartig an einem so langen Ende, dass er nach dem Ausbringen zwei bis drei Bootslängen voraus und quer zur Mittellinie des Bootes liegt. Der Widerstand, den er dem Abtreiben der Yacht bietet, kann noch dadurch vergrössert werden, dass man ein kleines dreieckiges Segel, etwa den kleinsten Sturmklüver, mit zwei Ecken an dem Spinnakerbaum festbändselt, die dritte Ecke beschwert und von ihr gleichzeitig ein Ende nach dem vorderen Poller nimmt. Während des Ausbringens des Treibankers lässt man zur Stütze des Bugs die Ankerkette vorn so weit wie möglich auslaufen; man schafft dadurch einen gewissen Halt und schützt das Boot davor, von den Wellen quergeschlagen zu werden.

Wie schon betont, können nur ganz aussergewöhnliche Umstände den Segler im kleinen Boot veranlassen, sich vor Treibanker zu legen; wenn auch die Wellen, dadurch, dass sie sich an den vorliegenden Spieren brechen, keinerlei Gefahr mehr für das Boot bedeuten, so gehört die ganze Situation doch zu denen, die seglerische Erfahrung und Klugheit vermeidet, namentlich, wenn das schlechte Wetter länger, vielleicht mehrere Tage hintereinander andauert. Im allgemeinen wird der kleine Segler schon viel früher, ehe er überhaupt an die Konstruktion eines Treibankers denkt, raumschots oder vor den Wind gelaufen sein und in dieser Lage, wenn er das Grosssegel nicht mehr zu tragen vermag, nur noch das weit vorne, am Stevenkopf oder der Nock des Klüverbaums gesetzte Vorsegel, wodurch das Boot um so besser steuert, fahren, er „lenzt vor dem Klüver". Dieses Lenzen vor dem Klüver kann man dadurch noch sehr viel ruhiger gestalten, dass man gleichzeitig eine Spiere treibankerähnlich achtern ausbringt. Dadurch wird die Gefahr der achtern auflaufenden Wellen beseitigt, aber auch die Ruderführung ungemein erleichtert. Das Manöver des Lenzens, das natürlich nur bei genügend Seeraum nach Lee ausgeführt werden kann, ist so einzurichten, dass man dadurch früher oder später in Schutz kommt.

Seegang und Beiboot.

Während die Yacht selbst kaum jemals irgendwo einen Seegang antreffen wird, durch den sie der Segler nicht auf irgendeine Weise hindurchbringen könnte, begegnet man oft grösseren Schwierigkeiten mit dem nachgeschleppten Beiboot. Am Winde kreuzend schlagen die niedrigen kleinen Dinger durch das Spritzwasser ihrer Bugwelle in wenigen Stunden so voll, dass sie zunächst aus dem Kurs laufen und in dem Moment, wo man mit ihnen zu manövrieren beginnt, sind sie dann bis an den Rand gefüllt; man ist dann gezwungen, beizudrehen, das Boot im Wasser umzudrehen und umgekehrt an Deck zu nehmen, es hier wieder aufzurichten und zu Wasser zu lassen. Riemen und Dollen sind inzwischen ihren eigenen Weg gegangen, wenn sie nicht festgebändselt waren. Die dazu aufgewandte Zeit und auch die Anstrengung, in hohem Seegang das Boot in dieser Weise zu bergen, ist ganz ausserordentlich; mit dem vollgeschlagenen Beiboot weiter zu segeln aber unmöglich. Gegen Spritzwasser schützen kann man das Boot durch ein darüber gezurrtes Persenning; dieses muss jedoch so eingerichtet sein, dass nur die Lösung eines einzigen Knotens notwendig ist, um das ganze Persenning schnell abnehmen zu können, wenn das Boot eilig gebraucht wird, was dadurch erreicht wird, dass man das Persenning rundherum saumartig umnäht und eine Schnur einzieht, die nur vorn unter der Stevenkappe festgezurrt wird; achtern und seitlich hat es genügenden Halt, wenn der Saum mit der eingelegten Schnur unter der Wieling fährt.

Besser freilich ist es immer, ein sehr hochbordiges Beiboot zu besitzen, es schlägt niemals voll, namentlich wenn es vorn scharfe und hohle Linien hat.

Eine zweite Schwierigkeit bietet das geschleppte Boot bei achterlichem Wind und höherem Seegang. Dadurch, dass Yacht und Boot nicht immer gleichzeitig auf dem Wellenberg oder im Wellental liegen können, vielmehr das Boot mit schneller Fahrt von dem Wellenkamm in das Tal hinunterläuft, während die Yacht langsam den nächsten Berg ansteigt; und wenn dann weiter die Yacht mit grösserer Geschwindigkeit in das nächste Wellental hinabgleitet, holt die vorher lose Schlepptrosse oft mit einem so starken Ruck dicht, dass fortwährend die Gefahr ihres Brechens besteht, oder dass die Belegklampen an Deck ausreissen, namentlich wenn dieses Spiel einen Tag lang andauert. Es ist daher nötig, die Schlepptrosse aus einem elastischen, federnden Material zu wählen, und es empfiehlt sich, dazu ein etwa armdickes Ende aus Kokosfaser zu nehmen, je dicker desto besser federt es. Wenn man eine doppelte Schlepptrosse führt, und zwar so, dass die eine am Heck durch eine Lippklampe an der Steuerbordseite, die andere in gleicher Weise an der Backbordseite auf Deck befestigt wird, so hat man doppelte Sicherheit und man vermeidet das seitliche Ausscheren des Bootes aus dem Kurs, wenn es schnell den Berg herunterläuft. Ausserdem muss man bei achterlichem Winde die Schlepptrosse ganz kurz, beim Kreuzen aber länger belegen.

Wer jemals bei hohem Seegang durch Brechen der Schlepptrosse in die Lage gekommen ist, das treibende Boot wieder auffischen zu müssen, wird die Vorsicht, es zweifach zu belegen, immer anwenden. Während man schon am Tage grosse Mühe hat, das abtreibende Boot, das fortwährend im Wellental verschwindet, im Auge zu behalten, ist es unter solchen Umständen des Nachts natürlich überhaupt verloren.

Grössere Yachten können das Boot vielfach festgezurrt an Deck fahren, ganz grosse haben dazu bekanntlich die Davits. Will eine kleine Yacht sich in ähnlicher Weise eine Einrichtung verschaffen, die gerade bei achterlichem Winde oder raumschots, und wenn es sich um ein nur kleines und nicht zu schweres Beiboot handelt, gute Dienste leistet, so kann es in folgender Weise geschehen: Man nimmt einen Stropp aussen um das Boot und heisst es daran mit Hilfe einer vierscheibigen Talje, die man in Manneshöhe über dem Kajüts-Aufbau am Mast feststeckt, unter gleichzeitiger Verwendung eines entsprechend langen Rundholzes als Ausleger (z. B. Yütbaum), das man gegen die Mastbacken abstützt, an der jeweiligen Luvseite so hoch vor, als gerade notwendig; ausserdem belegt man es mit Vorder- und Achterleine, die man nach dem Stevenkopf resp. einem Heck-Poller führt, so fest, dass es unbeweglich, ausserhalb und zur grösseren Hälfte vor den Wanten hängt. Die Manövrierfähigkeit der Yacht wird immerhin nur wenig beeinträchtigt; auch sind im einzelnen die Anordnungen so zu treffen, dass das Boot in knapp drei Sekunden zu Wasser zu lassen ist. Auf diese Weise ist man auf langen Seestrecken vor dem Winde, wo keine grossen Manöver notwendig sind, die ewige Sorge um das im Seegang heftig arbeitende kleine Boot los.

Seegang und Flaute.

Wenn man weit draussen auf See plötzlich von Windstille überrascht wird, dann schafft der meist noch lange Zeit andauernde Seegang eine oft unangenehme Situation dadurch, dass das auf die Stelle gebannte und wild schaukelnde Boot seine Bewegungen auf Grosssegel und Takelage überträgt. Der Baum schwingt von einem Bug in grossem Bogen auf den anderen, die Grossschot und die auf dem Leitwagen fahrenden Blöcke immer mitzerrend. Die Backstage schlagen hin und her und es kommt Leben und Lärm selbst in die starrsten Dinge. Der Eintritt einer derartigen Flaute wird in den Reisebeschreibungen oft als unerträglich geschildert, und doch ist es die einzige Zeit, wo es auf dem Boot nichts zu tun gibt, wo der Mann am Ruder diesen Platz sorglos verlassen kann und man sich allgemein ausruhen und vorbereiten kann für die zu erwartende Nachtfahrt; denn darauf wird es in den meisten Fällen hinauslaufen, auch wenn solch eine Flaute schon um die Mittagszeit eintritt; im allgemeinen wird, da es sich ja um eine durchaus ruhige Wetterlage handelt, der Wind erst in den Abendstunden wieder zu erwarten sein, aber da man ja niemals die Hoffnung aufzugeben pflegt, so wird man, um die lästigen Geräusche des schlagenden Baums loszuwerden, sich immer schwer dazu entschliessen können, das Grosssegel ganz wegzunehmen. Man macht es daher so, dass man nur den Grossbaum in den Bock legt, die Schot so dicht wie möglich belegt, damit der Bock nicht ins Rutschen kommt, das Ruder und die Backstage festlegt und auch das Piekfall gut durchsetzt. Wo es möglich ist, kann man auch die Piek ganz wegfieren und die Gaffel am Mast festbändseln. In absehbarer Zeit ist meist nichts für das Fortkommen der Yacht zu tun. Aufkommende Brise aber ist auf viele Seemeilen weit schon zu erkennen.

Bei Flaute zur Nachtzeit ist eine Wache an Deck nötig, um sich annähernden Schiffen entsprechend bemerkbar zu machen.

V. Von der Seemannschaft.

Gehört schon das Segeln auf See in seinen einfachsten Künsten nicht zu den Dingen, die in drei Sommertagen erlernt werden können, so gilt das in verstärktem Masse von der praktischen Seemannschaft, worunter man alles das versteht, was ausser der Segelkunst noch an Fähigkeiten und Fertigkeiten, an praktischem Urteilsvermögen und schnellem und sicherem seemännischen Handeln in allen Situationen gelernt und gekonnt werden muss. Das See- und Tourensegeln stellt wohl diejenige sportliche Betätigung dar, die weitaus am meisten in dieser Beziehung von dem Yachtsegler verlangt, kommt doch gerade der Tourensegler auf seinen weiten Fahrten in immer fremdes Revier, und die Aufgaben, die sich ihm beim Ankern, beim Einsegeln in einen Hafen, beim Aussegeln, beim Verholen etc. stellen, sind immer wieder andersartig, so dass selbst die ältesten und weitgereisten Tourensegler behaupten, dass in dieser Beziehung auch der Erfahrenste niemals auslernte. — An dieser Stelle sollen jedoch nur diejenigen Kapitel Erwähnung finden, die der ganz besonderen Aufmerksamkeit des kleinen Bootes wert sind und nicht schon im ersten Teil erschöpfend behandelt sind.

Ankerplätze und Häfen.

Die Wahl eines geeigneten Ankerplatzes in den Revieren, die für kleine Yachten in Betracht kommen, erfordert besondere Aufmerksamkeit. An einer freien Küste ankert man überhaupt niemals, auch dann nicht, wenn der Wind vom Lande herkommt. Selbst grössere Seebuchten könnten nur dann in Frage kommen, wenn bei ganz ruhigem Wetter der Wind eingeschlafen ist und man den nächsten Hafen nicht mehr erreicht. Man wird dann meist absegeln müssen, sobald wieder Wind eintritt. Vorübergehend an einer Luvküste zu ankern bringt immer die Gefahr mit, sich bei umspringendem Wind mühselig freikreuzen zu müssen; ein völliges Umspringen des Windes aber tritt gerade bei ruhigem und heissem Sommerwetter oft durch Gewitter und Böenbildung ein. Für die See kommen daher für kleine Yachten nur die sicheren Häfen in Betracht. Auf den mit der See in Verbindung stehenden Küstengewässern ausserdem noch die kleinen Buchten und manche schmalen Einfahrten, die zu kleinen Fischerorten führen, in kleine flache Binnenseen oder auch winklige Ausbuchtungen der grossen Förden darstellen. Wenn das Revier den Charakter der Binnengewässer annimmt, dann kann man selbstverständlich wie hier nahezu allenthalben ankern; zweckmässig wählt man dazu auch wohl die zahlreich vorhandenen Brücken, die entweder für die verkehrsvermittelnden Lokaldampfer gebaut sind oder auch als Ladebrücken sich bei Ziegeleien oder anderen Fabriken befinden. Gute Ankerplätze sind auf den Seekarten und in den Segelhandbüchern näher bezeichnet; doch ist dabei wohl zu bedenken, dass sie hauptsächlich doch für grosse Schiffe bestimmt sind und daher nicht immer für eine kleine Yacht geeignet zu sein brauchen; oft sind sie zu unruhig oder der gute Ankergrund ist nur auf sehr grosser Tiefe vorhanden und mancherlei anderes.

Bei schlechtem Wetter wird eine kleine Yacht, wo sie auch immer sei, den besten Unterschlupf in einem sicheren Hafen finden; und je kleiner ein solcher Hafen ist, um so besser ist meist für die Sicherheit der Fahrzeuge und das Wohlbefinden ihrer Mannschaft gesorgt.

Einsegeln in einen Hafen — Hafenmanöver.

Das Einsegeln in die meist grossen Häfen der deutschen Küste macht gar keine Schwierigkeiten, da eine kleine Yacht Raum nach allen Seiten hat und jedes Segelmanöver ausführen kann. Schwierig gestaltet es sich erst bei den kleinen Häfen, wie sie sich z. B. im dänischen Inselreich in grosser Anzahl dem Segler zur Unterkunft bieten. Auf Grund der aus den Karten oder Segelhandbüchern zu entnehmenden Hafenpläne kann man sich über die inneren Verhältnisse eines kleinen Hafens immerhin schon ein orientierendes Bild machen, neben mancherlei anderem kann man aus ihnen doch oft genug ersehen, wo die Liegestelle für Yachten oder Boote zu suchen sein wird, oder doch, über welche Plätze im Hafen schon anderweitig verfügt ist. Oft genug kommt man in Fischerhäfen, die so klein und eng sind, dass einem keinerlei Raum oder Zeit bleibt zu ausgedehnten, wiederholten oder gar misslungenen Ansegelmanövern.

Vor einer grossen Yacht aber, die vielleicht recht daran tut, ausserhalb eines solchen kleinen Hafens vor Anker zu gehen, hier Segel zu bergen und sich dann mühselig in den Hafen zu verholen oder gar verholen zu lassen, was viele Stunden dauern darf, hat eine kleine Yacht nicht nur die leichte Möglichkeit, sondern meines Erachtens nach auch eine aus der schnellen Manövrierfähigkeit, der einfachen Takelage und aus vielen anderen ihr besonders eigenen Vorteilen resultierende Verpflichtung, mit Hilfe der Segel auch die Fülle der verschiedenartigen Aufgaben zu lösen, die das Einsegeln in einen Hafen und die endliche Erreichung eines Liegeplatzes stellen können. Die Schwierigkeit dieser Aufgaben charakterisiert sich vor allen Dingen darin, dass sie dem Segler ja erst in dem Augenblick gestellt werden, wo er sich schon mitten im engen, unbekannten Hafen zwischen Schiffen und Dalben und vielleicht noch anderen ein- oder ausgehenden Fahrzeugen befindet und dass ihm zur schnellen Ueberlegung und sicheren Ausführung ja nur eine nach Sekunden zählende Frist bleibt. — Von den vielen Faktoren, die das gute Gelingen aller Hafenmanöver bedingen, dürfte der wichtigste sein, dass die Segel schnell zu bergen sind, in welcher relativen Stellung zum Winde sie sich auch befinden mögen. Die Fallen müssen wie geölt durch die Blöcke fieren, auch wenn sie neu sind, und ganz besonders dann, wenn Regen oder Spritzwasser sie durchnässt haben, so dass sie stark gequollen sind. Das alles geht sehr prächtig, wenn man die Blöcke nur gross genug und die eingeschorenen Enden dünn genug wählt.

In einem kleinen Hafen liegt man niemals vor Anker, sondern macht meist an einem Bollwerk fest, entweder längseits oder auch quer dazu unter gleichzeitiger Benutzung eines entferntstehenden Dalbens, so dass man vom Heck oder Bug des Bootes aus auf das Bollwerk übersteigen kann. Von dem Anker wird man nur Gebrauch machen, wenn es gilt, sich seitlich vielleicht von einem anderen Fahrzeug oder dergleichen freizuhalten, eventuell auch um ein Schwoien unter besonderen Verhältnissen zu verhüten. Einen geeigneten Platz, nach dem man beim Einsegeln schnell genug auszuspähen hat, kann und muss man immer segelnd erreichen, und es sollte der Ehrgeiz des kleinen Seglers sein, dies sowohl ohne erhebliche Fahrt voraus, als auch mit der berechnenden Vorsicht, die weder die benachbarten Boote oder Yachten bemüht, noch sie gar belästigt, auszuführen. Vorn und achtern müssen die Festmacheleinen klar liegen, die Fender bereit sein, und das ganze Manöver, die Yacht zu vertäuen, sollte in längstens 5 Sekunden geschehen; bei einer gut aufeinander eingearbeiteten Mannschaft aber wird das alles vonstatten gehen, ohne dass mehr als 5 leise Worte dabei gewechselt werden.

Im einzelnen können die Verhältnisse sehr mannigfaltig liegen, die wichtigsten, möglichen Fälle, und wie man ihnen segelnd gerecht wird, sollen kurz skizziert werden.

1. Wenn man vor dem Winde in einen kleinen Hafen einläuft, so wird man, sobald man innerhalb der Hafenmolen ist, schnell das Grosssegel wegnehmen. Die Vorbereitungen sind vorher getroffen: die Luv-Dirk wird festgesetzt, die Piek soweit gefiert, dass die Grossschot sich leicht dicht holt, trotz der Vor-dem-Windlage. Der Steuernde nimmt schnell einen Zeising um Gaffel, Grossbaum und das weggefierte Grosssegel und hat acht zu geben, dass ihm das an Deck liegende Segel nach keiner Seite die Aussicht sperrt. Die Vorsegelfläche verkleinert man allmählich, so dass man ohne Fahrt an das Bollwerk gelangt, wenn der Wind darauf zusteht.

Liegt das Bollwerk, an das man zu gehen wünscht, in Luv, so wird man das Grosssegel nicht gleich ganz wegnehmen, sondern noch soviel stehen lassen, dass man gut anluven kann und es mehr und mehr verkleinern, je näher man dem Liegeplatze kommt. Das Vorsegel ist vorher ganz wegzunehmen.

Beim Einsegeln in einen Hafen bei der Am-Windstellung der Segel birgt man, wenn das anzusegelnde Bollwerk in Luv liegt, zeitig das Vorsegel und verkleinert das Grosssegel entsprechend der Fahrt des Schiffes; liegt das Bollwerk in Lee, so lässt man das verkleinerte Grosssegel so lange stehen, bis man hoch genug ist, um nach seiner Wegnahme nur mit dem Vorsegel, das allmählich verkleinert wird, den Liegeplatz zu erreichen.

Die Verhältnisse, wie sie sich für halben Wind und die Zwischenlagen ergeben, folgen ohne weiteres.

Wenn man erst Enden ausfahren muss, den Anker gar, sich verholen etc., dann ist dies ein sicheres Zeichen, dass das Manöver falsch oder gänzlich verunglückt ist.

Vor allen Dingen aber versuche man niemals, ein Bollwerk oder einen Dalben wie eine Boje behandeln zu wollen und mit stehenden Segeln gegen den Wind daran zu wollen, in kleinen Häfen wird der Bogen nie gelingen, auch wenn man die entlegensten Ecken ausfährt, ein einzelner Windstoss, der hinter Häusern oder Bäumen hervorkommt, vereitelt alle Berechnungen, und man darf zufrieden sein, wenn man dann nur seinen Klüverbaum einbüsst. Ausserdem ist es auch gar nicht seemännisch.

Mit Strom hat man in solchen kleinen Häfen niemals zu rechnen, nur in den grösseren mit ausgedehnten Hinterwässern. Ob der Strom ein- oder ausgehend ist, auch seine Stärke, kann man aus den Signalen bei den Hafenämtern oder Lotsenhäusern ersehen, nur in den seltensten Fällen wird er die Anlegemanöver beeinflussen.

Die Art der Ausführung des Aussegelns aus einem Hafen ist durchaus den oben angedeuteten Prinzipien entsprechend vorzunehmen. Wo man auch immer vertäut sein mag, zwischen einem Dutzend Yachten am Bollwerk eng gedrängt, in Luv oder in Lee der schmalen Hafenausfahrt, niemals macht man langwierige Verholmanöver, ankert vielleicht erst mitten im kleinen Hafen und versperrt jedem anderen, der hinaus oder hinein will, den Weg, nur um in Ruhe sämtliche Segel vorheissen zu können.

Man bereitet vielmehr alle Einzelheiten vorher vor; man schlägt die Fallen an, setzt das Vorsegel aufgetucht oder doch klar zum schnellen Vorheissen, löst Zeisinge und sorgt dafür, dass vorn und achtern die Festmacheleinen klar zum Slippen sind.

Kann man raumschots oder mit achterlichem Wind seinen Liegeplatz verlassen, so braucht man nicht einmal einen Bootshaken klar zu machen, sondern geht vor dem Vorsegel weg, um das Grosssegel sofort aufzuholen, wenn man soweit klar ist, dass die auswehende Gaffel von den Masten und Stagen anderer Boote frei ist. Den Grossbaum kann man ja beliebig lange mittschiffs behalten. Sobald man freies Wasser hat, streckt man die Fallen nach und sorgt für exakte Segelstellung. Muss man seinen Platz am Bollwerk voraus gegen den Wind verlassen, so kann man meist das Grosssegel vorher aufholen, mit dem Haken setzt man sich achtern und seitlich ab und holt das Vorsegel auf, sobald man abfallen kann. Liegt man derart am Bollwerk, dass man, nur nach der einen Seite hin Raum zum Absegeln hat, voraus und achtern aber andere Boote liegen, so sind zwei Fälle zu unterscheiden. Weht der Wind seitlich vom Bollwerk her, so holt man zuerst das Vorsegel auf, wirft die vordere Festmacheleine los und bleibt achtern noch so lange fest, bis man soweit abgefallen ist, dass voraus freies Wasser ist, slipt dann das Achterende und holt sofort und schnell Grosssegel hoch. Steht der Wind auf das Bollwerk zu, so muss man mit dem Haken die Nase gegen den Wind drücken, schnell Grosssegel vorheissen und gleichzeitig achtern das Boot kräftig absetzen. Meist wird man genug Fahrt bekommen und mindestens auf dem einen Bug relativ freieres Wasser als auf dem anderen haben, so dass man segeln kann. Ist der Wind jedoch sehr stark und das Boot zu schwer, um ihm durch kräftiges Absetzen Fahrt zu geben, dann tritt der seltene und besondere Fall ein, es erst nach Luv verholen zu müssen. Dann muss es aber als Regel gelten, alle dazu notwendigen Massnahmen so einfach wie irgend möglich zu treffen, ein irgendwo in Luv liegendes Schiff zum Slippen eines mit dem Beiboot dahin gebrachten Endes benutzen, einen nahen Dalben auch und immer die Segel klar zum schnellen Vorheissen haben, sie eventuell immer mitbenutzen.

Jedes Manöver gewinnt an Eleganz durch Einfachheit, Schnelligkeit und Sicherheit der Ausführung.

Die sehr wichtigen Manöver, die bei Grundberührungen notwendig werden, auch soweit die „Mann über Bord"-Manöver in Betracht kommen, sind im ersten Teil ausführlich besprochen worden. Sie sind in ihrer Ausführung auch auf See nicht anders, doch ist in beiden Fällen bei viel Wind und starkem Seegang die Gefahr grösser als auf Binnengewässern, was wohl zu beachten ist.

VI. Die Navigation kleiner Yachten auf See.

Die Fähigkeit der Handhabung des Sportgerätes unter den besonderen durch die Eigentümlichkeiten der See bedingten Verhältnissen, das Steuern unter den Einflüssen der Wellenbewegung, die Segelmanöver, die oft andersartig sind als auf Binnengewässern, und Fertigkeit und Fixigkeit in allen Dingen der Seemannschaft bedingen, das alles macht, zusammengenommen, noch nicht den ganzen Inhalt der Kunst des Segelns auf See aus. Es muss vielmehr noch eine Fülle von Kenntnissen erworben werden, die in der Kunst der Wegfindung auf See, der Navigation, bestehen, und von der auch der kleinste Segler, der den Zug ins Weite hat, eine nicht geringe Menge verstehen muss, wenn ihm seine Ziele sicher sein sollen.

Unter Navigation oder Steuermannskunde versteht man die Wissenschaft, die notwendig ist, um das Schiff von Hafen zu Hafen über See zu führen und unterwegs den Ort des Schiffes auf der Erdoberfläche stets genau zu kennen.

Wollte man aus dem grossen Gebiet der Navigation das Wissenswerte für den Yachtsegler aussondern, so könnte man einerseits die notwendigen, anderseits die nützlichen Kenntnisse herausheben. Notwendig ist nur sehr wenig, nützlich kann ihm sehr viel, nahezu alles sein.

Der Segler auf See, der Tourensegler in erster Linie, rechnet zu den Bestandteilen seines Sports nicht nur die Kunst, sein Boot segeln und unter allen Verhältnissen handhaben zu können, er vermag vielmehr auch der Navigation eine ausgeprägte sportliche Seite abzugewinnen, und wenn er sich mit ihren Methoden und Mitteln in sehr viel weiterem Masse beschäftigt, als es gerade die Forderungen des Augenblicks, die Not der Stunde mit sich bringt, dann geschieht es einzig und allein aus dieser sportlichen Auffassung heraus.

Der aus dem Seemannsberuf hervorgegangene examinierte Schiffer, in dessen Händen die Führung der grossen Yacht liegt, empfindet selbstverständlich kein sportliches Vergnügen mehr an navigatorischer Betätigung, er nimmt aus solchen Gründen weder eine Peilung vor, noch irgendwelche anderen Ortsbestimmungen, und wenn er es einmal für notwendig erachten sollte, das Patentlog abzulesen, dann geschieht's wohl nur, weil die Sehnsucht nach dem Hafen nicht schnell genug gestillt wird. Er segelt seine Kurse ab mit dem ganzen Interesse des bezahlten Mannes, und wenn er in einen Hafen einläuft, dann schützt ihn langjährige Ortskenntnis und tausendfältige Erfahrung vor unliebsamen Zufällen. Ganz anders der Segler im kleinen Boot: die Liebe zur Sache, die Begeisterung für seinen Sport findet ein ausgesuchtes Vergnügen in navigatorischer Betätigung, und er verknüpft sie mit dem Inhalt seines Sports in einer sehr vielseitigen und interessierten Weise, die die Frage nach ihrer Notwendigkeit in jedem Augenblick überhaupt nicht zu erheben gestattet. Der Seemann von Beruf, der Segler auf der grossen Yacht, wenn sie mit lächelnder Ueberlegenheit Kritik an ausgiebiger navigatorischer Betätigung üben, verkennen ihren sportlichen Charakter und den sportlichen Geist, der solchem Tun innewohnt.

Sowohl auf den Küstengewässern als auch auf der ganzen westlichen Ostsee kommen ganz allgemein nur die Methoden der terrestrischen Navigation zur Anwendung, d. h. desjenigen Teils der Navigation, die in Sicht von Land und nach Landobjektion dem Segler Ort und Weg zu finden gestattet. Der Umfang des vorliegenden Buches gebietet es, auch diesen Teil der Navigation nur soweit nach Methoden und Hilfsmitteln zu behandeln, als sie dem Segler in der kleinen Yacht gerade notwendig sind.

Die Hilfsmittel kleiner Yachten.

Die Hilfsmittel, die der Berufsschiffer zur Ausübung seiner Navigation gebraucht, sind nicht ohne weiteres auch für eine Segelyacht anwendbar. Die meisten sind in ihrer Handhabung zu umständlich und schwerfällig und erfordern zur Bedienung oft mehr Hände, als auf dem kleinen Boot überhaupt vorhanden sind. Die Seekarten und vielleicht auch die Segelhandbücher wird man freilich nicht entbehren können, aber für manchen anderen grösseren Apparat bieten weder der beschränkte Raum noch die besonderen Verhältnisse auf einer kleinen Yacht irgendeine Verwendungsmöglichkeit. Die eigenen Bedingungen, die der kleine Segler an seine zu navigatorischen Messzwecken dienenden Hilfsmittel stellt, sind etwa folgendermassen zu präzisieren: sie sollen in ihren Dimensionen so klein wie möglich sein, um den engen Raum nicht noch weiter zu beschränken, sie sollen so einfach wie möglich und unbedingt nur von einem einzelnen zu bedienen sein, und zuletzt, sie sollen ebenso schnelle wie relativ exakte und sichere Messungen liefern. Da die Notwendigkeit von Beobachtungen und Messungen navigatorischer Art immer erst dann eintritt, wenn man in neues, unbekanntes Wasser gelangt, so müssen sie gerade in dieser Beziehung die Ansprüche des Seglers erfüllen und ihm gestatten, sich auf diesem gänzlich fremden und zum ersten Male befahrenen Revier schnell, einfach, leicht und mit grösster Zuverlässigkeit und Genauigkeit zurechtzufinden. Gerade der Sport- und Tourensegler kommt in immer neue Welten; kennt er ein Revier, dann ist es ihm bald genug langweilig und er sehnt sich nach neuen Entdeckungen, ja, es ist geradezu ein ausgesprochener Ehrgeiz des Tourenseglers, allenthalben „gewesen" zu sein, alle erreichbaren Wasser zu kennen. Das unterscheidet den Segler auf der kleinen Yacht in seiner Navigation und ihren Hilfsmitteln in sehr bemerkenswerter Weise von dem Berufsschiffer. Dieser fährt nur auf bekanntem Revier und braucht nichts weiter als sich zu „erinnern". Er fährt jahrzehntelang von dem Ausgangspunkt seiner Route bis zu ihrem Endpunkt und wieder zurück und kennt diese seine Welt natürlich, wie bei uns der Lenker eines Strassenbahnwagens seinen vorgeschriebenen Weg. Der Dampferkapitän, der von Kopenhagen nach irgendeinem Hafenort der deutschen Küste fährt, hat es seit dreissig Jahren alle zwei Nächte erlebt, dass Gjedser-Feuerschiff zweimal, Gjedser Land zum Unterschied davon dreimal blinkt. Wenn der Yachtsegler hier zum ersten Male hinkommt, bedient er sich der Sekundenuhr, der gewissenhafte selbst der Stoppuhr, und macht die Charakteristik der beiden Feuer, die Kennung, mit grosser Exaktheit nach Dauer der Blinke und Pausen, nach Folge und Wiederkehr aus; schnell und sicher zugleich! Ebensowenig auch wird sich der kleine, weite Ziele suchende Segler dem Fischer vergleichen dürfen. Von diesen kommt keiner jemals in das Revier des andern, und wenn sie, sozusagen zwischen ihren vier Dalben, alle Kurse auswendig kennen, so ist das doch nicht sehr viel erstaunlicher, als wenn unsereiner seinen Weg ins Bureau oder Geschäft findet, auch ohne alle Morgen die Strassennamen wieder zu lesen.

Zum kurzen Nachdenken aber dürfte es auch den Yachtsegler anregen, wenn er erfährt, dass auch unsere kleinen Fischer ihre Karten und Kompass und noch einiges Navigationsmaterial an Bord haben. —

Die Seekarten.

Sie sind die Grundlage für alle Wegfindung auf See und werden auf Grund fortgesetzter amtlicher Vermessungen vom Reichs-Marineamt herausgegeben (käuflich in Kommission bei Georg Reimer [Ernst Vohsen], Berlin SW, Wilhelmstr. 29). Vorausgesetzt, dass sie neu sind, stellen sie ein ausserordentlich zuverlässiges und in allen Einzelheiten richtiges Material dar, das beste, was sich der Segler wünschen kann, und es ist lediglich notwendig, dass er ihre Benutzung erlernt und es vor allen Dingen versteht, auch die vielen verborgenen Schätze aus ihnen herauszuholen.

Man kann die Karten nach dem Massstab ihrer Herstellung unterscheiden. Uebersichtskarten sind in dem Grössenverhältnis von 1:300000 und kleiner gehalten. Nach ihnen kann man nicht segeln, sie dienen vielmehr zur Orientierung über ein grösseres Revier und können vorerst zur Ermittlung der Ziele dienen, die im Bereich der seglerischen Möglichkeiten liegen. Karte No. 69, Ostsee, westlicher Teil mit Sund und Belten im Massstab 1:300000, umfasst das Revier kleiner Yachten annähernd. Zum Segeln kann man, wenn es sich darum handelt, seinen Weg in der Nähe von Land zu finden, erst Karten, die im Massstab 1:100000 hergestellt sind, benutzen, und wenn es sich nicht um ein allzu schwieriges Revier handelt, bei dem Verhältnis 1:150000. Für engere Fahrwasser bedient man sich soweit als irgend möglich der Spezialkarten oder Küstenkarten, die in grösserem Massstab bis 1:12500 hergestellt werden. Die Pläne von Häfen, Reeden und Ankerplätzen sind den betreffenden Küstenkarten meist in sehr viel grösserem Massstab als Nebenkarten beigefügt.

Es ist zunächst aus dem Titel festzustellen, ob die Tiefenangaben in Metern oder Fuss gegeben sind; unsere deutschen sind alle in Metern gehalten und auch die neueren dänischen Seekarten enthalten die Tiefenangaben nach Metern; weiter ist festzustellen, für welches Jahr die Missweisung eingetragen ist, ein Mittel, das Alter der Karte und ihre Brauchbarkeit leicht zu entscheiden. Aus dem Datum des Abgabe der Fahrwasser usw. berichtigt worden sind.
stempels kann nur geschlossen werden, wieweit spätere Aenderungen

Allen Seekarten liegt die „Mercator-Projektion" zugrunde, wodurch ermöglicht wird, dass die gesteuerten Kurse in der Karte durch gerade Linien dargestellt werden. Der zugrunde liegende Massstab ist die Seemeile, gleich einer Breitenminute, dem sechzigsten Teil eines Grades, eines grössten Kreises der Erdkugel, also auch des Meridians. Die Rechnung ergibt ihre Länge zu 1852 m. Das Wesen der Mercatorprojektion bedingt, dass die relative Grösse einer Seemeile in der Karte vom Aequator nach den Polen zu wächst, und dass man mithin die zwischen zwei Punkten versegelte Distanz, wenn man ihre Länge nach Seemeilen ermitteln will, zum Ausmessen möglichst in derselben Breite, in der die Versegelung stattgefunden hat, am linken oder rechten Kartenrande abgreift.

Was zunächst den Teil der Karte anbetrifft, der das Wasser darstellt, so findet man die Tiefenangaben ergänzt durch punktierte oder gestrichelte Linien, welche Orte gleicher Tiefe miteinander verbinden und mithin die Tiefengrenzen darstellen. Die 6 m-Grenze ist auf den deutschen Seekarten dadurch besonders leicht kenntlich, dass alle geringeren Tiefen fein grau schaffiert sind; in vielen dänischen Seekarten ist sie blau abgesetzt. —

Ferner ist die Beschaffenheit des Grundes an der betreffenden Stelle abgekürzt eingetragen (Sd = Sand, Sp = Sprenkel, T = Ton usw.).

Ankerplätze werden durch einen Anker, Steine durch kleine Kreuze an der betreffenden Stelle bildlich dargestellt. Die künstlichen Hilfsmittel der Schiffahrt, die Seezeichen, schwimmende und feste, Baken, Feuerschiffe, Leucht-, Heul- und Glockentonnen sind ebenfalls in einem ihrer äusseren Erscheinung ähnlichen Bilde eingetragen und die Färbung dieser Seezeichen durch einen oder zwei Buchstaben abgekürzt daneben gesetzt (w. = weiss, r. = rot, s. = schwarz, gr. = grau, gn. = grün).

Was die Küste und das Hinterland anbetrifft, so enthalten die Seekarten davon sinngemäss nur das, was man von See aus sieht und was dem Seefahrer zum Zweck der Orientierung dienen kann. Man erkennt daraus die Form der Küste, ob steil abfallend, ob flach verlaufender Strand, ob bewaldet und welcher Art der Wald ist, ob Wiesen, Gebüsch usw. sie einsäumen. Vor allen Dingen sind alle besonders markanten Dinge, wie Berge, Schornsteine, Leuchttürme, Kirchen, Windmühlen, einzelne Häuser, Gehöfte usw. hervorgehoben und oft bildlich daneben gesetzt. Die Leuchtfeuer sind in den ihnen charakteristischen Farben und Kennungen eingetragen und alle ihre komplizierten Einzelheiten für den Kundigen schon aus den Kartenangaben zu ersehen.

Auf einem sonst ungenutzten Teil der Karte findet man Vertonungen, das sind Küstenansichten, wie sie sich dem Auge von einem genau bestimmten Punkte aus darstellen, um dem Segler die Möglichkeit der Orientierunng zu erleichtern und das Auffinden bestimmter An- oder Einsegelungsmarken für Häfen usw. zu gestatten. Ebendenselben und ähnlichen Zwecken dienen eingetragene Peilungslinien; sie verbinden meist zwei am Lande befindliche, hervorstehende Gegenstände miteinander, dienen meist zur Ortsbestimmung und enthalten nähere Angaben über ihre Bedeutung.

Die Aufbewahrung der Karten kann auf einer kleinen Yacht zum Zweck der Raumersparnis nur in gerolltem Zustand in einer aus Zinkblech gefertigten Büchse geschehen. Die Masse einer solchen sind: Länge 85 cm, Durchmesser 12 cm. Sie reicht auch für die grössten Formate aus. Eine Karte zum Zwecke bequemer Aufbewahrung zerschneiden zu wollen ist nicht empfehlenswert; beim Absetzen der Kurse muss man die einzelnen Teile erst wieder zusammensetzen, und wenn man allmählich einen grossen Vorrat an Karten bekommt, ist die Uebersicht sehr erschwert.

Die Bezeichnung der Fahrwasser und Untiefen.

Zum schnelleren Verständnis derjenigen Einzelheiten der Seekarten, die die Betonnung der Fahrwasser betreffen, ist es notwendig, sich die Regeln und Methoden, nach denen ihre Verwendung erfolgt, zu eigen zu machen. Auf Grund ihrer Kenntnis ist man in der Lage, aus Form und Farbe des betreffenden Seezeichens seine Bedeutung zu erkennen.

In den deutschen Gewässern geschieht die Bezeichnung der Fahrwasser nach folgendem einheitlichen System:

Die Steuerbordseite eines Fahrwassers wird durch rote Spierentonnen, d. h. Tonnen, die über Wasser die Form einer Spiere haben, bezeichnet; die Gestalt des unter Wasser befindlichen Schwimmkörpers, in dem die Spieren festgemacht sind, kommt nicht in Betracht.

Die Backbordseite eines Fahrwassers wird durch schwarze, spitze Tonnen, das sind Tonnnen, die über Wasser kegelförmige Gestalt haben, bezeichnet.

Als Steuerbordseite eines Fahrwassers gilt diejenige Seite, die ein aus See einlaufendes Fahrzeug an Steuerbord zu lassen hat.

Wenn diese Seezeichen fortlaufend ein Fahrwasser bezeichnen, so tragen die aufeinanderfolgenden roten Spierentonnen Buchstaben, die schwarzen spitzen Tonnnen arabische Zahlen. Fahrwasser von grösserer Länge werden in mehrere Teilstrecken, jede mit neuer Buchstaben- resp. Zahlenreihe, geteilt.

Um die Eingänge zu Fahrwassern von See aus leicht kenntlich zu machen, benutzt man als sogen. Ansteuerungstonnen grössere Tonnen mit gerüstartigem Aufbau, sogen. Bakentonnen, Leucht-, Heul- oder auch Glockentonnen. Sie liegen so, dass sie sich den Fahrwassertonnen in grösserem Abstande anschliessen und tragen, wenn sie beiderseitig passiert werden können, einen rot-schwarz senkrecht gestreiften Anstrich. Sind sie nur rot, so bleiben sie sinngemäss an Steuerbord, sind sie nur schwarz, an Backbord des einlaufenden Schiffes.

In den Küstengewässern wird bei geringer Tiefe des Fahrwassers die Backbordseite eines Fahrwassers durch in den Grund gesteckte Pricken, das sind junge, mit Aesten versehene Bäume oder Baumzweige, die Steuerbordseite durch einfache rote, in den Grund gesteckte Stangen bezeichnet.

Um die ausserhalb der Fahrwasser liegenden Untiefen zu bezeichnen, dienen weisse Spierentonnen, Bakentonnen oder Baken, die sich entweder auf der Untiefe selbst befinden, und dann tragen sie als Topzeichen eine Trommel (Zylinder von gleicher Höhe und gleichem Durchmesser), oder aber sie sind an den Rändern der Untiefe, nördlich, südlich, westlich oder östlich davon ausgelegt. Dann tragen sie als Topzeichen zwei übereinander angebrachte gleichseitige Dreiecke, aus deren Stellung zueinander die Richtung, in der sie zur Untiefe liegen, zu erkennen ist.

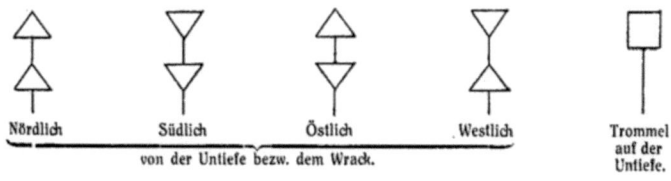

Abb. 47.

Nördlich von der Untiefe zwei Dreiecke mit der Spitze nach oben (wie Norden in der Karte), südlich von derselben sind die beiden Dreiecke mit der Spitze nach unten (entsprechend Süden in der Karte), östlich von der Untiefe sind die beiden Dreiecke einander so zugewandt, dass sie ein O (Osten) zu lesen gestatten (die Spitzen auseinander), westlich von der Untiefe sind die beiden Dreiecke umgekehrt zueinander angeordnet wie bei Osten, also die Spitzen einander zugekehrt.

Die dänischen Gewässer sind nach einem anderen einheitlichen. System betonnt. Es werden Haupt- und Nebenfahrwasser unterschieden, und für eine kleine Yacht ist gerade die Kenntnis der Bezeichnung der vielgeteilten Nebenfahrwasser von Wichtigkeit.

1. Hauptfahrwasser:

An der Steuerbordseite des Fahrwassers liegen spitze rote Tonnen; sie tragen meist auf einer roten Stange ein, zwei oder drei mit dem breiten Ende aufwärts gerichtete Besen als Topzeichen.

An der Backbordseite liegen stumpfe, weisse Tonnen; sie tragen meist auf weisser Stange ein, zwei oder drei mit dem breiten Ende abwärts gerichtete Besen.

Als Ansteuerungstonnen, sowie zur Bezeichnung von Mittelgründen und Gabelungspunkten der Fahrwasser werden spitze, rot und weiss wagerecht gestreifte Tonnen benutzt. Sie tragen vielfach als Topzeichen einen rot und weiss wagerecht gestreiften Ballon auf rot und weiss wagerecht gestreifter Stange.

2. Die Nebenfahrwasser:

An der Steuerbordseite liegen rote Stangen ohne oder mit einem oder zwei aufwärts gerichteten Besen als Topzeichen.

An der Backbordseite liegen weisse Stangen ohne oder mit einem oder zwei wagerechten Strohwischen.

Mittelgründe oder Gabelungspunkte zweier Fahrwasser werden durch rot und weiss wagerecht gestreifte Stangen bezeichnet, die als Topzeichen einen aufwärts gerichteten Besen über einem wagerecht angebrachten Strohwisch tragen.

Als Ansteuerungsmarken dienen rot und weiss wagerecht gestreifte Stangen mit ebenso gestreiftem Ballon als Topzeichen.

Die Segelhandbücher,

die ebenfalls vom Reichsmarineamt herausgegeben werden, stellen eine ausführliche Beschreibung und eine Ergänzung der Seekarten dar. Der Yachtsegler kann aus ihnen z. B. alle Einzelheiten erfahren, die einen Hafen und seine Ansegelung betreffen, die Betonnung der etwa dahin führenden Baggerrinnen, ihre genaue Breite, Tiefe und Länge und eine Menge anderer Dinge; aber da diese Bücher in erster Linie für grosse Schiffe bestimmt sind, enthalten sie zu einem grossen Teil Dinge, die für ihn wertlos sind.

In Betracht kommen für das Segelrevier kleiner Yachten die beiden Handbücher: Ostsee, südl. Teil, 1911, und Ostsee, Segelhandbuch, II. Abteilung, das Kattegat und die Zugänge zur Ostsee (Sund und Belten). Immerhin können sie beim Studium der betreffenden Seekarten und bei der Ausarbeitung der beabsichtigten Reisen wertvolle Dienste leisten. Neueste Veränderungen in bezug auf die Betonnung eines Fahrwassers, beobachtete Wracks, Aenderung von Leuchtfeuern usw. findet man in den „Nachrichten für Seefahrer", die allwöchentlich als kurze amtliche Berichte erscheinen. Sind solche Aenderungen dauernd und wichtig, so macht sie der Deutsche Kreuzer-Yacht-Verband in der Zeitschrift „Die Yacht" bekannt. In jedem Hafenorte befindet sich ausserdem beim Lotsenamt eine Aushangstelle für die zurzeit wichtigsten Aenderungen usw.

Der Kompass.

Die Seekarten sind in allen ihren wertvollen Einzelheiten nur voll auszunützen in Verbindung mit einem Kompass, der zwar für eine kleine Yacht nur klein sein darf, aber trotzdem in bezug auf viele seiner wichtigen Eigenschaften den grossen durchaus nicht nachzustehen braucht. —

Man unterscheidet

Trockenkompasse und Fluidkompasse.

Bei den Trockenkompassen ist das Prinzip durchgeführt, durch möglichst geringes Gewicht der Magnete und der mit diesen fest ver-

Abb. 48. Kompassrose.

bundenen Rose die Reibungswiderstände zwischen Hütchen und Pinne klein zu gestalten und dadurch eine grosse Empfindlichkeit zu erreichen.

Bei den Fluidkompassen ist die mit einem Hohlkörper verbundene Rose in dem mit einer Flüssigkeit gefüllten Kompasskessel schwimmend angeordnet. Die Reibung in der Aufhängung wird durch den Auftrieb in der Flüssigkeit weitmöglichst herabgemindert.

Durch diese Anordnung kann einerseits das magnetische Moment sehr viel grösser sein als bei Trockenkompassen, andererseits wird auch durch den Widerstand, den die Flüssigkeit schnellen und unruhigen Bewegungen entgegensetzt, eine grosse Ruhe der Rose und eine gewisse Stetigkeit ihrer Bewegungen garantiert; gerade dies ist ein Vorzug der den kleinen Fluidkompass für kleine Yachten besonders geeignet macht. In starkem Seegang kommt der Trockenkompass niemals zur Ruhe, der Fluidkompass empfindet ihn gar nicht. —

Da man Fluidkompasse, deren kleinste Formen einen Rosen-Durchmesser von 7,5—10 cm haben, heute aus ersten Fabriken nautischer Instrumente schon zu Preisen von 50 M. an bekommt, so mögen sie dem Segler im kleinen Boot empfohlen sein.

Der wichtigste Teil des Kompasses ist die Rose und ihre Teilung. Da der Segler nur nach Strichen steuert, nicht nach Graden, wie das heute auf grossen Dampfern sich allmählich einführt, nautische Berechnungen aber nicht macht, so bedarf die Rose nur einer Teilung nach Strichen. Diese Teilung muss jedoch so ausgeführt sein, dass die Bezeichnung der vier Haupt- und vier Zwischenstriche N, O, S, W, NO, SO, SW, NW noch aus grösserer Entfernung mit dem Auge gut erkennbar ist; alle anderen dazwischenliegenden ganzen Striche sollen bei einer Augenentfernung von mindestens 2 m noch zu unterscheiden sein, eine Bezeichnung ihrer Benennung sollten sie keinesfalls tragen, da dadurch nur die Uebersichtlichkeit der Rose und ihrer Teilung gestört wird. Wenn die Teilung der Rose bis auf $1/4$ Striche durchgeführt ist, so genügt das vollkommen, sie brauchen dem Auge aus der Entfernung nicht mehr erkennbar zu sein, denn auf einer beweglichen kleinen Yacht beim Steuern dauernd eine grössere Genauigkeit anstreben zu wollen als etwa auf $1/2$ Strich, wäre doch eine Verkennung anderer Fehlerquellen von sehr viel grösserem Einfluss. (Vergl. Abb. 48.)

Die richtige Benennung der Kompassstriche ist die Voraussetzung für den Gebrauch. Man geht dabei aus von den acht Hauptstrichen und erhält die Zwischenstriche durch Halbierung der Intervalle als: NNO, ONO, OSO, SSO, SSW, WSW, WNW, NNW.

Ihre Benennung erfolgt also einfach durch Zusammensetzung der beiden benachbarten Hauptstriche. Durch weitere Halbierung der 16 Intervalle erhält man die Teilung in Einzelstriche und benennt sie unter Zugrundelegung des nächstliegenden Hauptstrichs, und zwar fügt man diesem diejenige Richtung hinzu, in der der betreffende Teilstrich von diesem Hauptstrich aus liegt. NzW ist derjenige Strich, der zwischen

N und NNW liegt; er ist dem Hauptstrich N benachbart und westlich von diesem zu suchen.

NWzN ist derjenige Strich, der zwischen NW und NNW liegt. Der nächste Hauptstrich ist NW und nördlich von diesem befindet sich der betreffende Einzelstrich. (Vergl. die folgende Abbildung.)

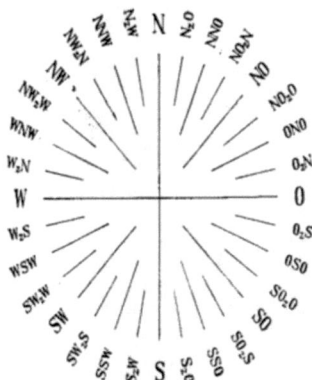

Abb. 49. Die Bezeichnung der Kompassstriche.

Aufstellung des Kompasses und seine Beleuchtung.

Die Wahl des Ortes, wo man auf kleiner Yacht einen Kompass aufstellen kann, hat keine besonderen Schwierigkeiten. Es ist notwendig, dass der Steuernde ihn dauernd sehen kann, und zwar ohne seinen Platz in Luv der Pinne verlassen zu müssen; es bleibt also nur der Cockpitfussboden.

Man befestigt ihn zweckmässig auf der Gräting, die gut und unverrückbar angepasst sein muss, derart, dass er leicht abnehmbar ist, wenn man vor Anker liegt oder wenn man ihn in bekanntem Revier zum Steuern nicht gebraucht. Man gewinnt dadurch auf kleiner Yacht erheblich an Raum und der dann anderweitig verstaute Kompass ist vor Beschädigungen, die er an so exponierter Stelle leicht erleiden kann, geschützt. Es ist jedoch wichtig, dafür zu sorgen, dass er bei der Aufstellung stets an denselben festen Ort kommt. Dieser ist so zu wählen, dass die beiden Steuerstriche, die im Kompasskessel vertikal und einander gegenüber angebracht sind, genau in die Mittellinie des Schiffes fallen, was durch geeignete Ausmessungen leicht zu erreichen ist. Die Nähe eiserner Werkzeuge, einer eisernen Pinne etc. sind zu vermeiden.

Um einerseits einen Kompass möglichst zu schützen vor mechanischen Einwirkungen, anderseits aber, um ihn dauernd und gut beleuchten zu können, empfiehlt es sich, ihn kardanisch in einem Kompasshaus dem sog. Nachthaus, aufzuhängen.

Abb. 50.

Der Fluidkompass ist, so aufbewahrt, auch vor der Einwirkung der starken Sonnenbestrahlung geschützt. Die Beleuchtung von einer Seite aus genügt vollkommen und wird am besten von einer kleinen Laterne, die einen Specksteinbrenner hat und als Brennmaterial nicht russendes Brennöl, genau wie Fahrradlaternen, benutzt, aber kein Petroleum. Die Luftzuführung muss regulierbar sein. Nachthäuser auch für die kleinsten Modelle sind aus Messing gefertigt in allen grösseren Fabriken nautischer Instrumente käuflich. —

Missweisung, Kurs, Deviation.

Die Kompassrose stellt sich, wenn irgendwelche anderen Einflüsse als die des Erdmagnetismus nicht auf sie einwirken, bekanntlich nicht genau in die geographische Nord-Südrichtung ein, sondern weicht um einen geringen Betrag nach Westen oder Osten, je nach dem Ort auf der Erdoberfläche, davon ab. Für die Ostsee beträgt diese als „Missweisung" (Mw.) bezeichnete Ablenkung der Nadel aus dem Nord-Süd-Meridian ca. 10° West. Sie nimmt im Laufe der Zeit ab. Da der Segler auf kleiner Yacht die geographischen „rechtweisenden" Himmelsrichtungen nicht braucht, weil er niemals seinen Schiffsort nach Länge und Breite aus den gesegelten Distanzen errechnet, ihn vielmehr einzig und allein aus der Karte konstruiert, so kommen für ihn nur „missweisende" Richtungen in Betracht und alle seine Kurse, Peilungen etc. reduziert er nur auf die missweisende Lage der Kompassrose, wie sie die betreffende Seekarte enthält.

Unter missweisendem Kurs eines Bootes versteht man den Winkel, den die Kielrichtung mit der magnetischen Nord-Südrichtung bildet, unter Kompasskurs versteht man den Winkel, den die Kielrichtung mit der Nord-Südrichtung des Kompasses bildet.

Mit der relativen Lage der auf der Seekarte eingezeichneten Kompassrose wird die Rose des an Bord aufgestellten Kompasses dann genau übereinstimmen, wenn irgendwelche anderen Kräfte magnetischer Natur sie nicht aus dieser Lage ablenken; oder umgekehrt: wenn die Rose des an Bord benutzten Kompasses nicht genau dieselbe relative Lage hat, wie die in der Seekarte eingezeichnete missweisende Rose, dann haben irgendwelche Kräfte magnetischer Art sie aus dieser Lage abgelenkt. Der Kompass zeigt eine Abweichung aus seiner mw. Lage, er hat, seemännisch ausgedrückt, „Deviation". Die „Deviation" eines Kompasses kann man mithin definieren als den Winkel, den die abgelenkte Nord-Südrichtung (die Kompass-Nord-Südrichtung) mit der missweisenden Nord-Südrichtung bildet.

Die Ursache solcher Ablenkung liegt bekanntlich darin, dass die an Bord befindlichen grösseren Eisenmassen (ein eiserner Kiel, eiserne Spanten, Motor etc.) unter dem Einfluss des Erdmagnetismus selbst zu Magneten werden und daher anziehend oder abstossend auf die Kompassmagnete wirken. Da weiter bei einer Drehung des Schiffes die mit diesem fest verbundenen Eisenteile in eine andere relative Lage zu den Kompassmagneten kommen und in dieser neuen Lage selber von dem Erdmagnetismus in anderer Weise beeinflusst werden, so wird ihre drehende Wirkung auf die Kompassrose sehr verschieden ausfallen müssen, einerseits in bezug auf die Grösse der Ablenkung, andererseits aber auch in bezug auf die Richtung der Ablenkung.

Ist die Ablenkung der Rose aus ihrer missweisenden Lage im Sinne der Uhrzeigerbewegung also rechts oder nach Osten herum erfolgt, so bezeichnet man die Richtung der Ablenkung als + Deviation oder Ost-Deviation, ist sie dagegen dem Sinne der Uhrzeigerbewegung entgegengesetzt, links oder nach Westen herum erfolgt, so bezeichnet man ihre Richtung als — Deviation oder Westdeviation.

Man findet Grösse und Richtung der Deviation durch Vergleich der gesteuerten oder gepeilten Richtungen mit den aus der Karte entnommenen missweisenden Richtungen in folgender Weise: Man peilt einen Leuchtturm NNO; die missweisende Richtung ist NzO; die Kompassrose muss also um 1 Strich links herum, nach Westen herum, gedreht oder abgelenkt sein, wenn sich ihr NNO-Strich mit der missweisenden Richtung NzO deckt. Die Deviation ist also 1 Strich West.

Um die Richtung einer gefundenen Deviation nach West (—) oder Ost (+) zu bestimmen, gilt die Regel:

Wenn man sich in den Mittelpunkt der Rose denkt, das Auge der Peilungsrichtung zugewandt, so ist die ermittelte Deviation:

westlich (—), wenn die missweisende Peilung links von der Kompasspeilung liegt, sie ist

östlich (+), wenn die missweisende Peilung rechts von der Kompasspeilung liegt. —

Da die Deviation ihrer Grösse und Richtung nach für die einzelnen Kompassstriche verschieden ist, so muss ihre Bestimmung, wenn sie vollständig sein soll, für alle Striche vorgenommen werden.

Will man nicht auf einer kleinen Yacht von vornherein auf die ausserordentlichen Vorteile, die eine exakte Navigation nach Kompass und Karte bietet, auf das Gefühl auch der unbedingten Sicherheit und Zuverlässigkeit aller Messungen verzichten, so wird man der Deviationsbestimmung die grösste Aufmerksamkeit schenken, und sie ist in der Tat für ein Boot, wo man ja nicht die Verhältnisse und Methoden zugrunde zu legen braucht, wie sie auf einem Kriegsschiff bestehen, sehr einfacher Art.

Die für solche Bestimmungen in Betracht kommenden Methoden bestehen in nichts weiterem, als bekannte missweisende Kurse, die man aus der Karte entnimmt, zu vergleichen mit den Kursen, die der auf dem Boote aufgestellte Kompass anzeigt.

1. Durch Peilung einer entfernten Landmarke (Turm, Bergkuppe etc.) von einem auf der Karte wohlbestimmten Punkte, etwa einem Seezeichen, Feuerschiff etc. aus. Die missweisende Richtung, als die Verbindungslinie zwischen Landmarke und Seezeichen, ergibt sich aus der Karte, die Kompasspeilung dadurch, dass man von dem Seezeichen aus genau auf die ausgewählte Marke zusteuert und den Kurs

am Steuerstrich abliest. Wenn man alle gut charakterisierten und leicht zu identifizierenden Landmarken von den auf seinen Fahrten passierten Seezeichen aus in dieser Weise peilt, kann man schnell genug für die meisten Kompassstriche die Deviation nach Grösse und Richtung bestimmt haben.

In den Segelhandbüchern sind für viele Häfen die Punkte aufgeführt, von wo aus man eine grössere Anzahl gut charakterisierter Landmarken sieht und ihre missweisenden Peilungen von diesem Punkte aus (meist Boje oder Dalben) gleichzeitig angegeben, so dass man sie nicht einmal mehr aus der Karte zu konstruieren braucht.

2. Die zweite für eine kleine Yacht verwendbare Methode besteht darin: zwei am Land befindliche Gegenstände so anzusteuern, dass sie in Deckung sind (Ineinspeilung); man braucht alsdann den Schiffsort nicht zu kennen, kann vielmehr die missweisende Peilung direkt aus der Karte konstruieren. Solche Ineinspeilungen bieten sich mannigfach an der Küste. In verschiedenen Häfen, z. B. in Kiel, befindet sich bei Mönkeberg ein gross angelegtes Bakensystem, wo man durch Deckpeilung einer Anzahl numerierter Baken mit einer turmartigen Zentralbake alle möglichen missweisenden Richtungen mit den entsprechenden Kompassrichtungen in Vergleich setzen kann.

Die exakteste Methode, einen terrestrischen Gegenstand zu peilen oder eine Deckpeilung vorzunehmen, besteht für eine kleine Yacht einfach darin, den Kurs in der zu ermittelnden Peilung zu nehmen, darauf zu richten, da sie keinerlei Einrichtungen zu Winkelmessungen etc. an Bord führen kann. — Den an Bord aufgestellten Kompass als Peilkompass benutzen zu wollen, geht natürlich infolge seiner Aufstellung im Cockpit nicht. Die Deviation gilt nur für den Ort, wo der Kompass steht, und ist an allen anderen Punkten, z. B. auf oder in der Kajüte, wieder anders. Ein auf der Kajütkappe aufgeschraubter besonderer Peilkompass oder gar eine Peilscheibe sind in dem Moment ganz unbrauchbar, wo die Yacht sich beim Segeln überlegt.

Eine sehr einfache Peilvorrichtung, wie sie ausreichend ist, um Ortsbestimmungen vorzunehmen, ist auf Seite 156 ff. beschrieben. Für Deviationsmessungen ist sie nicht genügend exakt.

Nach den oben beschriebenen Methoden kann der Segler mithin die meisten gesteuerten Kurse (Kompasskurse) in die entsprechenden missweisenden Kurse durch Anbringung der Deviation verwandeln; um aber die sehr viel häufigere Aufgabe zu lösen, die aus der Karte entnommenen missweisenden Kurse in die entsprechenden Kompasskurse zu verwandeln und um diese Aufgabe für alle Kurse lösen zu können, stellt er die gewonnenen Deviationsbestimmungen sich in einfacher Weise graphisch, als Kurve, dar; er bekommt dadurch einerseits ein anschauliches Bild von dem Verlauf der Deviationen, anderseits ist diese Methode auch ein einfaches Mittel, falsche Beobachtungen zu korrigieren, fehlende zu ersetzen und vor allen Dingen sowohl Kompasskurse in missweisende und umgekehrt missweisende Kurse in Kompasskurse zu verwandeln.

Die Ausführung solcher graphischen Darstellung wird am einfachsten an einem Beispiel gezeigt. (Vergl. die angeheftete Tafel).

Man hat nach den besprochenen Methoden ermittelt für die in der Tabelle angegebenen Kompasskurse die nebenstehende Deviation.

Auf einem Streifen Zeichenpapier zieht man eine vertikale Linie und teilt sie mit einem Massstab in 32 cm. An die 32 Teilpunkte schreibt man die Bezeichnung der 32 Kompassstriche, von Nord ausgehend rechts herum, so dass diese Teilung einer abgewickelten Kompassrose gleicht; der Abstand zwischen je zwei Strichen, hier gleich 1 cm, wird freihändig in vier gleiche Teile geteilt, so dass die abgewickelte Rose Viertelstrichteilung trägt. Durch die ganzen Kompassstriche zieht man schräg von links oben nach rechts unten ein System paralleler gestrichelter Linien, ein sog. Ordinatensystem, und zwar so, dass diese Linien die Mittellinie unter einem Winkel von genau 60 resp. 120° schneiden. Dann trägt man die ermittelten Deviationen, wie sie die nebenstehende Tabelle enthält, in dem Massstab der Mittellinie, östliche Deviation nach rechts, westliche nach links von dem zugehörigen Kompassstrich aus auf diese gestrichelten Linien ab. Wenn man jetzt die einzelnen auf diese Weise ermittelten Punkte durch eine möglichst gleichmässig verlaufende Kurve miteinander verbindet, so hat man für sämtliche Kompassstriche die Deviation als den Abstand des Kurvenschnittpunktes mit der gestrichelten Ordinate von dem entsprechenden Kompassstrich der Mittellinie aus und in ihrem Massstab gemessen. Um zu jedem auf der Mittellinie bezeichneten Kompasskurs den zugehörigen missweisenden Kurs zu finden, zieht man durch die Kurvenschnittpunkte mit der gestrichelten Ordinate Linien nach der Mittellinie, die in genau entgegengesetzter Richtung wie die gestrichelten Ordinaten die Mittellinie unter 60 resp. 120° schneiden. Diese Linien werden nicht gestrichelt, sondern ausgezogen, um sie gut unterscheiden zu können.

Der Punkt, wo jede einzelne dieser ausgezogenen Ordinaten die Mittellinie trifft, stellt den jedem einzelnen Strich zugehörigen missweisenden Kurs dar nach Anbringung der Deviation.

Um sich für jeden missweisenden Kurs den Kompasskurs zu konstruieren, verfährt man umgekehrt. Man betrachtet die 32 Teilstriche auf der Mittellinie als der missweisenden Rose angehörig und legt durch jeden Teilpunkt, der einen ganzen Strich darstellt, Linien, die dem System der ausgezogenen Ordinaten parallel sind; resp. man zieht diese Ordinaten nur soweit aus, bis sie die Kurve treffen. Von diesem Kurvenschnittpunkt aus zieht man gestrichelte Ordinaten zur Mittellinie zurück; ihr Schnittpunkt mit der Mittellinie bezeichnet den jeweilig zugehörigen Kompasskurs.

Die Richtigkeit dieses ganzen Verfahrens ergibt sich aus der Gleichseitigkeit der Dreiecke, die in jedem Falle von den beiden Ordinaten und dem eingeschlossenen Stück der Mittellinie gebildet werden.

Die auf diese Weise gewonnene Deviationskurve wird nach der folgenden Regel benutzt:

Um für einen Kompasskurs den zugehörigen missweisenden Kurs zu ermitteln, geht man von dem Kurspunkt auf der Mittellinie längs der gestrichelten Ordinate vorwärts bis zur Kurve und kehrt von hier aus längs der ausgezogenen Ordinate zur Mittellinie zurück. Der Punkt, auf den man trifft, ist der zugehörige missweisende Kurs. Um umgekehrt für einen aus der Karte entnommenen missweisenden Kurs den zugehörigen Kompasskurs zu finden, geht man von dem Kurspunkt der Mittellinie längs der ausgezogenen Ordinate vorwärts, bis man auf die Kurve trifft, und kehrt von hier aus auf der gestrichelten Ordinate zur Mittellinie zurück. Der Punkt, auf den man trifft, ist der zugehörige Kompasskurs.

Diese graphische Darstellungsmethode wird wohl als das Napiersche Diagramm bezeichnet.

Formulare, welche die beiden Ordinatensysteme fertig gezeichnet enthalten, sind in den Seestädten käuflich. Für die Verhältnisse auf einer kleinen Yacht dürfte die obige Darstellung einfacher und übersichtlicher sein.

Aus dem Diagramm kann man sich eine Steuertabelle herstellen, indem man einerseits für sämtliche 32 Kompasskurse die zugehörige Deviation und die missweisenden Kurse und ebenso für sämtliche missweisenden Kurse die Deviation und die entsprechenden Kompasskurse aus der Kurve entnimmt. Dabei verfährt eine kleine Yacht so, dass alle Deviationen von ¼ Strich und weniger vernachlässigt werden; wenn der Betrag der Deviation grösser als ¼ Strich ist, so rundet man auf einen halben Strich ab, eine Genauigkeit, die der Genauigkeit der zu steuernden Kurse etwa entspricht.

Ermittlung der Distanz. Log.

Der Kompass ermöglicht es dem Segler, die Richtungslinie, in der sich sein Schiff von bekanntem Ausgangspunkte aus fortbewegt, zu bestimmen, die Ermittlung jedoch des Ortes, wo er sich in jedem Augenblick auf dieser Linie befindet, ist nur möglich, wenn der zurückgelegte Weg in dem nach Seemeilen gemessenen Betrage bekannt ist. Zu diesem Zwecke ist es notwendig, die Geschwindigkeit des Schiffes, seemännisch ausgedrückt die Fahrt des Schiffes, das ist die in einer Stunde zurückgelegte Anzahl Meilen, zu bestimmen.

Es braucht kaum gesagt zu werden, wie sehr diese Grösse bei einer Segelyacht von der Windstärke und ihren Schwankungen abhängig ist und dass demgemäss der Segler zumeist nur Wert auf die Feststellung einer mittleren Geschwindigkeit, einer Durchschnittsgeschwindigkeit, legen kann und sie seinen Rechnungen zugrunde legen muss.

In diesem Sinne kann er von den Methoden, erstens die Geschwindigkeit mit guter Genauigkeit zu schätzen und zweitens sie zu messen, in folgender Weise Gebrauch machen.

Die Schätzung der Geschwindigkeit besteht nicht etwa darin, die des eigenen Bootes fortwährend zu überschätzen und die eines anderen, meinetwegen auch die eines Schnelldampfers gleichzeitig zu unterschätzen, sie ist vielmehr eine aus besonderen Versuchen und Messungen gewonnene Fähigkeit, an der Hand bestimmter Beobachtungen einen Rückschluss auf die Geschwindigkeit zu ziehen, und zwar ist eine Genauigkeit von ½ Seemeile dabei ganz leicht zu erreichen. Es ist also eine Erfahrungsmethode. Die Beobachtung der Windwirkung auf Segel und Flaggen, die Segelführung, die Fahrt des geschleppten Beiboots, die Bugwelle der Yacht, meist einfach die Stärke des Windes und mancherlei anderes geben einen guten Vergleichsmassstab für die Geschwindigkeit ab, wenn man sie auf Messungen bezieht, die man natürlich in der ersten Zeit häufig anstellen muss, um Uebung und Erfahrung zu sammeln. Geschwindigkeitsmessungen zu solchem Zweck kann man fortdauernd machen, dadurch, dass man alle aus der Seekarte bekannten Entfernungen, etwa von Seezeichen zu Seezeichen, abläuft und gleichzeitig die dazu notwendige Zeit bestimmt. Die in Seemeilen ausgedrückte Entfernung dividiert durch die Zeit in Stunden oder auch Bruchteilen davon, ergibt sofort die Fahrt des Schiffes. Oder wenn das Boot zu x Sm. t Minuten gebraucht hat, so ist die Fahrt $F = x \cdot \frac{60}{t^{min.}}$

Beim Ablaufen einer Strecke von genau einer Seemeile, wenn man die dazu gebrauchte Zeit in Sekunden messen würde, ergibt sich die Fahrt des Schiffes

$$F = \frac{60 \cdot 60}{t^{sek.}} = \frac{3600}{t^{sek.}}$$

In vielen grösseren Häfen oder auch ausserhalb befinden sich bekanntlich durch Deckpeilungslinien von Baken bestimmte und begrenzte Seestrecken, die sog. „gemessenen Meilen". Sie sollen grossen Schiffer zur Fahrtbestimmung dienen, doch kann auch der Segler gelegentlich von ihnen Gebrauch machen; es ist für ihn freilich völlig ausreichend, die gebrauchte Zeit nach Minuten zu bestimmen.

Von den im Handel vorhandenen Messinstrumenten zur Bestimmung der Geschwindigkeit, den Logs, kann eine kleine Yacht kaum Gebrauch machen, da sie nahezu alle einseitig für grosse Schiffe bestimmt sind. In erster Linie das Patentlog, das darauf beruht, die Schiffsgeschwindigkeit aus der Umdrehungszahl eines an langer Leine nachgeschleppten Propellers zu ermitteln. Die rotierende Bewegung wird durch die besonders hart geschlagene Leine auf ein Zählwerk übertragen, das meist achtern auf Deck aufgeschraubt, und so eingerichtet ist, dass es direkt die gelaufenen Seemeilen auf einem Zifferblatt abzulesen gestattet. Es ist nur für grössere Geschwindigkeiten bestimmt und kann vielleicht auf grösseren Yachten noch verwendbar sein. Auf kleinen nicht, ebensowenig wie das sogen. „gewöhnliche Log", das schon deshalb wertlos ist, weil zu der Ausführung des Loggens mindestens zwei Mann erforderlich sind (die Vorschrift erfordert sogar vier!). —

Der Segler auf der kleinen Yacht bedarf eines Instrumentes, für dessen Bedienung ein einzelner vollkommen ausreicht, ja, das am besten derart beschaffen ist, dass der Steuernde die Messung noch nebenbei ausführen kann. — Im folgenden soll eine derart einfache Logvorrichtung beschrieben werden; sie beruht auf der Umkehrung der Prinzipien des gewöhnlichen Logs. Während man bei diesem die in einer bestimmten Zeit zurückgelegte Wegstrecke als die Anzahl Knoten der abgelaufenen Logleine misst, handelt es sich bei dieser kleinen Vorrichtung umgekehrt darum, die Zeit zu bestimmen, die gebraucht wird, um eine genau nach Metern gemessene Wegstrecke abzulaufen und daraus die Fahrt des Schiffes abzuleiten. Wenn das Boot eine Strecke von x Metern in t Sekunden zurücklegt, so ist seine Fahrt in Seemeilen

$$F = 1{,}94 \cdot \frac{x}{t \text{ sek.}}$$

eine Formel, die auch dem gewöhnlichen Log zugrunde liegt und hier nicht weiter entwickelt werden soll. Setzt man den Faktor 1,94 gleich 2, so folgt, dass die Fahrt eines Schiffes in Seemeilen per Stunde annähernd gleich ist der Anzahl halbe Meter, die das Schiff in der Sekunde zurücklegt.

Zur Konstruktion einer hierauf beruhenden Logvorrichtung gebraucht man:

1. ein Logscheit, wie beim gewöhnlichen Log;
2. eine Logleine;
3. eine Sekundenuhr, wenn möglich Stoppuhr.

Abb. 52. Logscheit.

Das Logscheit ist eine kleine, aus Holz gefertigte Viertelkreisscheibe, die an ihrer Umfangsseite durch Blei- oder Kupferstreifen derart beschwert ist, dass sie sich im Wasser auf- und niederstellt und gerade bis zur oberen Spitze eintaucht. An dieser Spitze ist eine Leine mit einer aus Holz gedrehten Hülse befestigt und ein in diese Hülse passender Stöpsel mit der Logleine verbunden, die ausserdem noch hahnepotartig mit den beiden anderen Ecken des Logscheits fest verbunden ist. Der Stöpsel wird mit Talg eingerieben und vor Benutzung so in die Hülse gesteckt, dass er durch einen starken Ruck ausreisst, wodurch das Einholen des Scheits erleichtert wird. Das Logscheit bildet, nachdem es über Bord gesetzt ist, einen festen Punkt im Wasser und wickelt selbsttätig die am Heck des Bootes in grossen Buchten klar aufgeschossene Logleine ab. Als solche kann man eine geklöppelte Hanfschnur von 3—4 mm Dicke und von einer im nassen Zustande genau gemessenen Länge von 25 oder 30 oder beliebig mehr Metern nehmen. Mit Hilfe der Sekundenuhr bestimmt man die Zeit, die zwischen dem Ueberbordsetzen des Logscheits und dem mit der Hand leicht fühlbaren Ruck, den die dichtgeholte Leine verursacht, vergeht. Beispiel: Hat man eine Logleine von 25 m Länge, so kann man sich den Faktor $1{,}94 \times 25$ ein für allemal ausrechnen, er ist 48,5; misst man die zur Abwicklung der Leine gebrauchte Zeit zu 12 Sekunden, so ist die Fahrt des Schiffes in Seemeilen $48{,}5 : 12 = 4$ Seemeilen.

Praktische Navigation.

Nach Kenntnis aller derjenigen einfachen Hilfsmittel der Navigation, die für eine kleine Yacht von Wert und Nutzen sein können, sollen im nachfolgenden Abschnitt noch die Art ihrer Anwendung und die grundlegenden Methoden zur Ermittlung von Schiffsweg und Schiffsort besprochen werden.

Das Absetzen eines Kurses und das Steuern nach dem Kompass.

Das Absetzen des Kurses auf der Seekarte erfolgt derart, dass man zunächst den Ausgangshafen und das erwählte Ziel durch eine mit Bleistift gezogene Linie miteinander verbindet. Hat man sich davon überzeugt, dass diese Linie nur durch Fahrwassertiefen führt, die dem Tiefgang der Yacht entsprechen, andernfalls ist das gewählte Ziel nur auf Umwegen erreichbar, dann ermittelt man die Richtung dieser Linie dadurch, dass man zu ihr eine Parallele durch den Mittelpunkt der nächstliegenden, in der Karte eingezeichneten, Kompassrose zieht. Hierzu bedient man sich entweder des sogen. Parallellineals oder besser zweier rechtwinkliger Dreiecke, die man mit den Katheten gegeneinander verschiebt. Aus der eingezeichneten Rose liest man die missweisende Kursrichtung ab, und nachdem man diesen Kurs noch durch Anbringung der Deviation, falls solche vorhanden, verbessert hat, bringt man das Boot dadurch auf den ermittelten Kurs, dass man den Steuerstrich möglichst genau dem entsprechenden Kompassstrich gegenüberhält und gleichzeitig die Stellung der Segel dieser Kompassrichtung entsprechend einstellt. Man steuert eine kleine Yacht jedoch nicht in dieser Weise nach dem Kompass, ihre Einstellung nach der beschriebenen Methode erfolgt nur zu dem Zweck, um in der zu steuernden Richtung geeignete Objekte, Landmarken, zu ermitteln, nach denen man viel sicherer und leichter operiert; nur dann und wann kontrolliert man durch einen Blick auf den Kompass die Richtigkeit und Stetigkeit des Kurses. Hat man Landmarken nicht voraus, so kann man sich vorteilhaft auch nach der Richtung der fortschreitenden Wellenbewegung oder einfach nach dem Winkel, in dem das Boot zum Winde liegt und der natürlich immer konstant bleiben muss, richten. Auch ferne Schiffe, die Stellung der Sonne, in der Nacht ein irgendwo in vorlicher Richtung liegendes Sternbild, ein wenn auch seitlich liegendes Leuchtfeuer und vieles andere mehr sind gute Marken, die es leicht ermöglichen, eine bestimmte Kursrichtung innezuhalten.

Das Absetzen des Kurses und die Benutzung des Kompasses kann in der oben beschriebenen Weise jedoch nur erfolgen, wenn die Windverhältnisse gestatten, dass man sein Ziel raumschots erreichen oder doch gut anliegen kann. Hat man zu kreuzen, so steuert man überhaupt nicht nach dem Kompass, und seine Benutzung erfolgt in umgekehrter Weise zur Ermittlung der zurückgelegten Kreuzstrecken ihrer Richtung und Länge nach, um damit den Weg in der Karte verfolgen zu können.

Nachdem man sich von der guten Am-Wind-Stellung der Segel überzeugt hat, liest man den auf den Steuerstrich gerade einstehenden Strich der Kompassrose ab, verbessert den so gefundenen Kurs eventuell ebenfalls durch Anbringung der Deviation und hat als weitere Korrektion noch die Abtrift zu berücksichtigen, die Versetzung nach Lee, die das Boot unter dem Einfluss des Windes in der Am-Wind-Lage erleidet. Die Abtrift ermittelt man als den Winkel, den das Kielwasser mit dem gesteuerten Kurs bildet, und der durch Achterauspeilung eventl. nach einem kleinen über Bord geworfenen Schwimmkörper (Kork) geschätzt werden kann. Die Abtrift wird selbstverständlich immer nach Lee an den gesteuerten Kurs angebracht. Den auf diese Weise berichtigten Kurs sucht man in der eingezeichneten Kompassrose auf und legt ihn durch Parallelverschiebung an den Punkt der Karte, von wo aus man seine Kreuztour beginnt. Wie weit man nun einen einzelnen Kreuzschlag ausdehnt, richtet sich zunächst nach den örtlichen Tiefenverhältnissen, bei vollkommen freiem Wasser kann man dies wohl so machen, dass man stets gleich lange Zeiten auf jedem Bug bleibt, um auf diese Weise annähernd gleiche Distanzen zu erhalten, vorteilhafter aber wird es sein, auf Grund seiner Kenntnisse von Wetter und Wind zu verfahren. Wenn begründete Vermutungen vorliegen, die entweder ein Ausschiessen des Windes (Rechtsdrehung) oder ein Zurückdrehen (Krimpen) im Laufe des Tages erwarten lassen, dann wird man, wenn das zu erreichende Ziel etwa gegen Westen anzukreuzen ist, den einen oder anderen Schlag sehr viel länger wählen, immer mit der Absicht, die mögliche, wenn auch nur geringe Drehung des Windes für eine direkte Erreichung des Zieles zu nützen.

Es ist nun nicht ausreichend, seinen Schiffsweg einzig und allein mit dem Kompass suchen zu wollen. Die mit seiner Hilfe gesteuerten Kurse werden selbst bei richtiger Anbringung von Deviation und Abtrift oft genug noch von Faktoren anderer Art beeinflusst. In erster Linie soll hier auf den Einfluss von Strömungen hingewiesen werden, die eine örtliche Versetzung in der Richtung des laufenden Stromes bewirken. In den sehr gegliederten Gewässern des dänischen Inselreichs trifft man nahezu überall Strom an und er ist in den schmalen Sunden oft von solcher Stärke, dass es ganz nutzlos ist, dagegen ankreuzen zu wollen, aber er ist auch auf weitem freien Wasser vorhanden und läuft, beeinflusst durch die vorherrschenden Winde, vielfach die grossen Buchten in einer der Küste nahezu parallelen Richtung aus. — Sichtet man nun in irgendeiner Richtung Land und somit auch Landobjekte (terrestrische Objekte), die man ihrem besonderen, aus der Seekarte zu entnehmenden, charakteristischen Aussehen nach identifizieren kann, so ist es notwendig, die Richtigkeit des gesteuerten Kurses und damit den Schiffsort auf der Karte zu kontrollieren, resp. wiederholt neu zu bestimmen. Diesem Zwecke dienen mancherlei Methoden der

Ortsbestimmung auf See.

Zur Ortsbestimmung nach charakteristischen Landmarken oder auch Seezeichen bedarf eine kleine Yacht noch eines einfachen Apparates, der gestattet, die Richtung, in der das betreffende Objekt vom Schiff aus liegt, schnell zu ermitteln, es zu peilen, wie dafür die seemännische Bezeichnung lautet. Den Steuerkompass könnte man, wie schon erwähnt, zum Peilen gebrauchen, indem man auf das betreffende Objekt am Lande zusteuert und am Steuerstrich die Richtung abliest. Wollte man jedoch auf diese Weise jede Peilung ausführen, so wäre es notwendig, neben der fortwährenden Kursänderung die Segelstellung fortdauernd zu ändern, vielerlei Segelmanöver zu machen, nur zu dem Zweck, den Winkel zu bestimmen, in dem die eine oder andere Landmarke liegt. —

Oft muss man eine Ortsbestimmung ausführen, um zu erkennen, ob man sich vielleicht schon in zu grosser Nähe einer vorgelagerten Bank, eines Steinriffs gar, befindet. Wollte man jetzt Kurs auf eine Landmarke nehmen, so würde man sich dadurch der Gefahrstelle, die es zu vermeiden gilt, doch unnötig nähern. Ohne einen besonderen Apparat kann man Dwarspeilungen vornehmen, in der Weise, dass man

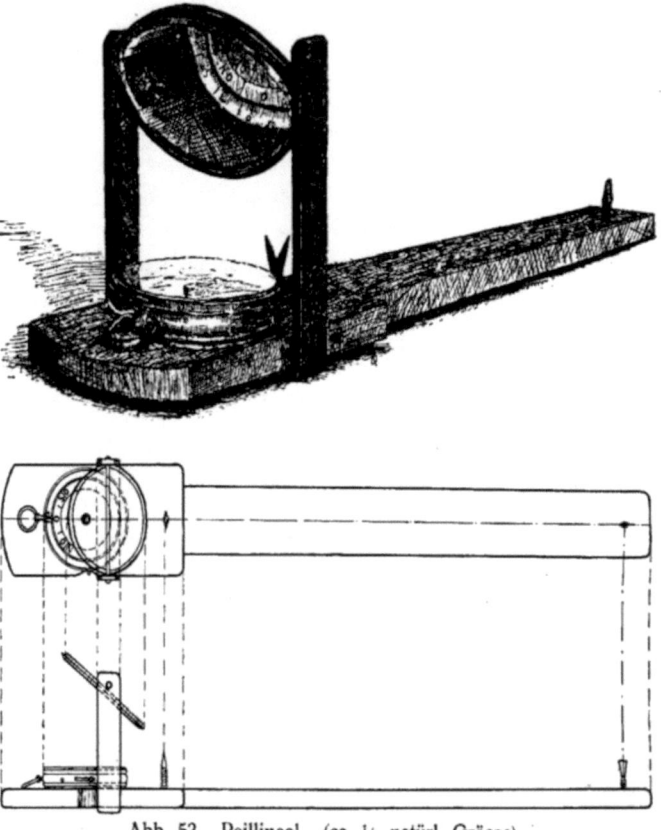

Abb. 53. Peillineal. (ca. $^1/_3$ natürl. Grösse).

an der Hinterkante des Kajütaufbaus entlang visiert und feststellt, ob ein Landobjekt genau querab ist. Auch Heckpeilungen können verhältnismässig genau vorgenommen werden, indem man das zu peilende Objekt gut achteraus hält. —

Um vom Boot aus Richtungen zu ermitteln, die nicht gerade voraus oder querab liegen, kann man sich mit Nutzen des oben abgebildeten einfachen Peillineals bedienen, das man sich leicht selbst verfertigt.

Es besteht aus einem linealförmigen Holzbrett von 30 cm Länge. Auf einer eingezeichneten Mittellinie ist eine Visiervorrichtung, wie sie sich auf Gewehrläufen findet, aus Visier und Korn bestehend, angeordnet. Ein etwas grösserer Taschenkompass von ca. 4 cm Durchmesser ist auf dem verbreiterten Teil des Lineals so aufgekittet, dass die Verbindungslinie $0°$ und $180°$ seiner Gradteilung genau in die Mittellinie fällt. Der Nullstrich ist der Visiervorrichtung zugewandt. — Ueber dem Kompass wird ein kleiner runder Spiegel in einem angeschraubten Messingbügel fest angebracht, und zwar so, dass er etwa $45°$ gegen das Lineal geneigt ist und das Spiegelbild des Kompasses gut zu erkennen gestattet, wenn man von der verbreiterten Seite des Lineals aus das Auge in die Richtung der Visierlinie bringt. Der Spiegel soll jedoch nur so hoch über dem Mittelpunkt des Kompasses liegen, dass er gerade noch Raum lässt, das zu peilende Objekt in der Richtung Visier-Korn gut zu erkennen; dadurch wird erreicht, dass das Auge gleichzeitig den zu peilenden Gegenstand und das Spiegelbild der Kompassrose sieht.

Man bekommt kleine Taschenkompasse in geeigneten Geschäften auch mit beweglicher Rose. Andernfalls kann man der Nadel eine kleine, auf einen schmalen Papierring gezeichnete Rose aufkitten, zu welchem Zweck man den Kompass auseinander nimmt, indem man ihn mit einer ganz feinen Metallsäge in vertikaler Richtung aufschneidet; dann fällt die untere Metallscheibe mitsamt der auf der Pinne ruhenden Nadel heraus. Die obere Glasscheibe könnte man nicht entfernen, ohne den Kompass zu zerstören. Nach dem Wiederzusammensetzen verlötet man die schmale Schnittstelle sauber. Da man mit dem Auge stets das Spiegelbild des auf Null spielenden Kompassstriches abliest, so kann ein geschickter Zeichner die acht Hauptstriche gleich in Spiegelschrift einzeichnen. —

Die Handhabung des Instrumentes geschieht in folgender Weise: Man bringt das Lineal dicht an das Auge, so dass man die betreffende Landmarke, deren Kompassrichtung bestimmt werden soll, in eins mit Korn und Visier sieht. Man beruhigt die hin- und herpendelnde Rose, indem man vorübergehend das Lineal vorn soweit senkt, dass sich die Rose an der darüber befindlichen Glasscheibe reibt. Wie beim Steuerkompass liest man die Kompassrichtung ab, indem man den Strich bestimmt, der im Spiegel dem Steuerstrich (hier dem Nullstrich) gegenüber liegt. Es ist selbstverständlich, dass die Genauigkeit der Ablesung um so grösser ist, je grösser der Rosendurchmesser ist; jedenfalls stellt es ein ebenso bequemes wie einfaches und billiges Hilfsmittel für Peilungen auf einer kleinen Yacht dar, die eine grosse Genauigkeit nicht verlangen. —

Alle Aufgaben der Ortsbestimmung werden, soweit sie für eine kleine Yacht nutzbar sind, durch Zeichnung in der betreffenden Seekarte gelöst.

Man erhält durch Peilung eines Landobjektes einen geometrischen Ort, eine Standlinie für das Schiff. Um den Schiffsort zu bestimmen, muss man entweder den Abstand von diesem Objekt kennen oder eine zweite Standlinie ermitteln, die, vorausgesetzt, dass sie der ersten nicht parallel ist, diese in einem Punkte, dem Schiffsort, schneidet. Beobachtungen, welche dazu dienen können, sind:

a) Richtungen:
1. als Kurs von einem bekannten Ausgangspunkt aus,
2. als Peilungslinie nach einem zweiten Landgegenstand,
3. als Deckpeilungslinie zweier Landobjekte,
4. als Tiefenlinie, die durch Lotung gefunden wird.

b) Entfernungsmessungen, als die von einem bestimmten Punkte aus gesegelte Distanz in Seemeilen.

Ortsbestimmung mit Hilfe eines Gegenstandes.

1. Die einfachste Ortsbestimmung ist die Peilung eines Landobjektes und die Schätzung der Entfernung. Diese Methode liefert nur demjenigen einigermassen zuverlässige Resultate, der Uebung in der Schätzung von Entfernungen hat.

2. Bestimmung des Abstandes durch zweimalige Peilung eines Gegenstandes im Vorübersegeln. Man nimmt beim Vorübersegeln zwei Peilungen mit grösserem Richtungsunterschied von demselben Gegenstand und legt jedesmal die Richtung der ermittelten Peilungslinie in der Karte an das betreffende Objekt an. Hat man ausserdem die Geschwindigkeit mit Hilfe des Logs bestimmt und die Zeit der ersten Peilung aufgeschrieben, so hat man auch die inzwischen versegelte Distanz. Man legt die Versegelung nach Kurs und Distanz an einen beliebigen Punkt der ersten Peilungslinie an und zieht durch den Endpunkt der Versegelung eine Parallele zur ersten Peilungslinie. Ihr Schnittpunkt mit der zweiten Peilungslinie ist der Schiffsort. (Vergl. Abb. 54, S. 159.)

3. Die Vierstrichpeilung. Einen Spezialfall der Abstandsbestimmung von einem Landobjekt stellt die Vierstrichpeilung dar, von dem der Segler leicht Gebrauch machen

kann. Man peilt einen Gegenstand am Lande in dem Moment, wo er gerade vier Strich an Backbord oder Steuerbord erscheint und peilt ihn abermals, wenn er genau querab ist. Man erhält ein rechtwinklig gleichschenkliges Dreieck und der Abstand, in dem man sich bei Vornahme der zweiten Peilung von dem Gegenstand befindet, ist

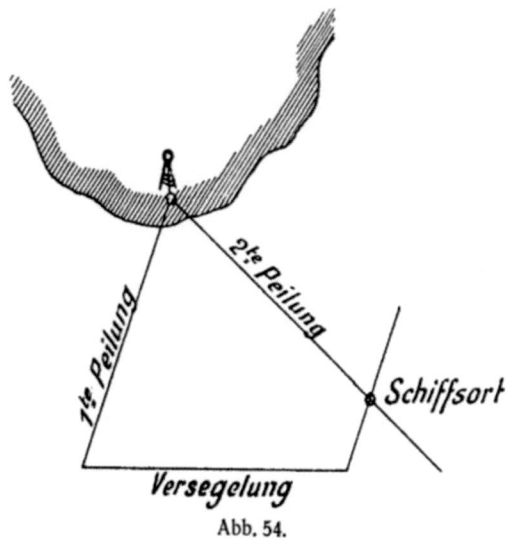

Abb. 54.

gleich der Versegelung zwischen erster und zweiter Peilung. Das folgende ausführliche Beispiel mag zeigen, wie der kleine Segler davon Gebrauch machen kann.

Man befindet sich bei westlichen Winden mit Kurs SSW an der holsteinischen Küste, voraus an Steuerbord den Leuchtturm Dahmeshöved. Um die der vorspringenden Huk nach Süd und Südost vorgelagerten Steine sicher zu vermeiden, liegt weit draussen eine mit O-Topzeichen versehene Tonne auf 20 m Wasser. Sie ist also nur für grosse Schiffe bestimmt. Da man hart am Winde liegt, wird man nicht unnötigerweise soviel an Höhe verschenken wollen und östlich um diese Tonne herumgehen. Man beabsichtigt vielmehr, so hoch wie möglich zu halten und auf der in der Karte gezeichneten 5 m-Grenze zwischen Tonne und Turm zu passieren. Da die Entfernung zwischen Turm und Tonne 1,4 Sm. beträgt, so muss man mindestens ½ Sm. vom Turm entfernt bleiben, in der Richtung nach der Tonne hin. Wenn man diese Distanz nun auch als den dritten Teil der Gesamtentfernung annähernd schätzen kann, so wird man sie zur Sicherheit immer noch bestimmen, sollte sich nämlich dabei ergeben, dass sie zu gering ist, so kann man immer noch abfallen, da die gefahrbringenden Steine erst jenseits der Verbindungslinie Turm—Tonne liegen.

Man peilt den Turm genau, wenn er vier Strich voraus an Steuerbord, also in der Richtung WSW gesehen wird, und zeichnet diese Peilungslinie in die Karte ein (siehe Abb. 55), nachdem man gleichzeitig die Zeit notiert hat. Der Steuernde hält scharf und unveränderlich den Kurs SSW. Inzwischen bestimmt man mit dem auf S. 152 be-

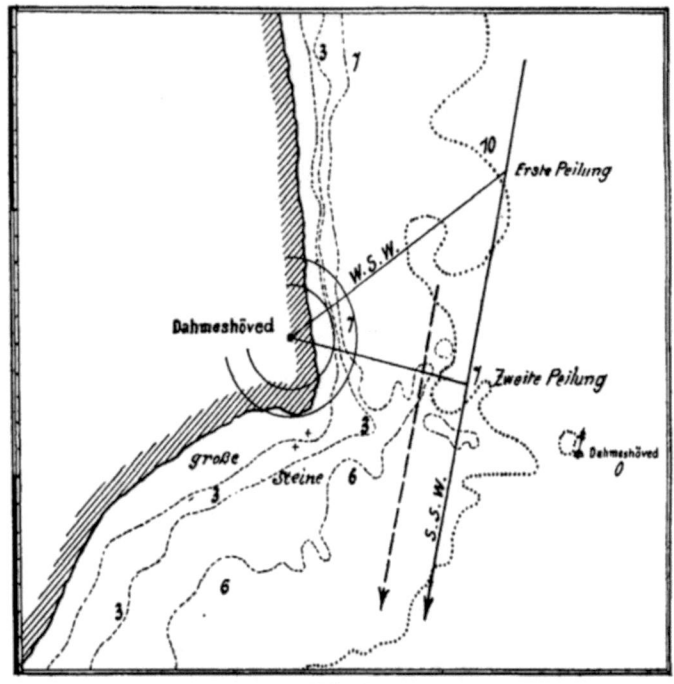

Abb. 55.

schriebenen Log wiederholt die Geschwindigkeit und findet, dass man im Durchschnitt zu 25 m 8 Sekunden gebraucht. Nach Verlauf von 6½ Minuten peilt man den Leuchtturm querab. Man hat also 1200 m zurückgelegt. Man greift diese Entfernung mit dem Zirkel auf dem linken Kartenrande ab und trägt sie auf eine vom Turm aus auf den Kurs SSW gefällte Senkrechte ab. Der ermittelte Punkt ist der wirkliche Schiffsort. Legt man durch ihn eine Parallele zu der früheren Kurslinie SSW, so erkennt man aus der Karte, dass man auf dieser Linie weitersegelnd frei von allen Steinen immer in Tiefen von mindestens 5 m bleibt. Ein Lotwurf dient der Kontrolle.

4. **Bestimmung des Abstandes durch Peilen im Verschwinden (Feuer in der Kimm).** Diese Methode der Abstandsbestimmung wird zumeist angewandt, um in der Nacht die Entfernung von einem Leuchtfeuer zu bestimmen. Man kann denjenigen Augenblick, wo ein Feuer am Horizont gerade verschwindet, wenn man sich auf einem bestimmten Kurse von ihm entfernt, oder auch den Augenblick, wo man es gerade zum erstenmal aufleuchten sieht, wo es also für den Beobachter über dem See-Horizont, der Kimm, erscheint, mit grosser Genauigkeit feststellen. Die Entfernung, auf die ein Feuer sichtbar ist, ist abhängig von seiner Höhe und von der Höhe, in der sich der Beobachter über dem Wasserspiegel befindet.

Bezeichnet man die Augeshöhe des Beobachters mit h, die Höhe des Leuchtfeuers, die aus den Karten usw. zu entnehmen ist, mit H, so ist die Entfernung, auf die das Feuer sichtbar ist, durch die Beziehung gegeben:

$$\text{Entf.} = 2{,}08 \; (\sqrt{h} + \sqrt{H}),$$

eine Formel, die hier jedoch nicht weiter entwickelt werden soll und in Worten kurz lautet: Die Entfernung eines Beobachters von einem in der Kimm gesehenen Gegenstand in Seemeilen ist annähernd gleich der doppelten Summe der Quadratwurzeln aus der Augeshöhe des Beobachters und der Höhe des Objektes in Metern.

In der folgenden Tabelle ist der rein rechnerische Teil der Aufgabe für die verschiedensten Werte von h und H bereits durchgeführt, und man hat nur nötig, die entsprechenden Werte zu addieren.

Höhe in Metern	Abstand in Sm.	Höhe in Metern	Abstand in Sm.	Höhe in Metern	Abstand in Sm.	Höhe in Metern	Abstand in Sm.
1	2,08	13	7,50	25	10,40	37	12,66
2	2,94	14	7,79	26	10,61	38	12,83
3	3,60	15	8,06	27	10,81	39	13,00
4	4,16	16	8,32	28	11,01	40	13,16
5	4,65	17	8,58	29	11,21	41	13,32
6	5,10	18	8,83	30	11,40	42	13,49
7	5,51	19	9,07	31	11,59	43	13,65
8	5,89	20	9,31	32	11,77	44	13,80
9	6,24	21	9,54	33	11,95	45	13,96
10	6,58	22	9,76	34	12,13	46	14,11
11	6,90	23	9,98	35	12,31	47	14,27
12	7,21	24	10,19	36	12,49	48	14,42

Höhe in Metern	Abstand in Sm.	Höhe in Metern	Abstand in Sm.	Höhe in Metern	Abstand in Sm.	Höhe in Metern	Abstand in Sm.
49	14,57	62	16,39	75	18,02	88	19,52
50	14,71	63	16,52	76	18,14	89	19,63
51	14,86	64	16,65	77	18,26	90	19,74
52	15,01	65	16,78	78	18,38	91	19,85
53	15,15	66	16,91	79	18,50	92	19,96
54	15,29	67	17,03	80	18,61	93	20,07
55	15,43	68	17,16	81	18,73	94	20,18
56	15,57	69	17,29	82	18,84	95	20,29
57	15,71	70	17,41	83	18,96	96	20,39
58	15,85	71	17,53	84	19,07	97	20,49
59	15,98	72	17,66	85	19,19	98	20,60
60	16,12	73	17,78	86	19,30	99	20,70
61	16,25	74	17,90	87	19,41	100	20,81

Beispiel: Das 33 m über Wasser liegende Feuer von Darsser Ort wurde voraus an Backbord in der Peilung SzO auf dem Kurse SWzS von Moen kommend in dem Moment gesichtet, als es gerade in der Kimm zu blinken begann. Die Augeshöhe des im Cockpit sitzenden Beobachters betrug ca. 1,5 m. Unter Benutzung der obigen Tabelle ergibt sich die Entfernung von dem Feuer in SzO licher Richtung:

$$\text{Entf.} = 2,5 + 11,95 = 14,5 \text{ Sm.}$$

Aus der angeführten Formel ist die Gedächtnisregel abzuleiten, dass die Quadratwurzel aus der Augeshöhe in Metern resp. aus der Höhe eines Gegenstandes (Leuchtfeuer, Turm usw.) mit 2 multipliziert annähernd die Sichtweite auf See in Seemeilen ergibt.

Alle Methoden, bei denen die Ortsbestimmung ausgeführt wird durch Messung der durchsegelten Distanz, sind verhältnismässig ungenau, infolge der relativ ungenauen Geschwindigkeitsmessung. Man wird daher nach Möglichkeit denjenigen Methoden den Vorzug geben, die die Messung einer Distanz nicht erforderlich machen. Segelt man in einem Revier, in dem erheblicher Strom vorhanden ist, so werden alle Bestimmungen einer Distanz unbrauchbar, welche Logvorrichtung man auch anwenden mag.

Die Kreuzpeilung.

Wenn man zwei aus der Karte bekannte Gegenstände gleichzeitig sieht, so ist der Schiffsort als der Schnittpunkt der beiden Peilungslinien bestimmt. Diese Art der Ortsbestimmung ist die gebräuchlichste, namentlich im engen Revier, wo man genügend Landmarken sieht und wo man eine Beeinflussung durch Strom befürchten muss. Die Anwendung geht aus der Abbildung hervor.

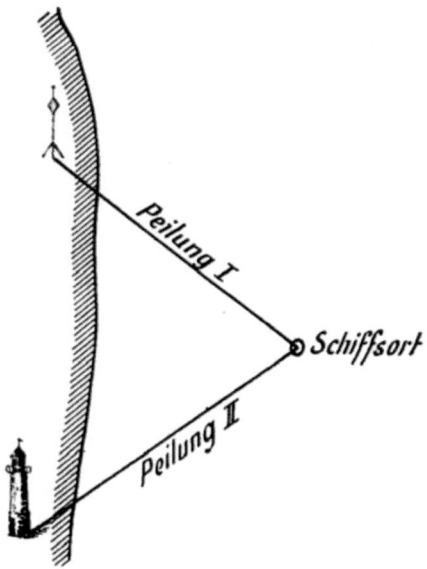

Abb. 56.

Als ein Spezialfall einer Kreuzpeilung ist der Fall zu betrachten, wenn man entweder voraus auf eine bestimmte Landmarke zusteuert oder von irgend einem bestimmten Ausgangspunkt (Seezeichen) aus raumschots einen bestimmten Kurs anliegt und eine zweite Landmarke zur Ortsbestimmung peilt, wenn sie querab ist. —

Nichts anderes als Kreuzpeilungen sind auch die durch Deckpeilungslinien zweier Objekte bestimmten Richtungen. Diese Deckpeilungen, die in der Karte oder in Segelanweisungen näher angeführt sind, oft durch eigens zu dem Zweck errichtete Baken, oder in Linie zu haltende Feuer (Richtfeuer) bestimmt sind, führen meist von einer Deckpeilunng in die andere und bestimmen dadurch mit Sicherheit den Schiffsweg in engen Baggerrinnen, zu Hafeneinfahrten usw. —

Das Lot und sein Gebrauch zur Bestimmung des Schiffsortes

Das an Bord einer kleinen Yacht zu verwendende Lot braucht nur ein Gewicht von 2—3 kg zu haben. Es stellt einen kegelförmigen Bleikörper dar, der oben ein Auge hat, in das die Lotleine direkt eingespleisst werden kann, und unten eine kleine Vertiefung, in die man für den Fall, dass man Grundproben heraufzuholen wünscht, ein wenig Talg hineinschmiert.

Als Lotleine braucht man ungeteerte kabelgeschlagene Hanfleine, und zwar ist ihre Länge von 40 m vollauf ausreichend. Wer nur auf den Küstengewässern kreuzt, braucht sie nur in einer Länge von 20 m.

Die Markung der Leine, die in nassem, gerecktem Zustande erfolgen muss, kann in beliebiger Weise vorgenommen werden, nur muss sie so sein, dass sie auch bei Nacht leicht erkennbar ist, also am besten durch angenähte Bändsel, die eine der Meteranzahl entsprechende Zahl Knoten tragen. Z. B.: Man macht in die Lotleine alle 5 Meter einen Knoten und kennzeichnet die dazwischen liegenden Meter durch angenähte Bändsel, in die man 1—4 Knoten bindet.

Zunächst braucht man das Lot bei der Wahl eines Ankerplatzes, um die Wassertiefe und eventuell auch die Beschaffenheit des Ankergrundes zu ermitteln. Dann bietet es weiter ein wertvolles Hilfsmittel, um schnell feststellen zu können, ob man vor Anker liegend treibt; man wirft einfach das Lot achteraus, und wenn man sich ihm dann treibend nähert, wird die Lotleine bald auf und nieder und schliesslich voraus zeigen, falls der Anker nicht hält. Weiter dient es der Ortsbestimmung. Ein einzelner Lotwurf kann oft genug schon Rechenschaft über den Schiffsort geben, wenn man ihn annähernd kennt. Z. B.: Man segelt von Möen mit Kurs SWzS nach Warnemünde und sucht das Feuerschiff Gjedser. Da die Insel Falster an ihrer Südspitze flach ist und an diesem Sommermorgen vollständig in Dunst gehüllt, so kann man Peilungen nicht ausführen, auch von der mecklenburgischen Küste ist nichts zu erkennen. Man wünscht zu wissen, ob man es voraus an St.B. oder B.B. suchen soll. Wenn man sich in der Kadet-Rinne befindet, die Tiefen von 24, 26 und 30 m zeigt, so liegt es an St.B.; lotet man Tiefen aber nur von 15—17 m, so ist man westlich der Kadet-Rinne und hat das Feuerschiff an B.B. zu erwarten. —

Bei dunstigem und nebligem Wetter ist das Lot die einzige Möglichkeit, um den Schiffsort zu bestimmen, man darf sich dann allerdings nicht auf eine einzelne Lotung verlassen, sondern muss namentlich in der Nähe einer Küste eine fortlaufende Reihe von Lotungen vornehmen. Durch Zusammenstellung der auf einem bestimmten Kurse ermittelten Lotungen, eventuell mit Angabe der Grundproben und weiter durch Messung der durchlaufenen Distanz (Geschwindigkeit und Zeit) zwischen den einzelnen

Lotungen, hat man ein gutes Mittel, den Weg, den das Schiff zurückgelegt hat, auf der Karte zu ermitteln, und zwar in folgender Weise: Man trägt auf einer auf einem Streifen Pauspapier gezogenen Geraden die einzelnen Lotungen und die dazwischen durchlaufenen Distanzen in dem Massstab der Karte auf, notiert die jedesmal gefundene Wassertiefe und eventuell die Bodenbeschaffenheit und vergleicht unter Berücksichtigung des Kurses diese Lotungen mit den Tiefenangaben der Karte, wie die Figur zeigt.

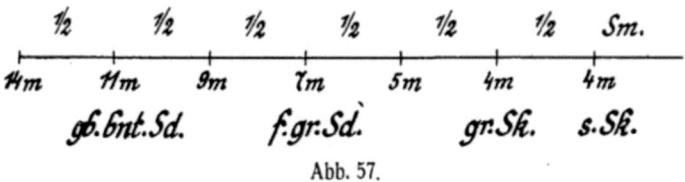

Abb. 57.

Am charakteristischsten werden diese Messungen gerade dann, wenn man sich in gefährlicher Weise einer Küste nähert, da man dann die einzelnen Tiefenlinien senkrecht zu ihrem Verlauf schneiden muss.

Im engen Revier.

Im engen Revier tritt die Bedeutung des Kompasses für die Yachtnavigation zurück. Wenn man fern von See kommt und seinen Schiffsort durch Bestimmung nach den oben angeführten Methoden kennt, dann handelt es sich in erster Linie darum, die Ansegelungstonne oder irgendwelche zur Einsegelung bestimmte Peilungen richtig zu finden. Meist wird man dann weiter seinen Weg nach den folgenden Seezeichen suchen, und hat, wenn es sich um einen direkt an der Küste liegenden und von Molen begrenzten Hafen handelt, auch keinerlei Schwierigkeiten. Anders wenn man von See aus in die Küstengewässer einsegeln will und hier einen weit binnen liegenden Hafen, einen geschützten Ankerplatz, eine Bucht oder dergl. sucht. Dann führt der Weg oft viele Seemeilen weit nur durch enge, 20—30 m breite Baggerrinnen, die auch die kleine Yacht peinlich halten muss, und die vielfach gewunden hin und herführen. — Wenn man zum ersten Male durch ein derart enges und unübersichtliches Revier fährt, wird man finden, dass das Ausmachen jedes einzelnen Seezeichens die Aufmerksamkeit ausserordentlich in Anspruch nimmt. Von dem niedrigen Cockpit der kleinen Yacht aus wird man durchaus nicht immer mit der nötigen Deutlichkeit und oft auch nicht rechtzeitig genug das nächste Seezeichen sehen, manchmal wird es vielleicht von ankernden Fahrzeugen verdeckt; bei Fahrwasserteilungen, wo man inmitten eines bunten Gewirrs von Tonnen plötzlich ein andersfarbiges Zeichen an einer Seite sieht, wo man es nicht erwartet, hat man plötzlich die Orientierung überhaupt verloren, die Unsicherheit beginnt und schon — kann man selbst zu baggern anfangen. —

Damit das Gefühl der Unsicherheit gar nicht aufkommt, muss man beim Durchsegeln derart enger Reviere, wenn sie ausgedehnt sind, methodisch verfahren. Es genügt nicht, mit der Karte in der Hand sich tastend von Tonne zu Tonne weiter zu fühlen, man muss vielmehr gleichzeitig jede Richtungsänderung der durch Zeichen begrenzten Rinne auch mit dem Kompass verfolgen und wenn tunlich, die Entfernung der Zeichen voneinander vorher tabellarisch bestimmen. Durch Ermittlung der Fahrt des Bootes und durch Zeitmessung wird man seinen Fortgang genau feststellen, jedes Seezeichen wird pünktlich auf die Minute querab sein, und jedes gepeilte Landobjekt wird in vorher erwarteter Weise diese Navigation unterstützen.

Eine solche ausgearbeitete Tabelle soll ausserdem die charakteristische Form der einzelnen Seezeichen erkennen lassen, soll die mw. Kurse enthalten, in denen sie aufeinander folgen, soll Rechenschaft darüber geben, an welcher Seite das Zeichen zu passieren ist, und schliesslich für besondere Anmerkungen noch Raum gewähren.

Als ein sehr einfaches Muster einer solchen methodischen Aufnahme aus der Karte und als einfachstes Navigationsbeispiel soll an dieser Stelle die Durchsegelung des Fehmarnsundes von Osten her ausführlich besprochen werden. Wenn man sie am Tage ausführt, bieten sich nahezu gar keine Schwierigkeiten, es sollen daher gleich Verhältnisse angenommen werden, die sich auf die Durchsegelung zur Nachtzeit mit der Absicht, im Schutz der Orther Bucht zu ankern, beziehen (vergl. die folgende Tabelle und die Karte).

Man befindet sich abends um 10 h bei östlichen Winden und Kurs NNO an der holsteinischen Küste, das Feuer von Dahmeshöved achteraus und an St.B. voraus das Staberhuk-Feuer auf Fehmarn. Während bei Tage die Kirche von Burg in der Mitte über den Häusern von Burgstaaken eine charakteristische Ansteuerungsmarke ist, muss man des Nachts seinen Schiffsort durch Peilung der Feuer Dahmeshöved und Staberhuk gelegentlich bestimmen, um sicher zu sein, dass man weit genug von der Küste, die man in der Dunkelheit nicht erkennen kann, entfernt ist. Auch ein gelegentlich vorzunehmender Lotwurf gibt darüber Rechenschaft.

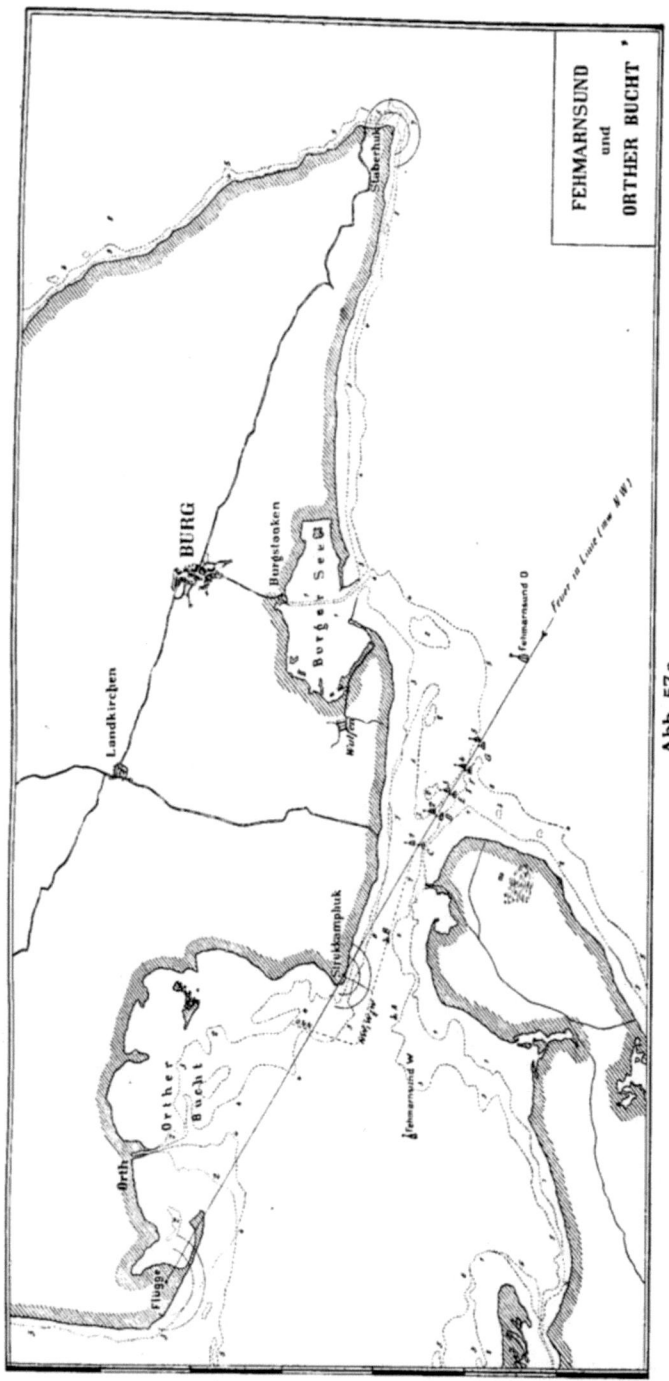

Abb. 57a.

Da man die rot- und schwarzgestreifte Ansegelungstonne für den Sund nicht sieht, beabsichtigt man so lange auf dem Kurs NNO zu bleiben, bis man die Richtfeuer von Flügge und Strukkamphuk sieht resp. in eins sieht. Sobald dies der Fall ist, ändert man seinen Kurs nach mw. NW, überzeugt sich, dass dieser Kurs der Deck-

m w Kurs	Distanz in Sm.	Seezeichen	bleibt an	Zeit	Fahrt in Sm.	Bemerkungen
		Fehmarnsund (einlaufend von O)				
NW		(T.S.)	B.B. oder St.B.	10$\frac{30}{}$		
	0,9	(r) Gruppe(s) G 5		10$\frac{50}{}$	2,7	
	0,3	F 4		10$\frac{57}{}$	,,	
NW	0,3	E 3	B.B.u.St.B	11$\frac{05}{}$	,,	
	0,25	D 2		11$\frac{11}{}$	,,	
	0,35	C 1		11$\frac{20}{}$	,,	
NW zu W½W	0,9	B (r)	B.B.	11$\frac{40}{}$	2,7	
		etc.				

peilung der Richtfeuer voraus entspricht und steuert, die Feuer immer gut in eins haltend, weiter. Nach kurzer Zeit passiert man ganz dicht die Fehmarnsund-O-Tonne, die man trotz der Dunkelheit gut erkennt. Man notiert sofort die Zeit (10$\frac{30}{}$), um einen Anhalt für die Geschwindigkeit zu haben, in der ausgearbeiteten Tabelle.

Bis zu der ersten Gruppe: rote Tonne G und schwarze Tonne 5 sind es 0,9 Sm. Sobald man zwischen diesen Zeichen passiert, schreibt man wieder die Zeit auf (10^{50}) und errechnet daraus die Geschwindigkeit zu 2,7 Sm.

Sobald man jetzt weiterhin zwischen den roten Tonnen F, E, D, C und den dazu gehörigen 4, 3, 2, 1 schwarzen Tonnen passiert, schreibt man jedesmal die Zeit auf und kontrolliert eventuell die Geschwindigkeit jedesmal durch Rechnung aus der Distanz. Von der schwarzen Tonne 1 ab ändert man seinen Kurs in mw. NWzW½W, um die rote Tonne B zu erreichen; da die Entfernung bis dahin 0,9 Sm. sind, so wird man sie nach Verlauf von 20 Minuten an B.B. erwarten müssen, hat sich doch die durchschnittliche Geschwindigkeit des Bootes nicht geändert. Sollte man sie in der Dunkelheit nicht ausmachen können, so schadet das nichts, da man eine ebenso zuverlässige Ortsbestimmung hat, wenn man auf demselben Kurs das Strukkamphuk-Feuer peilt, wenn es genau querab ist. Von der schwarzen Tonne 1 aus gerechnet, würde dies auf dem Kurs mw. NWzW½W nach 30 Minuten der Fall sein, da die Entfernung 1,35 Sm. beträgt. Nachdem man das Feuer querab gepeilt hat, bleibt man noch ½ Sm., also 11 Minuten, auf dem alten Kurs, um dann an den Wind zu gehen. Es zeigt sich, dass man jetzt NNO gut halten kann. Man zeichnet diesen Kurs in die Karte bis tief in die Orther Bucht hinein und lotet jetzt fortwährend. Sobald auf diesem neuen Kurs Strukkamphuk-Feuer querab ist, hat man wiederum seinen Schiffsort, und kontrolliert seine Richtigkeit durch die Tiefenmessung. Sobald man nur noch wenig über 2 m lotet, ankert man. Man liegt gegen nördliche und östliche Winde wohlgeschützt ca. ½ Seemeile vom Lande entfernt auf gutem Sandgrund.

Wenn man sich unbekannte und wirklich schwierige Fahrwasser nach dem Muster der obigen Tabelle vorher sorgfältig ausarbeitet, enge und gewundene Fahrwasser, wie sie sich vielfach im dänischen Inselreich, vor allen Dingen aber in den schwedischen Schären finden, dann ist die Navigation nur die halbe Arbeit, und man ist vor Ueberraschungen jeder Art gesichert.

Das Logbuch.

Während in die Seekarten alle Konstruktionen und Zeichnungen gemacht werden, die die Navigation des Schiffes verlangt, dient das Logbuch oder Schiffstagebuch der gewissenhaften Registrierung aller dieser Einzelheiten. Es soll alle Angaben in so ausführlicher Weise enthalten, dass es jederzeit möglich ist, den Weg des Schiffes nach den gesteuerten Kursen, den vorgenommenen Peilungen und Ortsbestimmungen, den passierten Seezeichen, den festgelegten Zeiten, Abfahrts- und Ankunftszeiten, nach allen ausgeführten Segelmanövern, Lotungen etc. jederzeit zu rekonstruieren. Auch soll es alle Rechnungen, alle Umwandlungen der Kurse in bezug auf Deviation und Abtrift in übersichtlicher Weise enthalten. Seekarten und Logbuch sollen also in erster Linie einander ergänzen.

Ausserdem hat das Logbuch noch die Aufgabe, alle anderen während der Fahrt gemachten Beobachtungen, nebst den dazu gehörigen Zeitangaben durch schriftliche Niederlegung zu fixieren; in erster Linie, soweit Wind und Wetter, Bewölkung, Barometer etc. in Betracht kommen. Was es sonst noch enthält, ist in das persönliche Belieben des einzelnen gestellt. Für Yachten recht brauchbare kleine Logbücher, die alle Eintragungen in Tabellen übersichtlich angeordnet enthalten, sind von dem Verlage der „Yacht" herausgegeben worden.

VII. Segeln bei Nacht.

Im allgemeinen wird eine kleine Yacht Wert darauf legen müssen, nicht mehr so spät durch Nacht und Wind zu reiten, sondern frühzeitig, möglichst vor Anbruch der Dämmerung, wohlbehalten in einem Hafen oder an einem geschützten Ankerplatz zu sein. Besonders bei schlechtem Wetter muss es ihre Hauptsorge sein, bei hereinbrechender Dunkelheit irgendwo in Schutz zu liegen. Mit einer nicht sehr ausgebildeten Mannschaft wird man besondere Schwierigkeiten haben, sie wird meist schnell ängstlich, und wenn es dann noch Arbeit auf dem Vorschiff gibt, so kommt sie aus der Furcht, in der Dunkelheit in den Meeresspiegel zu fallen, gar nicht heraus; da man aber von der Pinne aus die einzelnen vorzunehmenden Handhabungen nicht mehr verfolgen kann, so hat man auch keine Bürgschaft mehr dafür, dass sie gut und richtig ausgeführt werden.

Mit Neulingen sollte man niemals Nachtfahrten machen!

Immerhin können Verhältnisse eintreten, die es unvermeidlich machen, dass man auch bei ungünstigem Wetter mit der kleinen Yacht auf See zu bleiben gezwungen ist, ja, es kann vorkommen, dass man nur 1—2 Seemeilen vom Hafen entfernt ist, aber nicht wird einlaufen können, weil es inzwischen zu dunkel wird und der Hafen entweder überhaupt keine Feuer hat, und das ist bei manchem kleinen Hafen im dänischen Inselreich der Fall, oder weil man die Einsegelung in einen völlig unbekannten Hafen, selbst wenn seine Einfahrt gut befeuert ist, im allgemeinen in der Nacht nicht wagen darf, namentlich nicht bei schlechtem Wetter und viel Wind. Mit der Sicherheit, mit der man auch in dunkelster Nacht eine schon bekannte Hafeneinfahrt oder auch eine nur einmal passierte Baggerrinne wiederfindet, mit dieser gleichen Sicherheit verfehlt man oft genug beides, wenn man ganz fremd und zum ersten Male einzusteuern versucht, es sei denn, dass die Verhältnisse sehr einfach liegen. Bei ruhigem, konstantem Sommerwetter jedoch gehören in der Zeit der hellen Nächte auch auf einer kleinen Yacht die Nachtfahrten zu den feinsten Reizen, die die Seesegelei dem für Naturstimmungen und Naturschönheiten besonders Empfänglichen überhaupt zu bieten vermag.

Im Nordwesten senkt sich die Sonne wie ein feuriger Ball ins Meer. Nur wenige Augenblicke später blitzen rundherum aus dem feinen Dunst, der die Inseln und Küsten umsäumt, hell die Leuchtfeuer auf, und je mehr am nordwestlichen Himmel die roten purpurnen Dämmerscheine verblassen, desto heller und weisser beginnt das Licht des Vollmonds seine unsicheren Linien zu zeichnen, Schatten und Licht in scharfen Kontrasten zu verteilen. Der bei so ruhigem Sommerwetter meist vom Lande einkommende Wind trägt die balsamischen Düfte der blühenden Wiesen und Wälder mit herüber. Ruhig zieht die kleine Yacht silberne Furchen in das unbewegte Wasser, Seegang wird dann niemals, eine leichte, gekräuselte Wellenbewegung höchstens erzeugt. Bei leichtem Wind ist sie schneller als die grossen, selbst mehrmastigen Küstenfahrer, und in eiliger und doch ruhiger Fahrt läuft sie an ihnen allen vorbei. Eine solche Sommernacht auf See voll eigener lyrischer Stimmung und Sehnsucht pflegt nur wenige Stunden zu dauern, dann beginnt im Osten die Morgendämmerung, das Mondlicht erblasst sehr schnell und nachdem man schon ein paar Stunden in dem auffrischenden Wind gesegelt, steigt rot und feurig der Sonnenball wieder aus dem unendlichen Wasser heraus. —

Wenn man einmal ein weiter gelegenes Ziel, zu dem man nach oberflächlicher Schätzung vielleicht 20—30 Stunden gebraucht, erreichen will, dann ist es besonders empfehlenswert, am späten Nachmittag bei ruhigem Wetter und selbst gut ausgeruht den Hafen zu verlassen; man ist dann sicher, im Laufe des folgenden Tages, bestimmt aber vor Anbruch der nächsten Nacht dort zu sein. Ueberhaupt werden die Kräfte der Mannschaft sehr viel mehr geschont, wenn man zuerst eine Nacht und dann den folgenden Tag segelt, als wenn man umgekehrt nach einem ganzen durchsegelten Tage noch eine Nacht lang immer auf dem qui vive sein muss; denn die Zeiteinteilung der vierstündigen Ablösung der Wachen ist auf kleiner Yacht mit zwei bis drei Mann Besatzung durchaus nicht immer einfach durchzuführen, namentlich dann, wenn nicht alle gleichwertige Segler sind und sich der eine auf den anderen nicht unbedingt und sicher verlassen kann; dann muss der Tüchtigere oft die 30 Stunden hintereinander an der Pinne stehen. Auch gilt es, die Zeiteinteilung so zu wählen, dass man die grosse, freie Seestrecke zur Nacht absolviert und enges Revier, Baggerrinnen etc. möglichst am Tage durchsegelt.

Die Anforderungen, die an den Segler gestellt werden, der sich zur Nachtzeit auf See befindet, sind in mancher Beziehung noch zu ergänzen.

Was zunächst die Segelführung anbetrifft, so gilt es als Regel, des Nachts auf kleiner Yacht Uebersegel nicht zu führen; wenn es nötig wird, sie in der Dunkelheit zu bergen, ein grosses Vorsegel gegen ein kleineres auszuwechseln, eventuell zu reffen, so muss man bedenken, dass alle Operationen unsicher werden, wenn man nicht alle Einzelheiten erkennen kann; es ist nicht zu sehen, ob die Fallen voneinander klar sind und klar durch die Blöcke fahren, sie aufzuklarieren ist ganz unmöglich. Man wird also schon frühzeitig, ehe es ganz dunkel wird, die Segelfläche nach den zu erwartenden Windstärken wählen, sie lieber zu klein als zu gross halten.

Seinen Weg findet der Segler nicht mehr nach beliebigen Landobjekten, sondern lediglich nach den Leuchtfeuern, unter sehr viel ausgedehnterer Benutzung des Kompasses. Die Leuchtfeuer, die dem Segler in der Nacht Weg und Richtung weisen, muss er ihren Prinzipien nach genau kennen.

Alle vorhandenen Feuer sind aus der Seekarte leicht zu erkennen, da sie hier in der ihnen charakteristischen Farbe eingezeichnet sind, auch sind Tragweite, Höhe und Art des Feuers schon aus der Karte zu ersehen; um jedoch ein bestimmtes Feuer in allen Einzelheiten zu identifizieren, bedarf der Segler des vom Reichsmarineamt herausgegebenen Leuchtfeuerverzeichnisses (Heft I, Ostsee). Dieses erscheint alljährlich neu am 1. Januar, um jedoch auch über alle Veränderungen, die in Nachträgen herausgegeben werden, unterrichtet zu sein, empfiehlt es sich, das Buch erst kurz vor Beginn der Reise zu beschaffen; nur dann ist es zuverlässig. —

Es zerfällt in zwei Teile oder Titel und jeder Titel enthält nach fortlaufenden Nummern und ihrer örtlichen Zusammengehörigkeit entsprechend die Beschreibung der einzelnen Feuer.

Nur in den seltensten Fällen besteht ein Feuer aus einer einzelnen charakteristischen Lichterscheinung, deren gleichmässiger Verlauf und Wiederkehr von allen Richtungen aus wahrzunehmen ist, meistens besteht es aus mehreren voneinander scharf getrennten Lichterscheinungen, von denen jede einzelne nur in einem bestimmten, sektorförmig von der Lichtquelle ausgehenden und begrenzten Seeraum sichtbar ist. Durch einen derartig von scharfen Trennungslinien begrenzten Lichtsektor ist es möglich, bei An- und Einsegelungen das Boot in freiem Seeraum zu halten und frei von Untiefen und Bänken zu bleiben. Wenn man sich z. B. zur Nacht in der Lübecker Bucht befindet, mit dem Ziel Travemünde, so muss man immer in dem sich über 48° erstreckenden Sektor bleiben, der festes Feuer zeigt. Steuert man zu weit nach Westen, so kommt man in einen Sektor von 30° Ausdehnung, der Blitzfeuer zeigt, abwechselnd Blitz und Dunkelheit von je einer Sekunde Dauer; es ist der Warnungssektor, der bestimmt ist, die Schiffe vor den Steinen zu bewahren, die dem hohen Brothener Ufer vorgelagert sind. Aehnlich ist es, wenn man nach Osten der mecklenburgischen Küste zunahe kommt; statt des festen Feuers des Leitsektors sieht man plötzlich eine aus zwei kurzen Blitzen hintereinander und einer dann folgenden längeren Pause von 3 Sekunden bestehende Lichterscheinung, dem Warnungssektor, der ebenfalls eine Ausdehnung von 30° hat. Derartige Leit- oder auch Warnungssektoren haben immer eine erhebliche Ausdehnung.

Wenn es gilt, eine schmale Einfahrt, Baggerrinnen etc. durch Feuer kenntlich zu machen, so bedient man sich der Richtfeuer. Wenn man sich z. B. dem Travemünder Hafen noch weiter nähert, dann muss man scharf in Linie halten das Blitzfeuer der Leuchttonne und ein am Lande stehendes festes Feuer, und wenn man die Leuchttonne passiert hat, ein in gleicher Richtung am Lande befindliches Blitzfeuer mit dem festen Feuer. Ihrer relativen Lage zueinander entsprechend wird das Blitzfeuer als das Unterfeuer, das feste Feuer aber als Oberfeuer bezeichnet. Besonderer Erwähnung bedürfen noch die sog. Quermarkenfeuer. Sie bezeichnen die Grenzen des nutzbaren Bereichs von Leitfeuern einerseits und Richtfeuern anderseits und führen durch besonders charakterisierte Lichterscheinungen aus einem Leitsektor in die Deckpeilungslinie von Richtfeuern, und zwar meist so, dass die eine Richtung zur anderen annähernd quer liegt. Wenn man beispielsweise von Westen kommend, sich der Insel Hiddensoe nähert, um nach Stralsund einzulaufen, so steuert man mit Kurs OSO in einem bestimmten Leitsektor oder besser noch genau an der Grenze zweier Leitsektoren, von denen der eine rotes, der andere weisses unterbrochenes Feuer zeigt, charakterisiert durch Gruppen kurzer und langer Scheine, so lange auf das Feuer, das mitten auf der Insel, 2,5 km südlich von Neuendorf-Plogshagen liegt, zu, bis man die wohlcharakterisierten Richtfeuer auf dem Vierendehlgrund, die die Einfahrt in den Gellenstrom bezeichnen, in eins peilt, um dann annähernd quer zu dem früheren Kurs in südlicher Richtung weiterzusegeln.

Die vorübergehenden Lichterscheinungen, die ein Feuer zeigen kann, werden unterschieden als Scheine, Blinke und Blitze.

Schein ist die Lichterscheinung zwischen zwei verhältnismässig kurzen Verdunkelungen oder auch nur Abschwächungen oder auch zwischen zwei Farbenwechseln.

Blink ist das Aufleuchten aus verhältnismässig langer Dunkelheit oder aus schwachem Licht heraus, und

Blitz ist der Blink von weniger als zwei Sekunden Dauer.

Der Unterschied zwischen Blink und Blitz liegt also nur in der Zeitdauer.

Die jedem Feuer charakteristischen Lichterscheinungen, bestehend aus der regelmässigen Aufeinanderfolge von Helligkeit und Dunkelheit, von Schein, Blink oder Blitz nach Zahl, Zeitdauer und Färbung, auf die ebenfalls nach der Zeitdauer wohlbestimmten Verdunkelungen, heisst die Kennung eines Feuers.

Als Wiederkehr wird die Zeitdauer bezeichnet, die notwendig ist, um einmal zusammenhängend diese charakteristischen Erscheinungen zu zeigen.

Z. B.: Arcona auf Rügens nördlichster Spitze, zeigt ein Blitzfeuer mit Gruppen von drei Blitzen (Blz. Grp. [3]).

Die Erscheinung besteht aus:

einem Blitz	von 0,1—0,2	Sek. Dauer,
kurzer Pause	„ 3,8—3,9	„ „
wieder einem Blitz	„ 0,1—0,2	„ „
kurzer Pause	„ 3,8—3,9	„ „
wieder einem Blitz	„ 0,1—0,2	„ „
und einer langen Pause	„ 7,8—7,9	„ „
	zusammen: 16,0	Sek. Dauer.

Die Gesamtzeit, die also gebraucht wird, um einmal die Charakteristik des Feuers zu zeigen, beträgt mithin 16 Sekunden. Diese Zeitdauer heisst Wiederkehr. Wo man in dem Kreislauf der aufeinanderfolgenden Erscheinungen auch mit der Beobachtung beginnen mag, nach jeder sechzehnten Sekunde wiederholen sie sich.

Man unterscheidet folgende Arten der Kennung eines Feuers:

a) **Festfeuer (F.)**, weisses oder farbiges Licht von gleichbleibender Stärke und Farbe.

b) **Unterbrochenes Feuer**, weisse oder farbige Scheine zwischen Verdunkelungen (Unterbrechungen), und zwar:
Unterbrochene Feuer mit Einzelunterbrechungen **(Ubr.)**,
Unterbrochene Feuer mit Gruppen von 2, 3, 4, 5 Unterbrechungen **(Ubr. Grp.)**.

c) **Wechselfeuer**, weisse Scheine, wechselnd mit Scheinen einer anderen Farbe und zwar:
Wechselfeuer mit Einzelwechseln **(Wchs.)**,
Wechselfeuer mit Gruppen von 2, 3, 4, 5 Wechseln **(Wchs. Grp.)**.

d) **Blinkfeuer**, weisse oder farbige Blinke, und zwar:
Blinkfeuer mit Einzelblinken **(Blk.)**,
Blinkfeuer mit Gruppen von 2, 3, 4, 5 Blinken **(Blk. Grp.)**.

e) **Blitzfeuer**, weisse oder farbige Blitze, und zwar:
Blitzfeuer mit Einzelblitzen **(Blz)**,
Blitzfeuer mit Gruppen von 2, 3, 4, 5 Blitzen **(Blz. Grp.)**.

Blink- oder Blitzfeuer, deren Blinke oder Blitze aus schwachem Lichte heraus aufleuchten, können, wenn dieses zwischen den Blinken oder Blitzen keine Veränderung in der Lichtstärke und Farbe zeigt, auch:

Festfeuer mit Blinken bzw. **Blitzen (F. m. Blk.** bzw. **Blz.)** oder **Festfeuer** mit **Gruppen** von 2, 3, 4, 5 **Blinken** bzw. **Blitzen (F. m. Blk. Grp.** bzw. **Blz. Grp.)**.

genannt werden.

f) **Mischfeuer (Mi.)**, alle aus den verschiedenen vorübergehenden Lichterscheinungen und Farben gebildeten Kennungen, soweit sie nicht unter b bis e fallen.

Soll ausgedrückt werden, dass ein Feuer mehrere Sektoren verschiedener Kennungen besitzt, so sind die Kennungsarten durch das Wort „und" (in Abkürzungen &) aneinander zu reihen, z. B.:

Festfeuer, rot und weiss (**F. r. & w.**),
Blitzfeuer, Einzelblitze und Gruppen von 2, 3, 4, 5 Blitzen (**Blz. & Blz. Grp.**),
Festfeuer und Blitzfeuer mit Einzelblitzen und Gruppen von 2, 3, 4, 5 Blitzen (**F. & Blz. & Blz. Grp.**),
Unterbrochenes Feuer, weiss und rot (**Ubr. w. & r.**),
Blinkfeuer, weiss und rot (**Blk. w. & r.**).
Bei Wechselfeuern (**Wchs. w. r.**) und Mischfeuern weiss-rot (**Mi. w. r.**) fällt das Wort „und (&)" fort, da die Angabe weiss-rot als Kennung eines Sektors dient.

Bei Feuern, die **nur** weisses Licht zeigen, unterbleibt in der abgekürzten Schreibweise der Zusatz „w".

Dem Leuchtfeuerverzeichnis angeheftet ist eine bildliche Darstellung dieser verschiedenen Leuchtfeuerarten, wonach es leicht möglich ist, jedes Feuer richtig zu erkennen und zu bezeichnen.

Wenn man von See kommend einen befeuerten Hafen zur Nacht anzulaufen beabsichtigt, so stellt man aus dem Leuchtfeuerverzeichnis die Anzahl der vorhandenen Feuer fest und die Sichtweite jedes einzelnen. Das am weitesten sichtbare Feuer dient dem Segler zuerst als Peilungslinie zur Ansegelung. Wenn das Feuer verschiedene Sektoren zeigt, so zeichnet man ihre Grenzlinien nach den vorgefundenen Angaben in die Karte ein, hat jedoch zu bedenken, dass die angegebenen Peilungen, über die sich ein Sektor erstreckt, vom Schiff aus gedacht sind; man muss also stets die gegenüberliegenden, um 180° dagegen verschiedenen Peilungen an das Feuer anlegen. In den meisten Fällen ist dies schon in der Karte geschehen; jedenfalls aber nutzt man ein Feuer nur dann vollkommen aus, wenn man sich über Ausdehnung und Bedeutung jedes einzelnen Sektors usw. Rechenschaft gibt.

Beim Vorbeisegeln kann man den Moment, wo man gerade die Grenzlinie zweier Sektoren, die durch verschiedene Lichterscheinungen charakterisiert sind, passiert, zur Ortsbestimmung benutzen, in Verbindung mit einem bestimmten Kurse, den man von einem bekannten Ausgangspunkt steuert.

Um schnell und sicher die Kennung eines Feuers auszumachen, die Dauer der Lichterscheinung, der Verdunkelung und die Wiederkehr, bedient man sich der Sekundenuhr, am einfachsten der Stoppuhr. Es ist jedoch zu bedenken, dass die Dauer der Blinke und Blitze sich ändert mit der Entfernung des Beobachters vom Feuer, sie kann, besonders an den Grenzen der Sichtbarkeit, viel geringer erscheinen, als im

Leuchtfeuerverzeichnis angegeben. Eine Uebereinstimmung mit den Angaben vielleicht gar auf Bruchteile von Sekunden verlangen zu wollen, wäre schon deshalb überflüssig, weil die Leuchtfeuer in ihrer räumlichen Aufeinanderfolge nach dem Prinzip geordnet sind, die nahe beieinanderliegenden in ihren Kennungen möglichst verschieden zu halten, um Verwechslungen zu vermeiden.

Diejenigen Feuer, die die örtlichen Verhältnisse der Hafeneinsegelung betreffen, die Molenfeuer, Richtfeuer, Hafenfeuer usw. sind ihrer Bedeutung entsprechend natürlich nur von geringer Sichtweite, und man muss sie nicht zu sichten versuchen, wenn man noch viele Seemeilen von ihnen entfernt ist. Die Molenfeuer zeigen bei den grösseren Häfen rotes resp. grünes Licht, sowohl als festes als auch als Blinkfeuer; bei der Einsegelung muss man diese Molenfeuer behandeln, als gehörten sie zu Schiffen, d. h. man lässt das grüne Feuer an Steuerbord, das rote aber an Backbord. Wenn man in der Einfahrt die Feuer querab hat, ändert sich ihre Färbung oft: rot wird grün und grün wird rot, um nämlich nach denselben Prinzipien ausgehenden Schiffen zur Orientierung zu dienen.

Aus dem Leuchtfeuerverzeichnis ist ferner die in Metern angegebene Höhe eines Feuers über Mittelwasser zu ersehen. Man braucht diese Daten zur Bestimmung des Schiffsorts nach der auf S. 161 angegebenen Methode.

Die im Leuchtfeuerverzeichnis angeführten Sichtweiten der Feuer beziehen sich auf eine Augenhöhe von 5 m, für die kleine Yacht, wo das Auge nur ca. 2 m über Wasser ist, wird also die Sichtweite entsprechend geringer sein. —

In der westlichen Ostsee kommt auch der kleine Segler bei klarem Wetter niemals aus dem Bereich der Leuchtfeuer heraus, in den meisten Fällen wird er eine ganze Anzahl Feuer sichten, und hat damit sichere Peilungslinien zur Ortsbestimmung.

Sein Hauptaugenmerk muss der nächtliche Seefahrer alsdann auf das Ausmachen aller derjenigen gesichteten Lichter legen, die nicht Leuchtfeuer darstellen, und es ist eine durchaus nicht sehr einfache Aufgabe, schnell und richtig alle bewegten, festen, weissen und farbigen Lichter ihrer Bestimmung und Bedeutung nach schnell und richtig zu identifizieren. Soweit solche von Schiffen geführt werden, dienen sie bekanntlich dazu, die Durchführung der Seestrassenordnung zur Nachtzeit zu ermöglichen.

Die Seestrassenordnung vom 5. Februar 1906 regelt in 34 Artikeln das Wegerecht und die damit in Zusammenhang stehenden Fragen auf See und allen mit der See in Verbindung stehenden Küstengewässern.

Eine kleine Yacht, die aus den Binnengewässern nach See kommt, hat sich ebenfalls nur nach diesen eindeutigen Bestimmungen zu richten. Sie gilt als Segelschiff und führt zur Nachtzeit grünes Licht an St.B. und rotes an B.B., nichts anderes, und weicht anderen Seglern in der auch auf Binnengewässern üblichen Weise aus (vergl. S. 253). Gegenüber den Dampfern und allen durch motorische Kraft bewegten Fahrzeugen geniesst jeder Segler das Wegerecht.

Das alles sieht auf den ersten Blick ausserordentlich einfach aus und der Yachtsegler könnte meinen, er brauchte bloss loszufahren, um weit und breit die Wasser für sich frei zu finden. In Wirklichkeit liegen die Dinge aber ganz anders und nirgendwo muss man peinlicher auf der Hut sein als zur Nachtzeit auf See mit der kleinen Yacht, namentlich soweit es sich um entgegenkommende, kreuzende oder überholende Dampfer handelt. Das hat sehr bemerkenswerte Ursachen.

Es ist wohl selbstverständlich, dass ein Dampffahrzeug einem Segler nur ausweichen kann, wenn es zur Nacht dessen Lichter wirklich sieht, sie rechtzeitig und in so gross bemessener Entfernung sieht, dass ein Ausweichemanöver noch möglich ist. Wenn man nun in üblicher Weise auf der Yacht seine Positionslaternen in die Wanten setzt, dann kann das in Lee befindliche Licht der Bestimmung, von gut voraus bis zwei Striche achterlicher als dwars sichtbar zu sein, nicht genügen, das Vorsegel verdeckt es fast ganz. Das in Luv gesetzte Licht erfüllt ebenfalls seine Bestimmung nicht mehr, sobald das Boot überliegt, was es ja schliesslich immer tut, wenn Wind ist. Die umstehende Skizze zeigt auf das anschaulichste, dass ein aus irgendeiner Richtung kommender Dampfer die selbst gut brennenden Lichter der Yacht nicht sehen kann, bescheint das Luvlicht doch den Himmel und die Leelaterne das Wasser; — jedenfalls wird er sie erst in so geringer Entfernung von der Yacht sehen, dass er ein Ausweichemanöver nicht mehr ausführen kann.

Die deutsche Seewarte in Hamburg, der auch die amtliche Prüfung der Schiffslaternen obliegt, prüft diese sowohl auf Sichtweite, Helligkeit, Färbung, Innenmasse usw., als auch die Abhängigkeit einzelner dieser Faktoren von dem Neigungswinkel gegen die Horizontallage. — Der Neigungswinkel gegen die Horizontallage, bei dem eine brauchbare Schiffslaterne noch den Bestimmungen über Sichtbarkeit und Sichtweite usw. genügen muss, beträgt nach oben und unten nur je

5 Grad, wodurch zugleich gesagt wird, dass bei grösseren Neigungen eine Laterne nicht mehr die verlangten Bedingungen erfüllen kann, sie ist dafür eben nicht brauchbar. Das gilt in erster Linie von den Laternen, die Linsen oder ein Prismensystem zur Konzentration der Lichtstrahlen zu einem hellen Kegel aufweisen; Laternen ohne solche optische Ausrüstung werden zwar auch bei grösseren Neigungswinkeln noch sichtbar sein, aber ihre Sichtweite ist sehr viel geringer.

Die Beschaffenheit der Laternen einerseits, anderseits die grossen Neigungswinkel gegen die Horizontallage, die eine kleine Yacht beim Segeln hat, bedingen also zusammen, dass die fest angebrachten Positionslichter von anderen Schiffen nicht rechtzeitig genug oder überhaupt nicht gesehen werden; es empfiehlt sich daher, die grünen

Abb. 58.

und roten Seitenlichter nicht fest anzubringen, sie vielmehr angezündet und gebrauchsfertig zur Hand zu haben und, wenn das Fahrzeug sich einem andern oder ein anderes Fahrzeug sich ihm nähert, an den betreffenden Seiten, zeitig genug, um einen Zusammenstoss zu verhüten, zu zeigen. Dies muss so geschehen, dass die Lichter möglichst gut sichtbar sind, das grüne aber nicht von der Backbordseite her, das rote nicht von der Steuerbordseite her, und beide womöglich nicht weiter als bis zu zwei Strich hinter die Richtung querab (zwei Strich achterlicher als dwars) gesehen werden können. (Artikel 6 und 7 der Seestrassenordnung sehen diesen Gebrauch tragbarer Lichter vor.)

Ganz allgemein und im eigensten Interesse sollte die kleine Yacht die nahe Begegnung mit den grossen Dampfern vermeiden und sich bei Nacht möglichst nicht in den üblichen Kursen der Schnelldampfer aufhalten. Ihre grossen Geschwindigkeiten sind für den kleinen Segler eine beachtenswerte Quelle der Gefahr. Abgesehen davon, dass jedes Ausweichemanöver für den Schnelldampfer einen Zeitverlust bedeutet, den er höchst ungern erleidet, muss er dazu auch stets einen grossen Apparat in Bewegung setzen: Der wachhabende Offizier kommandiert das Manöver dem Steuermann, dieser beginnt langsam das Rad zu drehen, und ehe schliesslich bei dem grossen Aktionsradius eine Aenderung der Fahrtrichtung erreicht wird, ist die kleine Yacht schon überrannt. Aus Gründen der Zeitersparnis wird von Dampferführern oft genug schuldhafterweise gegen die Gebote nautischer Vorsicht dadurch verstossen, dass der zum Ausweichen Verpflichtete sein Ausweichemanöver nicht rechtzeitig genug beginnt und dadurch den Führer des anderen Schiffes vor die sehr schwierige Aufgabe stellt, zu entscheiden, soll er nach der Verpflichtung handeln, die ihm der Artikel 21 der Seestrassenordnung auferlegt, nämlich Kurs und Geschwindigkeit möglichst genau beizubehalten, oder ist schon der Moment gekommen, in welchem er verpflichtet ist, gegen die Regel und nach Artikel 27 der Bestimmungen zu handeln, der nämlich die Ausführung jedes Manövers verlangt, das zur Abwendung unmittelbarer Gefahr geeignet ist. In solche Situation darf sich eine kleine Yacht zur Nachtzeit auf See niemals bringen. Sie ist dann am sichersten, wenn sie es nach Möglichkeit überhaupt vermeidet, den schnellen grossen Dampfern so zu begegnen, dass diese Ausweichemanöver machen müssen. Ohne dabei irgend einen Artikel der Seestrassenordnung zu verletzen, kann eine kleine Yacht, wenn sie so frühzeitig wie möglich die entgegenkommenden oder kreuzenden weissen Lichter richtig gedeutet hat, meist ohne erhebliche Kursänderung sich von diesen Lichtern klarieren, und zwar muss dies bereits so rechtzeitig und in so grosser Entfernung geschehen, dass der entgegenkommende Dampfer noch keine Lichter der Yacht hat sehen können, also bereits in einer Entfernung von ca. 2 Sm., welche Distanz der vorgeschriebenen Sichtweite der farbigen Seitenlichter grosser Schiffe entspricht.

Nicht klarieren kann man sich von alle den Lichtern, die von achtern aufkommenden und überholenden Dampfern geführt werden. Nach Artikel 10 der Seestrassenordnung zeigt jedes Fahrzeug, das von einem anderen überholt wird, diesem vom Heck aus ein nur nach achtern sichtbares weisses Licht oder besser noch ein Flackerfeuer. Hiervon macht zweckmässig eine kleine Yacht auch immer dann Gebrauch, wenn sie glaubt, sich anderen Fahrzeugen bemerkbar machen zu müssen, und wenn sie Grund zu der Annahme hat, dass sie von diesen nicht rechtzeitig gesehen wird (Artikel 12 der Seestrassenordnung). Ein Flackerfeuer wird einfach dadurch erzeugt, dass man um einen Stock einen Bunsch Werg oder Putzwolle bindet, diesen mit Petroleum durchtränkt und nach aussenbords haltend entzündet, und zwar so, dass der helle Schein auf die weissen Segel fällt. Man verlöscht das Feuer durch ein angefeuchtetes Tuch. —

Das Ausmachen aller gesichteten und von Schiffen geführten Lichter bietet dem noch nicht sehr Erfahrenen vielfach bemerkenswerte Schwierigkeiten, und vor allen Dingen vermag der kleine Segler aus der Mannigfaltigkeit und Buntheit der die See befahrenden Fahrzeuge und der von ihnen gezeigten Lichter nicht immer schnell genug diejenigen auszusondern, die gerade ihm wichtig, von ihm besondere Aufmerksamkeit verlangen, oder ihm gar zur Gefahr werden können.

Die Kenntnis der Seestrassenordnung in allen Einzelheiten hilft, selbst wenn das Gedächtnis den Anfänger dabei nicht im Stich lässt, nur zum Teil darüber hinweg, hat man doch unterwegs nicht die Aufgabe zu lösen, welche Lichter von diesem oder jenem Fahrzeug geführt werden sollen, sondern man soll gerade umgekehrt aus einem einzelnen Licht oder aus einer Kombination verschiedener Lichter nach Anordnung, Färbung usw. einen Rückschluss auf die Art des Fahrzeugs und seine relative Richtung zu dem Beobachter schliessen. Besonders zu beachten hat allgemein der kleine Segler die weissen, sich in Bewegung befindlichen Lichter, sie gehören immer Dampfern oder mit motorischer Kraft bewegten Fahrzeugen an; infolge ihrer grossen Geschwindigkeit im Vergleich zu der des Seglers stellen sie ein besonderes Gefahrenmoment dar, dementsprechend müssen sie nach der Vorschrift auch bereits in einer Entfernung von 5 Sm. sichtbar sein; man kann sie also erkennen, noch ehe man die farbigen Seitenlichter sieht, die nur 2 Sm. Sichtweite haben. Farbige, bewegte Lichter, ohne gleichzeitig weisses Licht zu zeigen, bedeuten Segler, die, selbst wenn sie noch so gross sind, niemals der gut manövrierfähigen Yacht gefährlich sein können; die Geschwindigkeitsunterschiede sind nicht sehr erheblich.

Um schnell und sicher die im Dunkel der Nacht gesichteten weissen und farbigen Lichter ihrer Art und Bedeutung nach feststellen zu können, benutzt man die folgenden Tafeln; sie dürften auch ohne Erklärung leicht genug verständlich sein.

Tafeln
zur
Erläuterung der von Schiffen auf See geführten Lichter sowie ihrer Nebelsignale.

Segelschiff, gerade auf den Beobachter zusteuernd. Nebelsignal: Wenn es mit Steuerbord-Halsen am Winde segelt: 1 Ton —, Wenn es mit Backbord-Halsen am Winde segelt: 2 aufeinander folgende Töne — —, Wenn es mit dem Winde achterlicher als dwars segelt: 3 aufeinander folgende Töne — — — mit Nebelhorn; mindestens jede Minute zu wiederholen.

Segelschiff, das sich von dem Beobachter aus nach rechts bewegt. Es kann steuern entweder in einer Richtung, die fast gerade auf den Beobachter zuführt oder von dieser aus bis zu 10 Strich nach rechts liegt.

Segelschiff, das sich von dem Beobachter aus nach links bewegt. Es kann steuern entweder in einer Richtung, die annähernd gerade auf den Beobachter zuführt oder von dieser aus bis zu 10 Strich nach links liegt.

Dampfschiff, gerade auf den Beobachter zusteuernd. Nebelsignal: Wenn es Fahrt durch das Wasser macht, 1 langgezogener Ton —— mit Dampfpfeife mindestens alle zwei Minuten, Wenn es keine Fahrt durch das Wasser macht, mindestens alle 2 Minuten 2 langgezogene Töne —— ——

Dampfschiff, das sich von dem Beobachter aus nach rechts bewegt. Es kann steuern entweder in einer Richtung, die annähernd gerade auf den Beobachter zuführt oder von dieser aus bis zu 10 Strich nach rechts liegt.

Dampfschiff das sich von dem Beobachter aus nach links bewegt. Es kann steuern entweder in einer Richtung, die annähernd gerade auf den Beobachter zuführt oder von dieser aus bis zu 10 Strich nach links liegt.

Schlepper (Schleppzug kürzer als 180 m), gerade auf den Beobachter zusteuernd. Nebelsignal: alle 2 Minuten 3 aufeinanderfolgende Töne, zuerst 1 langen, dann 2 kurze —— – – Das geschleppte Schiff darf dieses Signal, aber kein anderes geben.

Schlepper (Schleppzug kürzer als 180 m), der sich von dem Beobachter aus nach rechts bewegt. Er kann steuern entweder in einer Richtung, die annähernd gerade auf den Beobachter zuführt oder von dieser bis zu 10 Strich nach rechts liegt.

Schlepper (Schleppzug kürzer als 180 m), der sich von dem Beobachter aus nach links bewegt. Er kann steuern in einer Richtung, die annähernd gerade auf den Beobachter zuführt oder von dieser bis zu 10 Strich nach links liegt.

 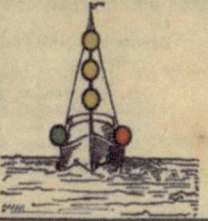

Langer Schleppzug (länger als 180 m), gerade auf den Beobachter zusteuernd. Nebelsignal: Ein langer und zwei folgende kurze Töne, —— – – mit Dampfpfeife.

Langer Schleppzug (länger als 180 m), der sich von dem Beobachter aus nach rechts bewegt. Er kann steuern entweder in einer Richtung, die annähernd gerade auf den Beobachter zuführt oder von dieser aus bis zu 10 Strich nach rechts liegt.

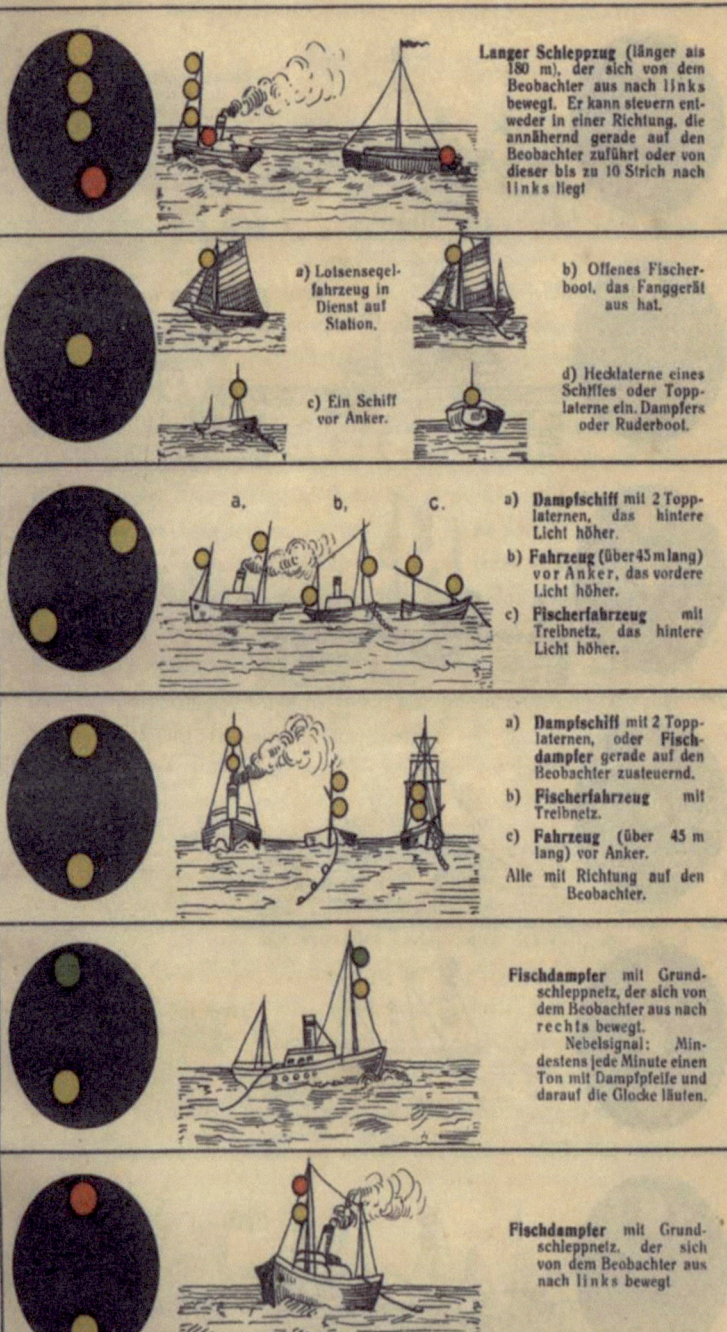

Lotsendampffahrzeug in Dienst auf Station. Führt ausserdem Positionslaternen, wenn es in Fahrt ist.
Nebelsignal wie andere Dampfschiffe.

Fischsegler (mit Grundschleppnetz), zeigt Flackerfeuer, wenn sich ihm ein anderes Schiff nähert.
Nebelsignal: Mindestens jede Minute einen Ton mit Nebelhorn und darauf die Glocke läuten.

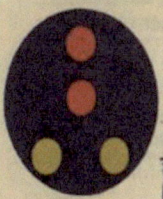 

Fahrzeug (über 45 m Länge), das im oder beim Fahrwasser am Grunde festsitzt.
Nebelsignal: Zuerst einen langen, dann 2 kurze Töne — · ·

Schiff vor Anker.
Nebelsignal: Mindestens jede Minute fünf Sekunden lang rasches Läuten der Glocke.

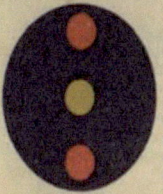 

Kabelleger, Fahrzeug, das Telegrafenkabel auslegt oder aufnimmt.

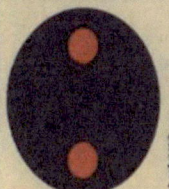 

Fahrzeug, das nicht manövrierfähig ist, oder auf Grund festsitzt.
Nebelsignal: Zuerst einen langen, dann zwei kurze Töne — · ·

VIII. Die subjektiven und objektiven Gefahren der See.

Der Neuling und der unserem Sport Fremde können allzuleicht versucht sein, die Unfallchronik eines jeden Sommers für ein zutreffendes Abbild der Gefahren des Segelsports zu halten. Der Erfahrene aber weiss, dass dies nicht zutrifft, dass vielmehr alle diese Unglücksfälle eigentlich nichts mit dem wirklichen Sport zu tun haben, aber er weiss auch, dass trotzdem der echte Sport leider auch den grössten Schaden von diesen alle Sommer mit seltener Regelmässigkeit wiederkehrenden Unglücksfällen und den weitschweifigen Berichten darüber in der Tagespresse hat; denn wenn auch die hastende Zeit schnell genug die traurige Post vergisst, heute schreit die Zeitung ein Unglück, morgen eitel Freudenbotschaft durch die Stadt, so bleibt doch ein leiser Erinnerungsrest daran bei so manchem Fernerstehenden zurück und verdichtet sich oft genug zu einem Urteil, einem Vorurteil freilich nur, über die „Gefährlichkeit" eines Sports. Wie oft greift dann nicht bei Angehörigen, bei Frauen, Müttern, Vätern und Erziehern die Absicht, die ihrer Liebe und ihrer Verantwortung Anvertrauten sorgsam vor der Gefahr zu schützen, über ihr eigentliches Ziel hinaus, indem sie diese ängstlich nun überhaupt von jeder sportlichen Betätigung fernhalten, ohne freilich in den meisten Fällen die Frage nach der Grösse und Wirklichkeit der Gefahr zu erheben und zum Gegenstand ernsten Nachdenkens zu machen. Wie gross der Schaden ist, der gerade dem Segelsport dadurch erwächst, wird niemals zu messen oder auch nur zu schätzen sein, aber jeder einzelne, den eine nur oberflächliche Vorstellung von dem Vorhandensein der Gefahren, ein nur ganz unbestimmtes Urteil über die Art, die Wirklichkeit und Grösse der Gefahr, von der segelsportlichen Betätigung zurückhalten, bedeuten diesem Sport einen Verlust; und einen Verlust von ungleich höherem Wert erleidet oft genug auch derjenige, den natürlicher Sinn und ausgeprägte Liebe zum blauen Wasser zu solcher sportlichen Betätigung drängen und der ihr entsagt oder entsagen muss aus kleinen, oberflächlichen Bedenken über die damit verbundenen Gefahren, die aber nahezu niemals im Bewusstsein zu einer bestimmten, klaren Vorstellung gereift sind.

Da das vorliegende Buch letzten Endes auch dazu bestimmt ist, dem Segelsport neue Freunde zu werben, so erscheint es geboten, die Gefahren, die seine sportliche Betätigung enthält, eingehend nach Wesen, Art und Bedeutung methodisch zu betrachten und zu klassifizieren. —

Eine gewisse Summe von Gefahren wohnt zweifellos jeder sportlichen Betätigung inne, und wir verstehen darunter die Möglichkeit des Eintritts eines Gesundheit und Leben des Einzelnen gefährdenden Ereignisses. Eine Gefahr ist um so grösser, je grösser die Wahrscheinlichkeit ihres Eintritts und je grösser der verursachte Schaden ist. —

Die Gefahren, die der Segelsport im allgemeinen, das Segeln auf See in kleinen Booten im besonderen bietet, kann man, wie das auch bei anderen Sportarten geschehen ist, in einfacher Weise schematisch nach subjektiven und objektiven Gefahren unterscheiden; und man versteht unter subjektiver Gefahr die Summe aller derjenigen Gefahren, die veranlasst werden durch die persönlichen Eigenschaften des Einzelnen, durch seine unzureichende sportliche Ausbildung, durch seinen Mangel an Kenntnissen und Fähigkeiten, die die Grundlagen seines Sports ausmachen, und durch das Fehlen wichtiger Qualitäten intellektueller Natur, als da sind: Mut, Geistesgegenwart, Urteilsvermögen, Entschlussfähigkeit, Kaltblütigkeit und mancherlei anderes. —

Die Gefahren objektiver Natur, die die segelsportliche Betätigung bietet, sind zweifacher Art und werden erstens bedingt durch die See und ihre Zustandsänderungen unter dem Einfluss der gewaltigen Naturkräfte. Auf ihr Vorhandensein, ihre Entstehung und Auslösung hat der Wille des Sporttreibenden keinerlei bestimmenden Einfluss, sie liegen ausserhalb seiner Person und sind treffend auch als Gefahren elementarer Natur zu charakterisieren. Eine zweite Klasse objektiver Gefahren bildet das nicht sehr einfache Sportwerkzeug des Seglers; ist es doch selbstverständlich, dass ein schadhaftes oder schadhaft gewordenes Boot besondere Gefahren in sich birgt.

Wenn nun auch die Abgrenzung der Gefahren nach subjektiven und objektiven Momenten eine scharfe Charakteristik aller möglichen Gefahren erlaubt, so besteht doch zwischen beiden die sehr einfache Beziehung, dass die objektiven Gefahren, die also die See dem Segler bietet, um so geringer werden, je grösser Können, Kenntnisse und Fähigkeiten des Einzelnen sind und umgekehrt. Situationen oder äussere Verhältnisse, die für den einen schon einen ganzen Komplex der verschiedensten Gefahren darbieten, können dem Erfahrenen noch nichts bedeuten, sondern von ihm auf das leichteste überwunden werden.

Noch enger wird die Beziehung zwischen objektiver und subjektiver Gefahr durch Hinzutreten eines Schuldmomentes bei dem Sporttreibenden geknüpft; wenn man sich in Erkenntnis einer zunächst rein objektiven Gefahr, wie sie beispielsweise ein typisches Sturmwetter darstellt, dieser schuldhafterweise und ihre Grösse nicht achtend aussetzt. Die Gefahr ist rein objektiver Natur, ihre gefährlichen Wirkungen werden erst ausgelöst durch das subjektive Moment des persönlichen Verschuldens. — Dies liegt auch immer dann vor, wenn man in Erkenntnis seiner mangelhaften persönlichen Fähigkeiten und seiner unzureichenden sportlichen Ausbildung etwas unternimmt, das von vornherein als eine zu grosse Aufgabe, als ein zu hoch gestecktes Ziel erscheint. —

Die objektiven Gefahren nun, soweit sie elementarer Natur und der See sowie ihren veränderlichen Zuständen eigentümlich sind, machen bis zu einer wohlbestimmten Grenze den ganzen Inhalt unseres Sports aus. Solange er nicht Wettsegeln darstellt, vermag man ihm keinen anderen zutreffenderen Inhalt zu geben, als den der menschlichen Kampfesbetätigung gegen die allgewaltigen Naturkräfte, die Wellen und Winde, die Wetter und Stürme, als deren Herd und Heimat die grossen Seen, die Meere, gelten. Die Gefahren der See mithin und der verlockende Reiz, an ihnen seine Kräfte zu messen, sind Sinn und Aufgabe unseres Sports, allerdings mit der Einschränkung, dass das Verhältnis zwischen der Leistungsmöglichkeit des Sporttreibenden und den vorgefundenen Gefahren und Schwierigkeiten ein durchaus harmonisches sein muss. Wenn es sich derart zu seinen Ungunsten verschiebt, dass von einer sportlichen Ausübung nicht mehr die Rede sein kann, wenn die Gefahren eine Steigerung erfahren, dass jeder Erfolg aussichtslos und zu einem Lotteriespiel auf Leben und Tod wird, dann erst pflegt man von dem Vorhandensein wirklicher Gefahr zu sprechen.

Alles, was bisher an dieser Stelle über die Kunst des Segelns gesagt worden ist, alles, was im einzelnen über Seemannschaft und Navigation, über die richtige und verständnisvolle Anwendung der vielen zu Gebote stehenden Hilfsmittel und über Methoden eines technisch vollendeten Sportbetriebs mitgeteilt worden ist, behandelt im Grunde genommen nichts anderes als die Ueberwindung aller derjenigen Gefahren, die zum Inhalt segelsportlicher Betätigung gehören. — Es bleibt mithin nur noch ein kleiner Rest objektiver Gefahrmöglichkeiten, deren Bekämpfung nicht mehr als sportliche Betätigung empfunden werden kann, sondern die infolge ihrer Grösse und ihres destruktiven Charakters einfach vermieden werden müssen.

Solche dem Segler verhängnisvolle Gefahren bedingen, auch das dürfte aus den früheren Blättern mit genügender Deutlichkeit ersichtlich sein, die Erscheinungen des schlechten Wetters. Das „schlechte Wetter" ist deshalb als eine besonders grosse Gefahr bezeichnet, weil es die Veranlassung ist, dass dadurch gleichzeitig auch alle anderen objektiven und subjektiven Gefahren eine Steigerung erfahren, gewissermassen an Intensität der „Gefährlichkeit" zunehmen. Wenn man bei normalem Sommerwetter auf einer Bank, oder einem Riff strandet, so bedeutet das meist nicht viel, bei schlechtem Wetter und stürmischer See ist damit das Schicksal des Bootes und leider auch oft genug das seiner Mannschaft bedingungslos entschieden. —

Es dürfte mithin als selbstverständlich gelten, dass die erfolgreiche Betätigung in kleiner Yacht auf See nicht zuletzt an das Vorhandensein gründlicher Kenntnisse auf dem Gebiet der praktischen Wetterkunde bei dem Segler auf das engste gebunden ist, wenn er der Summe von Gefahren entrinnnen will, die ihm und seinem sportlichen Werkzeug dann drohen, wenn das schlechte Wetter einen extremen Charakter annimmt und die Situation sich zu einer verderbenbringenden zuspitzt.

Diese Kenntnisse kann ihm nur die wissenschaftliche Meteorologie vermitteln und nur ihre Methoden und Instrumente können auch seine Hilfsmittel sein, nicht aber jene Wetterkenntnisse und Regeln, die inhaltlich dadurch treffend charakterisiert sind, dass sie auf unwissenschaftlicher Kombination beruhen, den Mangel jeder Methode erkennen lassen oder vorgefassten Meinungen zum Teil abergläubischer Natur entspringen. —

Wenn nun im Rahmen des vorliegenden Buches auf eine Vermittlung der grundlegenden Kenntnisse der praktischen und wissenschaftlichen Wetterkunde verzichtet wird, so kann dies nur unter gleichzeitiger Betonung ihrer Wichtigkeit und in der Erkenntnis geschehen, dass dieser Gegenstand notwendig eine gesonderte Betrachtung und eine ausführliche eigene Behandlung erfordert.

Da das in dem gleichzeitig in diesem Verlage erschienenen Werk: „Wetterkunde für den Wassersport" von Dr. E. Mylius erfolgt, und zwar in einer die besonderen Bedürfnisse des Seglers auf See erschöpfenden Weise, so erübrigt es sich auch an dieser Stelle.

Es sollen hier vielmehr nur noch jene beachtenswerten Einrichtungen an den Küsten Erwähnung finden, die besonders der Segler im kleinen

Boot sich nutzbar zu machen verstehen muss und die einerseits dazu bestimmt sind, den Seefahrer vor den Gefahren des schlechten Wetters zu warnen, der „Sturmwarnungsdienst", anderseits aber die Aufgabe haben, ihn aus Gefahr, aus Seenot, zu retten, der „Rettungsdienst". —

Der Sturmwarnungsdienst.

Um Seefahrer, Fischer und die von der See abhängigen Küstenbewohner vor den Gefahren zu warnen, die mit dem Auftreten von Stürmen verbunden sind, befinden sich an geeigneten Orten der Küste

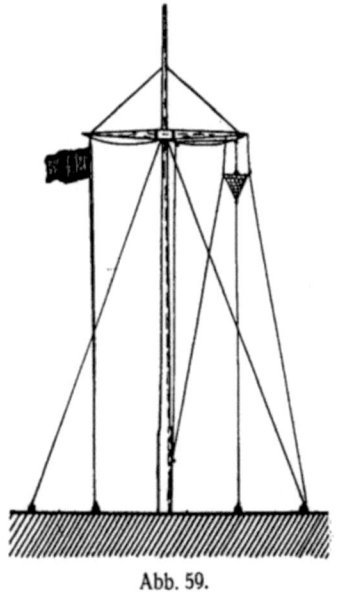

Abb. 59.

sog. Sturmwarnungsstellen; sie haben die Aufgabe, solche Warnungen durch die vorgeschriebenen Signale und durch Aushang der zugehörigen Telegramme zu übermitteln. Es werden nach dem unten erwähnten, einheitlichen System der Deutschen Seewarte in Hamburg, als der meteorologischen Zentrale, atmosphärische Störungen und Stürme am Tage mit schwarzem Ball, schwarzen Kegeln, roten Flaggen, nachts durch eine rote Laterne, wo eine Verwechslung mit anderen Lichtern oder Lichtsignalen nicht zu befürchten ist, oder neuerdings auch mit weissen Laternensignalen an einzelnen Orten (z. B. Friedrichsort, Darsser Ort und Greifswalder Oie) gegeben.

Zum Hissen der Signale dient meist ein Mast mit zweiarmiger Raa, wie ihn die vorstehende Abbildung, S. 185, zeigt, an einigen Stellen aber auch ein Arm, eine Stange auf dem Dach eines Hauses etc.

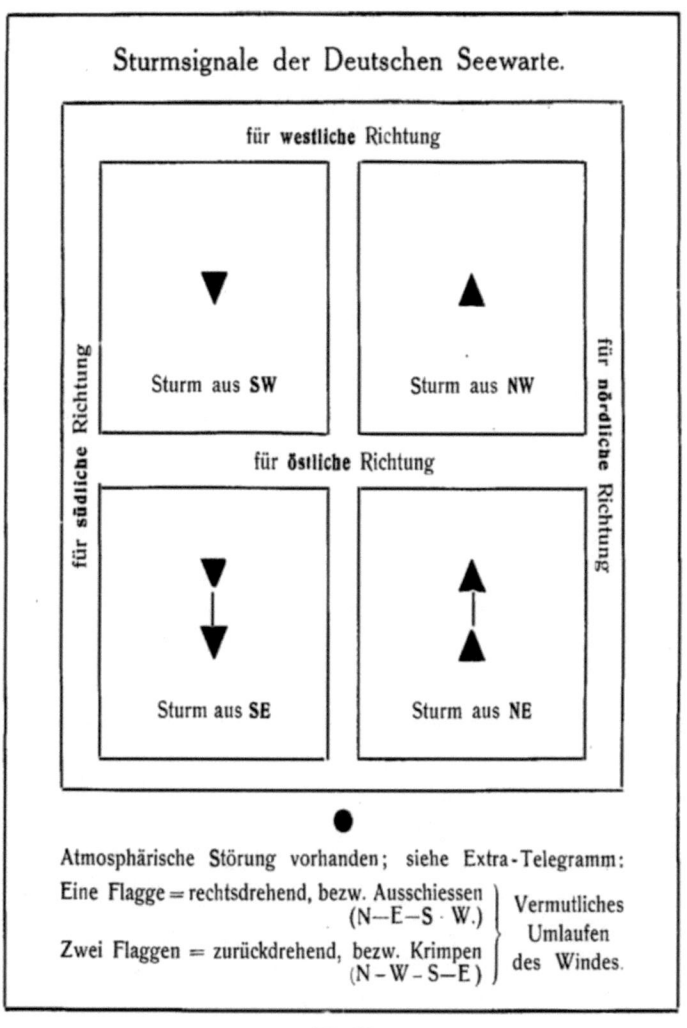

Abb. 60.

Zur Ausrüstung gehört noch ein Sturmwarnungskasten, in dem die Telegramme während des Zeigens der Signale ausgehängt werden, sowie ein Wetterkasten zur Aufnahme der täglichen Wetterkarten, Wetterberichte und Hafentelegramme der Deutschen Seewarte, ein Aneroidbarometer, Thermometer etc.

Man unterscheidet Sturmwarnungsstellen mit vollständigen Tagsturmsignalen und solche, die nur mit einem Ball als Tagsturmsignal ausgerüstet sind, ferner Sturmwarnungs-Nebenstellen, die keine Signale zeigen, sondern die nur die Sturmwarnungen, eventuell auch die Hafentelegramme aushängen.

Die meisten Stellen sind mit allen Sturmsignalen versehen, einige Stellen sind nur im Sommer in Betrieb.

Die westliche Ostsee hat eine grössere Anzahl solcher Sturmwarnungsstellen, fast jeder Hafen besitzt eine; auf den Seekarten sind sie als Strm. S. kenntlich gemacht, so dass es sich wohl erübrigt, sie an dieser Stelle einzeln aufzuführen.

Der Dienst auf sämtlichen Sturmwarnungsstellen wird einheitlich durch die Deutsche Seewarte geregelt. Die Sturmwarnungstelegramme gehen den Stellen direkt zu und ihre Aushängung erfolgt gleichzeitig mit dem Vorheissen des Signals.

Die Verwendung des Balls oder der Kegel als Sturmsignale am Tage an der einen Raanock, der Flaggen an der anderen Nock gehisst, geschieht nach nebenstehendem Schema (S. 186).

Es bedeutet also:

ein Kegel, Spitze oben: Nordweststurm,
zwei „ „ „ Nordoststurm,
ein „ „ . unten: Südweststurm,
zwei „ „ „ Südoststurm.

Daneben bedeutet eine Flagge: Rechtsdrehen, zwei Flaggen: Linksdrehen des Windes. —

Der vorgeheisste schwarze Ball („Sturmball") bedeutet das Vorhandensein einer atmosphärischen Störung und das Nähere soll aus dem Extratelegramm ersehen werden. Meist bedeutet er die Annäherung einer wahrscheinlich mit starken auffrischenden Winden verbundenen Depression, deren Richtung und Verlauf noch nicht genau zu bestimmen ist; er wird durch ein wohlbestimmtes Kegelsignal ersetzt, wenn der Seewarte soviel telegraphisches Material vorliegt, dass die Richtung des zu erwartenden Sturmes feststeht. Diese Aenderung sowie auch die Abnahme der Sturmsignale geschieht ebenfalls nur durch direkte telegraphische Anordnung der deutschen Seewarte. —

Es ist darauf zu achten, dass man die Kegelsignale nicht mit den Wasserstandssignalen verwechselt, die vielfach ebenfalls an den angeführten Stationen gegeben werden und auf der Karte als Wss.S.

bezeichnet sind. Die Wasserstandssignale werden mit Doppelkegeln etwa von der folgenden Form gemacht:

 Sturmsignale aber sind einfache Kegel.

Die Bedeutung der Sturmwarnungen für den Segler ist vielseitiger Art. — Ihrer Entstehung nach sind sie das zunächst rein theoretische Ergebnis, das die Metereologen der Seewarte aus dem grossen wettertelegraphischen Material ziehen, das sie fortwährend von vielen Punkten der Erdoberfläche erhalten und das zur Herstellung der Wetterkarte verwandt wird. Eine Sturmwarnung unserer Küste ergeht immer dann, wenn sich aus diesen Wetterkarten eine Wetterlage ergibt, die in ihrer Weiterentwicklung nach allen bisherigen Erfahrungen zum Auftreten stürmischer Winde führen muss. Diese Wetterlagen sind bekanntlich wohl charakterisiert.

Je nachdem die Aenderung der Wetterlage, resp. die Depression, fortschreitet, wird entweder die ganze Küste oder nur ein Teil der Ostsee etwa bis Darsser Ort, resp. bis Greifswalder Oie, gewarnt, oft beschränken sich Sturmwarnungen auch nur auf die Nordsee. —

Eine Sturmwarnung stellt also in erster Linie nur eine Warnung dar, wodurch gesagt werden soll, dass durchaus nicht der betreffende Ort notwendig und unbedingt Sturm bekommt, sondern es besteht nur die Möglichkeit, die Wahrscheinlichkeit, dass er in den Sturmbereich einbezogen wird.

Zuletzt aber ist darauf aufmerksam zu machen, dass die Sturmwarnungen keinesfalls dazu bestimmt sind, dem Seefahrer und vor allen Dingen nicht dem Sportsegler die Sorge um die Sicherheit seines Bootes abzunehmen, ihm die Kenntnisse metereologischer Natur zu ersparen, im Gegenteil, sie sollen ihn veranlassen, sich eingehend damit zu beschäftigen, sie sollen ihm eine Hilfe, eine Anregung sein. Dem Kundigen ist eine angetroffene Sturmwarnung meist nur eine Bestätigung seines guten Urteilsvermögens in meteorologischen Dingen, soweit es sich gerade um Luftdruck und Windstärke handelt, zwei Faktoren, die in ihrer Abhängigkeit voneinander unter wesentlich günstigeren Bedingungen beurteilt werden können, als alle übrigen meteorologischen Elemente.

Neben dem oben erwähnten internationalen Sturmwarnungsdienst findet der Segler in einer Reihe dänischer Hafenorte noch Sturmwarnungen anderer Art und von sehr viel präziserem Inhalt, da durch sie das wirkliche Vorhandensein von starken Winden· resp. Stürmen signalisiert wird. Die beifolgend reproduzierte Tafel erklärt Ver-

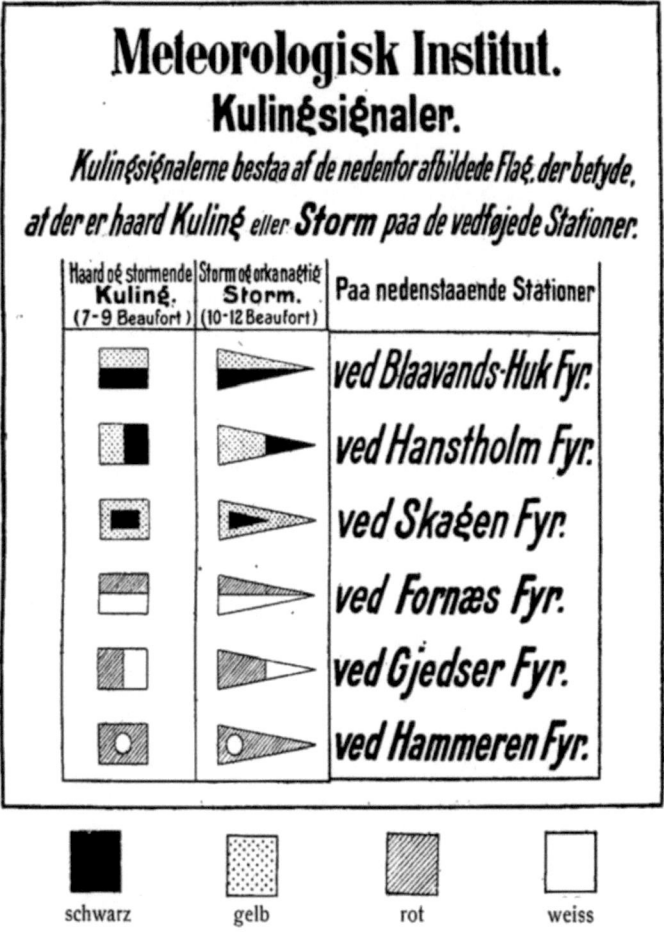

wendung und Bedeutung der Signale. Wenn nämlich an einem der folgenden Orte: Blaavands-Huk, Hanstholm, Skagen, Fornaes, Gjedser und Hammeren (Bornholm) Windstärke 7—9 (Kuling) oder 10—12 (Storm) herrscht, so wird dies telegraphisch den folgenden Häfen: Aalborg, Esbjerg, Frederikshavn, Helsingör, Kopenhagen, Odense und Skagen gemeldet. Hier wird alsdann die entsprechende zweifarbige

Flagge, resp. der Wimpel im Top des Sturmsignalmastes vorgeheisst. Es kommt häufig genug vor, dass schon mehrere solcher Sturmsignalflaggen in den betreffenden Häfen wehen, ehe noch die nach dem internationalen System vom „Meteorologisk Institut" in Kopenhagen ausgehende Sturmwarnung eintrifft. Da die Existenz einer kleinen Yacht auf See mit Windstärke 7 ihre Grenze hat, so wird sich auch der Segler diese besonderen Signale nutzbar machen können.

Die Windstärke wird bei allen Witterungsbeobachtungen meist schätzungsweise angegeben, und zwar nach der sog. Beaufort-Skala unter Benutzung der in folgender Tabelle erwähnten Kennzeichen:

Windstärke nach Beaufort-Skala	Bezeichnung	Geschwindigkeit in Meter per sec.	Kennzeichen
0	Windstille	—	Vollkommene Windstille.
1	Leiser Zug (sehr leicht)	1,7	Der Rauch steigt fast gerade empor.
2	Leicht	3,1	Für das Gefühl eben bemerkbar.
3	Schwach	4,8	Bewegt einen leichten Wimpel, bewegt auch die Blätter der Bäume.
4	Mässig	6,7	Streckt einen Wimpel; bewegt kleinere Zweige der Bäume.
5	Frisch	8,8	Bewegt grössere Zweige der Bäume, wird für das Gefühl schon unangenehm.
6	Stark	10,7	Wird an Häusern und anderen festen Gegenständen hörbar, bewegt grosse Zweige der Bäume.
7	Steif	12,9	Bewegt schwächere Baumstämme; Wellen werden hohl und stürzen über und der Schaum fängt an von den Wolkenkämmen zu fliegen.
8	Stürmisch	15,4	Ganze Bäume werden bewegt, ein gegen den Wind schreitender Mensch wird merkbar aufgehalten.
9	Sturm (voller Sturm)	18,0	Leichtere Gegenstände, wie Dachziegel u.s.w. werden aus ihrer Lage gebracht.
10	Starker Sturm	21,0	Bäume werden umgeworfen.
11	Schwerer Sturm	ca. 30	Zerstörende Wirkungen schwerer Art.
12	Orkan	ca. 50	Verwüstende Wirkungen.

Um aus der geschätzten Windstärke die Windgeschwindigkeit in Sekundenmetern annähernd zu errechnen, multipliziert man sie mit 2 und subtrahiert 1. z. B. entspricht der Windstärke 5 die Geschwindigkeit von 5×2—1, das ist 9 Sekundenmeter.

Dies Verfahren ist nur bis Windstärke 8 richtig. —

Rettung aus Gefahr.

Um sich aus grösseren Gefahren zu retten, die für den Seemann hauptsächlich darin bestehen, dass er bei schlechtem Wetter strandet, dass sein Schiff leck schlägt, oder dass er Mangel an Wasser und Proviant leidet und die ihrer Natur nach derart sind, dass er auf fremde Hilfe angewiesen ist, muss er zunächst die wichtigsten Signale kennen, die dazu bestimmt sind, die Aufmerksamkeit anderer Schiffe oder der Rettungsstationen zu erregen und sie zur Hilfeleistung veranlassen sollen; weiter ist es aber auch notwendig, die Handhabung der Apparate zu kennen, die allgemein der Rettung Schiffbrüchiger an unseren Küsten dienen.

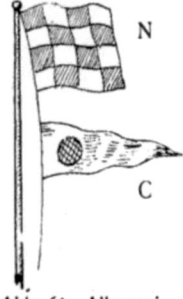

Abb. 61. Allgemeines Notsignal.

Die wichtigsten Notsignale sind beifolgend dargestellt.

Als allgemeines Notsignal dienen die Flaggen N und C des internationalen Signalsystems, an hervorragender, nach möglichst allen Seiten sichtbarer Stelle vorzuheissen.

Weitere wichtige Fernsignale werden mit einem Ball oder irgend einem rund erscheinenden Körper (z. B. Mütze) und drei- und viereckiger Flagge gemacht. Wie sie ihrer Bedeutung entsprechend zu verwenden sind, geht aus den nebenstehenden Abbildungen hervor.

Abb. 62. Schiff hat Leck und unverzüglich Hilfe nötig.

Bei weniger gefährlichen Situationen pflegt man auch wohl vielfach nur die „Flagge in Schau" zu setzen. Man knotet sie in der Mitte zusammen und setzt sie an gut sichtbarer Stelle.

Des Nachts sind Notsignale auf kleiner Yacht nicht leicht zu machen, es kommen in Betracht: andauerndes Ertönenlassen des Nebelhorns, oder auch das Aufsteigenlassen von Raketen in kürzeren Zwischenräumen.

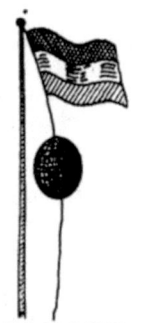

Abb. 63. Schiff ist auf Grund, hat unverzüglich Hilfe nötig.

Die Rettung Schiffbrüchiger ist an der deutschen Küste die Aufgabe der „Deutschen Gesellschaft zur Rettung Schiffbrüchiger". Sie verfügt über eine grosse Anzahl Rettungsstationen auch an der Ostseeküste. Da sie auf den Seekarten als R.S. angeführt sind, so erübrigt es sich, sie hier einzeln aufzuzählen.

Als Rettungsgegenstände dienen: Das „Deutsche Rettungsboot", es besteht aus verzinktem Stahlblech, ist mit Luftkästen versehen, vorn und hinten spitz gebaut und 7,5 m bis 9,5 m lang. Vielfach ist es auch zum Segeln eingerichtet. — Rettungsraketen, mit denen man eine Leine über das gestrandete Boot auf eine Entfernung von 300—500 m hinwegschiesst.

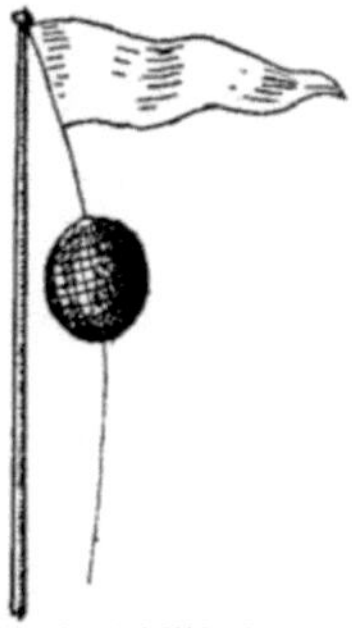

Um auf kurze Entfernung eine Verbindung herzustellen, bedient man sich des Handgewehrs, dessen Tragweite nur etwa 80 m beträgt.

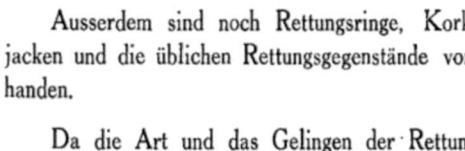

Abb. 64. Schiff ist knapp an Lebensmitteln. Hunger leidend.

Ausserdem sind noch Rettungsringe, Korkjacken und die üblichen Rettungsgegenstände vorhanden.

Da die Art und das Gelingen der Rettung mit Raketengerät eine Mitwirkung und deshalb die genaue Kenntnis der Handhabung dieses Hilfsmittels seitens der Mannschaft des gestrandeten Schiffs erfordert, so sind für deren Verhalten in solchen Fällen genaue Anweisungen ausgearbeitet worden, die nachstehend angegeben sind.

Abb. 65. Flagge in Schau.

Handhabung des Raketenapparates.

Wenn ein Schiff an den deutschen Küsten in kurzer Entfernung vom Ufer strandet und das Leben der Mannschaft dadurch gefährdet ist, wird der letzteren, wenn irgend möglich, vom Ufer aus auf folgende Weise Beistand geleistet werden:

a) Eine Rakete, an der eine dünne Leine befestigt ist, wird über das Schiff hinausgeschossen. Diese Raketenleine muss möglichst rasch erfasst und festgehalten werden. Ist dies geschehen, so muss einer von der Mannschaft beiseite treten und, wenn es Tag ist, seinen Hut, seinen Arm, eine Flagge oder ein Tuch schwenken; ist es aber Nacht, so muss eine Rakete oder ein Blaufeuer angezündet werden, oder man zeigt eine Laterne und lässt sie wieder verschwinden. Alles dies geschieht, um denen am Lande als Signal zu dienen, dass die Leine gefasst ist.

b) Wenn dann die Schiffsmannschaft einen der am Ufer befindlichen Leute seitwärts von den übrigen eine rote Fahne schwenken sieht, oder wenn ihr zur Nachtzeit ein rotes Licht gezeigt wird, das dann wieder verschwindet, so muss sie die vorher erwähnte Raketenleine vom Lande her einholen, bis sie einen Steertblock daran befestigt findet, durch welchen ein Jolltau (endloser Läufer) geschoren ist.

c) Dieser Steertblock ist am Mast ungefähr 2½ m unter der Saling zu befestigen oder — falls die Masten nicht mehr stehen — an dem höchsten festen Gegenstande auf dem Schiffe. Sobald der Block festgemacht ist, muss wieder einer von der Schiffsmannschaft beiseite treten und das unter a) beschriebene Signal geben.

d) Sobald dies Signal am Lande gesehen ist, wird durch die Leute am Lande ein starkes Tau, das Rettungstau, an dem Jolltau (Läufer) befestigt und vom Lande aus an Bord gezogen werden.

e) Wenn dies Rettungstau an Bord gezogen ist, muss die Mannschaft es sogleich etwa ½ m oberhalb des Steertblocks, womöglich mit diesem an demselben Schiffsteile, befestigen und dabei Sorge tragen, dass das Jolltau (Läufer) klar von dem Rettungstau bleibt.

f) Wenn das Rettungstau in solcher Weise an Bord befestigt ist, muss das Jolltau (Läufer) von dem Rettungstau losgemacht und, wenn dies geschehen ist, das unter a) beschriebene Signal wiederholt werden.

g) Die Leute am Lande werden dann das Rettungstau straff anholen und an ihm vermittels des Läufers eine Hosenboje an Bord ziehen; in diese hat sich die Person, welche ans Land gezogen werden soll, zu setzen, und zwar mit den Beinen in die Hose und die Arme über die Boje legend. Alsdann muss abermals einer von der Mannschaft auf die Seite treten und den Leuten am Lande das unter a) beschriebene Signal geben. Die Leute am Lande werden dann die Boje ans Land holen und, nachdem die Person gelandet ist, leer wieder ans Schiff ziehen. Dies Verfahren wiederholt sich, bis alle Personen gerettet sind.

h) Es kann vorkommen, dass das Wetter und der Zustand des Schiffes die Befestigung des Rettungstaues nicht zulassen; in solchen Fällen wird die Hosenboje vermittels des Jolltaues (Läufer) hingezogen und die Schiffbrüchigen werden dann in der Hosenboje vermittels des Jollentaues durch die Brandung geholt anstatt längs des Rettungstaues.

Die Kapitäne und Mannschaften gestrandeter Schiffe müssen hierbei stets vor Augen haben, dass ihre Rettung nur bei eigener Besonnenheit und bei strenger Befolgung der oben gegebenen Vorschriften gelingen kann.

Die Vorschriften inbetreff der zu gebenden Signale müssen dabei besonders genau befolgt werden.

Das Regatta-Segeln

Unser schöner Segelsport erobert sich von Jahr zu Jahr mehr Anhänger. Die grösste Werbekraft üben unstreitig die Wettfahrten aus, deren Zahl alljährlich sich an der Küste und im Binnenlande steigert. Wenn der Begleitdampfer seine mehr oder weniger sachverständigen Passagiere an Land gesetzt hat, pflegt für diese gewöhnlich der reichhaltige Gabentisch der Silberpreise die grösste Anziehungskraft zu sein und besonders die schöne Damenwelt kann sich nicht genug tun im neidvollen Betrachten und Abschätzen all der Herrlichkeiten, die den glücklichen Siegern zum Lohne winken.

So manchen Fürsprecher und neuen Anfänger erhielt hierdurch unser Sport; und wenn gar so ein schöner Silberpreis von hoher, sehr hoher, oder allerhöchster Seite dem strahlenden Gewinner mit gnädigem Händedruck und freundlichen Worten übergeben wird, so ist dies für manch einen ein Ziel, das zu erreichen nicht zu hoch bezahlt ist mit einem kleinen Vermögen.

Wen's also auf diese Weise gepackt hat, der schreibt am nächsten Tage an irgend einen erfolgreichen Yacht-Architekten und bestellt ihm ein Boot, das unbedingt in der und der Klasse alles bei jedem Wetter schlagen müsse.

An die Taufe und den Stapellauf schliessen sich dann gewöhnlich einige sogenannte Gästefuhren; denn der Ruf des zukünftigen

Preisgewinners ist lawinengleich in der gesamten Freundschaft umhergerollt. Der erste Regattatag naht, der Begleitdampfer ist mit dem siegesgewissen Familienanhang beladen und nach dem Endschuss umsteht die trauernde Versammlung mit meloncholischem Seitenblick auf den oben erwähnten Gabentisch den enttäuschten Eigner, der mit Pathos erklärt, dass der Konstrukteur ein Esel sei, der Schiffbauer ein Sargtischler und ausserdem — — wenn an der zweiten Boje der Wind nicht plötzlich ganz anders... usw.

So ist's gar oft, aber nicht immer. Auch hier und da treibt die Liebe zur Natur, zum Wasser, zum fröhlichen Wettstreit dem Segelsport einen Unerfahrenen in die Arme, der keine Gelegenheit hatte, seine sportliche Erziehung unter der Anleitung eines erfahrenen, wirklichen Sportmannes durchmachen zu können. Für diesen hochwillkommenen Jünger der schönen, aber schweren Kunst seien die nachfolgenden Seiten geschrieben. Nur als Fingerzeige, nicht zur sklavischen Gefolgschaft, als Anreiz zum Nachdenken, zum weiteren Probieren. Denn keine Kunst kann durch Lehrbücher gelernt werden. Es soll dem Neuling klar gemacht werden, dass der Erfolg bereits lange vor dem Wettkampf vorbereitet werden muss, ja, dass der grösste Teil einer sportlichen Leistung in der Vorbereitung liegt. Wieviele Yachten, auf welche die grössten Siegeshoffnungen gesetzt waren, träumen wohl ein verachtetes Dasein im Winkel irgendeiner obskuren Kahnbauerei, wieviele sind als völlige Fehlbauten abgewrackt worden, weil nicht mit dem nötigen Fleiss, mit den erforderlichen Kenntnissen an ihnen gearbeitet worden ist, um sie zu dem zu entwickeln, was sie sein sollten. Eine äusserst seltene Ausnahme dürfte es sein, wenn ein Fahrzeug ohne alle Kinderkrankheiten seine Rennlaufbahn beginnen und erfolgreich durchführen kann. Ja, ich möchte behaupten, dass die sogenannten Sorgenkinder, wenn sie schliesslich einschlagen, ihren Pflegern mehr Freude machen, als die Kinder des Glücks, die kommen und siegen.

Zwar ist es ein köstliches Vergnügen, bei angenehmer Damenbrise oder trotz Sturm und Regen sein Boot zu tummeln, oder auch in träumerischer Stimmung, sanft gewiegt von Woge und Wind, die Nervenkraft bei fast gänzlicher Ausschaltung der Gehirntätigkeit zu erneuern. Für andere aber hat es wieder einen besonderen Reiz, die wissenschaftliche Seite des Segelns und der Schiffbaukunst in der Praxis und durch die Praxis auszukosten und zu vervollkommnen. Für den, dessen Ehrgeiz sich den Wettkampf als Betätigungsfeld ausersehen hat, bleibt keine Wahl zwischen den beiden Wegen. Von früh bis spät muss er seine Yacht studieren bis in jede Einzelheit; möglichst oft begleitet von einem ähnlich grossen Fahrzeug, an dem er seine Geschwindigkeit, die Wirkung seiner Versuche prüfen kann. Zu einwandsfreien Vergleichs- und Trimmfahrten gehört ein grosses Segelrevier, ohne Strömungen, ohne Deckungen mit Zufallsbrisen. Der Führer weiss sonst nie, ob nicht andere Einflüsse bei den Resultaten mitgespielt haben, wenn er eine Aenderung auf ihre Zweckmässigkeit hin gegen eine andere Yacht prüft. Die Binnenländer mit ihren beschränkten Revieren sind daher übel dran in dieser Beziehung. Sie werden stets im Nachteil sein gegenüber der Waterkant, wenn nicht Fleiss und Begeisterung die Schwierigkeiten überwinden.

Nicht nur an der Pinne sitzend, wenn unter Segel, sondern auch als Hand vor dem Mast, an der Grossschot, von der Höhe der Saling aus, vom Ufer oder vom Bord eines begleitenden Fahrzeugs und vor Anker liegend muss der Führer sein Boot beobachten und durch und durch beherrschen.

Jedes Fall, jeden Block, jeden Beschlag muss er kennen und keine Aenderung darf an der Yacht oder Takelage ohne sein Wissen vorgenommen werden. Ja, schon bevor die Yachtwerft das Fahrzeug abgeliefert hat, muss das Studium beginnen an Hand der Konstruktionszeichnungen und des Segelrisses, damit der Steuermann sich schon im voraus darüber klar ist, was für eine Yacht er in die Hände bekommen wird und welche Wahl er unter seinen Mitseglern zu treffen hat. Nicht jeder Steuermann, der gewohnt ist, ein langsam drehendes Schwerdeplacements-Boot mit langem Kiel unter seinen Füssen zu haben, findet sich zurecht mit einem flunderartigen Fahrzeug, dessen leichtes Deplacement und kurzer Lateralplan eine ganz andere Hand erfordern, und noch weniger jeder Mann vor dem Mast. Jede Eigenschaft der Yacht verlangt auch die entsprechenden Individualitäten, und wer gewöhnt ist, Schello zu spielen, der lasse die Hand von der Violine, und umgekehrt. Ohne die genaue Kenntnis aller Faktoren, aus denen sich sein Pflegling zusammensetzt, sind erfolgreiche Trimmversuche nicht zu machen. Rumpflinien, Ballast, Spieren und Segel stehen in so inniger und so verschiedenartiger Wechselwirkung zueinander, dass es ausserordentlich schwierig ist, bei dem Versuch einer Anleitung zum Trimmen einer Yacht jeden Teil gesondert und zugleich erschöpfend zu behandeln. Es wird sich daher im Laufe der Abhandlung mehrmals nötig zeigen, auf bereits Erwähntes zurückzugreifen wegen seines Einflusses auf andere Eigenschaften der Yacht.

Auch ist es sehr schwierig, bei einem Leitfaden wie dem vorliegenden zu entscheiden, was zum Begriff des Trimmens gehört und was Sache der Werft ist und daher aus dem Kreise der Betrachtung auszuschliessen sein würde. Da die Grenze nicht genau zu ziehen ist, will ich doch andeuten, wo der Werft auf die Finger zu passen ist, besonders dem Takler, der gewöhnlich seine Arbeit in der Hast der letzten Ablieferungstage beenden muss und häufig nicht die praktischen Kenntnisse hat, um auf die Absichten des Konstrukteurs mit Erfolg eingehen zu können.

Das Trimmen.

Der Rumpf.

Lee- und Luvgierigkeit und Abtrift.

Grundbedingung für die Schnelligkeit einer Yacht ist, dass sie bei jedem Wetter möglichst genau ausbalanciert ist, d. h. dass sie mit geringster Ruderarbeit auf allen Kursen gesteuert werden kann, da jede Bewegung des Ruders den Fortgang hemmt. Zu diesem Zweck muss der Segelschwerpunkt in einem gewissen Verhältnis zum Mittelpunkt des seitlichen Wasserwiderstandes der Yacht stehen. Ein schwieriges Problem, in der Theorie kaum zu lösen, da es von vielen Momenten beeinflusst wird. Hier muss daher das Trimmen einsetzen und es ist unumgänglich nötig, dass der Führer genau weiss, wie die Profillinie seiner Yacht unter Wasser verläuft, wie die Form und Grösse des Ruders ist; denn die richtige Trimmlage ist die Vorbedingung für gutes Steuern.

An der Trimmlage einer Yacht im Typ der modernen Sonderklassenyachten oder der Rennflundern, mit in der Mitte stark zusammengeholtem Lateralplan, lässt sich mit Aussicht auf Wirkung wenig ändern. Alles, was man tun kann, ist, dass man sie auf der bei der Konstruktion bestimmten Linie zum Schwimmen bringt. Ob dies der Fall, ist bei der Abnahme und Vermessung der Yacht festzustellen. Bei kleineren Unterschieden hilft wohl die geeignete Verstauung des Ankers, der Beisegel und der sonstigen Ausrüstungsgegenstände. Ein grösserer Fehler in dieser Beziehung ist aber nur durch Umänderung des Bleikiels zu korrigieren, unter gewissen Umständen durch Verkürzung des Hecküberhanges. Diese eingreifenden Operationen dürften sich empfehlen, wenn es nicht angeht oder zu kostspielig würde, am Bleiballast etwas zu ändern, und besonders, wenn die Yacht infolge zu grosser Tragfähigkeit des Hecküberhanges bei geneigter Schwimmlage das Vorschiff zu stark ins Wasser bohrt. Beide, der Umguss des Bleikiels sowie die Verkürzung des hinteren Ueberhanges jedoch wird man wohl kaum ohne die verantwortliche Gegenzeichnung des Konstrukteurs vornehmen.

Erfolgreicher als den extremen Flundern kann man, vermöge ihres mehr gestreckten Lateralplanes, den internationalen R-Yachten und nationalen Kreuzern mit dem Umtrimmen von Innen-Ballast zu Leibe gehen, ohne die oben erwähnten einschneidenden baulichen Veränderungen vornehmen zu müssen. Bei Leegierigkeit oder bei nicht einwandsfreiem Ablauf des Wassers am Heck trimmt man die Yacht etwas vornüber, bei zu hartem Ruderdruck aber und Kopflastigkeit mehr nach achtern. Man beachte aber ja, dass die ominösen Kupferstreifen der amtlichen Vermessung in der Ruhelage vor Anker nicht untertauchen, da der böse Konkurrent ein wachsames Auge hat, und scheue nicht eine Nachvermessung und Versetzung der Marken, wenn sich die probeweise vorgenommene Veränderung als vorteilhaft herausgestellt haben sollte und nicht etwa andere Nachteile gezeitigt hat. Diese können einerseits bestehen in zu häufigem Unterschneiden des Vorschiffes bei Seegang oder in zu grosser Völligkeit der Wasserlinien im Bug, die sich durch „Buddeln" kennzeichnet (Kopflastigkeit). Andererseits saugt sich das Heck im Wasser fest, wenn die Yacht zu weit nach achtern getrimmt ist. In beiden Fällen kann trotz verbesserten Am-Wind-Eigenschaften die Geschwindigkeit auf raumen Kursen völlig verdorben sein, indem infolge der vorgenommenen Aenderungen der Schwimmlage seitlich und im Kielwasser steile, ja selbst überkämmende Wellen entstehen, ähnlich denen, wenn man auf flaches Wasser kommt, welche deutlich anzeigen, dass der Wasserablauf unharmonisch und daher fahrthindernd ist. Wenn man aber auf diesem Wege nicht zum Ziel kommt, sind andere Mittel zu versuchen, welche bei Gelegenheit zur Besprechung der Takelung und der Segel behandelt werden sollen.

In engem Zusammenhang mit der Steuerfähigkeit der Yacht steht auch die Fähigkeit, hoch am Winde zu liegen. Eine seitliche Abtrift bei frischer Brise entsteht — trotz normaler Segelform und Stellung —, wenn die Yacht nicht genügend Lateralplan hat. Im allgemeinen wird die Bedeutung der benetzten Oberfläche etwas überschätzt. Sollte es sich also herausstellen, dass eine Yacht leegierig ist und nicht gut kreuzt, rate ich, bei dem Konstrukteur dahin vorstellig zu werden, das Unterwasserschiff nach vorn zu etwas zu verlängern. Im umgekehrten Falle wäre entweder die Achterkante des Unterwasserschiffes steiler zu stellen; auch genügt manchmal schon eine unbedeutende Vergrösserung des Ruders.

Stabilität, Deplacement.

Ob die Yacht im Verhältnis zu ihrer Segelfläche und ihren Abmessungen die richtige Menge Ballast hat, ist ebenfalls eine wichtige Frage. Dass ein Fahrzeug zu steif ist, kommt heutzutage leider sehr selten vor. Ist dies doch auch nur ein relativer Begriff, der sich nach dem Revier mit seinen vorherrschenden Windstärken und nach den Eigenschaften der Gegner richtet. Man hilft dem leicht ab entweder durch Verringerung des Ballasts, oder durch Vergrösserung der Segelfläche, ohne jedoch die Gefahr ausser acht zu lassen, dass die Besegelung zu unhandlich wird, dass der Mast die Segel nicht mehr tragen kann, oder dass die Klassengrenze überschritten wird. In den meisten Fällen dürften heute die Yachten zu rank sein und dann helfen gewöhnlich nur die umgekehrten Mittel: Verkleinerung der Segelfläche, Erleichterung der Spieren und Vermehrung des Bleigewichts. Einen kleinen Notbehelf hat man darin in der Hand, wenn man das Grosssegel am Mast tiefer ansetzen kann. Gar zu niedrig soll aber das Grosssegel auch nicht stehen, da der Wind stets ungehindert zwischen Baum und Deck hindurchziehen muss. Bei leichter Brise kann man dasselbe Mittel in umgekehrter Weise anwenden, um die Yacht beweglicher zu machen. In höher gesetztem Zustande ist das Grosssegel auch wirksamer, da es den in den oberen Schichten meist etwas stärkeren Winden ausgesetzt ist.

Es kommt aber auch vor, dass eine verhältnismässig breite, flachgehende Yacht schon allein durch Erleichterung ihres Gewichts beweglicher und schneller und dadurch steifer wird.

Auf das Thema der Stabilität haben wir bei der Behandlung der Takelung und der Segel nochmals einzugehen, mit der wir eine vorzügliche Handhabe zur Besserung besitzen.

Das Verhältnis des Deplacements zur Segelfläche ist wohl das schwierigste Problem der Schiffbau-Kunst, dessen Lösung wir den Konstrukteuren überlassen müssen. Der erfahrene Segler hat es zwar manchmal im Gefühl, in der Hand sowohl wie in einem anderen Nerv (dessen Existenz von der ärztlichen Wissenschaft noch nicht entdeckt, der aber in der Nähe der menschlichen Sitzfläche zu suchen ist), woran seine Yacht in dieser Beziehung krankt und was ihr nottut. Bis der Anfänger diesen Nerv sich anerzogen und ihn unfehlbar ausgebildet hat, vergeht eine lange Zeit und inzwischen hilft eben nichts als probieren und wieder probieren.

Die Takelung.

Der Mast.

Während demnach an der Verbesserung des Bootsrumpfes für den Eigner wenig zu tun übrig bleibt, da er sich in dieser Beziehung meist an den Konstrukteur wenden muss, ist seine fast ausschliessliche Domäne die Takelage und die Segel. Vor allem dem Mast mit seinem Gewirr von Drahtgut und Fallen als Uebermittler der treibenden Kraft kommt eine wichtige Aufgabe und daher eingehende Aufmerksamkeit zu.

Trotz grösstmöglicher Leichtigkeit im Interesse der Stabilität dürfen Mast sowohl wie Spieren ihre Stellung zum Bootsrumpf und zu einander nach Möglichkeit nicht verändern, wenn auch eine gewisse Elastizität nur von Vorteil zu sein scheint für die Gleichmässigkeit der Kraftübertragung und zur Milderung der Wirbelbildung und der Stösse der Wellen und des Windes. Ausser der festen Verkeilung in der Mastspur im Kiel sowie im Deck sorgen für die Steifigkeit in der Längsrichtung des Fahrzeugs die Vorstagen und die Vorsegel einerseits, und andrerseits die Backstagen; bei grösseren Yachten noch die Stengebackstagen. Nach den Seiten sorgen die Wanten dafür. Der Grad der Elastizität hängt ab von dem Winkel der Spreizung. Besonders schmale Yachten müssen daher ihre Unterwanten so steif wie möglich durchsetzen, während die Topwanten, falls sie über Salings geführt werden, wohl etwas mehr Bewegungsfreiheit erhalten können. Dies hängt aber noch von der Grösse und Wucht der Gaffel ab. Bei ganz leichter Brise empfiehlt es sich, die Wanten etwas zu lockern, das Boot erhält mehr Leben.

Da einerseits die Backstagen den Mast meist wirksamer nach achtern versteifen, als es den Wanten in seitlicher Richtung möglich ist, und andrerseits die Yacht den von hinten einsetzenden Windstössen nicht so leicht ausweichen kann, als den seitlichen durch mehr oder weniger starke Krängung, so tut man gut, bei achterlicher Brise und beim Laufen vor dem Wind die Backstagen nicht zu steif durchzusetzen. Abgesehen davon, dass hierdurch die Gefahr eines Backstagbruches bedeutend herabgesetzt wird, hat man beobachtet, dass durch diese Massnahme eine bessere Geschwindigkeit erzielt wird. Aber Vorsicht bei hohlen Masten, deren Bau nur wenig Elastizität erlaubt!

Wie die Backstagen am Wind zu fahren sind, richtet sich nach der Eigentümlichkeit der Takelage. Im Seegang ist jedenfalls das Luvbackstag jederzeit steifzusetzen, ebenso werden Yachten mit grossem Vorsegelareal stets durchgesetzte Luvbackstage verlangen, um ein gutes Stehen der Vorsegel zu erzielen; dagegen werden Slups mit kleiner Fock und Catboote beim Kreuzen die Backstagen nicht benötigen, falls der Mast nicht gar zu schwach ist. Die Vorstagen, deren Funktionen bei kleinen Yachten mit frei (ohne Stagreiter) gefahrenen Vorsegeln durch diese ersetzt werden, sind stets so steif zu setzen, dass der Mast „Auf Sprung" steht, d. h. wie ein ganz leicht gespannter Bogen, dessen Durchbiegung vermittelst des Gegendruckes der Gaffel mit dem daranhängenden Gewicht des Grosssegels wieder genau aufgehoben werden muss.

Durch Wanten und Stagen ist der Mast nach allen vier Seiten hin gestützt, nicht aber dagegen, dass er sich durch den ungeheuren Zug der Wanten, der Backstagen, des Klau- und Piekfalls und durch die Last der schräg von oben gegen ihn drückenden Gaffel nach vorn federnd durchbiegt. Der Zug des Vorstages genügt selten zur Aufhebung dieser Kräfte, und das meist wenig über der Klau am Mast ansetzende Grossstag bezw. das Stagfockfall unterstützt noch die Neigung dieser Durchbiegung. Zu diesem Zweck ist das sogenannte Jumpstag angebracht an der Vorkante des Mastes, möglichst gegenüber dem Angriffspunkte der Gaffel an der Hinterkante. Diesem unscheinbaren Requisit wird von seiten der Segler gewöhnlich viel zu wenig Beachtung geschenkt. Seine mehr oder weniger grosse Wichtigkeit tritt jedoch, abgesehen von der Erhaltung des Mastes, am deutlichsten bei dem Trimm des Grosssegels zutage, so dass ich es vorziehe, auf die Behandlung des Jumpstages bei dem Kapitel „Grosssegel" näher einzugehen.

Die Stellung des Mastes in der Yacht bezw. der Winkel, in dem er zur Wasserlinie steht, ist ein verhältnismässig einfaches Mittel zur Verbesserung der Steuerfähigkeit einer Yacht, welches bequemer und billiger anzuwenden ist, als die oben angeführten eingreifenden Umbauten am Rumpf und Abänderungen der Trimmlage. Oft genügt schon zur Regulierung der Luv- oder Leegierigkeit eine Verlängerung resp.

Verkürzung der Vorstagen mit entsprechender Veränderung der Backstagen und Wanten, indem hierdurch der Segelschwerpunkt um einige Zentimeter verlagert wird. Jedoch hat dieses Hilfsmittel eine Grenze in Schönheitsrücksichten, da ein Mast, der um 4—5° hintenüberfällt, schon unästhetisch wirkt und auch praktische Nachteile durch den zu niedrig hängenden Grossbaum hat, sowie bei flauer achterlicher Brise, welche das Grosssegel immer wieder mittschiffs kommen lässt. Zu sehr vornüber getrimmt, entsteht ebenfalls ein unerfreulicher Anblick durch den himmelanstrebenden Grossbaum und ein schädlicher Einfluss auf das Benehmen der Yacht schon bei geringem Seegang. Der vorgestagte Mast befördert in ungeahnter Weise das Stampfen und stoppt daher ausserordentlich die Fahrt.

Die geeignetste Stellung des Mastes für unsere modernen Yachten dürfte zwischen 88 und 89° des hinteren Winkels zwischen Mast und Wasserlinie liegen, und ein Ueberschreiten um 1° nach der einen oder anderen Richtung ist unbedenklich. Wenn aber dem abzuhelfenden Uebelstande durch Vor- und Rückwärtsstagen noch nicht beizukommen ist, so entschliesse man sich zur gleichzeitigen Verschiebung in Spur und Deck. Unsere kleineren Yachten sind meist schon vom Erbauer durch Anbringung der geeigneten Decks- und Mastspur-Konstruktion darauf eingerichtet, und auch bei grösseren Fahrzeugen wird sich in der Regel dieser geringfügige Umbau leicht bewerkstelligen lassen. Zu beachten ist auch hierbei, dass die erforderlichen Abmessungen des Vorsegeldreiecks innezuhalten sind durch Verkürzung oder Verlängerung des Klüverbaums resp. durch Versetzung der Vorsegelhalsbolzen. Vorsichtig sei man auch mit der Verschiebung nach vorn: Je weiter nach vorn ein Mast steht, desto mehr wirkt sein Gewicht auf die Schwimmlage, desto stärker die Stampfbewegungen, desto unvorteilhafter die Stützwirkung der Wanten!

Da die Stenge nur eine Verlängerung des Mastes ist, gilt für diese das oben Gesagte sinngemäss.

Mit der Länge des Mastes ist man oft gar zu sparsam. Wenn auch jedes Pfund im Top fast soviel schadet, wie ein Zentner an Deck, so kann man doch zuviel des Guten tun in der Sparsamkeit, so dass die Gaffel nicht mehr richtig gestützt werden kann durch das Piekfall. Der Top wird dann durch zu starkes Steifsetzen der Piek gar zu sehr beansprucht und federt trotz Jumpstag zu stark nach hinten. Wobei ich bemerken möchte, dass eine ganz geringe Elastizität in dieser Richtung auch hier von Nutzen ist für die Stabilität sowohl wie für die zu grosse Luvgierigkeit bei böigem Wetter. Durch das geringe Ausweichen des Tops nach hinten wird die Piek gewissermassen ein klein wenig gefiert, das Segel wird flacher und lässt den Wind leichter aus dem Achterliek gleiten: das Boot kann sich dadurch besser aufrichten und der Ruderdruck lässt nach. Wenn aber der Top in stetiger Brise dauernd nach hinten hängt, kann die Yacht nicht richtig an den Wind kommen. Im Fall, dass auch allerschärfstes Anziehen des Jumpstages oder sogar Verlängerung der Spreizung nichts nützt, empfehle ich Anschaffung eines im Top stärkeren und erforderlichenfalls höheren Mastes, wenn man nicht in der Lage ist, das Vorstag und Klüverfall noch höher bis in den Top des Mastes zu versetzen oder den Schnitt des Grosssegels in bezug auf die Stellung und Länge des Gaffellieks zum Mast verändern will. Doch hiervon später.

Die Erfahrung hat gelehrt, dass der unterste Block des Piekfalls am Mast eine Kleinigkeit höher liegen muss, als die horizontale Halbierungslinie der Gaffel. (S. Fig. 66.)

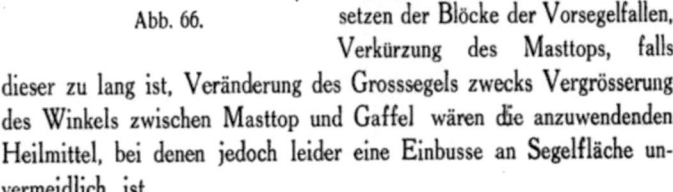

Abb. 66.

Oft tritt auch das Gegenteil des oben geschilderten Uebelstandes ein: Der Mast biegt sich nicht nach hinten, sondern vornüber und wirkt daher bei frischer werdender Brise wie ein zu stark gepiektes Grosssegel.

Diese Krankheit ist fast noch nachteiliger und auch schwerer zu heilen. Sie hat ihre Ursache entweder in zu grossem Vorsegelareal, oder in zu steiler Stellung der Gaffel bei allgemeiner Körperschwäche des Mastes. Heruntersetzen der Blöcke der Vorsegelfallen, Verkürzung des Masttops, falls dieser zu lang ist, Veränderung des Grosssegels zwecks Vergrösserung des Winkels zwischen Masttop und Gaffel wären die anzuwendenden Heilmittel, bei denen jedoch leider eine Einbusse an Segelfläche unvermeidlich ist.

Gaffel.

Da die Gaffel sowohl den Stand des Mastes wie des Grosssegels stark beeinflusst, sei auch sie eingehender Aufmerksamkeit empfohlen. Wie wir gesehen haben, ist der Druck, den die Gaffel gegen die Hinterkante des Mastes ausübt und dadurch seine Form oft in sehr nachhaltiger Weise trotz des Jumpstages beeinflusst, je nach ihrer Länge und nach der Länge des Masttops und nach dem Winkel, in welchem sie zum Maste steht, verschieden. Das Ideal einer Konstruktion wäre, dass sich die gegeneinander wirkenden Kräfte derartig aufhöben bezw. ergänzten, dass der Mast „wie ein Licht" steht und das Jumpstag, das nur zu oft Gelegenheit zum Unklarkommen der Vorsegel gibt, völlig überflüssig macht. Und in der Tat ist es mir auch einmal in meiner dreizehnjährigen Sonderklassenpraxis beim Trimmen ebensovieler Yachten gelungen, dieses Ideal zu erreichen. Und zwar im Jahre 1908. Dass es mir bei den dann noch folgenden drei Yachten trotz verschiedenster Versuche nicht wieder geglückt ist, lässt mich davon absehen, die damals ermittelten Masse zu veröffentlichen, da die mitsprechenden Faktoren gar zu sehr vom Zufall abzuhängen scheinen. Mit statischen Berechnungen lässt sich dem Problem ebenfalls nicht beikommen.

Jedenfalls kann es als erwiesen gelten, dass die Yachten mit steilstehender Gaffel besser kreuzen, Yachten mit hängender Gaffel bessere Raumschotsläufer sind, aber leider stets eine Eigenschaft nur auf Kosten der anderen verbessern können. Die beste Durchschnittsstellung dürfte sein, wenn Mast und Gaffel von Slups und Kuttern einen Winkel von 30—35° bilden, vorausgesetzt, dass die Gaffel nicht viel länger ist, als $^2/_3$ des Grossbaums. (Siehe Fig. I und IV).

Die Höhe des Grosssegels im Verhältnis zu seiner Breite richtet sich nach dem Typ der Yacht. Eine lange schneidende Vorkante ist natürlich am wirksamsten beim Kreuzen. Man vergleiche die langen, schmalen Flügel des Albatross und der anderen Mövenarten mit denen der Flattervögel mit breiten, rundstehenden Flügeln. Die Höhe beeinflusst aber naturgemäss die Stabilität des Rumpfes sowohl wie der Takelage. Hohe, schmale Segel sind daher nur angebracht bei breiten Boots-Typen mit guter Anfangsstabilität; niedrige, breite Segel sind nötig bei schmalen Yachten, die viel bei frischer Brise und Seegang gebraucht werden.

Dass die Gaffel und ihre Beschläge so leicht wie irgend angängig genommen werden müssen, ist angesichts ihrer hohen Lage selbstverständlich, und doch würde es sich genau wie bei allen anderen Bestandteilen der Yacht bitter rächen, wenn sie zu schwache Abmessungen erhielte. Es sind viel mehr Rennen durch zu leichte als durch zu schwere Spieren verloren worden, nicht nur infolge der jetzt fast alltäglichen Niederbrüche, sondern weil an einer Spiere, die nach allen Richtungen ihre Form verändert, kein Segel richtig stehen kann.

Besonders verwickelt wird die Sache bei der Gaffel noch dadurch, dass sie bei gerefftem Segel von dem Piekfall ganz anders unterstützt wird wie bei vollem Segel. Während bei richtig angeordneten Hahnepots die Gaffel des ungerefften Grosssegels in ganz geringer Kurve sich nach unten durchbiegt, um ebenso wie der Mast bei stärkeren Windstössen das Hinterliek zu entlasten und das Segel flacher zu spannen, wandert bei verkleinerter Segelführung die Unterstützung durch das Piekfall mehr nach der Nock zu oder wird wenigstens so energisch, dass sich nun die Gaffel in entgegengesetzter Weise durchbiegt und hierdurch das Grosssegel bauchiger macht und das Achterliek steif setzt. Eine solche Gaffel wirkt also noch nachteiliger als ein sich nach vorn durchbiegender Mast. Man unternimmt also die Danaidenarbeit der Versetzung, der Umkehrung der Hahnepots nach oben, nach unten, wieder nach oben, bis man nach meist fruchtlosen Versuchen am besten kurz entschlossen eine stärkere Gaffel bestellt.

Bei den ungeheuren hohlen Gaffeln der jetzt wieder so modernen Huari-Grosssegel, welche sogar länger und schwerer als die Grossbäume sind, sieht man hier und da Versteifungen nach vorn und nach den Seiten in Form von Jumpstagen. Diese sind jedoch nur Aushilfen für leichte Brise, wenn sie also gar nicht nötig sind. Im Ernstfalle helfen diese Notmittelchen nicht und beschweren die Yacht nur noch mehr und vergrössern den Luftwiderstand.

Grossbaum.

Aehnlich wie bei der Gaffel liegen die Verhältnisse beim Grossbaum, der derartig durch die Grossschot unterstützt werden muss, dass er in jeder Stellung gerade steht. Da aber das Unterliek des Grosssegels nie gerade, sondern in einer parabolischen Kurve geschnitten ist, hat sich der Grossbaum bei zulegendem Wind entsprechend anzupassen, damit genau wie bei der Gaffel die Bauchung des Grosssegels vermindert und das Hinterliek entlastet wird.

Wir sehen also, dass Gaffel und Grossbaum die Form des Grosssegels sehr wesentlich beeinflussen und somit auch die Steuerfähigkeit der Yacht. Eine Korrektur des Grossbaums ist ausschliesslich durch die geeignete Scheerung der Grossschot möglich, sei diese nun bei Segeln mit Bindereff fest verbunden mit dem Baum, oder bei dem bei uns in den kleineren Klassen fast allgemein üblichen Patentreff durch verschiebbare Ringe hergestellt. In ersterem Falle versetzt man die Bolzen oder Stropps, in welchen die Grossschotblöcke hängen, in letzterem verschiebt man die Ringe. Und zwar nach hinten, falls sich die Nock des Baums zu sehr nach oben biegt, und nach der Mitte zu, wenn sie die Neigung hat, nach unten zu zeigen. Von besonderem Einfluss ist natürlich ein Block an der Nock des Baums, der ganz entfernt oder auch neu angebracht werden muss, je nach Bedürfnis. Ich möchte jedoch bei dieser Gelegenheit darauf hinweisen, wie wichtig es ist, eine Art der Grossschotscherung vorzunehmen, welche es gestattet, jederzeit — also auch während einer Wettfahrt — einen oder zwei Blöcke der Grossschot ausser Tätigkeit zu setzen, dadurch, dass man bei sehr leichter Brise die Schot aus ihnen herausschert. Trotzdem aber muss der Zug der Grossschot durch die noch arbeitenden Blöcke in der richtigen Weise übertragen werden. Durch die Verringerung der Zahl der Grossschotparten wird jede einzelne Part stärker beansprucht, sie stehen daher bei leichter Brise steifer, schleifen nicht im Wasser nebenher und sind besser zu bedienen. Es ist schwer, hier einen allgemeingültigen Ratschlag über die geeignete Anordnung zu geben, da diese zu sehr abhängt von der Grösse der Yacht und vielen baulichen Nebenumständen. Ein kleiner Strecker an einem Ende der Grossschot ist oft von grossem Nutzen.

Wenn sich der Grossbaum in seitlicher Richtung verbiegt, so ist er zu schwach und muss unbedingt durch einen stärkeren ersetzt werden.

Der Grossbaum von mit Bindereff versehenen Segeln ist nach den Enden zu konisch verlaufend, in der Mitte am stärksten, da dies seiner normalen Beanspruchung entspricht. Ein Grossbaum mit Patentreffvorrichtung aber ist komplizierterer Natur, da er fast ausschlaggebend ist für den Stand des Segels in gerefftem Zustande. Wir werden seine Form bei der Behandlung des Grosssegels besprechen.

Was hier in bezug auf den Mast, die Gaffel und den Grossbaum gesagt ist, trifft in allen Punkten auf die Rundhölzer der Schonersegel (Fock) und des Besans einer Jawl oder Ketsch zu, und in gewissem Masse auch auf die Raaen der Topsegel, denen man noch mit einer Tripleine beikommen kann und durch Anlaschen am Mast bezw. an der Stenge und an der Gaffel; ebenso auch auf die Fussraa der Stagfock, die wie ein Grossbaum zu behandeln ist.

Dass man am Gewicht des stehenden und laufenden Gutes so viel wie möglich sparen soll, ist selbstverständlich. Nur darf man die oft erwünschte Elastizität nicht durch die Reckfähigkeit des Materials erreichen. Spieren und Segel würden nie richtig stehen und immerfort nachgesetzt werden müssen. Wo bester Tiegelguss-Stahldraht anzuwenden ist — auch bei den Fallen —, verwende man diesen, da er dem Wind nicht eine so grosse Angriffsfläche bietet als entsprechend haltbares Manila- oder Hanfgut. Die Takelung sei so einfach und übersichtlich wie möglich, und wenn die Menschenkraft allein zur Bewältigung einer Arbeit genügt, soll man keine überflüssigen Strecker, Klappläufer oder Taljen aufbringen. Nicht nur die Stabilität leidet darunter, sondern auch der Winddruck, welcher an der Takelage einen heftigen Widerstand findet, verlangsamt besonders beim Kreuzen die Fortbewegung ganz ungeheuer. Die Tampen aller Fallen und Schoten sollen irgendwo festgemacht oder wenigstens durch Knoten gesichert sein, so dass sie nicht von selbst ausscheren oder über Bord gehen können.

Die Segel.

Allgemeine Behandlung.

In vorstehendem haben wir das Gerippe, den Knochenbau betrachtet, welche die fortbewegenden Flügel tragen sollen. Wir wenden uns jetzt den letzteren zu und es erscheint unnötig zu sagen, dass schlechte Flügel den bestgeformten Körper nicht vorwärts zu bringen vermögen. Segel sind empfindlicher als Holz; ihre Behandlung und ihr Trimm erfordert daher entsprechend noch mehr Aufmerksamkeit.

Die Schwere des Tuches ist von grossem Einfluss auf die Stabilität der Yacht. Man nehme daher die der Yacht angemessene Stärke. Leichte Segel ziehen besser bei flauer Brise, da sie schneller die richtige Kurve annehmen; aber sie verrecken auch schneller, speziell bei flotter Brise können sie nicht den erforderlichen gleichmässigen Stand beibehalten, und sie beuteln zu stark.

Wir haben gesehen, dass die Form des Rumpfes die Steuerfähigkeit beeinflusst, ebenso die Eigenschaften der Spieren; wir haben versucht, die Mittel zu Verbesserungen aufzuzählen und wir haben bereits ausgeführt, dass die Lage des Schwerpunktes des gesamten Segelsystems von grossem Einfluss auf die Geschwindigkeit der Yacht ist, welche man daher durch Verschieben nach vorn oder nach hinten nicht unwesentlich verbessern kann. Oft liegt aber auch der Grund der mehrfach erwähnten Kardinalfehler noch auf einem anderen Gebiete, nämlich in dem Schnitt der Segel.

In den frühesten Jahren des Segelsports nähte man die Segel zusammen nach der Richtschnur: „Bauch zieht", und machte wenig Unterschied zwischen einem Vollschiff-Raasegel, dessen seitliche Lieken abwechselnd als Vor- und als Achterkante zu wirken hatten, und zwischen einem Gaffelsegel oder einem Klüver, welche stets mit derselben Kante den Wind einfangen. Diese Art Segel zogen, wenn der Wind spitz von vorn kam, naturgemäss fast ebenso wirksam nach rückwärts wie voraus; die Kunst des Kreuzens ward daher ängstlich vermieden und, falls nicht zu umgehen, eine ebenso gefahrvolle wie zeitraubende Arbeit. Erst mit dem Erscheinen des berühmten Schoners Amerika mit seinen flachstehenden Segeln in England, der dort alles spielend schlug, fing man an, die alte Methode des Segelschnitts zu verlassen und legte, ins andere Extrem verfallend, Wert darauf, dass alle Segel „flach wie ein Brett" standen.

Diese beiden Systeme sind die Grundlagen der durch die Form der Segel verursachten Luv- oder Leegierigkeit. Der vordere Teil eines sackartig geschnittenen Segels wird stets nur sehr wenig vom Wind getroffen, die Mitte zieht seitlich und ein wenig voraus, während der ganze hintere Teil ausschliesslich rückwärts arbeitet und das Fahrzeug in den Wind zu drehen versucht.

Bei flach wie ein Brett stehenden Segeln trifft der Wind zuerst auf eine ihm ziemlich starken seitlichen Widerstand entgegenstellende Fläche und prallt unter demselben Einfallwinkel von ihr ab, ohne die dahinter folgenden Flächen des Segels zwecks weiterer Fortbewegung auszunutzen. Eine Yacht mit ganz platt stehenden Segeln wird also stets am Wind leegierig sein, wenn ihr Segelschwerpunkt nicht verhältnismässig weit hinten liegt, und ausserdem nicht viel schneller sein wie eine Yacht, deren Segel an der Hinterkante genau so bauchig sind wie vorn.

Yachten mit ganz flach stehenden Segeln sind also — da sie weniger wirksam sind — stets steifer als solche mit rund und bauchig stehenden Segeln. Diese verringern die Stabilität ziemlich erheblich, besonders, wenn der Bauch der Segel zu weit an der Hinterkante liegt, so dass der Wind nicht gut abfliessen kann.

Das Heil liegt also, wie in so vielen Fällen, in der Mitte, d. h. man soll den vorderen Segelschnitt aus der guten alten Zeit und den hinteren Verlauf von dem Schoner Amerika nehmen. Die praktischen Studien auf dem Gebiete des Segelsports und des Flugwesens haben denn auch ergeben, dass die horizontalen Durchschnitte der Segel genau wie bei den Vogelflügeln einer Parabel gleichen sollen, deren Scheitelpunkt am Mast und deren Zweig im Achterliek auslaufen soll. Die einzelnen horizontalen Durchschnitte sollen — aus der Vogelperspektive gesehen — vom Mast aus in parabolischer Form gleichmässig fächerartig nach hinten ausstrahlen. (Abb. 67).

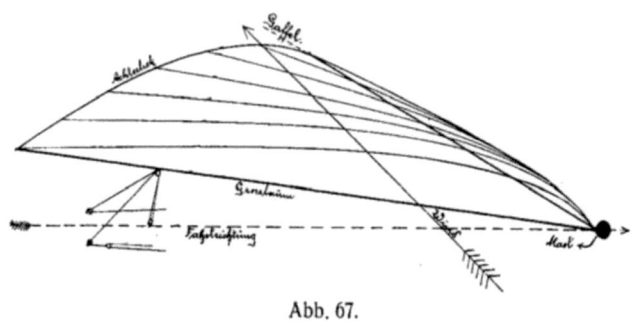

Abb. 67.

Die Erfahrung, der, wie so oft, die Wissenschaft nachgehinkt ist, hat auch gezeigt, dass, je leichter der Wind, desto bauchiger das Segel sein kann und umgekehrt. Sind doch auch die Flügel der Vögel, welche sehr schnell fliegen müssen — wie die Schwalbe und die verschiedenen Mövenarten —, verhältnismässig flach, während die langsamfliegenden Vögel — wie die Eule, die Hühner usw. — bauchig geformte Flügel haben. Wir werden später auf die Nutzanwendung dieser Lehrsätze beim Trimm der Segel zurückkommen.

Zunächst sei es mir gestattet, darauf aufmerksam zu machen, dass Renn-Segel genau so vorsichtig behandelt sein wollen, wie dein Sonntags-nachmittags-drei-Uhr-Ausgeh-Anzug. Behüte sie tunlichst vor dem Nasswerden, und wenn eine Regenböe dich überfallen oder Spritzer sie durchnässt haben, so knülle sie nicht wie eine alte Zeitung zusammen, sondern trockne sie möglichst in der Stellung, wie sie beim Segeln gebraucht werden; am besten durch eine neue Segelfahrt. Vor allem aber zieh die Spreizlatten heraus, falls du sie überhaupt schon eingebunden, und wirf die Ausholebändsel und Reihleinen an Baum und Gaffel los (dies sollte man eigentlich jederzeit nach beendeter Fahrt tun!) und falte die Segel lose und gleichmässig zusammen. Auch ist es für einen neuen Satz Segel nicht vorteilhaft, wenn ihm gleich in den ersten Tagen, bevor er völlig ausgereckt und alle Kleider richtig und gleichmässig den Wind und die Spieren tragen, gar zu viel Wind zugemutet wird. Das beste Wetter zum Segelrecken ist eine gleichmässige 2—3 m-Brise mit lieblichem Sonnenschein. Beileibe nicht reffen, bevor alle Nocken an ihre Stelle gereckt sind! — Lieber mit losen Schoten sich an die Boje „lügen", und wenn eine Regenböe naht, vor Anker gehen und die Segel zudecken. Wenn dies aus irgendeinem Grunde unmöglich ist, so bringt dich das Ballonvorsegel, dem schliesslich das Nasswerden am wenigsten schadet, als Trysegel frisiert, gewöhnlich langsam aber sicher an die Mooring.

Wenn dann nach gewisser Zeit, die sich ganz nach dem Wetter richten muss, alle Segel richtig „hingekommen" sind, so schadet ihnen auch ein ergiebiger Platzregen nicht mehr viel, vorausgesetzt, dass sie nachher in der oben erwähnten Weise richtig wieder getrocknet werden. Ja, durch eine gründliche Durchfeuchtung wird manchmal noch eine Falte, eine noch etwas tote, d. h. zu straffe Stelle im Segel gebührend ausgereckt und in Harmonie mit den anderen Bahnen oder Kleidern gebracht, und das ganze Segel erhält mehr Leben nach Verlust der Appretur.

Grosssegel.

Am ersten Tage steht gewöhnlich so ein neues Grosssegel, abgesehen von einigen Starrheiten an den Nocken, ganz famos; aber nach wenigen Tagen beginnen die Sorgen, besonders bei etwas frischerer Brise. Ueberall zeigen sich straffe Stellen, die den regelmässigen Kurvenverlauf stören, und daneben wieder sind lauter winzige Falten. Trotz lose eingesteckter Latten klappert das Achterliek wie ein Maschinengewehr (bei den Segeln mit gerundetem Achterliek ist es nicht ratsam, lange ohne Latten zu fahren) und der hintere Teil des Segels sieht aus wie aus Wellblech gemacht. „Was ist zu tun? — Das Segel ist ganz unbrauchbar!" —

Nur Ruhe und Geduld. — Immer langsam, manchmal bei grosser Hitze schon alle paar Stunden einige Zentimeter der Ausholebändsel nachholen, die Gaffel etwas höher heissen, ohne das Segel zu überpieken, und auch die anfangs nur lose gefahrene Grossschot kann nach und nach etwas dichter geholt werden. Der Grossbaum, der am ersten Tage viel, viel zu niedrig hing, fängt an, seine normale Stellung einzunehmen, und die Yacht liegt schon einen halben Strich höher an als am ersten Tage. Nicht gleich verzweifelt zum Segelmacher laufen und auf irgend eine Abänderung dringen, die in diesem Stadium des Segels nur Unheil stiften würde. Man hat noch genug anderes zu tun an Bord, um seinen Tatendrang zu stillen; so z. B. die Beobachtung des Mastes und der Spieren auf ihre Durchbiegung, das ständige Nachsetzen der Wanten und Stagen, die sich anfangs stark recken, das Auskinken der Fallen und Schoten, indem man sie einfach während der Fahrt ein paar Stunden über Bord wirft und hinten nachschleifen lässt. Die Luv- und Leegierigkeit ändert sich noch, je nachdem wie die Segel „hinkommen". Man fange daher in dieser Beziehung erst mit etwaigen Verbesserungsversuchen an, wenn diese in Ordnung sind.

Aber nur ja niemals vergessen die Lieken und die Reihleinen loszuwerfen an der Mooring! — Wenn auch die langweilige Arbeit des Nachschlagens am nächsten Morgen wieder beginnen muss und man oft wegen einer etwas feuchten Nacht die Nockkauschen nicht mal soweit achteraus bekommt wie tags zuvor: Nur gemach, die Mühe lohnt sich; sie ist in erster Linie das Geheimnis eines gutstehenden Segels ohne „Säbel".

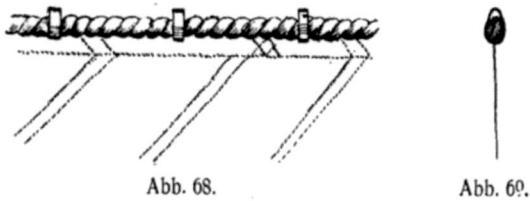

Abb. 68.   Abb. 69.

Um die Mühe des Grosssegeltrimmens etwas zu erleichtern und zugleich eine Regulierung seiner Bauchigkeit sogar während der Fahrt vornehmen zu können, habe ich im Jahre 1907 für Sonderklassenyachten ein Verfahren erdacht, welches zwar vielfach nachgeahmt, aber unvollständig und ausserdem von seiten meiner Sportkameraden doch nie so ganz richtig angewandt worden ist. Ich will daher an dieser Stelle sein Prinzip erläutern und durch Skizzen anschaulich machen und bemerke noch, dass ihre Anwendung nach entsprechender Abänderung der von mir gegebenen Masse sich bis zur Grösse der 8 oder 9 m-R-Yachten eignen dürfte.

Die sonst für die Reihleinen an Ober- und Unterliek angebrachten kleinen Kauschen oder Gatchen sowie die Reihleinen selbst fallen fort und werden ersetzt durch kleine flache Kupferringe (von ca. 5 mm Breite und 1 mm Dicke, geschnitten aus einem nahtlos gewalzten Rohr von 10 mm Durchmesser), welche über die Lieken gestreift werden, (Abb. 68 und 69), bevor das Segel angeliekt ist. Durch Flacherdrücken werden diese Ringe auf die Lieken gepresst an den Stellen, an denen sonst die Gatchen eingeschlagen wurden; ausserdem werden sie beim Anlieken des Segels mit festgenäht. Bei grösseren Yachten dürften an Stelle der Kupferringe richtige kleine Kauschen treten, welche unterhalb und quer zum Verlauf des Unterlieks und oberhalb des Oberlieks zu befestigen sind. (Abb. 68 und 69.)

Sodann bohre ich in die Nuten der Unterkante Gaffel und der Oberkante Grossbaum kleine Messingösen, oder auch ich überbrücke die Nuten durch dünne schmale Messingstreifen von 30×10×2 mm, welche an beiden Enden auf den Baum und die Gaffel geschraubt werden. (Abb. 70 und 71.) Die Entfernung der Oesen bezw. der Messingstreifen richtet sich nach der Entfernung der Kupferringe an den Lieken; und zwar ist auf das spätere Recken der Lieken Rücksicht zu nehmen.

Abb. 70.

Abb. 71.

Von nun an beginnt ein Unterschied in der Takelung beider Spieren. Ich behandle daher zunächst die Gaffel.

Vermittelst eines eingesplissten Auges schlinge ich einen dünnen „flexible" Stahldraht von 3 mm Durchmesser um den Drehbolzen des Gaffelschuhs oder befestige ihn in Ermangelung eines solchen sonstwie in der Mitte der Unterkante Klau. Nachdem ich das Grosssegel an der Klau festgemacht habe, stecke ich, beginnend an der Klau, diesen dünnen Stahldraht umschichtig durch die Kupferringe am Liek und durch die Oesen resp. unter den Messingstreifen der Gaffel hindurch.

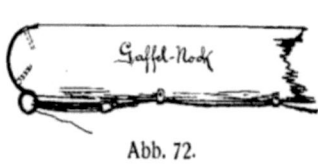
Abb. 72.

Aus Vermessungsrücksichten empfiehlt es sich, an der äussersten Nock der Gaffel einen kleinen Oesenbeschlag anzubringen, an Stelle der gewöhnlichen Durchbohrung für das Ausholebändsel; etwa in der Form wie Abb. 72.

Wenige Zentimeter entfernt von der in Abb. 72 dargestellten Oese knote ich den dünnen Flexible-Draht, welchen wir fortan „Gleitdraht" nennen wollen, zu einer Oese und befestige den Tampen derart mit einer Takeling, dass die Oese nicht rutschen kann. Darauf setze ich mit einer Zurring durch die Oese den Gleitdraht klingend steif.

Durch dieselbe Oese hole ich endlich auch die Oberliek des Grosssegels in dem mir gutdünkenden Masse aus.

Hat man die Vorrichtung, die ausserordentlich einfach herzustellen ist, richtig angebracht, so ist es das Werk weniger Minuten, ein Segel an- oder abzuschlagen; ich habe weiter nichts nötig, als das Ausholebändsel loszuwerfen sowie die Zurring des Gleitdrahts, welche nach Oeffnen des Knotens mit einem Zug aus den Oesen und Ringen entfernt wird.

Das Nachrecken und Wiederauffieren geschieht nur vermittelst des Ausholebändsels ohne jede Marleine, da der Gleitdraht nur beim An- oder Abgeschlagen angerührt zu werden braucht.

Diese Vorrichtung, obgleich sie von mir erdacht, ist wie so vieles unter der Sonne, doch nicht neu. Ich sah zu meiner Ueberraschung fast genau dieselbe bei einem späteren Aufenthalt in Amerika an einem ganz gewöhnlichen alten Tourenkreuzer, allerdings nicht in sehr zierlicher Ausführung und nur am Grossbaum.

Ich komme nun zum Grossbaum, muss mir aber vorher eine kleine Abschweifung zurück zu den Segeln gestatten, um die Gründe zu erläutern, die mich, ausser der Vereinfachung des Trimmens, sonst noch zu der zu schildernden Konstruktion veranlasst haben.

Die Bauchigkeit der Segel hängt ab:

I. von der mehr oder weniger starken Krümmung bezw. Zuspitzung der einzelnen Kleider;

II. von der Art, wie die Segel an die Lieken genäht sind; d. h. wenn das Tuch beim Annähen straff gespannt ist, wird das Segel platt stehen. (Es sei denn, dass durch Ueberspannung in schräger Richtung zu den Webfäden das Tuch an einer Stelle ganz beutelig wird, dagegen aber um so straffer an anderen Stellen). Wenn aber die Lieken steif gespannt und das Tuch mehr oder weniger „angehalten" angenäht wird, so steht das Segel mehr oder weniger bauchig. (Man denke an die „Schnirre" des Schürzenbandes);

III. von dem Verlauf der Kanten des Segels, wenn es auf dem Schnürboden flach hingelegt und überallhin ausgereckt wird. Wenn eine bogenförmig geschnittene Kante an einen geraden Baum gereiht wird, so wird sich der Bogen als Falte und unter dem Winddruck als Bauch darstellen.

Auf die Krümmung der einzelnen Kleider hat der Segler keinen Einfluss; er muss sie so lassen, wie sie der Segelmacher nach seinem besonderen Rezept geschnitten und zusammengenäht hat. Den Effekt des Einliekens kann man schon eher beeinflussen durch übermässiges Ausholen. Da man ein Segel wohl überstrecken, aber nicht wieder an den verdorbenen Stellen zusammenschrumpfen lassen kann, warnte ich mehrfach eindringlich davor und befürwortete das Loswerfen der Ausholebändsel vor Anker. Um letzteres zu vereinfachen und um das Zusammenschrumpfen doch in gewissem Masse möglich zu machen, benutzte ich obige Vorrichtung, und es wird sich zeigen, dass man am Grossbaum vermittelst dieser Mimik auch Einfluss haben kann auf den Verlauf des Unterlieks.

Zu diesem Zweck füge man in die äusserste Nock des Grossbaums unmittelbar vor dem Dirkbeschlag eine flache Messingscheibe, fähig, einen Flexible-Draht von ca. 4 mm Stärke durch den Baum zu leiten. Dicht vor ihr befestige man eine Gleitschiene, ebenso oder ähnlich wie auf grossen Yachten und Seeschiffen (siehe Abb. 73). Bei Sonderklassenyachten genügt eine Länge von 30 cm, der ungefähren Länge, in welcher ein neues Unterliek im Laufe der Zeit ausgereckt wird beim Trimmen.

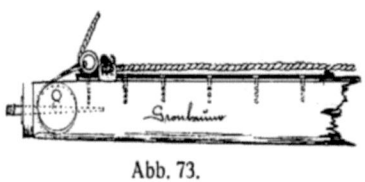

Abb. 73.

Um die Sache recht leicht zu machen, nehme man Profil-Messing, etwa wie Abb. 74, oder, wenn nicht erhältlich, schraube man eine Messingleiste von 3×20 mm Durchmesser auf eine Holzleiste von 3×15 mm (siehe Abb. 75). Auf dieser Gleitschiene läuft ein Schlitten, welcher in der Kausch des Grosssegelschothorns durch einen Bolzen befestigt ist oder einfach angenäht wird. Das Grossegel, und mit ihm der Schlitten, wird durch den Stahldraht über die in den Grossbaum eingelassene flache Messingscheibe ausgeholt. Der Stahldraht (Ausholedraht) läuft an der Unterkante des Baums entlang und endet beim Patenttreff resp. Grosssegelhals und wird dort mit einer Zurring beliebig steif gesetzt durch eine dort angebrachte Oese.

Abb. 74.

Abb. 75.

Ein anderer Stahldraht (Gleitdraht) von ca. 4 mm Stärke wird mit einer kleinen Kausch an einem Ende versehen und das Grossegel wird durch ihn genau wie an der Gaffel, anfangend am Grosshals, an den Baum angereiht. Das andere Ende des Gleitdrahtes wird am besten mit einem gut versicherten Knoten an der zu diesem Zweck mit einem Loch versehenen Gleitschiene befestigt und mit einer Zurring steif gesetzt, welche durch die Kausch und durch eine am Patentreff angebrachte zweite Oese läuft. Die am Grosshals nötigen zwei Oesen für Gleitdraht- und Ausholedraht-Zurring bringe ich in folgender Weise an, damit sie nicht beim Reffen hinderlich sind:

Ich verwarf völlig die unbequemen zwei Löcher, welche sonst durch Beschlag und Bauen gebohrt werden, zum Festmachen des Grosssegelhalses. An ihrer Stelle benutze ich zwei Flansche des Beschlages, durch welche ich einen Bolzen stecke, welcher durch die Kausch des Grosssegels führt. An einer Seite des Bolzens ist eine Oese festgeschmiedet. Eine zweite Oese dient als Mutter zur Sicherung des Bolzens. (Siehe Abb. 76 und 77).

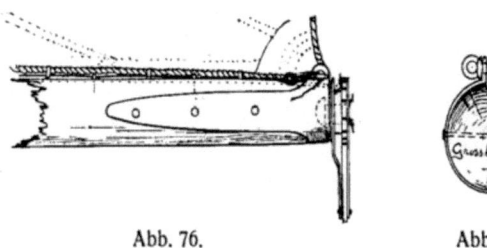

Abb. 76.   Abb. 77.

Vermittelst des Ausholedrahtes kann ich nun das Grosssegel in der Länge der Gleitschiene nachstrecken und auch auffieren; wodurch bereits ein flaches resp. bauchigeres Segel erzielt wird. Ich bin aber ausserdem durch Loswerfen des Gleitdrahtes imstande, dem Unterliek zwischen Segel und Baum mehrere Zentimeter Luft zu geben, während die beiden Nockkauschen festbleiben am Bolzen des Halses und am Schlitten des Schothorns.

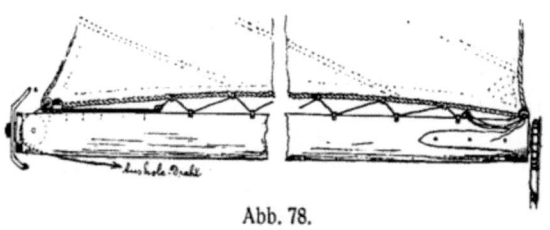

Abb. 78.

Hierdurch erziele ich eine beträchtliche Bauchigkeit, welche sich gleichmässig über die Fläche des Grosssegels verteilt (siehe Abb. 78), gleichsam als ob die Unterliek sehr rund geschnitten wäre, und habe noch den Vorteil, dass alle toten, d. h. zu steifen Punkte im

Grosssegel durch die Nachgiebigkeit der Befestigungsweise sich von selbst ausgeglichen.

Ich bin auch in der Lage, den Stand des Grosssegels am Vorliek zu verändern durch eine ausserordentlich einfache Vorrichtung, die sich ebenfalls gut bewährt hat. Sie ist die folgende:

Bei unseren Rennsegeln besteht das Vorliek aus Stahldraht. Das Segeltuch ist einige Zentimeter länger als dieser Stahldraht und wird von oben beginnend, straff angereiht, dann aber nach unten zu immer mehr „angehalten", so dass sich die Bauchung langsam vergrössert. und unten am stärksten ist. Ich versuchte nun, das Drahtliek, ohne es überhaupt ans Segel anzunähen, nur lose durch den Hohlsaum hindurchzuziehen, da ich mir sagte, dass die Schwere des Tuches die richtige Verteilung von selbst vornehmen würde, und fand meine Vermutung völlig bestätigt.

Ungefähr 20 Zentimeter über dem Grosshals, liess ich das Drahtliek in einer besäumten Oeffnung aus dem Saum des Segels heraustreten und splisste ein Bändel ein, welches ich mehrfach durch die Grosshalskausch und zurück durch die Oese des Vorlieks hindurchschor. Durch diese Zurring ist es mir möglich, die Entfernung zwischen Klau und Hals bis zu 15 cm zu verkleinern, und das nur lose über das Liek gezogene Grosssegel ist gezwungen, eine bedeutend bauchigere Form anzunehmen, um sich auf dem verkürzten Liek zu verteilen.

Meine beiden Vorrichtungen haben sich nicht nur bewährt, um für flaue Brise ein bauchiges Segel zu erzielen, sondern auch bei feuchtem, regnerischem Wetter. Wenn bei anderen Yachten das Tuch so zusammengeschrumpft war, dass das Segel wie ein Trommelfell zwischen Mast und Spieren sich straffte, hatte ich ein, wenn auch einige Zentimeter kleiner messendes, aber bedeutend wirksameres Segel. Da beide ohne irgend welche Mühe während des Rennens in Anwendung gebracht werden können — nur bei gerefftem Segel versagen sie —, so ist der Vorteil ein ausserordentlich grosser und erklärt so manchen Sieg bei Flaute und Regen.

Schliesslich wäre es ja auch möglich, durch starkes Durchsetzen des Piekfalls und mit geringem Durchsetzen der Luv-Dirk, dem Segel eine stärkere Kurve zu geben. Ich bitte aber zu beachten, dass sich hierdurch auch zugleich hässliche Falten von der Gaffel nach dem Mast zu einstellen, die bei leichter Brise nicht verschwinden und die Harmonie der Segelkurve und damit den Windablauf sehr beeinbeeinträchtigen. Ausserdem verhindert das übermässige Steifsetzen der

Piek das Auswehen der Gaffel in der richtigen Weise, wodurch die schraubenförmige Triebkraft des Grosssegels beeinträchtigt und die Luvgierigkeit vermehrt wird. —

Noch eine andere Methode aber, dem Grosssegel eine mehr oder weniger starke Bauchung zu geben, welche ich zum ersten Male auf einer amerikanischen Yacht im Jahre 1902 sah, und die ich auf einer Sonderklassenyacht im Jahre 1904 ausprobierte, möchte ich hier der Vollständigkeit wegen anführen.

Wie oben erwähnt, wird die Bauchigkeit des Grosssegels unter anderem dadurch erzielt, dass seine Unterkante mehr oder weniger convex (parabolisch) geschnitten wird. Um nun diese Bauchigkeit wieder verschwinden zu lassen, wenn es nötig ist, verfährt man wie bei einem Grosssegel mit Bindereff, indem man eine Reffleine um den Grossbaum oder durch die Ausschlagkauschen und durch Gatchen im Segeltuch steckt. Diese Gatchen sind nicht wie die üblichen Reffkauschen parallel mit dem Grossbaum resp. dem Unterliek ins Segel genäht, sondern ihr Verlauf nähert mehr der geraden Verbindungslinie zwischen Grosssegelhalskausch und Schothornkausch.

Diese Reffleine holt also, je nach dem man sie steif setzt, mehr oder weniger von dem losen Tuch des Grosssegels nach unten und zeist es auf dem Baum fest, so dass es aussieht, als ob ein kleines Reff eingebunden sei, während in Wirklichkeit nur die überschüssige Rundung (the Roach) aus dem Segel herausgeholt ist.

Diese Art der Regulierung hat jedoch die Nachteile, dass man sie nicht oder doch nur sehr schlecht während der Fahrt vornehmen kann, dass das Segel im unteren Teil stets etwas faltig steht, und dass man ein derartig flachgebundenes Segel nicht mit dem Patentreff verkleinern kann, da das auf den Baum gebundene Tuch wie ein in der Mitte viel zu dick geratener Grossbaum wirkt und das richtige Aufrollen des Segels unmgölich macht. Man muss also auf jeden Fall Bindereff anwenden.

Ich verwarf daher diese Einrichtung zugunsten der oben geschilderten Art des Anreihens auf einem Gleitdraht und Ausholens mit einem Schlitten durch den Ausholedraht, welche ausserdem noch mehrere andere Vorteile beim Trimmen gewährleistet. —

Die Regulierleine im Achterliek darf nicht zur Erzielung der Bauchigkeit des Grosssegels benutzt werden. Sobald sie steif gesetzt wird, bildet sich ein Sack im hinteren Teil des Segels, der den Wind nicht abfliessen lässt. Sie tritt nur in Tätigkeit, wenn das Segel aus irgend welchen Gründen ungleichmässig feucht geworden ist, so dass das Achterliek etwas klappert. Wenn sich dieser Uebelstand aber ständig — auch bei gut durchgetrocknetem Segel zeigt, muss man an den klappernden Stellen ganz kleine Latten anbringen, oder die Kurve der betreffenden Kleider vom Segelmacher etwas abändern lassen.

Grosssegel-Reffen.

Bezüglich des Reffens wäre auch einiges zu erwähnen. Unstreitig steht ein mit Bindereff bezw. mit einer Reffleine verkleinertes Segel bedeutend besser als ein durch das Patentreff um den Baum gerolltes. Der Grund ist zu einleuchtend, als dass er hier näher erörtert werden brauchte. Die geringste Falte, eine millimetergrosse Abweichung des Baumdurchmessers von der einzig zum Verhältnis der Bauchigkeit des Segels richtigen Form verursacht völlige Vertrimmung des Segels. Schon einen ganz flachen Vorhang auf eine genau zylindrische Stange aufzurollen ist ein Kunststück, das nicht immer gelingt. Bei unseren wechselnden Wetterverhältnissen, beschränktem Revier und vor allem unserer alteingewurzelten Bequemlichkeit in dieser Beziehung wird sich das Patentreff nicht wieder verdrängen lassen in den kleineren Klassen, und so müssen wir uns denn mit ihm abfinden.

Vor allem rolle das Grosssegel faltenlos und halte das Vorliek immer dicht am Mast. Reffe bei etwas aufgefierter Schot mit geringem Winddruck im Segel. Fiere nie die Piek zu früh; fast jedes Grosssegel wird sich bis zum zweiten Mastring bezw. zur zweiten Vorliekkausch bei gleicher Piekfallstellung reffen lassen; nur die Klau ist um soviel niederzufieren, als der Reffer bewältigen kann mit möglichst steifstehendem Vorliek. Achte auf die Dirken und ihren Bolzen und besonders auf die infamen Grossschotringe, die sich trotz aller Schutzleisten und Rollen ins Segel eindrehen und böse Löcher verursachen!

Falls es sich herausstellen sollte, dass beim Reffen der Baum zu viel von der Bauchigkeit aus der Mitte des Segels herausnimmt, so ist dies ein Beweis, dass er in der Mitte zu dick ist. Im umgekehrten Falle, d. h. wenn das Segel im gerefften Zustande für die frische Brise zu bauchig steht, ist er zu dünn in der Mitte. Man kann dem abhelfen durch Mit-Einrollen einer entsprechend langen Segellatte oder eines Tauendes an den Stellen, wo der Baum zu dünn ist. Am besten jedoch ist nach gründlicher Ausprobierung die Anschaffung eines neuen verbesserten Grossbaums.

Ich erinnere nochmals an das, was ich bei Gelegenheit der Spieren ausführte, deren ungenügender Stand ein Segel völlig vertrimmen kann, und möchte hier noch auf einen anderen Gegenstand hinweisen, welcher von Einfluss auf die mehr oder weniger vorteilhafte und bauchige Form eines Grosssegels am Winde ist. Ich meine den Leitwagen.

Der Leitwagen.

Extrem runde Grosssegel brauchen überhaupt keinen Leitwagen. An ihre Stelle tritt ein in der Mittelachse der Yacht im Deck drehbar angebrachter Block. Je länger der Leitwagen ist, desto steifer wird man die Grossschot anholen müssen, um die Yacht an den Wind zu bringen. Um so flacher wird dann das Segel stehen, und da das Achterliek bei ganz steif gesetzter Grossschot am meisten beansprucht wird, kann in diesem Falle auch die Gaffel nicht mehr so weit auswehen, wie bei lose gefahrener Schot. Es ist also zu prüfen, was in dieser Hinsicht dem Boot und dem Segel nottut. Zu diesem Zweck hat man Leitwagen in Form einer Gleitschiene, auf welcher der Führungsblock an beliebiger Stelle mit Klammern festgeschraubt oder seine Bewegungsfreiheit beliebig eingeschränkt werden kann. Die Wechselwirkungen zwischen Segelschnitt und Leitwagen sind so verwickelt, dass es ausserordentlich schwierig ist, das Thema allgemeingültig hier zu erschöpfen. Ich möchte nur nicht verfehlen, auf dieses Problem zum näheren Studium aufmerksam zu machen.

Für das Anreihen des Grosssegels am Mast empfehle ich Ringe für den oberen Teil, bis zu der Stelle, welche möglicherweise eingerefft wird. Von hier an ist eine Reihleine vorzuziehen, da diese schneller nud bequemer zu handhaben ist als die Ringe.

Segellatten.

Auch die Frage der Segellatten ist beachtenswert. Das Ideal wäre ein Segel ohne Latten „hinzubekommen". Da aber Menschenwerk Stückwerk ist und unsere Segel überdies zwecks Ausnutzung des erlaubten Areals im Achterliek immer etwas rund geschnitten sind, so klappern sie ohne Latten; besonders zu Anfang, bevor sie völlig ausgereckt sind. Die über die gerade Linie hinausstehende Segelfläche, welche mit der Regulierleine nicht zu bändigen ist, muss künstlich ausgespreizt werden. Manchmal aber auch haben die hinteren Teile, besonders die der Vorsegel, die Neigung, sich nach luv zu krümmen, und diese müssen dann durch Latten in ihre vorschriftsmässige Lage gebracht werden, um zu vermeiden, dass der aus den Vorsegeln abfliessende Wind in die Leeseite des Grosssegels prallt und dessen Stand empfindlich stört.

Ohne Latten geht's also nicht mehr; aber man sei ängstlich darauf bedacht, die Latten so kurz wie angängig, sowohl im Grosssegel, wie im Vorsegel zu machen, da sie, abgesehen von ihrem Topgewicht, gar zu leicht den harmonischen Verlauf der Segelkurve unterbrechen. Die Spitze der obersten Latte darf nie eine Linie überschreiten, welche die Piek mit dem ersten Drittel des Unterlieks von Vorkante Segel gerechnet) verbindet. (Abb. 79.)

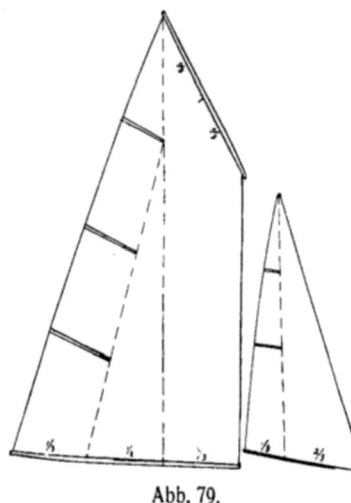
Abb. 79.

Es ist auch dafür Sorge zu tragen, dass die Spitzen recht schlank verlaufen, damit sie sich leicht der Form des Segels anschmiegen.

Stagfock, Klüver, Flieger.

An den Vorsegeln kann nicht so viel herumgedoktort werden. Die sehr wünschenswerte Regulierung der Bauchigkeit an den Vorlieken dürfte unausführbar sein wegen der kolossalen Beanspruchung, die besonders am Winde auf diese entfällt. Und nur beim Segeln am Winde ist die Form von Wichtigkeit. Auf raumen Kursen wirkt mehr die absolute Grösse.

Das Unterliek, wenn an einem Baum gefahren, ist ebenso zu behandeln wie das des Grosssegels; das Hinterliek besprach ich schon gelegentlich des Einflusses der Latten auf die Form. Von geringer Bedeutung ist eine Zurring, welche manchmal von der Kausch des Kopfes nach dem Achterliek angebracht ist und welche in Tätigkeit tritt, wenn diese zu sehr auswehen sollte, was aber selten vorkommt und meist durch Versetzung des Holepunktes der Schoten ausgeglichen werden kann.

Wenn das Achterliek zu steif ist und das Segel zu rund steht, liegt dies meist daran, dass das Tuch mit seinem schräg verlaufenden Gewebe nicht genug straff geholt ist beim Annähen an das Vorliek.

Sehr hübsch lässt sich ein am Baum gefahrenes Vorsegel hintrimmen, vorausgesetzt, dass es im übrigen richtig vom Segelmacher gearbeitet ist. Die Unterkante sollte nie zu tief herunter zu dem Deck reichen, da der Wind sonst nicht unter ihr hindurch entweichen kann; auch darf sie keinesfalls ganz steif nach hinten geholt werden, sondern der Zugwinkel soll so bemessen sein, dass die bekannte parabolische Kurve auch in ihr erkennbar ist. Ein kleiner Knick an der Nock der Fussraa ist unvermeidlich, schadet aber nicht viel. Entsprechend ihrer Bauchigkeit müssen die Segel in kleinerem oder grösserem Winkel zur Mittschiffs-Achse gefahren und nur soweit nach unten getrimmt werden, dass der Wind gut aus dem Achterliek abfliessen kann. Sobald sich ein Rückschlag im sonst vollstehenden Grosssegel zeigt, ist in dieser Beziehung nicht alles in Ordnung. Zwischen Grosssegel und Vorsegel sei vor allem ein genügend grosser Zwischenraum; der weit nach hinten reichende Am-Wind-Ballon hat schon so manches auf dem Gewissen. Andererseits ist er bei 0—2 m Windgeschwindigkeit eine prächtige Erfindung.

Sehr angenehm ist eine Baumfock, deren Schot auf einem Leitwagen läuft und sich selbst bedient beim Ueberstaggehen. Es ist dabei durchaus nicht nötig, dass der Baum bis zum Hals reicht; ein solcher stört leicht den guten Zug des Segels. Die Vorteile, welche dem Steuermann die ständige Bereitschaft zum Wenden gibt, ohne abhängig zu sein von der oft mit der Vorbereitung eines anderen Segelmanövers beschäftigten Mannschaft, sowie die Ruhe an Bord und die stets gleichmässige Stellung des Vorsegels, sind von grosser Tragweite; genau so gross wie eine zweiseitig geschorene Grossschot, die stets am Wind belegt bleibt. Aber es ist nicht leicht, die richtige Kurve für den Leitwagen zu finden, der etwas nach unten und nach hinten durchgebogen und ganz glatt und ständig etwas eingetalgt sein muss. Ich habe auf einer Yacht vier verschiedene Formen und Stärken probiert, bis es mir gelang, eine tadellose Selbstbedienung zu erzielen.

Die Stagfock soll keinesfalls vom Klüver und dieser nicht vom Flieger am Winde überlappt werden. Das bisschen mehr Segelareal hat mehr Nachteile wie Vorteile. Am Trimm der beiden letzteren lässt sich auch nur durch veränderte Schotenführung arbeiten oder durch Versetzung der Blöcke für die Fallen oder des Vorholers in entsprechender Weise.

Ballonklüver.

Dasselbe gilt für den Ballonklüver, der auf die Dauer nie steif geholt werden darf mit der Schot. Dann ist's Zeit für den kleineren „Am-Wind-Ballon" oder gar für die kleinen flacheren Vorsegel. Mit dem Trimm ist wenig zu machen; die Behandlung während des Rennens ist das Geheimnis des Erfolges und wirkt oft Wunder. Als Ratschlag wüsste ich nur noch anzugeben, dass ein gar zu tief an der Unterkante geschnittener Ballonklüver nicht ratsam ist, da er schon bei Mittelbrise und Dwarswind viel Wasser schöpft und daher stoppt. Ferner halte man stets zwei Schoten bereit mit Karabinerhaken zum Einhaken in die Kausch des Schothorns. Eine kräftige für Durchschnittsbrise und eine ganz leichte dünne für Flaute. Wenn sich die Schoten nicht mehr straffen können und in einer Bucht durchs Wasser schleifen, verändert sich entsprechend die Zugrichtung und der Wind kann nicht achteraus entweichen. Ich habe schon einen 25 qm grossen Ballonklüver mit enier Reihleine als Schot gesegelt und nur durch ihn gewonnen.

Spinnaker.

Was in bezug auf die Möglichkeit des Trimmens eines Ballonklüvers sowie mehr oder weniger aller Dreikantsegel gesagt ist, gilt auch für den Spinnaker. Die Hauptarbeit hat der Segelmacher zu leisten und uns Seglern verbleibt nur das richtige Setzen und die richtige Bedienung der Schoten. Auch im Unter- und Hinterliek des Spinnakers habe ich es mit Regulierleinen versucht, um die Bauchigkeit zu beeinflussen; und zwar mit ganz gutem Erfolg. Viele Spinnaker haben die unangenehme Eigenschaft, bei Brise an der Unterkante stark zu killen. Die Regulierleine verhindert dies, genau wie beim Achterliek des Grosssegels. Und wenn auch der Wind aus dem Achterliek herausgleiten und im Vorsegel noch einmal seine Schuldigkeit tun soll, so verhindert doch eine im Achterliek etwas angesetzte Regulierleine die Rollbewegungen der Yacht vor dem Winde, die oft bei frischer Brise auftreten.

Im übrigen zieht ein kleiner, leichter Spinnaker bei Flaute besser als ein Ungetüm, das stets über Bord im Wasser nebenherschleift und sich wegen seiner Grösse nicht mit der Brise heben und füllen kann. Dagegen ist bei flotter Brise ein grösserer Spinnaker ein schönes Ding, so lange seine Grösse dem Mast nicht gefährlich wird. Man fiert die Achterbrasse etwas voraus, gibt der natürlich vor dem Mast und ausserhalb der Leewanten unter dem Grosssegel herumgenommenen Schot ebenfalls soviel Luft, als das Vorliek des Spinnakers eben noch zulässt, ohne zu killen, und wird zu seiner Freude sehen, dass auch der Ballonklüver sich hebt und sein gutes Teil an der Fortbewegung mitarbeitet. Es gelingt sogar bei stetiger Brise und gutem Steuern, die Schot des Spinnakers vorn um das Ballonvorliek herum zu nehmen und hierdurch aus Spinnaker und Ballonklüver gewissermassen eine riesige Halbkugel zu machen, welche das Boot infolge der nach aufwärts gerichteten Zugachse prächtig vorwärts bringt.

Den Spinnaker fahre man aber nur, so lange der Wind gut von achtern kommt. Ein zu weit vorgeschoteter Spinnakerbaum drückt die Yacht mit dem Kopf ins Wasser, und sobald der Bauch des Segels gegen das Vorstag drückt, ist es Zeit, es zu bergen und dem Ballonklüver die Alleinarbeit zu überlassen.

Auch beim Spinnaker sehe man zwei verschiedene Stärken für die Schot vor, und das Fall versehe man an beiden Seiten mit einem Karabinerhaken, da dies viel Zeit und Mühe beim Setzen spart.

Bei leichter Brise und durcheinanderlaufender Dünung ziehen die Vorsegel vor dem Winde nicht; sie beeinträchtigen sogar den ruhigen Stand des Spinnakers durch hin und her schlagen. Man nehme sie daher besser an Deck und fahre nur mit Grosssegel und Spinnaker.

Den Spinnakerbaum setze man bei frischer Brise möglichst hoch am Mast an, vorausgesetzt, dass er mit einer Gabel versehen ist. Der Spinnaker steht am besten, wenn der Baum ungefähr horizontal steht. Seine Stellung am Mast richtet sich also nach der Stärke des Windes, welcher das Segel an der Nock mehr oder weniger hochhebt.

Wir sehen, es ist ein dunkler, vielverschlungener Pfad, den der gewissenhafte Eigner zu wandeln hat, bevor er mit einiger Aussicht auf Erfolg an den Start gehen kann. Er ist ungefähr in der Lage eines Arztes, der ein der Sprache nicht mächtiges zartes Lebewesen zu behandeln hat. Die Krankheitserscheinungen sind klar, aber die Ursachen sind mannigfaltig und schwer zu ergründen und daher noch schwerer das richtige Mittel zur Abhilfe zu finden. Aber gerade dies macht unseren Sport zu einer interessanten Wissenschaft, und ich habe es nie verstehen können, wenn ein Eigner die Arbeit des Trimmens seinen bezahlten Leuten überliess und sich damit begnügte, sich wenige Minuten vor dem Start ans Ruder zu setzen.

Der Erfolg ist dann auch gewöhnlich dementsprechend gewesen!

Vorbereitung zur Wettfahrt.

Instandsetzung der Yacht, Malen, Segel-Nummertücher, Rennflagge.

Wir haben auf den vorhergehenden Seiten gesehen, welche Summe von Arbeit nötig ist, um enie Yacht zum Rennsegeln zu befähigen. Damit aber ist die vorbereitende Tätigkeit noch lange nicht erschöpft. Die Arbeit des Trimmens ist überflüssig, wenn nicht die Yacht in ihrem Aeusseren tadellos gehalten und auch die Mannschaft, der Steuermann in jeder Beziehung für die Wettfahrt vorbereitet ist. „Bereit sein ist alles!" — Und diese Bereitschaft muss vor allem mit der Herrichtung der Aussenhaut beginnen.

Der Oberflächenreibungs-Widerstand spielt in jeder Gangart eine grosse Rolle bei der Erzielung guter Geschwindigkeit. Der bestgeformte Rumpf und das schönste Segel kann eine Yacht nicht zum Laufen bringen, wenn sie nicht aussenbords glatt geputzt wie eine Fensterscheibe ist. Die Kupferung lässt zwar ein Bewachsen des Rumpfes nicht zu; wegen ihrer kleinen Beulen und der nicht zu vermeidenden Ueberlappung der einzelnen Platten, welche mit unzähligen Kupfernägeln befestigt werden müssen, gibt sie aber nicht im entferntesten eine ebenso glatte Fläche wie eine sorgsam aufgetragene und polierte Farbschicht. Man malt daher jetzt alle Fahrzeuge, die sich an Rennen beteiligen sollen, mit irgend einer gifthaltigen Farbe. Die verschiedensten Farbenanstriche verhüten zwar das Bewachsen einer Yacht für eine gewisse Zeit; die Giftmischung ist jedoch noch nicht erfunden, welche den Muscheln und der mikroskopisch feinen Wasserflora und Fauna für die Dauer eines ganzen Segeljahres den Appetit verderben könnte, sich an dem Unterwasserschiff festzusetzen und dadurch die glatte Aussenhaut zu einem Reibeisen zu verändern. Ausserdem pflegt die haltbarste Farbe, besonders an den Nähten, infolge der Bewegung des Holzes abzuplatzen, und der geringste Sprung im Farbenanstrich erlaubt das Eindringen des Wassers in die Beplankung, welche dadurch aufquillt und die hartgewordene Farbe von innen heraus zum Abspringen bringt. Die mit Wasser vollgesogenen Planken verursachen auch, dass das Boot tiefer schwimmt, als der Berechnung zugrunde gelegt ist, es verdrängt mehr Raum und wird meistens die Vermessungsgrenzen überschreiten.

Man hole also die Yacht einige Tage vor dem Rennen aus dem Wasser aufs Slip und lasse sie gründlich von Wind und Sonne austrocknen. Aber nicht so lange, dass sie nachher wie ein Sieb durch alle Nähte leckt; eine gut gebaute Yacht wird allerdings diese lästige Eigenschaft nicht besitzen. Man entferne mit der Ziehklinge die abgesprungene, scharfkantig oder in Blasen vorstehende Farbschicht, schleife auch das Ueberwasserschiff, sei es nun lackiert oder gemalt, spachtele vorsichtig etwaige Unebenheiten aus und schleife mit Sandpapier und danach mit Bimstein und Oel oder Wasser die ganze Oberfläche spiegelglatt, so dass auch etwaige Schraubenköpfe nicht mehr fühlbar sind, welche trotz Versenkung und Bedeckung mit einer Mischung von Kitt und Sägespänen bei neuen Yachten hervorquellen.

Dann ist es an der Zeit, der Yacht einen oder zwei möglichst dünne Anstriche zu geben mit einer der „Patentfarben", auf welche man gerade „schwört", nachdem man diese vorher zweckmässig durch ein feines Gazetuch filtriert hat, um jede kleinste Unsauberkeit aus ihr zu entfernen. Natürlich lege man den zweiten erst auf den ersten Anstrich, wenn dieser vollkommen getrocknet und nochmals leicht mit allerfeinstem Sandpapier geschliffen ist. Nachdem auch der letzte Anstrich gut getrocknet, kann die Yacht wieder zu Wasser gelassen werden. Entgegen den Ratschlägen vieler Sachverständiger ist es nicht vorteilhaft, die Yacht bereits dem Wasser zu übergeben, solange die Farbe nicht vollkommen hart ist. Sie bewächst zwar in feuchtem Zustande nicht so leicht, weil die Pflanzen und Muscheln nicht haften können, und zerreisst auch nicht so leicht in den Nähten wegen ihrer Dehnbarkeit, solange sie vom Wasser bedeckt ist. Sie verliert aber sofort ihren lackartigen Hochglanz und zerreisst in quadratische Flächen an den Stellen, welche zeitweilig aus dem Wasser hervorragen, also an den Seiten bei langem Segeln über einen Bug und an Vor- und Achterschiff infolge des Seegangs, auch vor Anker.

Nachdem also die Yacht am Abend vor dem Rennen oder früh am Morgen des wichtigen Tages zu Wasser gebracht ist, wird sie innenbords gründlich nachgesehen und jedes noch so geringfügige Inventarstück, das nicht unbedingt zum Wettsegeln nötig ist oder zur Führung an Bord während des Rennens vorgeschrieben ist, wandert unbarmherzig an Land oder ins Beiboot. Jedem überflüssigen Tampen, ja einem abgeplatzten Hosenknopf sei die Mitfahrt verwehrt, keinesfalls aber einem kurzen Reserveende, für welches ungeahnte Benutzungsmöglichkeiten sich bieten, einem Schäkel, ein paar Segellatten, einer Reihleine.

Der Mast und die Ringe, der Leitwagen, die Gaffelklau sei leicht eingefettet, damit alles glatt läuft. Dass auch alle Blöcke imstande sein müssen, ist klar.

Das Annähen der Segelnummern-Tücher ist eine Zeremonie, welche auch nicht zu spät vorgenommen werden darf, damit noch vor dem Rennen Zeit genug bleibt, das Grosssegel wieder zu bergen und diese Kunst noch einmal zu probieren, falls es sich zeigen sollte, dass die Abzeichen zu straff oder zu lose angenäht sind. Im ersteren Falle würde das Segel leicht zerreissen, im anderen würden die Beutel sehr unschön wirken und auch als fahrtstoppender Windfang dienen. Man hefte zuerst die vier Ecken der Nr.-Tücher mit Sicherheitsnadeln auf das Grosssegel, um ohne viel Mühe Verschiebungen vornehmen zu können. Wenn die Tücher sich nach Wunsch anschmiegen, nähe man mit Segelgarn jede Kausch für sich an; darauf, besonders an der Vor- und Oberkante, mit langem Faden entlang, so dass sich möglichst wenig Wind zwischen Nummer, Tuch und Segel setzen kann. Hinter- und Unterkante bleiben zweckmässig offen zwischen den Kauschen, um das Entweichen des Windes zu ermöglichen. Man tut gut, die Mitte der Nummer-Tücher nochmals an zwei bis vier Stellen mit ein paar Stichen zu befestigen.

Die Rennflagge sei bei Flaute aus ganz leichter Seide, um jeden Hauch anzuzeigen. Dagegen würde eine solche in einer Stunde bereits, wenn's einigermassen weht, in Stücke geschlagen sein. Man setzt daher in solchen Fällen besser eine Flagge aus gewöhnlichem Flaggentuch. Bei tödlicher Flaute sei auch das Rauchverbot aufgehoben; denn der bläuliche Duft des edlen Tobacks ist ein zweckmässiger Anzeiger jedes geringsten Lüftchens. Geschworene Nichtraucher brauchen aber nicht wortbrüchig zu werden; zur Ermittelung des feinsten Lufthauches dient auch ein brennendes Licht an Deck. Aber nicht zu dicht neben dem Grossbaum, unter dem stets ein kleiner Zug hindurchgeht, besonders wenn die Sonne scheint, vom Schatten zum Licht.

Mannschaft.

Die Mannschaft ist natürlich infolge der vielen eingehenden Trimmfahrten genau so mit allen Einzelheiten, allen Eigenheiten der Yacht vertraut, wie der Steuermann und Eigner selbst. Bei bezahlten Händen ist dies selbstverständlich und bei den sogenannten Amateuren sollte es dies sein. Denn wodurch käme ihnen sonst dieser Ehrentitel zu? — Etwa nur deshalb, weil sie sich nur an Bord einfinden, wenn's etwas zu lieben gibt; sei es das schöne Geschlecht oder die vorzügliche Verpflegung?

Ich kann mich zu keiner anderen Erklärung des Wortes „Amateur" im Rennsport verstehen, als dass ich mir unter diesem Begriff einen Mann vorstelle, der den Sport, die Yacht, auf der er segelt, die Arbeiten, die sie verlangt, über alles liebt, selbstlos liebt, ohne dafür Belohnung zu empfangen in irgendeiner Form. Einen Mann, der seine Belohnung darin findet, dass ihm Gelegenheit geboten wird, seinen Sport auszuüben. Der sich treu und zuverlässig in den Dienst der Sache stellt, und dem keine Arbeit zu gering, zu schwer oder seiner nicht würdig scheint. Der in Freundschaft und unbedingter Unterordnung mit seinem Führer durch dick und dünn geht und keine Götter neben seinem Sport hat. Eine solche Amateurmannschaft wünsche ich jedem wahren Segler; er wird mit ihr mehr Erfolge erzielen, als der routinierteste Skipper mit einer streng gedrillten, bezahlten Mannschaft.

Eine solche Mannschaft also weiss bereits, wie und wo sie die Beisegel zu verstauen hat, um sie zur rechten Zeit mit dem Kopf nach oben zur Hand zu haben; sie weiss auch schon, wess Amtes dies und jenes ist bei der Verteilung der Rollen, ohne aber wie eine Maschine nur das zu tun, worauf sie eingestellt ist. Ohne Unruhe in die Manöver zu bringen, beobachtet sie stillschweigend und ruhig sitzend alles, was an Bord vorgeht, sie weiss genau, wie die anderen sie auszuführen pflegen und kann nötigenfalls wirksam zur Hilfe einspringen.

Sie redet nicht überflüssiges Zeug unter sich und stört den Führer nicht durch Mitteilungen, welche in keinem Zusammenhang mit dem Rennen stehen, sie redet dem Führer nicht beständig drein in seine Anordnungen und sucht durch Ruhe und Freundlichkeit im Verkehr untereinander und mit dem Steuermann die zuversichtliche Stimmung nicht zu stören, die zum Siege unerlässlich ist.

Bei unseren offenen Rennern, deren kleines Cockpit über dem Nullspant der Yacht angeordnet zu sein pflegt, ist die Verteilung der

Mannschaft von selbst gegeben. Selbstverständlich ist, dass nicht alle Mann ständig mit dem ganzen Oberkörper über die Reling hängen als willkommene Angriffsfläche des Windes und zur Verschlechterung der Stabilität. Wer sich weniger für das Wohlergehen seiner Yacht interessiert, als für die übrigen Vorgänge während der Wettfahrt, der mustere ab und gehe auf den Begleitdampfer. Die Mannschaft einer kleinen Yacht gehört auf die Bodenbretter — sie darf sich einen Segelsack unter die Sitzfläche oder unter die Knie schieben — und nur bei Flaute hat sie die ehrenvolle Aufgabe, vermöge ihres Körpergewichts die Yacht vom Deck aus nach Lee zu krängen. Sie darf während dieser nützlichen Beschäftigung auch, wenn gar nichts Wichtigeres zu tun ist an Bord, die gegnerische Besatzung durch Anulken aus der Ruhe bringen.

Bei Yachten mit Kajüt-Aufbauten und bei unseren langen Meter-R-Yachten mit kleinem Steuercockpit und glattem Deck ist die Frage der Mannschaftsverteilung schon schwerer zu lösen. Die Hauptregel ist, dass jedermann an Deck l i e g t und nicht steht; und zwar möglichst an der Stelle, welche ihm seine Bordrolle zuweist. Also bei der Grossschot-Belegklampe, an den Backstagen, den Vorschoten. Dabei ist auch aufmerksam zu beachten, dass nicht das Gewicht der Mannschaft die Schwimmlage der Yacht ungünstig beeinflusst. Andererseits ist dies ein Mittel, die Yacht richtig entsprechend der Windstärke und -richtung zu trimmen, wobei als Regel im allgemeinen gelten dürfte, dass bei Flaute die Mannschaft mehr vorn, bei frischer Brise mehr achtern sich aufhalten soll.

Wenn Plätzewechsel nötig ist, geschehe dies möglichst kriechend und ohne Erschütterung der Yacht; aber schnell, doch ohne hastiges Durcheinanderpurzeln, und was einer allein schaffen kann, soll nicht durch drei angefangen werden, von denen dann zwei herumstehen und zusehen. Hat ein Mann auf der Klüverbaum-Nock zu tun, so sende zum Ausgleich der Belastung einen Mann aufs Heck.

Am liebsten sind mir nichtrauchende Amateure; wenigstens während der Wettfahrt sollten sie dem geliebten Kraut entsagen. Bei bezahlten Leuten ist dies selbstverständlich. Denn die Pfeife oder die Zigarette muss immer gerade dann angesteckt werden, wenn eigentlich etwas Wichtigeres zu tun wäre. Der Steuermann hat wenigstens stets das Gefühl, als ob es so sei. — Doch es gibt nun mal keine vollkommenen Engel auf dieser Erde. — Auch gefrühstückt soll in der Regel v o r dem Rennen werden — und zwar tüchtig — ohne zuviel Alcoholica; denn mit in der richtigen Weise geballastetem Magen tut Mannschaft und Führer bessere Dienste als in hungriger Nervosität. Und auch das Frühstücken stört während des Rennens; es sei denn die Notwendigkeit dazu während einer endlosen Flautentreiberei.

Frühzeitig sei die gesamte Mannschaft an Bord. Nichts wirkt unangenehmer auf die Stimmung, als die quälende Unruhe, ob wir wohl vollzählig sein werden, ob wir wohl gar wegen Mannschaftsmangel nicht starten können. Noch frühzeitiger setze zum mindesten ein Teil der Mannschaft die Segel. Es ist sehr wichtig, dass die Feuchtigkeit der Nacht aus dem Tuch herauskommt, dass die Falten des Verstauens sich glätten. Es sind oft mehrere Quadratmeter der Fläche, welche durch die Feuchtigkeit einschrumpfen, gar nicht zu reden von dem Stand der Segel, wenn der Regen des vorhergegangenen Tages die Leinwand beeinflusst und der nächtliche Tau noch in allen Fallen steckt.

Der Steuermann.

Am allerfrühesten aber beginnt die Tätigkeit des Steuermanns; ja eigentlich hört sie niemals auf. Schon tagelang muss sich der Führer in der Theorie mit der Wettfahrt beschäftigen, wenn es in der Wirklichkeit nicht möglich ist. Er muss sein Programm, die allgemeinen und besonderen Wettfahrtsvorschriften, die verschiedenen Kurssignale, Startsignale, Abkürzungsvorschriften und Zeichen, die Begrenzung der Startlinie und Bezeichnung der Wendemarken, die Vorschriften über die Beendigung der Wettfahrt durch die Ziellinie: alles dies und sonst noch manches muss er auswendig lernen; denn oft ist nicht Zeit und Gelegenheit, während des Rennens die Nase ins Buch zu stecken. Dass er die Ausweicheregeln und sonstigen Bestimmungen und Gesetze des Deutschen Seglerverbandes im Schlafe rückwärts und vorwärts mit Angabe der Seitenzahl und der Paragraphen hersagen können muss, ist so selbstverständlich, dass ich es eigentlich nicht hier noch zu erwähnen brauchte; denn es kann vorkommen, dass ein Schiedsrichter, welcher juristisch gebildet ist oder es doch gern erscheinen möchte, auf Grund eines kleinen äusseren Formfehlers den an sich berechtigten Protest abweist.

Damit ist aber die Reihe der Leitsätze, die mit „Er muss...." beginnen, noch lange nicht erschöpft, und auf die Gefahr hin, dass dem schwergeplagten Steuermann der arme Schädel platzt, fahre ich fort:

Er muss über das Revier vollkommen Bescheid wissen. Er muss entweder durch mehrfaches Absegeln der Bahn, durch genauestes Studium der Land- und Seekarten sich alle Eigentümlichkeiten, alle Kennzeichen der Ufer, der Küste fest einprägen. Er muss sich Peilungen suchen, mit denen am sichersten die Wendemarken zu finden sind, falls nicht ausschliesslich nach dem Kompass gesegelt wird. Er muss die Tiefenkarte, falls erhältlich, genau im Kopfe haben, soweit sie für seine Yacht in Betracht kommt. Er muss sich im Geiste auf dem betreffenden Revier für alle Winde im voraus diejenige Taktik überlegen, die bei etwa obwaltenden Tide-Verhältnissen (nach denen man sich genau erkundige) oder sonstwie die vorteilhafteste ist. Zu diesem Zweck horche er möglichst harmlos die ortsangesessenen Segler aus — natürlich nicht die aus der eigenen Klasse — oder befrage mit den Händen in den Taschen die schweigsamen Fischer und Schiffer des Ortes, bei denen ein paar Zigarren oft erstaunlich die Zungen lösen. Doch baue er nicht zu zuversichtlich auf die unfehlbaren Voraussagen über Wind und Wetter, auf die Beschreibung der einzig möglichen Weise alle anderen Yachten zu übertrumpfen. Man prüfe alles und behalte das Beste. Meist ist man selbst sein bester Wetterprophet und sein verlässlichster Berater, wenn man Augen und Ohren offen hält.

Und so ist denn ungefähr eine halbe Stunde vor dem Rennen die folgenschwerste Entscheidung zu treffen, was an Segeln gesetzt und wie sie gesetzt werden sollen. Das grosse Schauri beginnt. Ob hoch und bauchig getrimmt für leichte Brise, ob niedrig und flach für frischere Gangart. Ob der Kreuzballon aufgetucht neben der Stagfock gesetzt werden soll oder der grosse Ballonklüver; ob das volle Zeug oder wieviel Reff einzustecken sind. Hierin das Richtige zu treffen ist ein Hauptteil der Kunst des Segelns, und diese Urteilsfähigkeit erreicht man nur durch genaue Kenntnis seiner Yacht und langjährige Erfahrung in der Einschätzung aller in Betracht kommenden Umstände. Ob draussen Seegang steht, ob der Wind dort anders als am Liegeplatz, untersuche man durch einen Probeschlag, ob der Wind krümpen oder ausschiessen wird, ob er bald einschlafen oder auffrischen wird, alles muss überlegt und beobachtet werden und danach richten sich die Massnahmen.

Der Gastlichkeit der veranstaltenden Klubs am vorangegangenen Bierabend hat man zwar dankbare Anerkennung erwiesen durch ein geselliges Plauderstündchen; aber zeitig ist die vorsichtige Mannschaft zur Koje gegangen. Die Hand ist daher sicher, der Kopf ist klar und das Auge scharf. Das Bewusstsein, alles Menschenmögliche für den Erfolg vorbereitet zu haben, gibt Ruhe und Zuversicht.

Start.

Der Start ist einer der schwierigsten und aufregendsten Momente des Rennens, besonders in einem grossen Felde von Yachten, und erfordert eiserne Nervenfestigkeit. Ein guter Start ist meist schon ein halb gewonnenes Rennen; denn es ist schon ein grosses moralisches Plus, wenn man seine Klasse anführt, und es hält sehr schwer, an einem aufmerksamen Gegner vorbeizukommen, solange das Feld dicht beieinander bleibt.

Wenn es irgendwie einzurichten ist, starte man in Luv der Linie; natürlich in voller Fahrt und mit dem Schuss. Der Kampf um die beste Position beginnt bereits mit dem fünf Minuten vor dem Startschuss fallenden Vorbereitungsschuss. Die Methoden, einen guten Platz zu erobern, richten sich vor allem nach der Windrichtung und Windstärke; auch nach den Eigentümlichkeiten der Gegner und denen der Yacht. Bei grösseren Fahrzeugen mit zahlreicher Mannschaft pflegt ein Mann in der Nähe des Steuermanns mit der Stoppuhr in der Hand die Zeit des Vorbereitungsschusses genau zu nehmen und sie von Minute zu Minute auszurufen, wobei auch die Beobachtung des Startballes von Wichtigkeit ist, um einen etwaigen Fehler des ersten Schusses festzustellen. Der Steuermann hat beide Hände nötig zur Bedienung des Ruders und beide Augen zur Beobachtung der eigenen Navigation und seiner Konkurrenten. Die Startmanöver geschehen mit nahezu dicht geholter Grossschot; nur die Vorsegel und Backstage werden bedient, und zwar möglichst ohne Kommando, um den Führer nicht zu sehr zu beanspruchen. Von der letzten Minute an ist es gut, die Zeit von zehn zu zehn Sekunden laut anzusagen; die letzten zehn Sekunden werden einzeln laut gezählt.

Bei kleineren Yachten, deren Grosssegel nicht immer dicht gefahren werden kann und deren Mannschaft daher durch die Ausführung und Vorbereitung der Segelmanöver vollkommen beschäftigt ist, hat der Steuermann die Stoppuhr in der einen, die Pinne in der anderen Hand und bleibt am besten an der Seite sitzen, welche während des ersten Kurses die Luvseite sein wird. Bei Flaute kann er auch an der Leeseite seinen Platz wählen.

Wenn die Brise sehr leicht und schralig ist, entferne man sich nicht zu weit von der Linie, die man vorher genau daraufhin geprüft haben muss, wie der Strom läuft, ob die begrenzenden Marken genau mit der Land- oder Bojenpeilung übereinstimmen, oder ob man ohne die Gefahr, zu früh durchs Visier zu gehen, noch über die Marken hinauslaufen darf.

Kleine Yachten mit leichtem Deplacement setzen sich schneller in Bewegung als schwerere Fahrzeuge; sie verlieren auch schneller ihre Eigenbewegung. Man kann sie daher gefahrlos dicht an der Linie in vorteilhafter Lage mit schlagenden Segeln auf der Stelle halten, um sie einige Sekunden vor dem Schuss durch Dichtholen der Segel rasch in Gang zu bringen. Für grössere und schwerere Yachten aber empfiehlt sich eine andere Taktik. Je nach der Stärke des Windes muss die Yacht mehr oder weniger frühzeitig auf ihre schnellste Gangart gebracht werden — je flauer, desto früher — und die Gegner sind möglichst lange vorher unter den Segeln zu halten und zum Ueberstaggehen zu zwingen, damit sie keine Fahrt entwickeln können.

Am sichersten geht man, wenn man hart am Winde auf Backbordbug mit dicht geholten Schoten die Luvmarke in voller Fahrt gerade anliegt und mit dem Schuss erreicht. Dann hat man unter allen Umständen das Wegerecht und darf alle etwa von Luv her auf die Linie abfallenden Yachten vom Start abdrängen, so dass sie nochmals wenden oder hinten herumgehen müssen. Derartigen Yachten ist nur Raum zu geben an der Marke, wenn sie ebenfalls wieder hart am Winde liegen und eine Ueberlappung haben. (Abb. 80, a. hat das Wegerecht, b. darf sich, mit halbem Wind segelnd, nicht zwischen a und die Boje drängen, muss daher hinter a abfallen oder, wenn dies nicht mehr möglich, wenden und durch Halsen nochmals die Linie ansegeln. c. hat das Wegerecht gegenüber b, nicht aber gegenüber a; also muss auch, c, trotzdem sie Backbordschoten hat, hinter der hart am Wind liegenden a herumhalten.)

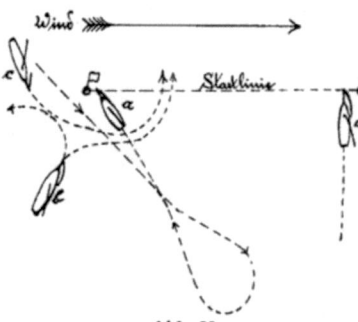

Abb. 80.

Am besten gelingt ein Start mit Dwarswind, wenn man genau die Sekundenzahl kennt, die seine Yacht zum Wenden oder zum Halsen

braucht, einschliesslich der Zeit zur Wiederaufnahme der vollen Geschwindigkeit. Man nimmt dann einen gewissen Anlauf, dessen Länge sich teils nach der Grösse der Yacht, teils nach der Windgeschwindigkeit und Stetigkeit, teils nach dem vor der Startzone verfügbaren Raum richtet, ohne befürchten zu müssen, dass man auf Untiefen oder in eine Kalmenzone an Land gerät. Von der zur Verfügung stehenden Zeit bringt man die Sekunden, welche zur Wendung nötig sind, in Abzug und läuft dann während der einen Hälfte der Zeit in der dem Start entgegengesetzten Richtung, wendet oder halst und segelt dann wieder auf die Startlinie zu, welche man auf diese Weise in guter Fahrt mit einem Sekundenstart durchsegelt, vorausgesetzt, dass — die Rechnung genau stimmt, dass der Wind im letzten Augenblick keine Tücken zeigt, dass kein Strom läuft und die Gegner nicht durch unvorhergesehene Tricks das schöne Manöver zuschanden machen. Am vorteilhaftesten legt man den Kurs so, dass die erste Hälfte raumschots, die andere hart am Winde (wegen des Wegerechts) zu laufen ist. Ein fleissiger Steuermann übt sich schon bei den Trimmfahrten, mit der Stoppuhr in der Hand, so oft wie möglich im Entfernungschätzen an irgendeiner Boje, um sich und seine Yacht auch in dieser Beziehung genau zu kennen.

Der Start in starkströmendem Wasser ist nicht so einfach. Muss man gegen den Strom starten, so ist es zweckmässig, sich durch geeignete Segelstellung auf der Stelle zu halten, vorausgesetzt, dass nicht zu viel oder — zu wenig Wind weht. Geht aber der Kurs mit der Strömung, so ist die Sache viel verwickelter, da man bei allen Manövern stets noch die Wirkung der Stromgeschwindigkeit auf den einzuschlagenden Kurs in Rechnung ziehen und dementsprechend härter anliegen oder mehr abfallen muss. Bei Flaute halte man stets einen kleinen Anker mit Leine bereit, um zu verhüten, dass man durch das zeitweilige Aussetzen der Brise zu früh durch die Peilung gezogen wird, oder dass man wegen derselben Tücke von der Linie abgetrieben wird.

Es ist nicht ratsam mit stehendem Ballonklüver zu starten; es sei denn sehr leichte Brise. Ein Gegner kann dich, mit der Stagfock bewaffnet, plötzlich hochluven und vor dem Want berühren, oder zum Ueberstaggehen zwingen, was mit dem grossen Beisegel sehr unbequem ist. Dagegen setze es aufgetucht und reisse es aus, sobald alles klar erscheint. Die Stagfock muss dann sofort an Deck; beide Segel zugleich zu führen ist nicht gut.

Wenn der erste Gang eine Kreuzstrecke ist, so vergewissere man sich durch einen Probeschlag kurz vor dem Start, auf welcher Seite der vorteilhaftere, der Streckbug ist. Denn, wenn man auf dem Streckbug pünktlich mit guter Fahrt startet, ist es möglich, vor seinem Gegner klar vorbeizukommen, der zwar mit Backbordschoten, aber in ungünstigerem Winkel zum Kurse gestartet ist. (Abb. 81, a hat das Wegerecht, aber b gelingt es vor a vorbeizukommen, da der Wind über Backbord vorteilhafter zur Startlinie steht.)

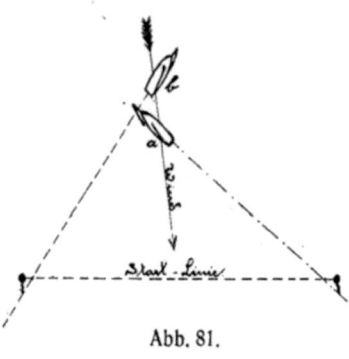

Abb. 81.

Man beachte zu diesem Zwecke die Manöver etwa vorher gestarteter grösserer Klassen. Aus ihrem Schicksal kann man sich leicht ein Bild von der besseren Startweise machen, oder man mache einen Probeschlag vor dem Start.

Ist man nicht günstig abgekommen, so dass man gezwungen ist, im Kielwasser und im gestörten Wind des Vorseglers zu segeln, so erspähe man den nächsten geeigneten Augenblick, um auf den anderen Bug zu kommen. Nur durch einen solchen kurzen Querschlag ist es möglich, sich frei zu segeln; suche nicht durch Höhe kneifen den Gegner zu fassen. Stets haben die anderen den Vorteil davon.

Am unangenehmsten sind die Starts platt vor dem Winde. Keinesfalls starte man in einem grossen Felde mit stehendem Spinnaker; die Tücken des Gegners sind unberechenbar. Bei kleinen Fahrzeugen ist es nicht gut, den Spinnaker aufgetucht zu setzen und dann auszureissen. Ihr Baum ist nicht schwer genug; dies können sich nur grosse Yachten leisten. Man setze ihn fliegend und renne den Spinnakerbaum aus, wenn alles klar ist.

Man kann die Geschwindigkeit sehr schwer schätzen, die eine Yacht vor dem Winde läuft und kann sie nicht durch Anluven abstoppen; im Gegenteil: man erhöht sie sogar dadurch. Ein schwach wirkendes Mittel ist die Grossschot mittschiffs zu holen; aber dies bringt viel Unruhe in die Yacht und nur sehr schwer setzt sie sich nachher wieder in Bewegung.

Der freundliche Gegner pflegt sich sofort auf den Vordermann „draufzupacken", indem er ihm, in seinem Kielwasser folgend, mühelos den Wind wegnimmt und bereits im Start oder kurz danach mit guter Fahrt vorbeizieht. Danach entwickelt sich dann meist eine amüsante Katzbalgerei in Gestalt eines oder mehrerer Luvkämpfe, die die verbissenen Gegner ganz aus dem Kurs bringen. Amüsant nur für die Zuschauer, weniger für die Darsteller; denn den besten Nutzen daraus ziehen die weniger pünktlichen Yachten, welche sich unbehindert ihren geraden Weg zur nächsten Boje wählen können. Siehst du also bereits einige Minuten vor einem solchen Start die Augen eines als besonders kampflustig bekannten Gegners in der teuflischen Absicht des Abdeckens auf dich gerichtet, so lasse ihm höflich und bescheiden den Vortritt, damit er sich ein anderes Opfer aussuche und du den lachenden Dritten spielen kannst.

Eine gute Art des Startens vor dem Winde ist folgende: Man misst mit der Stoppuhr die genaue Fahrtdauer zwischen den beiden Startbegrenzungen. Angenommen, dass diese sechzig Sekunden beträgt und man den Grossbaum an Backbord, den Spinnaker an Steuerbord fahren will, so richte man sich so ein, dass man mit Backbordbug in guter Fahrt genau eine Minute vor dem Start an der Backbordseite der Startlinie ankommt. Sodann läuft man genau an der Linie entlang (man achte aber, dass der Grossbaum oder die Gaffel nicht über die Linie ragt!), kann in Ruhe den Spinnakerbaum vierkant gebrasst ausbringen, das Segel selbst in Lee des Grosssegels geheisst mit der Hand zusammenhalten und jederzeit beim Fallen des Schusses Grossschot auffieren und durch die Linie abfallen. Falls man etwas zu früh am Ende der Linie anzukommen fürchtet, luvt man etwas an. Alle anderen Yachten müssen ausweichen; die vor dem Winde ankommenden Yachten müssen hinten herum halsen oder werden über die Boje gedrängt.

Die Sache ist aber nicht so einfach, wenn man sie anders herum probiert, d. h. wenn man das Grosssegel an Steuerbord fahren muss. Kommt in diesem Falle ein Gegner auf dem vornehmen Bug segelnd entgegen, so wird leicht der fein angelegte Plan zerstört, da man ausweichen muss. Der Gegner kann zwar nur, nachdem er gehalst hat, über die Linie kommen; aber eine tüchtige Mannschaft bekommt dies fertig und hat ausserdem noch rechtzeitig den Spinnaker klar stehen. Dem anderen aber, welcher auf Steuerbordbug segelt, kann es leicht passieren, dass er über die Linie muss, um dem Gegner Raum zu geben; denn dieser wird kaum so freundlich sein, ihm zu gestatten, vor seinem Bug vorbei zu luven. (Fig. 82, a hat das Wegerecht, b wird über die Linie gedrängt, da wegen der Yacht c kein

Raum vor der Boje ist, und muss hinter a zurück ausserhalb der Linie durch den Wind und halsen.)

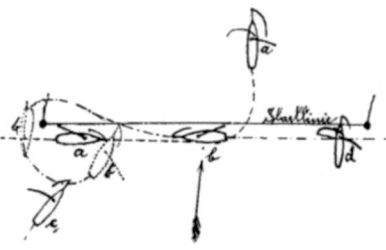

Abb. 82.

Oft lächelt die Göttin des Glücks dem, der ebenso listig wie bescheiden procul negotiis dem männermordenden Kampfe um die Luvseite zusieht und sich verstohlen ganz in Lee der Linie unbehelligt und in rauschender Fahrt pünktlich auf die Reise machen darf. Meist wird er als Erster an der nächsten Boje eintreffen. (Abb. 80 und 82, Yacht d.)

Es ist sehr lehrreich und unterhaltend, an einsamen Winterabenden oder auch in verständnisvoller Gesellschaft derartige Konstellationen aufs Papier zu malen oder vermittelst kleiner Modellschiffchen plastisch darzustellen. Die Gesetzessammlung der International Yacht Racing-Union neben sich, hat es einen grossen Reiz — gewissermassen als seglerisches Schachspiel — die Modellyachten auf dem Kampfplatze des Tisches zu tummeln. Der Erfolg dieses geistigen Trainings wird im Ernstfalle nicht ausbleiben. Ebenso wenig wie alle Verwicklungen, welche in der Wirklichkeit eintreten können, vorauszusehen sind, ist es möglich, einen unfehlbaren Ratgeber für alle Möglichkeiten zusammenzustellen. Das kleine Wörtchen „wenn" hat auch auf diesem Gebiete die sinnreichsten Berechnungen schon gar zu häufig über den Haufen geworfen. Der sicherste Weg ist und bleibt völlige Beherrschung der Ausweicheregeln, ein klarer Kopf, kühle Ruhe, rascher Blick, sichere Ueberlegung, blitzartig schneller Entschluss. Ein mit diesen Eigenschaften begabter Segler wird sich bald seine eigene Methode schaffen und sich nach Möglichkeit aus allen Fallstricken der Gegner herauswinden können.

Einige taktische Winke.

Wenn die aufregenden Episoden des Starts vorüber sind und man nicht das Glück gehabt hat, unbehelligt von den Gegnern das Feld anzuführen, gilt es vor allem, sich einen Platz im Rudel der Mitsegler zu erobern, auf dem man nicht an der Entfaltung der grösstmöglichen Geschwindigkeit gehindert wird. Ist der erste Kurs aufzukreuzen, so suche man schleunigst, wie ich oben schon ausführte, durch einen kurzen Querschlag aus dem gestörten Wind in eine unbehinderte Luvposition zu kommen. Der aus einem Grosssegel abfliessende Wind verursacht bis auf fünfzig, ja bei grösseren Yachten auf mehrere hundert Meter Wirbelbildungen und wird von seiner ursprünglichen Richtung abgelenkt, so dass die Segel des nachfolgenden Fahrzeugs nicht vollstehen können. Auch die Wellen, welche der Vorsegler aufwühlt, sind für den Nachfolger ausserordentlich fahrthindernd. Liegst du hart am Wind, mit einem Gegner dicht an deinem Heck etwas zu luvat, der ausserhalb des Bereiches der von dir aufgerührten Wellen dir aufzurücken scheint, so luve einen Augenblick hoch und hole gleichzeitig für die Dauer des Luvens die Grossschot dichter, um sie jedoch sofort wieder auf die frühere Stellung abzufieren, sobald du auf den normalen Kurs zurückfällst. Wenn man dies in Zeiträumen von einer halben Minute ein paar Mal wiederholt hat, wird der Gegner durch den gestörten Wind und durch die unruhig laufenden Seen getroffen werden und achteraus und nach Lee sacken. Aber nie zu heftige Bewegungen und nie zu stark luven, da sonst deine eigenen Segel loskommen und die Fahrt deiner eigenen Yacht gestoppt wird!

Wenn auch oft ein Querschlag einen Verlust von kostbaren Sekunden oder gar Minuten bedeutet, ist es doch ratsamer, sogar hinter einem anderen Gegner herumzuhalten, um freien Wind zu gewinnen, als sich wieder in Lee eines anderen zu legen und sich so dauernd im gestörten Wind abzuplagen. Ein aufmerksamer Gegner allerdings wird dich nicht loslassen, sondern sofort mit dir über Stag gehen, wenn du ihm gefährlich erscheinst, so dass er etwas voraus und über dir liegend dich weiter behindert. Manchmal aber gelingt der Durchbruch, sei es durch die Unachtsamkeit des Gegners oder dadurch, dass dieser einen anderen Konkurrenten nicht entwischen lassen will, oder dass er im Augenblick nicht in der Lage ist, seinen Kurs zu ändern.

Naht sich dir ein Gegner auf dem vornehmen Bug, so versuche nicht zu lange, vor ihm vorbeizukneifen. Wenn die Aussichtslosigkeit klar ist, dass du seinen Bug nicht passieren kannst, so gehe in Lee dicht voraus von ihm über Stag. Entweder gelingt es dir durch härteres Anliegen, vor ihn zu kommen, oder dein aus dem Grosssegel abprallender Wind stösst von Lee aus in die Segel des Gegners, so dass dieser wenden muss.

Viel weniger macht sich die Windstörung bei quer einfallender Windrichtung bemerkbar. Wenn deine Yacht in dieser Gangart ebenso schnell oder gar langsamer ist als dein Vorsegler, so trachte danach, haarscharf in seinem Kielwasser zu segeln, aber keinesfalls in den von ihm seitlich aufgewühlten Wellen; und zwar so dicht wie möglich an seinem Heck. Deine Yacht läuft dann in vom Vorsegler geglättetem Wasser, das dich sogar mitzieht, ähnlich wie einen Radler, welcher sich an ein vorausfahrendes Automobil heranhängt. Er wird vom Luftwirbel derartig angesaugt, dass er ohne die geringste Pedaltätigkeit dem Auto folgt. Ganz so wirksam ist allerdings die Wirbelbildung des Wassers nicht; aber immerhin, wenn der Schnelligkeitsunterschied der beiden Yachten nicht gar zu gross ist, werden sie ihren Kurs ablaufen als ob sie zusammengebunden wären. Voraussetzung ist, dass der Nachfolgende sehr aufmerksam steuert; denn dem Vorsegler ist es möglich, durch mehrfaches plötzliches Rudergeben bei gleichbleibender Segelstellung den lästigen Anhang „abzuschlenkern", wodurch nicht nur die ansaugende Tätigkeit des Kielwassers unterbrochen wird, sondern auch der aus dem Grosssegel abfliessende Wind hin und her geworfen wird, so dass die Vorsegel des Anhängers loskommen.

Ist man etwas schneller als der Vorsegler, so luve man möglichst bald, ehe man ihn ganz erreicht hat, energisch hoch an den Wind, wobei man allerdings die Gefahr läuft, dass sobald der voraussegelnde Gegner das Manöver bemerkt, er es mitmacht und sich daraus ein Kampf bis aufs Messer entwickelt, der unter Umständen beiden Yachten verhängnisvoll werden kann durch die unbeteiligten Dritten. Ist man daher sehr viel schneller als der Vorsegler in dieser Gangart, so falle man ebenso energisch nach Lee ab, um sich unter den Segeln des Gegners hindurch frei zu segeln. Hieran darf dich der Konkurrent nicht durch Abfallen hindern.

Ist der Kurs platt vor dem Wind, so suche sobald du dem Gegner durch Abdecken die Stetigkeit des Winddrucks entzogen hast, so schnell wie möglich nach der Seite auszuscheren, an der du das Grosssegel fährst. Ohne zu halsen und den Spinnaker umzubauen, wird es dann kaum dem Gegner gelingen, gleiches mit gleichem zu vergelten; besonders da er ja nicht abfallen darf. Wenn dein Konkurrent sich die Mühe nicht verdriessen lässt zu halsen und Spinnaker zu schiften, wirst du ihm so vielleicht entwischen können. Entschliesst er sich jedoch zu diesem Manöver, so ist der richtige Augenblick zu erspähen, in dem infolge der Arbeit mit den Segeln seine Geschwindigkeit vermindert und seine Aufmerksamkeit abgelenkt ist. Vielleicht gelingt es dir dann, vor seinem Bug vorbeizukommen und die Luvposition zu gewinnen.

Ich möchte hier auch auf eine amüsante, kleine Finte hinweisen, auf die schon mancher hereingefallen ist; aber stets nur einmal im Leben. Sie besteht darin, dass man — sei es am Wind segelnd oder vor dem Winde — mit Stentorstimme eins der oben erwähnten Segelmanöver befiehlt, aber vorher der Mannschaft heimlich die Weisung erteilt haben muss, alle Schoten belegt zu lassen. Der übereifrige Gegner wird in der Besorgnis, dass du ihm entschlüpfen könntest, auf das Kommando hin sofort über Stag gehen bezw. halsen, und bevor er seinen Irrtum erkannt hat, sind wir frei. Aber wie gesagt, gar zu oft darf man diesen Trick nicht mit demselben Konkurrenten anstellen — er könnte es sonst merken.

Wenn die Brise so leicht ist, dass die Grossschot nicht steif stehen will, so schere eine Part aus; nützt auch dieses nichts, so stelle einen Mann an den Grossbaum, um ihn vorauszudrücken, und einen zweiten auf das Heck, um die Schot mit den Händen aus dem Wasser frei zu halten. Scharfgebaute Fahrzeuge soll man möglichst ohne Neigungswinkel auf ihrer Konstruktionslinie segeln; dagegen müssen flache breite Flundern in jeder Gangart unter einem Neigungswinkel gehalten werden, der die Wasserlinien lang und schlank macht; auch vor dem Winde, denn besonders bei Seegang verkürzt und verbreitert sich zeitweilig die Wasserlinie der „Flundern" in sehr nachteiliger Weise. Man postiere seine Mannschaft nach Lee und aufs Vorschiff, um die schärferen Linien des vorderen Ueberhangs zur Wirkung zu bringen. Fiere auch die Piek ein klein wenig vor dem Winde, um die Falten herauszubringen; aber vergiss nicht, sie für die Am-Wind-Arbeit wieder richtig zu setzen.

Die Hand des Steuermanns sei weich und niemals werfe man die Yacht derartig mit dem Ruder herum, dass die gleichmässige Fortbewegung gestört wird. Nur im äussersten Notfalle lege man das Ruder bis zu einem Winkel von 45 Grad. Keinesfalls mehr. Beim

Wenden unserer sehr manövrierfähigen Yachten genügt fast ausnahmslos ein Winkel von 30 Grad. Auch berücksichtige man das Beharrungsvermögen der Yacht in der Wendung und nehme die Pinne bald wieder mittschiffs; auch wenn die Drehung noch nicht ganz vollendet ist. Man würde sonst zu weit vom neuen Kurs abfallen und an Höhe verlieren.

Wenn die Brise sehr frisch ist, sind die Yachten oft recht wild und schwer auf dem geraden Kurs zu halten. Man versuche nicht, jede durch den unruhigen Seegang verursachte Abweichung vom Kurs mit Gewalt durch das Ruder auszugleichen. Man stoppt dadurch die Fahrt mehr als der kleine Umweg ausmacht.

Wenn eine besonders hohe See mit einem Brecher schräg von achtern heranrollt, so falle man etwas ab. Der Brecher wird die Yacht unter das Heck fassen und mit kolossaler Geschwindigkeit vor sich herschieben. Das mache man sich zunutze. Bei raumer Brise soll man im schweren Seegang die Schoten nicht zu weit auffieren, da die Yacht dann sehr unruhig steuert; doch ist es hart am Winde ratsam, die Segel nicht zu dicht zu fahren. Die Yacht wird sonst zu sehr nach Lee versetzt durch die See, und ihre mangelhafte Geschwindigkeit ist nicht imstande, den Seegang zu bewältigen. Man beachte auch in dieser Gangart, dass die Ausbalancierung durch den Trimm und durch die richtige Wahl und Stellung der Segel stattfinden muss; das Ruder ist nur zum Wenden und zum Stützen bei besonders hohen Seen da. Jede überflüssige Bewegung quält das Fahrzeug ebenso wie einen Gaul, der am Zügel gerissen wird.

Man vermeide bei frischer Brise flache Stellen, da der Sog am Grunde dann sehr stark ist. Dieser macht sich sofort durch die Vergrösserung der Hecksee bemerkbar, die bei geneigter Lage zu luvat achteraus steil und sich überschlagend emporschiesst.

Der Platz des Steuermanns während des Rennens sei bequem in Luv oder in Lee, je nach den Windverhältnissen, und dort, wo es ihm die geringste körperliche Anstrengung beim Steuern, bei der Beobachtung der Segel und der Umgebung verursacht. Wenn er genötigt ist, einen Teil seiner Aufmerksamkeit auf seine eigene Sicherheit zu verwenden, geschieht dies auf Kosten der Ruhe seiner Hand. Er liege daher nicht an Deck, da er dann sein Genick verdrehen muss, um die Segel und den Stander zu beobachten. Nur bei ganz grossen Yachten mit glattem Deck, welche ruhige Bewegungen bei kleinem Neigungswinkel haben, stehe oder hocke er, um Rad oder Rudertalje zu bedienen. Ob er sich ausschliesslich auf die Betätigung des Steuerns beschränken oder hier und da an der Grossschot, an den Backstagen, an der Spinnaker-Achterbrasse oder den Vorsegelschoten mithelfen soll, wird von der Grösse der Yacht und ihrer Besatzung und der persönlichen Geschicklichkeit des Steuermanns abhängen. Bei einiger Uebung lernt man auch die Pinne mit den Beinen halten, und die Zähne und eine Hand genügen auch oft, um eine Schot dicht zu holen.

Hast du dich nur mit einem Gegner herumzuschlagen, so lasse ihn keinen Augenblick aus den Augen und erschöpfe an ihm all' deinen Vorrat an Tücken und ausgeklügelten Finessen. Speziell im Endkampf kurz vor dem Ziel sieh weniger auf Erzielung einer guten Zeit, als darauf, dass deine Yacht stets zwischen dem Gegner und der Linie bleibt. Hast du aber deren mehrere, so verbeisse dich nicht in einen von ihnen — eingedenk des tertii gaudentis.

Beobachte zwar alle Gegner und ihre Manöver scharf; aber suche nicht von vornherein das Rennen durch Chikanen zu gewinnen. Dies ist meines Erachtens nicht der Sinn des Sports; es führt leicht zu persönlichen Reibereien und man nützt dem Sport nicht damit. Ich verkenne keineswegs, dass auch in der rücksichtslosen und raffinierten Ausnützung aller durch das Gesetz erlaubten bezw. nicht verbotenen Mittel sich ein gewisses Talent, eine grosse Geistesgegenwart kennzeichnen kann. Der sportliche Wettkampf wird dadurch ein Abglanz des modernen Geschäftslebens, des Kampfes ums tägliche Brot. Es erscheint mir jedoch im Interesse des Fortschritts unserer Schiffbaukunst und der Wahrung des ritterlichen Charakters unseres Sports angemessener, wenn nicht Steuermann gegen Steuermann, sondern Yacht gegen Yacht kämpft und wenn stets die beste, am besten geführte Yacht gewinnt und nicht eine mehr oder weniger gewagte Paragraphen-Auslegungskunst.

An den Wänden des traulichen Bootshauses eines unserer ältesten Segelclubs, das leider einem Neubau weichen musste, las ich einst folgenden treffenden Knittelvers:

> Ehrlichkeit verlangt man sehr;
> Auch vom besten Segeler.
> Schlechter Sportsmann, der da glaubt
> Jedes Mittel sei erlaubt! —

Diesen Spruch sollte sich jeder Anfänger als Richtschnur einprägen — und die Alten auch. —

Viele während des Rennens beachtenswerte Punkte, die die Yacht und ihre Trimmlage, die Schotenführung und Segelstellung betreffen, habe ich bereits in den vorhergehenden Kapiteln erwähnt. Ich habe auch bereits unter den Pflichten des Steuermanns ein langes Register aufgeführt von Kenntnissen, die er zwecks Anwendung während des Rennens sich vor dem Start aneignen muss. Das Studium der Wetter- und Revierverhältnisse muss aber auch während der ganzen Dauer des Rennens fortgesetzt werden. Es erfordert dies die Sicherheit der Yacht; besonders aber beeinflusst ein Wechsel des Windes die Gewinnaussichten einer Yacht in solchem Masse, dass es möglich ist, hierdurch vom letzten auf den ersten Platz zu gelangen, wenn man ihn frühzeitig erkennt und richtig ausnutzt.

Nur einige Beispiele von unendlich vielen Möglichkeiten möchte ich anführen:

I. Der Wind steht WSW. und hat bei steigendem Barometer die Neigung abzuflauen, wenn die Sonne durchkommt. In den Regenschauern brist es auf und die Böen fallen westlich bis nordwestlich ein. Wir haben von O nach W aufzukreuzen. Eine neue Regenwolke erscheint im NW; ich laufe ihr mit dem noch stehenden Südwest auf Steuerbordbug entgegen und wende, sobald mich der neue Wind aus W trifft, um die Rechtsdrehung des Windes auszunutzen.

II. Es ist totenflau aus NO, und wir quälen uns gegen 0—1 m Wind aufkreuzend bis zum späten Nachmittag. Der vorteilhafteste Schlag wäre stets der nach Osten, wegen Stromversetzung, Dünung etc. Plötzlich entdecke ich an Land im Nordwesten eine Windmühle, welche sich lustig in der neu durchkommenden westlichen Abendbrise dreht. Sofort gehe ich über Stag und laufe dem neuen Wind entgegen. Ich erhalte ihn raum zum Kurse und zehn Minuten vor meinen Gegnern, welche mit knapper Not hart am Wind die Boje anliegen können.

Die Stelle der Windmühle als Berater und Warner kann in ähnlichen Fällen ein ferner Küstensegler, die Rauchfahne eines Dampfers oder sich bewegende Schilfbänke und Baumkronen einnehmen. Jeder erfahrene Segler wird diese Beispiele aus seinen eigenen Erlebnissen vermehren können. Kein Vorgang in der Natur ist ohne Interesse für den Rennsegler, und eine tüchtige Mannschaft unterstützt den so vielseitig in Anspruch genommenen Führer nach Kräften in der Beobachtung aller Vorkommnisse.

Als Allgemeinregel von Interesse für den Regattasegler möchte ich noch erwähnen, dass auf See bei Flaute und an warmen Tagen die Brise unter Land am frischesten weht. Manchmal trifft dies sogar im Binnenland zu; nur hüte man sich vor der direkten Abdeckung der Ufer. Bei frischer Brise liegt der Fall auf See meist umgekehrt; man wird weiter draussen mehr Wind finden. Für beide Reviere gilt die Regel, dass man stets das Ufer oder die Küste halten soll, woher der Wind kommt. Auch pflegt eine vom Land aufs Wasser zu in schrägem Winkel verlaufende Luftströmung am Ufer mehr im rechten Winkel abzubiegen.

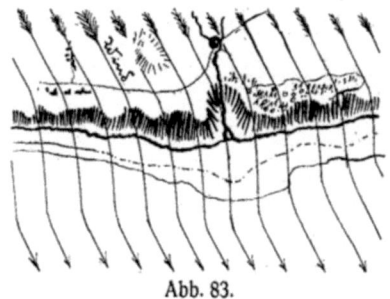

Abb. 83.

Eine Kenntnis, die man sich für einen bequemen Streckbug in geschütztem Wasser zunutze machen soll. (Abb. 83.) Besonders Schluchten und Quertäler lenken den Wind selbstverständlich beträchtlich ab.

Auch beachte man, dass ein vom Wasser in spitzem Winkel auf das Land zu wehender Wind stets in der dem Winde am bequemsten liegenden Richtung abgelenkt wird und zugleich einen Küstenstrom erzeugt, den man vermeide. Wenn man auch gerade noch am Ufer entlang strecken zu können glaubt, so mache man lieber doch einen kleinen Querschlag, um der Strömung und dem schralen Wind zu entgehen. (Abb. 84.)

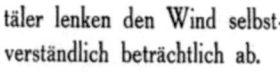

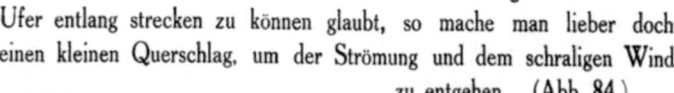

Abb. 84.

Bei quer auflandigem Wind pflegt sich vor hohen Ufern eine Art Luftkissen, eine kleine Flautenzone mit Wirbelbildungen zu bilden, welche sich recht fühlbar machen kann. Man meide daher die zu grosse Nähe eines hohen Ufers in Lee und segle lieber in einiger Entfernung der Küste. (Abbildung 85.)

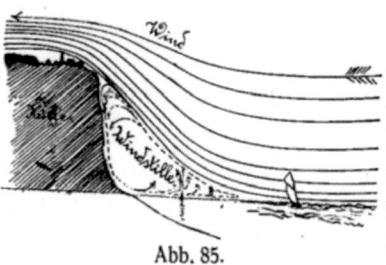

Abb. 85.

Bojen runden.

Den guten Steuermann erkennt man am Bojenrunden, genau wie hier auch die gut eingespielte Mannschaft an den Segelmanövern. Gar manches Mal wird der Ausgang eines Rennens durch ein geschicktes oder auch sehr ungeschicktes Bojenmanöver entschieden. Eine Yacht mag noch so schlecht abschneiden im Rennen: an der Art, wie sie manövriert wird, kann man beurteilen, ob ihr Versagen an der Führung liegt oder am Konstrukteur und Erbauer. So kann der enttäuschte Eigner durch gute Führung wenigstens seine eigne Ehre retten.

Wenn man aufkreuzend eine Boje zu erreichen hat, darf man nur bei sehr feststehender Brise es wagen, mit zwei grossen Schlägen die Wendemarke anzusegeln. Es ist sehr schwer, mit absoluter Genauigkeit in grosser Entfernung den Augenblick abzuschätzen, wann man die Boje genau anliegen kann. Häufiges Ueberstaggehen verlangsamt zwar die Fahrt; aber oft raumt der Wind um eine Kleinigkeit, und wer diesen Umstand nicht für sich ausnutzen kann, sondern längere Zeit mit aufgefierter Schot auf die Boje abhalten muss, verspielt sicher gegen den Konkurrenten, der den kürzesten Weg gesegelt ist.

In der Regel beginne man den Kreuzkurs mit dem Streckbuge, wenn nicht triftige Gründe vorhanden sind, zuerst den sogenannten Holebug zu wählen. Der Streckbug ist der dem Kurse am nächsten liegende, welcher naturgemäss der längste sein wird, der Holebug ist der kürzere, der wenig zur Verringerung der Entfernung beiträgt, mit welchem man sich Höhe holt.

Man achte mit peinlicher Sorgfalt auf die geringste Windänderung beim Kreuzen, entweder vermittelst des Kompasses oder in Ermangelung eines solchen durch die Landmarken, indem man sich an der Küste den Punkt merkt, welchen man anliegen kann. Wandert dieser Punkt plötzlich nach luv, ohne dass man die Ursache durch Stromversetzung erklären kann, so gehe man schleunigst über Stag.

Suche es nach Möglichkeit so einzurichten, dass die Wendemarke nach dem Ankreuzen nicht unmittelbar durch Ueberstaggehen oder Halsen gerundet werden muss, um die darauffolgende Raumschots- oder Vor-Wind-Strecke zu beginnen. Der scharfe Knick in der Fahrtrichtung in Verbindung mit den verschiedenen Segelmanövern, welche oft in obigem Falle nicht genügend vorbereitet werden können, tötet die Geschwindigkeit fast völlig. Man behält am besten Fahrt im Boot, wenn man den letzten Schlag zur Boje so einrichtet, dass man je nach der Grösse der Yacht in entsprechender Entfernung die Boje hart am Wind ansegeln kann und durch Abfallen und Segel-Auffieren die Wendemarke rundet. Man kann während dieses Schlages die Beisegel und Backstage in Ruhe vorbereiten und ohne Mühe zugleich mit dem Runden der Boje Ballonklüver oder Spinnaker aufbringen.

Besonders wenn unmittelbar hinter der Boje gehalst werden muss, hat man viel Fahrt und Steuerfähigkeit im Boot nötig; und auch dann können die Beisegel in Lee vorbereitet und sofort nach dem Halsen aufgebracht werden. (Fig. XI.

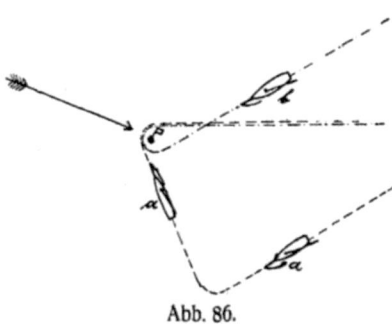

Abb. 86.

Yacht a segelt die Boje richtig an; b unvorteilhaft. Es sei denn, beide Gegner könnten die Boje ungefähr zu gleicher Zeit runden. Dann ist b entschieden im Vorteil, da a gezwungen ist, wenn sie nicht die Boje schon erreicht hat und ihr Ruder zur Kurswendung gelegt ist, nochmals über Stag zu gehen oder doch wenigstens Raum zu geben, wenn der Gegner nicht auf dem Wenden besteht. Ein scharfer Gegner wird dies jedoch stets tun.)

Solange der Spinnaker noch nicht steht, laufe man hinter der Boje etwas höher als der Kurs, damit das Vorsegel noch wirkt und man nicht durch nachfolgende Segler abgedeckt wird.

Ist der Kurs mit einem Schlage hart am Winde anzuliegen, so nehme man so viel Reservehöhe, als man, ohne übermässig zu kneifen, bekommen kann. Oft schralt die Brise im letzten Augenblick. Sieht man aber die Nutzlosigkeit seines Bemühens ein, die Boje zu fassen, so scheue man nicht einen kleinen Querschlag, der weniger schädlich ist, als ein minutenlanges Segeln mit schlagenden Schoten.

Läufst du mit raumer Schot auf eine Boje zu, welche durch Halsen zu nehmen ist, so halte sie gut in Lee, ohne jedoch zu gestatten, dass ein Gegner sich im letzten Augenblick unter deine Segel schiebt, und runde sie unter jeder Bedingung hart an der hinteren und der Leeseite. (Abb. 87 u. 88.)

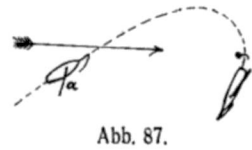

Abb. 87.

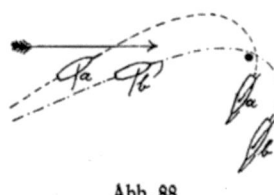

Abb. 88.

Ein Gegner könnte sich sonst in kürzerem Bogen zwischen dich und die Boje drängen, wenn du unaufmerksam die Rundung zu sehr nach Lee ausdehnst. Auch würde sich dieser Fehler schwer rächen, wenn der nächste Kurs an den Wind geht. Du würdest viele Meter kostbarer Höhe einbüssen, und wenn der nächste Kurs wieder raumschots oder vor dem Winde ist, würdest du von einem dichtauf folgenden Segler sofort abgedeckt und überholt werden.

Musst du auf demselben Bug hinter der Boje hart am Wind weitersegeln, so warte nicht mit dem Dichtholen der Segel, bis du die Wendemarke passiert hast, sondern fange schon einige Meter vor derselben an, die Grosschot binnen zu holen und trimme die Vorsegel-Schoten während des An-den-Wind-Gehens. Anderenfalls würdest du an Höhe verlieren.

Wenn der nächste Kurs hinter der Boje wieder raumschots abzulaufen und sie durch eine Wendung zu nehmen ist, so passiere sie hart in Lee und an der Hinterseite. Du wirst dann auf dem neuen Kurse etwas mehr Höhe haben, welche nie schaden kann. Zwischen dich und die Boje wird sich kaum ein Gegner wegen der Abdeckung drängen; er wird vielmehr stets versuchen, dich zu überluven. (Abb. 89.)

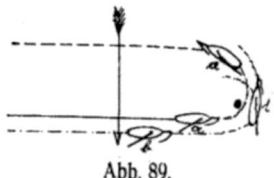

Abb. 89.

Wenn eine andere Yacht eine Ueberlappung hat und sich zwischen dir und der Boje befindet, so stoppe, wenn nicht noch mehrere andere dir folgen, deine Fahrt und gehe lieber hinter deinem Gegner, aber frei von ihm um die Wendemarke. Du wirst meist in besserer Lage sein als dauernd unter seiner Lee.

Die schönsten Vorsätze und Berechnungen aber werden illusorisch, wenn es dem bösen Nachbar nicht gefällt, wenn dir die liebe Konkurrenz das Leben sauer macht und bestrebt ist, dich noch vor der Boje abzudecken und dich auf diese Weise zu überholen. Läuft ein Gegner dir mit achterlicher Brise auf, so dass er dir bereits den Wind aus den Segeln nimmt, so wirst du dies nicht anders verhindern können, als indem du etwas aufluvst, um die Brise mehr von der Seite und ungebrochen zu erhalten. Das nachfolgende Feld wird das Manöver mitmachen, da der Versuch, in Lee durchzubrechen, nur in seltenen Fällen gelingen wird.

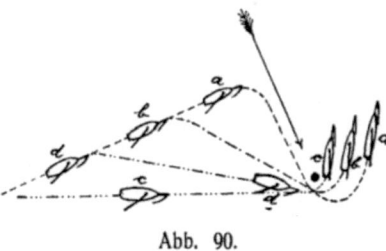

Abb. 90.

So ergibt sich denn bald das in Abb. 90 dargestellte Bild. Die Yachten halten bedeutend höher als auf die zu rundende Boje und entschliessen sich erst zum Abfallen, wenn ihnen das Feuer auf den Nägeln brennt; und zwar so, dass es in den nächsten Sekunden nur noch durch Halsen möglich wird, die Boje anzuliegen. Yacht a fiert also die Grossschot auf, um auf die Wendemarke abzufallen. Ihre Geschwindigkeit vermindert sich sofort, um so mehr, da sie wegen der Kürze der Entfernung von der Boje nicht mehr Spinnaker ausbringen kann, und Yacht b, in der Erkenntnis, dass der Weg zu kurz ist, um die erstere noch vor der Boje zu überholen, fällt ebenfalls kurz nach Lee ab. Sie hat den Wind noch nicht ganz so sehr von achtern, ihr Vorsegel kann noch mitziehen, sie läuft daher etwas besser und braucht auch an der Boje nicht ganz so hart zu drehen. Sie rückt infolgedessen a in der Wendung beträchtlich auf; ebenso Yacht d, welche einen noch kürzeren Weg mit günstigerer Segelstellung als a und b machen kann. Am besten ergeht es Yacht c, welche sich wohlweislich von der Luverei ferngehalten hat und nun mit der vorteilhaftesten Segelstellung die Boje anliegt. Sie kann infolge der geringen Kursänderung die Boje am schärfsten runden, und trotzdem sie während der Raumschotsstrecke weit in Lee der zweiten Yacht b gelegen hat, kann sie sich an der Boje in Luv von b und a postieren, indem sie sich noch gerade vor dem Bug von d vorbeischiebt. Auch wenn a, b und d das Luven noch weiter fortgesetzt hätten, so dass sie erst nach Schiften des Baums die Boje anstauern konnten, hätte ihnen das hierdurch erlangte Wegerecht nichts genutzt, da sie durch das an der Boje abermals nötig werdende Halsen zu viel von ihrer Fahrt und Drehfähigkeit eingebüsst hätten.

Zwar wird es keineswegs immer einer Yacht, wie der in Position c, gelingen, sich in der geschilderten Weise durchzubeissen. Sie wird jedoch auf alle Fälle nichts verlieren, wenn sie den Luvkampf nicht mitmacht, und wird nach Runden der Boje in der Lage sein, durch Ueberstaggehen von den Vorseglern sich frei zu machen, welche wahrscheinlich hierzu nicht imstande sein werden, da sie mit nur wenig Fahrt dicht beieinander liegen.

Segelt man platt vor dem Winde eine Boje an und ist gezwungen, nach Rundung der Wendemarke auf dem anderen Bug weiterzusegeln oder gar am Winde zu liegen, so klare man während der Spinnakertour das Vordeck sorgfältig auf, setze Vorsegel und belege die Vorschoten für die Am-Wind-Arbeit. Kurz vor der Marke nehme man den Spinnaker fort, hole Grossschot ein und halse in der Wendung. Es wäre schädlich, etwa wegen des Wegerechts an der Boje schon vorher zu halsen und die Grossschot nochmals abzufieren.

Ich bin mir voll bewusst, dass ich noch lange nicht einen kleinen Teil der Gesichtspunkte aufgezählt habe, welche der Betrachtung wert wären. Die Wirklichkeit gibt gar zu viele Möglichkeiten, und das Regattasegeln ist eine schwer zu erlernende Kunst, gänzlich verschieden von den Anforderungen, die an einen noch so tüchtigen Tourensegler gestellt werden. Erst langjährige Uebung und Erfahrung lässt die Aussicht auf Lorbeeren auf diesem Gebiete zu.

Kein Neuling greife daher gleich zur Pinne; er wird bald durch ständige Misserfolge entmutigt werden. Aber als Hand an Bord der verschiedenartigsten Fahrzeuge, beginnend mit der schlanken, ranken Ruder- und Segel-Gig, dann zur Jolle und weiter bis zu immer grösseren Yachten, verdiene er sich die Sporen. Zuerst an der Grossschot und an den Backstagen, dann auf dem Vorschiff unter sachkundiger Anweisung soll er möglichst jahrelang seine Lehrzeit abmachen und sich zum „Bestmann" heraufdienen.

Nur allein der Segler, der jedes Manöver vor dem Mast selbst ausgeführt hat und von Grund aus versteht, wird später auf Minuten und Sekunden abschätzen können, wieviel Zeit dazu nötig ist und ob es unter gewissen Bedingungen überhaupt ausführbar ist. Er wird dann als Führer nie Unmögliches von seiner Mannschaft verlangen. Und wenn er dann die grosse Maschinerie, die kleinsten Feinheiten der edlen Kunst des Segelns von Grund aus beherrscht, wird ihn das stolze Gefühl beseligen, ein Meister zu sein auf dem Gebiete, das er sich als Tätigkeitsfeld erkoren hat. Er wird in der Lage sein, das Gebiet der seglerischen Wissenschaft in der Theorie und in der Praxis zu erweitern und der Vollkommenheit näher zu bringen. Und wenn diese Zeilen einige neue Gesichtspunkte eröffnet haben sollten, unter denen man den ebenso schwierigen wie interessanten Problemen beikommen kann, die unser Sport bietet, wenn sie die Anregung geben zum weiteren Ausbau der Technik des Segelns, so haben sie ihren Zweck erfüllt.

Die internationale Seglerwelt hat sich ein eigenes Wegerecht geschaffen, welchem alle Yachtsegler bei Wettfahrten unterstehen, die von Vereinen bezw. von Verbänden abgehalten werden, welche der International Yacht Racing Union (I.Y.R.U.) beigetreten sind. Dieses Recht hat sich herausgebildet aus der Praxis des Wettsegelns, welche naturgemäss ganz andere Zwecke verfolgt und deshalb auch andere Möglichkeiten schafft, als der allgemeine Verkehr auf dem Wasser.

Man ist indessen scheinbar nicht ganz folgerichtig vorgegangen bei der Abfassung der für die Wettsegler gültigen Gesetze, oder ist wenigstens nicht ganz mit der Entwicklung des Yachtwesens mitgegangen. Denn es wäre z. B. einer am Winde liegenden Yacht sehr viel leichter, einem mit oder ohne Spinnaker vor dem Winde segelnden Fahrzeug auszuweichen, da dieses durch die Verpflichtung des Ausweichens in die Lage kommen kann, halsen zu müssen und den Spinnaker zu schiften. Dies kann manchmal — besonders bei grösseren Yachten in steifer Brise — sehr schwierig, ja fast unmöglich sein. Meist ist der Ausblick durch das grosse Beisegel behindert und die sichere Abschätzung sehr schwer, ob man noch vor dem Bug der aufkreuzenden Yacht passieren kann oder hinter ihr abhalten muss. Oft ändert sich auch der Kurs einer kreuzenden Yacht durch plötzlich schralende oder raumende Brisen im letzten Augenblick, so dass es der vor dem Winde laufenden Yacht unmöglich ist, noch rechtzeitig ihren Kurs zu ändern.

Bei der heutigen Manövrierfähigkeit unserer Yachten ist ein am Winde liegendes Fahrzeug jedoch viel eher in der Lage, ohne viel Umstände und Zeitverlust auszuweichen. Man hat sich aber wohl bisher gescheut, von dem Seestrassenrecht in dieser Grundregel abzuweichen, welche nur für die sehr schlecht manövrierfähigen alten Raasegler gedacht war. Diesen nämlich ist es zwar eine Kleinigkeit, vor dem Winde mehrere Striche nach rechts oder links auszuscheren; aber das Ueberstaggehen verursacht ihnen ausserordentlich viel Zeitverlust und Arbeit. Auch für unsere Lustyachten war noch vor dreissig Jahren dieses Manöver meist ängstlich vermieden, da es nur durch Backholen der Vorsegel zustande gebracht wurde und sogar manchmal bei Windstille oder schwerem Seegang ganz versagte.

Da nur die internationale Renn-Segelwelt aber doch schon in vielen wichtigen Punkten vom Seestrassenrecht abgewichen ist, wäre es wohl an der Zeit, dass auch in diesem Falle ein Wandel geschaffen würde. Nicht nur grössere Sicherheit im Rennbetriebe würde hierdurch entstehen, sondern auch, es würde eine Möglichkeit zu recht unangenehmen Schikanen unterbunden, die ernste Folgen haben können. Denn bei der heutigen Rechtslage ist in Wirklichkeit der vor dem Winde Segelnde doch mehr oder weniger von der Rücksichtsnahme und dem freundlichen Entgegenkommen der kreuzenden Yacht abhängig.

Es ist auch ein bedenklicher Zustand, der Unfälle und verzwickte Rechtsstreitigkeiten zeitigen kann, dass Yachten mit ihrem Vorbereitungsschuss den Gesetzen der Internationalen Yacht Racing Union unterstehen sollen, während die anderen, denen der Vorbereitungsschuss noch nicht gilt, sich nach dem internationalen Seestrassenrecht zu richten haben, genau so, wie etwaige unbeteiligte Yachten oder Kauffahrteischiffe, welche sich auf dem Regattarevier aufhalten. Nun werden zwar die Yachtsegler, welche sich an Wettfahrten beteiligen, infolge einer stillschweigenden Uebereinkunft sich stets den Gesetzen beugen, welche ihre Vertreter im Rate der Völker gemacht haben. Auch ist es eine Anstandspflicht für jeden Sportsmann, die wettsegelnden Yachten nicht zu stören und keinesfalls das Wegerecht von ihnen zu beanspruchen. Wenn aber Kollisionen oder Unglücksfälle mal vor Gericht behandelt werden müssen, dürfte ein derartiges Uebereinkommen, — besonders dritten Unbeteiligten gegenüber — nicht stichhaltig sein. Und vor allem: woran ist zu erkennen, ob der Gegensegler das internationale Seestrassenrecht für sich beansprucht oder das der I.Y.R.U.?

Diesen Zwiespalt und diese Zweifel durch Verhandlung mit den betreffenden Regierungen aus der Welt zu schaffen, wäre wohl des

Schweisses der Edlen wert, welche die Geschicke des Segelsports lenken.

In möglichster Kürze seien hier die Hauptgrundsätze aufgeführt, nach denen die internationale Segelsportvertretung die Ausweicheregeln ausgearbeitet hat und worin sie dem internationalen Seestrassenrecht zuwiderlaufen.

Eine hart am Winde segelnde Yacht hat das Wegerecht gegenüber allen in anderer Richtung segelnden Yachten. Demnach hat auch diejenige Yacht, welche höher anliegen kann als die andre, das Wegerecht vor der letzteren.

Eine mit Backbord-Schot (auf Backbord-Bug, mit Steuerbordhalsen) segelnde Yacht hat das Wegerecht vor einer mit Steuerbord-Schot (auf Steuerbord-Bug, mit Backbordhalsen) segelnden Yacht bei jeder Kurs- und Windrichtung.

Das internationale Seestrassenrecht unterscheidet sich hiervon insofern, als es den mit raumem Winde, d. i. mit Backstagsbrise segelnden Fahrzeugen ein Vorrecht einräumt gegenüber den vor dem Winde segelnden; im übrigen aber stellt es auch Backbord-Bug vor Steuerbord-Bug.

Das überholende Fahrzeug hat dem überholten aus dem Wege zu gehen. Das Fahrzeug, welches nicht zum Ausweichen verpflichtet ist, muss seinen Kurs innehalten und darf kein Manöver vornehmen, welches die Gefahr eines Zusammenstosses herbeiführen könnte.

Somit wären die Ausweicheregeln auf einfache und übersichtliche Weise festgelegt, wenn nicht die Praxis des Wettsegelns noch recht viele Punkte aufweisen würde, welche bei der allgemeinen Schiffahrt kaum vorkommen dürften und daher von der staatlichen Gesetzgebung ausser acht gelassen werden können.

Unsere Wettsegelbestimmungen gestatten nämlich, im Gegensatz zu der Bestimmung, dass das eingeholte Fahrzeug den Kurs innezuhalten hat, unter gewissen Bedingungen eine Abwehr gegen den Versuch des Ueberholens. Und zwar durch Anluven, falls eine Yacht der anderen über die Segel zu gehen versucht. Es ist in diesem Falle gestattet, so hoch an den Wind zu luven, wie man will; ein hartnäckiger Gegner darf also sogar in den Wind drehen. Jedoch darf Yacht A nur solange den Luvkampf fortsetzen (Abb. 91), als sie in der Lage ist, ihren Gegner B mit ihrem Bugspriet oder ihrem Rumpfe vor dem Want des Hauptmastes zu berühren. Wenn sie aber versucht, die über ihr liegende, sie überholende Yacht B noch weiter zu bedrängen, und es erfolgt hierbei eine Kollision hinter ihrem Hauptwant, so ist das luvende Fahrzeug A der schuldige Teil.

Abb. 91.

Andererseits ist es aber unerlaubt, eine Ueberholung in Lee durch Abfallen in den Kurs des Gegners zu vereiteln, auch wenn im späteren Verlauf des Ueberholens die zu überholende Yacht infolge eines nachträglichen Segelmanövers die Leeyacht wird. (Abb. 92.)

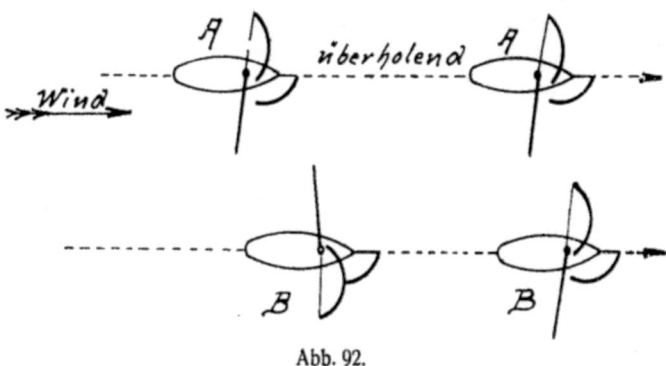

Abb. 92.

Die Lage zu Anfang des Ueberholens bestimmt das Wegerecht; Yacht A überholt B in Lee; trotzdem B später halst, darf sie nicht den Luvparagraphen für sich in Anspruch nehmen und muss ihren Kurs innehalten.

Der Begriff der überholenden Yacht ist dahin festgelegt, dass eine Yacht als solche gilt vom Augenblick der Ueberlappung an bis zum Augenblick, wo beide Yachten wieder klar von einander sind, gleichgültig, ob die überholende Yacht zeitweilig nur ebenso schnell oder gar etwas langsamer segelt als die andere, von der sie nicht klar ist.

Eine Yacht ist klar von der anderen, wenn sie ohne die Gefahr eines Zusammenstosses ihren Weg beliebig in Lee oder Luv der anderen Yacht wählen kann.

Eine Yacht überlappt die andere, wenn sie nicht klar von ihr den Kurs beliebig wählen kann.

Der Wettkampf bringt es ferner mit sich, dass eine Yacht die andere auf Grund der obigen Ausweicheregeln zum Wenden zwingt, um sie beim Kreuzen unter ihre Segel zu bekommen. Die betreffende Yacht soll erst dann das Recht des Weges geniessen, wenn sie die Wendung vollendet hat, d. h. wenn ihre Segel auf dem neuen Kurse voll und bei stehen.

Eine Bestimmung des internationalen Rennbetriebes, welche im Gegensatz zu dem Wegerecht auf See steht, ist auch die Rechtlosigkeit von Yachten, welche, zu früh gestartet, umkehren müssen, um die Startlinie nochmals zu passieren. Wie auch ihre Fahrtrichtung zum Winde sei: eine umkehrende Yacht muss allen ihr entgegenkommenden ordnungsmässig gestarteten Fahrzeugen aus dem Wege gehen. Eine Yacht, welche von der falschen Seite her an den Start segelt, um durch eine kurze Wendung die Linie zu passieren, gilt ebenfalls als eine zu früh gestartete Yacht und muss ausweichen, bis sie sich wieder auf der richtigen Seite der Startlinie befindet.

Während man als allgemeingültige Regel den Satz aufstellen kann, dass die Leeyacht das Wegerecht vor der in Luv segelnden Yacht hat, bestehen doch einige Ausnahmen und Unterschiede bei Annäherung an Kursmarken und an Kurshindernisse.

Eine **Kursmarke** ist der über Wasser befindliche Teil einer Boje, einer Flagge, eines verankerten Fahrzeuges, einer Insel oder eines sonstigen Gegenstandes, welcher im Programm zur Kennzeichnung der Bahn vermerkt ist, und ist nur als solch zu betrachten, wenn die vorhergehende Kursmarke bereits gerundet ist. Anderenfalls gilt sie als Kurshindernis.

Ein **Kurshindernis** ist jede Boje, jedes nicht zur Wettfahrt gehörige Fahrzeug, jede Untiefe, welche entsprechend dem Tiefgang der Yacht gefährlich werden kann, eine Insel oder festes Land, jedes Bauwerk im Wasser, welches im Programm nicht als Wendemarke oder zur Kennzeichnung der Bahn bezeichnet ist.

Heisst es also zum Beispiel im Programm, dass die Bahn bezeichnet ist durch Bojen mit gelber Flagge, so schliesst die Berührung dieser Flagge durch irgendeinen Teil der Yacht und ihrer Ausrüstung vom Wettbewerb aus. Eine juristische Doktorfrage wäre es aber, auf Grund des Wortlautes des § 34 (siehe unten) zu entscheiden, ob eine Yacht zu distanzieren ist, wenn sie z. B. die Heckflagge eines Startdampfers berührt, welche zur Kennzeichnung des Startdampfers nicht

im Programm angeführt ist. Eine Heckflagge ist kein wesentlicher
Bestandteil und ist nur vorübergehend an dem Dampfer festgemacht,
nämlich von acht Uhr morgens bis Sonnenuntergang. Die Berührung
der Ankerkette oder Trosse unter Wasser ist keine Verletzung der

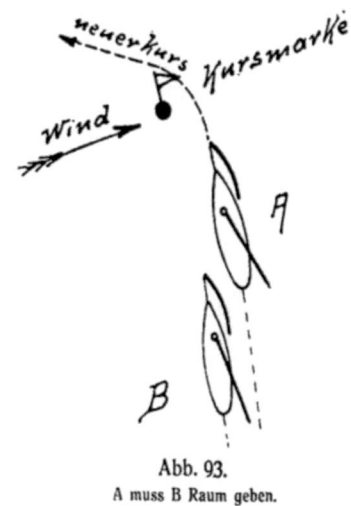

Abb. 93.
A muss B Raum geben.

Wassersegelbestimmungen; wie wäre aber zu entscheiden, wenn die
Ankerkette über Wasser berührt wird? —

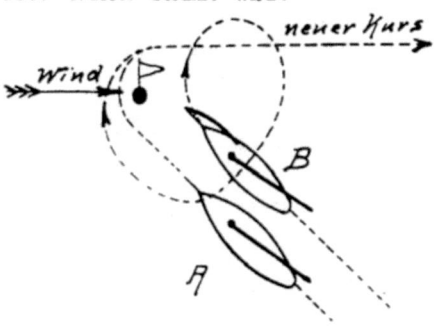

Abb. 94.
A kann die Marke runden, B muss entweder hinter A herum oder vor der Marke halsen.

Bei Kursmarken hat stets die äussere Yacht der inneren soviel
Raum zu geben, als sie zum Runden derselben nötig hat, sobald die
innere nicht klar von der äusseren Yacht ist. (Abb. 93.)

Es sei denn, dass die Yachten am Winde liegen und die
äussere die Kursmarke gerade noch anliegen kann, während die

innere, in Lee liegende, diese nur durch Ueberstaggehen oder durch einen Aufschiesser runden könnte. In diesem Falle hat sie nicht das Recht, die äussere Yacht zum Wenden oder Auf-

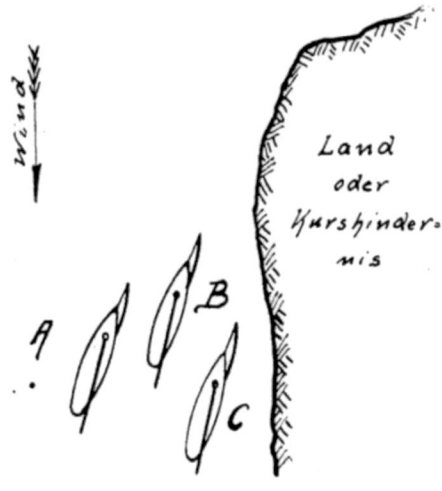

Abb. 95.
B muss auf Anruf von C und A auf Anruf von B wenden.

schiessen zu zwingen, sondern sie muss entweder ihre Fahrt stoppen, durch Auffieren der Segel und dann hinter ihr runden, oder aber sie

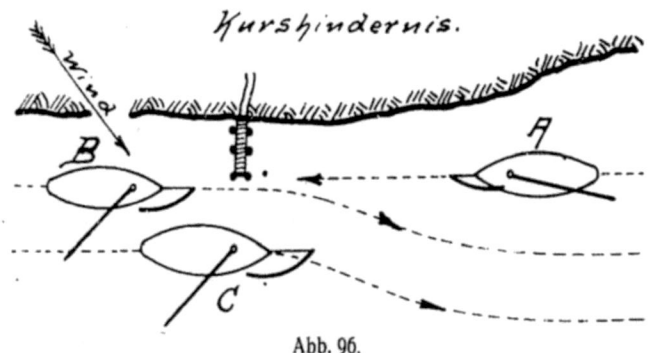

Abb. 96.
A hat das Wegerecht gegenüber B und C als am Winde liegende Yacht. C hätte wohl das Recht des Luvens gegenüber B. Sie muss jedoch wegen des Kurshindernisses Raum geben.

muss halsen und dann nochmals über Stag gehen, um die Kursmarke zu nehmen. (Abb. 94.)

Wenn sich jedoch zwei oder mehrere voneinander unklare Yachten einem Kurshindernis im Fahrwasser nähern, von dem die in Lee liegende Yacht nicht klar kommen kann, ohne zu wenden, so haben die in Luv segelnden Yachten auf Anruf sofort zu wenden und die Leeyacht ebenfalls unmittelbar danach, sobald dies ohne die Gefahr eines Zusammenstosses geschehen kann. (Abb. 95.)

Ebenso aber auch muss eine in Lee liegende Yacht der Luvyacht durch Abfallen Raum geben, wenn eine Ueberlappung besteht bei Annäherung an eine mit Wegerecht entgegenkommende Yacht oder bei einem Kurshindernis. (Abb. 96.)

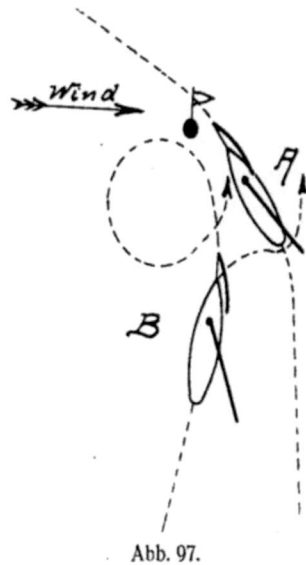

Abb. 97.
A darf Kurs halten, B muss hinter A passieren oder vor der Marke wenden.

An einer Kursmarke ist sie hierzu nicht verpflichtet, wenn sie diese bereits erreicht hat oder zwecks Rundung ihr Ruder gelegt hat. Die Luvyacht darf sich in einem solchen Falle nicht mehr zwischen Leeyacht und Kursmarke drängen, sondern muss entweder die Fahrt vermindern und hinter ihr die Kursmarke passieren, oder durch Halsen resp. Wenden die Marke nochmals ansegeln. (Abb. 97.)

Die vorstehenden Zeilen bilden eine kurze Zusammenfassung der Ausweicheregeln des internationalen Rennsegelsports, insofern sie sich von dem internationalen Seestrassenrecht unterscheiden bezw. die letzteren zu ergänzen sind. Der Vollständigkeit halber seien hier die Paragraphen der Gesetzessammlung der I.Y.R.U. aufgeführt, welche sich mit dem Wegerecht befassen und zugleich noch einige andere Bestimmungen treffen über Vorkommnisse während der Wettfahrt.

§ 27. Beginn der Wettfahrt.

Eine an der Wettfahrt teilnehmende Yacht unterliegt den Vorschriften von dem Signal ab, das fünf Minuten vor ihrem Start abgegeben ist.

§ 28. Rückruf.

Wenn eine Yacht oder irgendein Teil ihres Rumpfes, ihrer Spieren oder eines sonstigen Ausrüstungsgegenstandes im Augenblick des Startsignals in oder über der Startlinie sich befindet, so soll sobald als möglich ihre Rückrufnummer gezeigt und ein angemessenes Schallsignal abgegeben werden, um die Aufmerksamkeit der Teilnehmer darauf zu lenken, dass eine Rückrufnummer gezeigt wird. Die zurückgerufene Yacht muss umkehren und die Startlinie nochmals in einer den Wettfahrt-Ausschuss zufriedenstellenden Weise passieren; die Rückrufnummer wird solange gezeigt, bis dies durchgeführt ist. Die Nummern sollen weiss auf schwarzem Grunde und die Zahlen nicht weniger als 75 cm hoch sein.

§ 29. Umkehrende Yachten.

Eine zurückgerufene und umkehrende Yacht oder eine Yacht, welche nach Abgabe des Startsignals sich von der falschen Seite zum Start begibt, muss allen teilnehmenden Yachten aus dem Wege gehen.

§ 30. Wegerecht. (Ueberlappen und Klarsein.)

Zwei Yachten, die auf gleichem oder annähernd gleichem Kurse segeln, überlappen, wenn eine Kursänderung einer von beiden unmittelbare Gefahr des Zusammenstossens herbeiführen kann. Anderenfalls gelten sie als klar voneinander.

Ueberholen.

Wenn eine von zwei auf gleichem oder annähernd gleichem Kurse segelnden Yachten zunächst klar hinter der anderen segelt und derselben später derart aufläuft, dass dadurch Gefahr des Zusammenstossens entsteht, so wird die erstere als überholende Yacht bezeichnet und sie behält diese Bezeichnung, nachdem die Yachten überlappen, noch so lange bei, bis sie wieder klar von der anderen geworden ist.

a) Eine überholende Yacht muss der überholten aus dem Wege gehen.

b) Wenn eine überholende Yacht die Ueberlappung auf der entgegengesetzten Seite herbeiführt, auf der die überholte Yacht ihren Grossbaum hat, darf die letztere durch Luven nach Belieben die erstere so lange verhindern, ihr luvwärts vorbeizusegeln, bis sie in eine solche Lage kommt, dass die Spitze ihres Bugspriets — oder ihr Vorsteven, wenn sie kein Bugspriet hat — die überholende Yacht hinter dem Want des Hauptmastes treffen würde.

c) Eine Yacht darf niemals aus ihrem richtigen Kurse*) laufen, um eine sie überholende Yacht zu verhindern ihr leewärts vorbeizusegeln. Als Leeseite wird diejenige angesehen, auf der die führende Yacht ihren Grossbaum hat. Die überholende Yacht darf beim Vorsegeln in Lee nicht eher luven, bis sie von der überholten Yacht klar ist.

Begegnung, Kurskreuzung und Kursnäherung.

d) Eine Yacht mit raumem**) Winde muss einer beim Winde segelnden Yacht aus dem Wege gehen.

e) Eine mit Backbord-Halsen (Steuerbord-Schote) beim Winde segelnde Yacht muss einer mit Steuerbord-Halsen (Backbord-Schote) beim Winde segelnden Yacht aus dem Wege gehen.

f) Haben beide Yachten raumen Wind von verschiedenen Seiten, so muss diejenige, welche den Wind von Backbord hat, der anderen aus dem Wege gehen.

g) Haben beide Yachten raumen Wind von derselben Seite, so muss die luvwärts befindliche Yacht der leewärts befindlichen aus dem Wege gehen.

h) Segeln beide Yachten beim Winde mit gleichen Halsen und nähern sich ihre Kurse derartig, dass ein Zusammenstoss zu befürchten ist, indem die leewärts befindliche Yacht höher anliegt als die andere, wobei keine von beiden die Rechte des Ueberholtwerdens für sich beanspruchen kann, dann muss die in Luv befindliche Yacht der anderen aus dem Wege gehen.

i) Wenn eine Yacht sich das Recht zum Kurshalten durch eine Wendung verschaffen will, so soll sie dasselbe nicht eher erwerben, als bis sie die Wendung vollendet hat, das heisst, bis ihre

---

*) Unter „richtigem Kurse" ist der normale Kurs zu verstehen, also derjenige, welcher für die Yacht augenblicklich am vorteilhaftesten in bezug auf die Wegelänge ist. (Auslegung des ständigen Ausschusses 20. X. 09.)

**) „Raumer Wind" ist überall im Gegensatze zu „beim Wind" gebraucht. Mit raumem Winde segeln heisst daher, mit einem Winde segeln, der raumt, anfangend mit dem Augenblick, in dem eine Yacht, die beim Winde gesegelt hat, die Schoten fieren kann bis und ausschliesslich zu dem Augenblick, in dem die Yacht vor dem Winde segelt.

Segel voll und bei stehen. Einer Yacht gegenüber, welche ihrer Lage nach nicht aus dem Wege gehen kann (also einer Yacht gegenüber, welche durch eine Wendung auf Grund geraten würde, oder welche bereits auf Grund geraten ist, oder durch ein anderes Kurshindernis am Wenden verhindert ist. Anmerkung des Verfassers), darf dieses Recht überhaupt nicht in Anspruch genommen werden.

Kursänderung.

k) Wenn infolge einer der vorstehenden Vorschriften eine Yacht einer anderen aus dem Wege gehen muss, so darf die letztere — vorbehaltlich des unter b) erwähnten Falles — ihren Kurs nicht ändern, um sie daran zu hindern.

Die Vorschrift des Ueberholens hebt die Vorschriften in betreff der Begegnung der Kurskreuzung und der Kursnäherung auf, mit Ausnahme der Regeln unter e) und i), die stets eingehalten werden müssen.

§ 31. Raumgeben bei Kursmarken oder Hindernissen im Fahrwasser.

Wenn eine Ueberlappung zwischen zwei Yachten in dem Augenblick besteht, in dem beide, ohne wenden zu müssen, im Begriff sind, ein Hindernis im Fahrwasser oder eine Kursmarke auf der vorgeschriebenen Seite zu passieren, so muss die äussere Yacht derjenigen, welche in Gefahr gerät, die Marke oder das Hindernis zu berühren, gleichviel ob dieselbe die Luv- oder Lee-Yacht ist, Raum geben, wobei aber immer vorausgesetzt ist, dass die Yachten in dem Augenblick, in dem sie die betreffende Kursmarke oder das Hindernis im Fahrwasser tatsächlich erreichen, nicht klar voneinander sind. Eine überholende Yacht darf nicht mehr versuchen, eine Ueberlappung herbeizuführen und sich eine Durchfahrt zwischen der führenden Yacht und der Marke oder dem Hindernis zu erzwingen, nachdem die letztere dieselben entweder bereits erreicht oder ihren Kurs zu diesem Zweck geändert hat und im Begriff ist, das Hindernis zu passieren oder die Marke zu runden. Ein in Fahrt befindliches Fahrzeug (einschliesslich einer im Rennen befindlichen anderen Yacht), welchem die betreffende Yacht aus dem Wege gehen muss, gilt als ein Hindernis im Fahrwasser im Sinne dieses Paragraphen und des § 32.

§ 32. Verhalten beim Winde segelnder Yachten bei Annäherung an ein Hindernis im Fahrwasser oder einer Kursmarke.

Wenn sich zwei mit gleichen Halsen beim Winde segelnde Yachten dem Ufer oder einem Hindernis im Fahrwasser nähern, von denen die Leeyacht nicht, ohne zu wenden, klar kommt, und wenn sie die Wendung nicht ausführen kann, ohne mit der Luvyacht zusammenzustossen, so soll die letztere auf Zuruf des mitsegelnden Clubmitgliedes (§ 23) auf der Leeyacht ihr sofort Raum zum Wenden geben. (Es ist demnach unstatthaft, dass der Skipper oder jemand von der bezahlten Mannschaft diesen besonders vorgeschriebenen Zuruf erteilt. Anmerkung des Verfassers.) Die Leeyacht ist dann verpflichtet, selbst sofort zu wenden, sobald ihrem Zuruf entsprochen wird.

Wenn das Hindernis aber eine Kursmarke ist, so hat die Leeyacht nicht das Recht, die andere Yacht anzurufen, wenn diese letztere die Kursmarke, ohne zu wenden, runden kann.

§ 33. Berühren oder falsches Runden der Kursmarken.

Jede Yacht muss die Bahn einwandsfrei absegeln und die einzelnen im Programm vorgesehenen Marken in der vorgeschriebenen Reihenfolge und auf der verlangten Seite runden. Eine Yacht, welche beim Runden einer Marke dieselbe berührt oder ein Markboot zum Verlassen seines Platzes zwingt, um einem Zusammenstoss vorzubeugen, wird ausgeschlossen; es sei denn, dass auf ihren Protest hin festgestellt wird, dass sie durch ein falsches Manöver einer anderen Yacht hierzu gezwungen worden ist, in welchem Falle die betreffende andere Yacht ausgeschlossen wird. Diejenige Yacht, welche die Kursmarke berührt, muss unverzüglich, je nach Lage des Falles, entweder die Wettfahrt aufgeben oder eine Protestflagge setzen.

§ 34. Begriff der Kursmarken.

Als Kursmarken gelten ausschliesslich die im Programm besonders als solche aufgeführten Zeichen und diese auch nur dann, wenn die vorhergehende Marke (falls vorhanden) schon gerundet oder genommen ist; andernfalls gilt die betreffende Marke als ein Hindernis im Fahrwasser.

Jeder wesentliche oder gewöhnlich über Wasser befindliche Teil einer Kursmarke gehört zu derselben im Sinne dieser Vorschrift und der §§ 32 und 33, aber kein unter Wasser befindlicher Teil oder sonstiger Gegenstand, der nur zufällig oder vorübergehend an der Marke festgemacht ist.

§ 35. Zusammenstoss wettsegelnder Yachten.

Wenn eine Yacht infolge Nichtbefolgung einer dieser Vorschriften mit einer anderen zusammenstösst oder eine andere Yacht zu einem Zusammenstoss zwingt, so wird sie ausgeschlossen.

§ 36. Festkommen.

Kommt eine Yacht auf Grund oder an einer Boje, Fahrzeug oder sonstigem Hindernis im Fahrwasser fest, so darf dieselbe zum Freikommen ihre eigenen Anker, Boote, Trossen, Spieren oder sonstiges Gerät benutzen, sonst aber in keiner Weise fremde Hilfe, mit Ausnahme der Mannschaft des angefahrenen Fahrzeuges, erhalten. Benutztes Gerät muss wieder aufgenommen werden, bevor die Yacht die Wettfahrt fortsetzt.

§ 37. Ankern während der Wettfahrt.

Eine Yacht darf während einer Wettfahrt ankern, muss aber später ihren Anker wieder aufnehmen, sie darf ihn nicht schlippen. Keine Yacht darf während einer Wettfahrt an einer Boje, Landungsbrücke, einem Steg, einer Mole oder an einem anderen Gegenstande festmachen, noch, mit Ausnahme des in § 36 vorgesehenen Zweckes, ihren Anker in einem Boot ausfahren.

§ 38. Fortbewegungsmittel.

Zur Fortbewegung sind ausschliesslich die Segel zu benutzen. Die Yachten dürfen sich nicht schleppen lassen; Riemen, Staken, Spieren oder sonstige Mittel der Fortbewegung dürfen nicht gebraucht werden, mit Ausnahme des in § 36 vorgesehenen Zweckes.

§ 39. Loten.

Zur Peilung der Wassertiefe darf ausschliesslich das Lot benutzt werden.

§ 40. Hilfeleistung bei Unglücksfällen.

Jede Yacht muss einem in Gefahr geratenen Fahrzeug oder einer in Gefahr geratenen Person jeden möglichen Beistand leisten, und wenn nach dem Urteil des Wettfahrt-Ausschusses eine Yacht, die für den Unfall nicht verantwortlich ist, ihre Möglichkeit, einen Preis zu gewinnen, dabei beeinträchtigt hat, so soll möglichst eine neue Wettfahrt zwischen der hilfeleistenden Yacht oder den hilfeleistenden Yachten und den Gewinnern des oder der betreffenden Preise ausgesetzt werden. Ist dies unmöglich, so soll die Wettfahrt ungültig erklärt und der Einsatz zurückgegeben werden. Eine Yacht, welche keine Hilfe leistet, obwohl sie dazu in der Lage ist, wird ausgeschlossen.

§ 41. Beendigung der Wettfahrt.

Eine Yacht beendet die Wettfahrt und wird in dem Augenblick gezeitet, in welchem irgendein Teil ihres Rumpfes oder ihrer Spieren sich in der Ziellinie befindet; jedoch bleibt sie den Wettsegel-Bestimmungen so lange unterworfen, als noch irgendein Teil ihres Rumpfes oder ihrer Spieren sich in der Ziellinie befindet. Nach Beendigung der Wettfahrt muss die Yacht die besonderen, im Programm enthaltenen, das Klarhalten der Ziellinie betreffenden Anordnungen weiter befolgen.

Hierzu treten noch die folgenden Bestimmungen, welche nur für den Machtbereich des Deutschen Seglerverbandes Geltung haben:

Das Zeiten erfolgt durch die Richter, welche alle beim Ziel vorkommenden Unregelmässigkeiten den Schiedsrichtern melden müssen.

Das wiederholte Passieren der Ziellinie kann durch Ausschliessung von der Wettfahrt bestraft werden.

Der Schluss einer Wettfahrt wird durch ein Signal bekanntgegeben, wenn alle Boote das Ziel passiert haben oder wenn die Schiedsrichter zu der Entscheidung gekommen sind, dass eine Verlängerung der Wettfahrt keinen Einfluss auf das Ergebnis haben kann.

§ 41 a. Totes Rennen.

Bei einem toten Rennen ist der Preis, falls er aus Geld besteht, gleichmässig zu verteilen; besteht er aus einem Pokal oder einem anderen unteilbaren Gegenstand, so soll das Rennen möglichst noch einmal gesegelt werden; andernfalls soll das Los oder die Abstimmung der Schiedsrichter über die Zusprechung des Preises entscheiden.

Proteste.

Wenn von seiten einer der an der Wettfahrt beteiligten Yachten oder von der Wettfahrtleitung gegen die in den beiden vorhergehenden Abschnitten behandelten Gesetze und besonderen Vorschriften verstossen worden ist, hat der Betroffene das Recht und in manchen Fällen sogar die Pflicht, Protest einzulegen. Man beachte den § 33 der Wettsegel-Bedingungen, nach welchem derjenige, welcher durch Verschulden eines Dritten eine Boje oder Kurmarke berühren musste, gezwungen ist, gegen die betreffende Yacht Protest einzulegen oder vom Wettbewerb zurückzutreten.

Ein Protest ist immer eine missliche Sache. Unangenehm und manchmal kränkend, für denjenigen, gegen den er gerichtet ist, und für feinfühlige Charaktere ist es meist ebenso peinlich, einen solchen einzubringen; zumal, wenn es sich nicht um bewusst und absichtlich vorgenommene Gesetzesverletzungen handelt, sondern mehr Unkenntnis oder Fahrlässigkeit als Ursache anzusehen ist. Besonders die sogenannten Vermessungsproteste sind recht störend und kostspielig für den unterliegenden Teil und für die Veranstaltung der Wettfahrt. Der Eigner ist meistens unschuldig an dem Grunde des Protestes, und die Richter pflegen erst nach amtlicher Nachprüfung ein Urteil fällen zu können. Oft verzögert sich dies infolge örtlicher Schwierigkeiten um Tage und selbst Wochen und beeinträchtigt dadurch die Freude am Sport.

Es ist ein Zeichen gut sportlichen Geistes, wenn eine Meinungsverschiedenheit in sachlicher Form, ohne Uebertreibungen, ohne Ansehung der Person und ohne den Giftstachel der Verdächtigung ausgetragen wird, so dass die Parteien sich nach dem Abschluss der Angelegenheit wieder in gleicher Achtung und Kameradschaftlichkeit gegenüberstehen. Ganz zu verwerfen sind die sogenannten Leichenreden nach verlorener Schlacht. Glaubt man Grund zur Klage über einen Gegner zu haben, so beschreite man offen und ehrlich den Protestweg; aber man unterlasse nachträgliche unkontrollierbare Anklagen, wenn die Zeit zu protestieren verstrichen ist.

Für einen wirklichen Sportsmann wird es stets einen bitteren Beigeschmack haben, einen Preis infolge eines Protestes gewonnen zu haben. Wenn man also durch einen Protest in die Reihe der Preisträger einrücken würde, so überlege man sich dreimal den Fall, bevor man zum Kadi läuft. Wird man abgewiesen, so hat man ausser dem Schaden noch den Spott. Ebenso kaltblütig bedenke man das Motiv des Deliktes; tritt der Gegner mit höflicher Entschuldigung und Erklärung des Zwischenfalles an dich heran, so strecke ihm tunlichst die Hand zum Frieden entgegen.

Eine Instanz für alle Streitfragen muss aber vorhanden sein; denn wir Menschen sind keine Engel, und manch einer baut gewohnheitsmässig auf die Friedensliebe und freundliche Nachsicht des Gegners oder auf seine Achtung vor dem Alter und der gesellschaftlichen Stellung; auch wird es gern geübt, durch Unverfrorenheit zu bluffen.

Fast noch unangenehmer ist für die sich ihrer Verantwortung bewussten Richter einen Protest zu entscheiden; denn sie wissen wohl, dass das einer Partei von ihrer Seite zugefügte Unrecht schwerer wurmt, als die Tat des Gegners, und dass dieses leicht die Folge nach sich ziehen kann, einen begeisterten Freund des Sports aus unseren Reihen zu treiben.

Wenn man auch nicht so weit gehen darf, zu behaupten, dass es kein Gesetz gäbe, welches nicht umgangen werden kann, so ist es doch geschickten Jongleuren auf diesem Gebiete oft ein leichtes, eine Lesart zu finden und erfolgreich zu vertreten, welche ihnen für den in Frage kommenden Fall genehm und bequem ist.

Nicht der Buchstabe, sondern der Geist des Gesetzes sei ausschlaggebend! — Aus diesem Sinne heraus ist auch der erste Paragraph unserer Wettsegelbestimmungen abgefasst, welcher klar zum Ausdruck bringt, dass eine Wettfahrt durch keine anderen Mittel, als einwandfreies Segeln, überlegene Schnelligkeit und Geschicklichkeit (natürlich doch wohl im Segeln) gewonnen werden soll.

Um nun den Schiedsrichtern ihr schweres Amt zu erleichtern, beachte man mit peinlicher Genauigkeit die Erfüllung der Vorschriften über die Einreichung des Protestes, da die Schiedsrichter, um späteren Nackenschlägen vorzubeugen, etwa in Form einer Berufung an den Deutschen Seglerverband, sich tunlichst der Notwendigkeit entziehen, einen Urteilsspruch abgeben zu müssen und sich manchmal bezüglich der unwesentlichsten Aeusserlichkeiten sogar schon bei der Annahme des Protestes an den Wortlaut des Paragraphen klammern.

Es ist also dabei folgendes zu beachten:

1. Der beabsichtigte Protest muss angemeldet werden durch Setzen einer Flagge im Grosswant, entweder beim ersten Passieren des Wettfahrt-Ausschusses, der sich eventuell auf einem Begleitboot befinden kann, oder beim Passieren der Ziellinie, entsprechend den Vorschriften im Programm. Die Einbringung kann jedoch unterbleiben.
2. Der Protest muss schriftlich eingebracht werden, und zwar nach Schluss der Wettfahrt unter Beifügung von 20 Mk. innerhalb einer im Programm festgesetzten Zeit. Schriftlich eingebrachte Proteste können nicht zurückgezogen werden.
3. Der Protest muss an den Wettfahrt-Ausschuss und nicht an die Schiedsrichter gerichtet sein; er muss vom Besitzer der Yacht oder seinem Stellvertreter unterschrieben sein.
4. Der Protest muss alle Vorschriften anführen, welche verletzt sein sollen (am besten tut der Protestierende wohl, die Nummern oder den Wortlaut des betreffenden Paragraphen hinzuzufügen), und natürlich den Namen der Yacht, gegen welche er protestiert. Zur Vereinfachung und Beschleunigung des Verfahrens empfiehlt es sich, auch zugleich die Namen etwaiger unbeteiligter Zeugen vom Bord anderer Yachten anzugeben.

Endstehend der Wortlaut der in Frage kommenden Gesetze, welche man sich fest einpräge, ebenso wie die Ausweicheregeln, da man genötigt ist, Ankläger und Anwalt in eigener Person zu sein.

§ 42. Strafbestimmungen.

Eine Yacht, welche irgendeine dieser Vorschriften, die auf alle Yachten Anwendung finden, gleichviel ob sie in derselben oder in verschiedenen Abteilungen segeln, nicht befolgt oder übertritt, geht des Preises verlustig, den sie anderenfalls gewonnen haben würde. Die hieraus entstehende Frage eines Schadenersatzes soll nach den von der Landesvertretung erlassenen Sondervorschriften, soweit solche vorhanden, geregelt werden.

Zusatzbestimmung des D.S.Vb.:

In bezug auf die Schadenersatzpflicht bei dem Zusammenstosse von Yachten auf Segelwettfahrten finden die Vorschriften der Artikel 734—739 des Handelsgesetzbuchs mit der Massgabe entsprechend Anwendung, dass an die Stelle des Reeders der Yachtbesitzer tritt.

Der Yachtbesitzer haftet jedoch, auch wenn er selber die Yacht führt, für einen durch fehlerhafte Führung der Yacht entstandenen Schaden ausschliesslich mit der Yacht, es sei denn, dass ihm eine bösliche Handlungsweise zur Last fällt.

§ 43. Proteste.

Wenn im Falle einer während einer Wettfahrt vorgekommenen Verletzung der Segel-Vorschriften ein Protest beabsichtigt ist, so muss diese Absicht durch Setzen einer Flagge*) an gut sichtbarer Stelle im Grosswant der protestierenden Yacht bei erster Gelegenheit, wo dieselbe den Wettfahrt-Ausschuss passiert, kundgegeben werden, es sei denn, dass der Protestberechtigte von den Tatsachen, welche den Protest rechtfertigen, erst nach Schluss der Wettfahrt Kenntnis erhalten hat. Alle Proteste müssen schriftlich erfolgen und die Vorschrift oder die Vorschriften**) anführen, welche verletzt sein sollen. Der Protest muss von dem Yachteigner oder seinem Vertreter unterzeichnet und dem Wettfahrt-Ausschuss nebst dem vorgeschriebenen Geldbetrage, sofern ein solcher gefordert wird, innerhalb zwei Stunden (wenn nicht eine andere Zeit im Programm vorgeschrieben) nach Passieren der Ziellinie der protestierenden Yacht, oder ihrer Ankunft auf dem Ankerplatze, wenn sie die Ziellinie nicht durchsegelt haben sollte, eingereicht werden. Der Wettfahrt-Ausschuss soll indessen das Recht haben, den Protesttermin noch weiter auszudehnen, wenn guter und ausreichender Grund dafür vorliegt, dies zu tun. Ein schriftlich eingereichter Protest darf nicht zurückgezogen werden.

Ein Protest eines Wettfahrt-Teilnehmers gegen einen anderen wegen Ungültigkeit eines Klassifikations-Zertifikates ist dem Wettfahrt-Ausschuss zu unterbreiten. Dieser kann ihn nach seinem Ermessen der Landesvertretung überweisen, die ihn erforderlichenfalls der Klassifikationsgesellschaft zur Entscheidung vorzulegen hat, welche das Klassifikations-Zertifikat der Yacht ausgestellt hat. Die Klassifikations-

---

*) demnach ist es unstatthaft vorzuschreiben, dass dies z. B. die deutsche Nationalflagge sein müsse.

**) es ist nicht nötig, dass der genau Wortlaut und die No. des betr. § angeführt wird.

Gesellschaft entscheidet endgültig, ob das Klassifikations-Zertifikat ungültig ist oder nicht.

Zusatzbestimmung des D.S.Vb.:

Alle Proteste sind den Schiedsrichtern innerhalb der im Programm festgesetzten Zeit einzureichen unter Beifügung von 20 M., welche der Wettfahrtkasse anheimfallen, wenn der Protest als unbegründet zurückgewiesen wird.

Kommen schwerwiegende sachliche Gründe für Einreichung eines Protestes nachweislich erst nach Schluss der im Programm festgesetzten Zeit zur Kenntnis der zum Protest Berechtigten, so kann letzterer noch innerhalb 4 Wochen, vom Tage der Wettfahrt an gerechnet, unter Beifügung von 50 M. einen Prosest bei dem Vorstande des D.S.Vb. einreichen, von welchem dieser Protest wie eine Berufung gegen Schiedssprüche zu behandeln ist.

§ 44. Ausschliessung ohne Protest.

Sollte es zur Kenntnis des Wettfahrts-Ausschusses kommen oder sollte derselbe genügenden Grund zu der Vermutung haben, dass ein Teilnehmer einer Wettfahrt in irgendeiner Weise die Wettsegel-Bestimmungen übertreten hat, so muss er aus eigenem Antriebe in Uebereinstimmung mit § 45 verfahren, als wenn ein Protest erhoben worden wäre.

Anmerkung des Verfassers: Hieraus folgt aber nicht, dass die Schiedsrichter verpflichtet sind, einen Protest aus eigener Initiative einzulegen, wenn ihnen vonseiten einer Partei oder von irgendeiner nicht am Streitfall beeiltigten Seite Mitteilung über etwaige Gesetzesverletzungen gemacht werden. Ein solcher Zwang würde dazu führen, dass dieser Weg gewählt würde, um einerseits das Odium des Protestierenden und andererseits das Risiko des Hinterlegungsgeldes von sich abzuwälzen.

§ 45. Protest-Entscheidungen.

Bevor ein Protest durch einen Wettfahrt-Ausschuss entschieden wird, ist der Partei, gegen die Protest erhoben worden ist, Nachricht zu geben. Der Wettfahrt-Ausschuss soll die nach seiner Ansicht notwendigen oder in den Bestimmungen der Landes-Vertretung etwa vorgeschriebenen Nachforschungen vornehmen und andere erforderliche Erhebungen anstellen. Die Gründe der Entscheidung müssen zur Kenntnis der Parteien gebracht werden.

Zusatzbestimmung des D.S.Vb.:

Die Schiedrichter haben ihren Schiedsspruch innerhalb 24 Stunden mit einem Entwurf der für ihre Entscheidung massgebend gewesenen Gründe und innerhalb weiterer

14 Tage in endgültiger, mit Gründen versehener Ausfertigung bei dem Vereins-Vorstande, der für die Befolgung dieser Vorschriften verantwortlich ist, niederzulegen. Der Vereins-Vorstand hat auf Verlangen den Beteiligten innerhalb 14 Tagen je eine weitere Ausfertigung des Schiedsspruches zu erteilen.

§ 46. Berufungen.

Vorbehaltlich besonderer Vorschriften, welche durch die Landes-Vertretung erlassen sind, darf gegen einen von dem Wettfahrt-Ausschuss entschiedenen Protest Berufung bei der Landes-Vertretung eingelegt werden:

- a) wenn der Wettfahrt-Ausschuss dies nach eigenem Ermessen für zweckmässig halten sollte;
- b) wenn eine der beteiligten Parteien die Berufung einlegt über eine Frage der Auslegung dieser Wettsegelbestimmungen. Die Berufung muss innerhalb vier Wochen nach Erhalt der Entscheidung des Wettfahrt-Ausschusses erfolgen.

In dem unter b) erwähnten Falle muss bei Einlegung der Berufung von der Partei ein von der Landes-Vertretung etwa vorgeschriebener Geldbetrag eingesandt werden, der zugunsten der Kasse der Landes-Vertretung verfällt, wenn der Berufung nicht Folge gegeben wird.

Die Entscheidung der Landes-Vertretung ist endgültig.

Zusatzbestimmung des D.S.Vb.:

Ueber eine solche Berufung ist vom Vorstande des D.S.Vb. in persönlicher Anwesenheit von mindestens fünf seiner Mitglieder zu entscheiden und die Entscheidung den Parteien schriftlich unter Angabe der Gründe mitzuteilen.

Bei der Einreichung der Berufung ist eine Summe von 50 M. an den Kassenführer des Deutschen Segler-Verbandes einzusenden, welcher Betrag verfällt, falls die Berufung abgewiesen wird.

Die dem Deutschen Segler-Verbande durch die Berufung erwachsenen Kosten hat der unterliegende Teil zu tragen. Der unterliegende Teil ist entweder derjenige, welcher die Berufung einlegt, oder der Verein, welcher die betreffende Wettfahrt abgehalten hat.

§ 47. Protest-Urkunden.

Bei Berufungen an die Landes-Vertretung müssen, soweit zutreffend, die folgenden Schriftstücke eingereicht werden:

1. Eine Abschrift des Protestes und alle anderen schriftlichen Feststellungen, die von den Parteien beigebracht sind.

2. Eine Zeichnung, welche nachweist:
   a) die Bahn,
   b) die Richtung und Stärke des Windes,
   c) die Richtung der Gezeiten,
   d) die Stellungen und Kurse der wettsegelnden Yachten, welche bei dem Protest in Frage kommen.
3. Eine Abschrift der Ausschreibung der Wettfahrt und der den Yachten übergebenen Segelvorschriften.
4. Die hierzu gemachten Bemerkungen des Wettfahrt-Ausschusses nebst seiner Entscheidung.

§ 48. Kosten des Protestes.

Die mit einem Protest über die Vermessung oder die Klassifikation verbundenen Gebühren und Kosten müssen von der unterliegenden Partei getragen werden.

Die durch einen anderweitigen Protest entstandenen Kosten kann der Wettfahrt-Ausschuss der unterliegenden Partei auferlegen, welche dagegen Berufung bei der Landes-Vertretung einlegen darf.

§ 49. Befangenheit des Wettfahrt-Ausschusses.

Mitglieder eines Wettfahrt-Ausschusses oder einer Landes-Vertretung dürfen an der Beratung oder Entscheidung einer Streitfrage nicht teilnehmen, an der sie persönlich beteiligt sind.

§ 50. Strafen für grobe Verletzungen der Wettsegel-Bestimmungen.

Sollte eine grobe Verletzung oder Uebertretung irgendeiner dieser Segel-Vorschriften durch den Eigner einer Yacht oder einen Vertreter des Eigners oder einen Amateur-Steuermann erwiesen sein, so kann ein solcher Eigner, Vertreter oder Amateur-Steuermann durch die Landes-Vertretung auf eine gewisse Zeit vom Steuern oder von dem Mitsegeln als Clubmitglied (§ 23) an Bord einer Yacht in einem Rennen, das unter den Vorschriften der Landes-Vertretung ausgeführt wird, ausgeschlossen werden.

Sollte eine grobe Verletzung dieser Vorschriften durch einen bezahlten Segelmeister erwiesen sein, so kann dieser von der Landes-Vertretung für eine gewisse Zeit vom Segeln in einer nach diesen Vorschriften abgehaltenen Wettfahrt ausgeschlossen werden. Eine in dieser Weise verhängte Strafe soll einer jeden Landes-Vertretung mitgeteilt werden.

Fast ebensoviel Mühe, Sorgfalt und Erfahrung, wie das Eintrimmen und die Führung einer Yacht im Rennen erfordert, hat eine gewissenhafte Vereinsleitung anzuwenden, wenn sie eine Wettfahrt abhalten will. Oft ernten die opferfreudigen Herren, welche diese vorbereitende und organisatorische Tätigkeit entfalten, nicht den Dank, der ihnen gebührt, und nur wenn ein Fehler gemacht oder etwas vergessen ist bei der Mannigfaltigkeit der zu treffenden Vorbereitungen, Anordnungen und Entscheidungen, pflegt man sich der Herren zu erinnern, welche den Sportskameraden Gelegenheit gegeben haben, Ruhm und Ehren zu sammeln oder wenigstens doch in frisch-fröhlichem Wettkampf sich zu messen.

Wenn der eine Wettfahrt veranstaltende Verein Mitglied des Deutschen Seglerverbandes ist oder der Internationalen Yacht-Racing Union (I.Y.R.U.) angehört, sind seine Pflichten und Rechte durch die internationalen und nationalen Wettsegelbestimmungen bindend festgelegt. Da diese die Frucht langjähriger Erfahrungen aller Segelsport treibenden Nationen sind, so dürften sie wohl im wesentlichen als sicheren Leitfaden auch für Veranstaltungen zu empfehlen sein, welche nicht dieser Gerichtsbarkeit unterstehen.

Ausser diesen gesetzlich festgelegten Obliegenheiten, deren Ausführung innezuhalten ist, gibt es aber noch unendlich viele Punkte, zu deren zweckmässiger Erledigung es einer langjährigen Erfahrung und

Uebung bedarf. Ich will daher an dieser Stelle die einzelnen Bestimmungen des Wettfahrtbetriebes, wie sie in den Jahrbüchern des Deutschen Seglerverbandes (D.S.Vb.) niedergelegt sind, anführen und zugleich einen Versuch machen, hier und da einige Andeutungen machen, worauf besonders zu achten ist und wie diese Gesetze am zweckmässigsten in der Wirklichkeit befolgt werden können.

§ 1. Allgemeine Befugnisse des Wettfahrt-Ausschusses.

Alle Wettfahrten und die daran teilnehmenden Yachten unterstehen der Leitung der Flaggoffiziere, des Segel-Ausschusses des die Wettfahrt veranstaltenden Klubs oder der für den Tag von dem veranstaltenden Klub oder Regatta-Komitee ernannten Richter, welche zusammen oder einzeln hierin später als Wettfahrt-Ausschuss bezeichnet werden. Alle die Wettfahrt betreffenden Angelegenheiten unterliegen ihrer Zustimmung und Kontrolle und alle auftauchenden Zweifel, Fragen und Streitigkeiten sind ihrer Entscheidung unterworfen. Ihre Entscheidungen müssen auf diese Vorschriften, soweit sie anwendbar sind, beruhen; da aber keine Vorschriften aufgestellt werden können, welche jeden Zwischenfall und Zufall beim Segeln vorsehen, so sollte der Wettfahrt-Ausschuss die gewöhnlichen Schiffahrtsbräuche berücksichtigen und allen Versuchen entgegentreten, welche darauf abzielen, eine Wettfahrt durch andere Mittel als einwandfreies Segeln, überlegene Schnelligkeit und Geschicklichkeit zu gewinnen.

Zusatzbestimmung des D.S.Vb.:

Der veranstaltende Vereins-Vorstand hat für die Ausschreibung, die Anordnung und Ausführung der Wettfahrt, Beschaffung und Ueberreichung der Preise, Veröffentlichung des Tagesprogramms und der Wettfahrtergebnisse Sorge zu tragen. Er ernennt für den Tag der Wettfahrt Starter, Richter und Schiedsrichter. Von den letzteren, welche Mitglieder eines Verbandsvereins sein müssen, dürfen nur drei in Tätigkeit treten. Von diesen dreien darf nur einer dem veranstaltenden Vereinsvorstand angehören. (Vergl. § 49.)

Anmerkung des Verfassers:

Die Abhaltung einer Unions- oder Verbands-Wettfahrt oder eines Handicaps durch einen dem Deutschen Seglerverbande angehörigen Verein unterliegt der Genehmigung des Vorstandes des D.S.V.

Man sende daher vor ihrer Veröffentlichung die Anschreibung zur Genehmigung an den Verband (§§ 14, 27—32 des Grundgesetzes.)

Unions-Wettfahrten sind offen für A und R- und R-Klassen, sowie für die nationalen qm-Klassen, die Sonderklasse und die Verbands-Jollen, gemäss §§ 14 und 15 der internationalen Vermessungsbestimmungen.

Laut § 28 des Grundgesetzes müssen auf Unions- und Verbands-Wettfahrten von den A- und R-Klassen mindestens drei ausgeschrieben werden, deren Beschickung zu erwarten steht.

Für Verbands-Wettfahrten, welche offen sind für alle beim D.S.V. eingetragenen A- und R-Klassen, darf ausser der Sonderklasse die Anschreibung der Jollenklasse, sowie der nationalen qm-Klassen erfolgen. Es ist bei diesen Klassen in der Anschreibung gestattet, die Beschränkung hinzuzufügen, dass die einzelne Klasse ausfällt, wenn in ihr nicht mindestens zwei bezw. drei Yachten gemeldet sind.

Wettfahrten einer einzelnen Klasse gelten nicht als Wettfahrten im Sinne des § 24; d. h. sie zählen nicht bei der Stimmenbemessung der Vereine auf dem Seglertage.

Unions- und Verbands-Wettfahrten müssen nach den Bestimmungen der I.Y.R.U. abgehalten werden. Vereins-Wettfahrten unterliegen keinen anderen Bestimmungen, als dass an ihnen nur die bei dem veranstaltenden Verein eingetragenen Yachten sich beteiligen dürfen. (§ 29 des Grundgesetzes.)

Die Ausschreibung eines Handicaps muss so zeitig beantragt werden, dass der Vorstand in der Lage ist, die Bedürfnisfrage zu prüfen. Dem Antrage ist daher eine eingehende Begründung beizufügen. Für Yachten der R-Klassen, der Sonderklasse und der nationalen qm-Klassen und nationalen Jollen werden Handicaps nicht genehmigt.

Bezüglich der ferneren Ausschreibung halte man sich in erster Linie an die in § 5 vorgeschriebenen Punkte. Gleichzeitig mit der Ausschreibung beginne man mit der Wahl der Schiedsrichter, Zielrichter und Starter; denn erfahrungsgemäss findet sich besonders für den ersteren Posten nur schwer die geforderte Anzahl von Herren mit den erforderlichen Eigenschaften. Da laut § 16 bereits das Programm die Namen der Schiedsrichter enthalten soll, ist es unzulässig, einen oder mehrere etwa am Wettfahrtstage fehlende Schiedsrichter durch eine ad hoc erfolgende Zuwahl zu ersetzen. Man sorge daher beizeiten für einen oder besser mehrere Ersatzmänner, welche bei unvorhergesehenen Fällen, wie Krankheit oder Befangenheitserklärung (§ 49) in Tätigkeit treten können. Auch übertrage man dieses verantwortungsreiche Amt nur solchen Herren, auf deren Zuverlässigkeit in jeder Beziehung man sich verlassen kann und lege weniger Wert auf schönklingende Namen und Titel, als darauf, dass die betreffenden Herren auch erfahrene Segler sind, welche die Materie von Grund aus beherrschen.

Auslegung von Fahrwasserzeichen und Bojen ist in öffentlichen Gewässern verboten. Kann oder will man daher nicht etwaige durch die staatlichen Behörden ausgelegten Bojen als Start-, Ziel- und Wendemarken benutzen, so beantrage man bei der zuständigen Wasserbau-Verwaltung die Genehmigung zum Auslegen der erforderlichen Marken für den betreffenden Tag bezw. für die Dauer einer Wettfahrtreihe. Ebenso ist bei der Polizeibehörde die Erlaubnis zur Abgabe von Schüssen einzuholen.

§ 2. Eigentumsrecht an Yachten.

Jede für eine Wettfahrt gemeldete Yacht muss bona fide Eigentum eines von einer Landes-Vertretung anerkannten Clubs oder einer solchen Körperschaft oder der Person oder der Personen sein, in dessen oder deren Namen sie gemeldet ist. Letztere müssen Mitglied oder Mitglieder eines Yacht- oder Segel-Clubs sein, welcher von einer Landes-Vertretung anerkannt ist.

Anmerkung des Verfassers:

Sind mehrere Herren gemeinschaftlich Besitzer einer in einer Wettfahrt gemeldeten Yacht, so müssen diese sämtlichen Herren Mitglieder desselben Verbandsvereins sein. (§ 10 des Grundgesetzes.)

§ 3. Messbrief-Zwang.

Jede Yacht, welche in einem internationalen Klassenrennen startet, muss einen gültigen, auf Grund des internationalen Yacht-Messverfahrens angestellten Messbrief besitzen, es sei denn, dass die Landes-Vertretung darüber anders bestimmt.

Zusatzbestimmung des D.S.Vb.:

Der Messbrief oder das Bauzeugnis muss während der Wettfahrt an Bord vorhanden sein.

§ 4. Zeitvergütung.

1. Die Zeitvergütung in der A-Klasse ist die in dem internationalen Abkommen vorgesehene. (S. S. 16, § 35 der Verm.-Best.).
2. Unter neuen Yachten ein und derselben internationalen Klasse von 23 m und darunter besteht keine Zeitvergütung.

3. Die Zeitvergütungen für zusammengelegte internationale Klassen (welche zu gleicher Zeit starten müssen) haben den internationalen Zeitvergütungs-Tabellen zu entsprechen. (S. S. 16 u. 17 § 35 der Verm.-Best.)

Zusatzbestimmung des D.S.Vb.:

Die Ausschreibung zusammengelegter Klassen darf nur mit Genehmigung des Vorstandes des D.S.Vb. erfolgen (§ 14 des Grundgesetzes). Die Zusammenlegung der Klassen ist immer nur für zwei nebeneinanderliegende Klassen, z. B. VII und VIII oder VIII und IX, gestattet. Klassen, die zusammengelegt ausgeschrieben sind, können nach der Ausschreibung nicht wieder getrennt werden, sondern müssen zusammengelegt segeln (§ 15 der Vermessungs-Bestimmungen).

4. In allen Wettfahrten, in denen eine Zeitvergütung gewährt wird, muss die bei Ankunft der Yacht vergütete Zeit im Verhältnis zur Länge der im Programm oder in den Segel-Vorschriften bezeichneten Bahn stehen.

§ 5. Meldung

Die Meldungen müssen gemäss der öffentlichen Ankündigung oder Ausschreibung der Wettfahrt, entsprechend den Anordnungen des Wettfahrt-Ausschusses, und zwar in folgender Form erfolgen. Dieselben können auch durch Telegramm geschehen, sofern dasselbe vor Mittag des Tages des Meldeschlusses aufgegeben ist. Telegraphische Meldungen sind sofort schriftlich in der vorgeschriebenen Form zu bestätigen.

Meldeformular.

zu unterzeichnen vom Yachteigner oder seinem Vertreter.

An den Vorstand des .... (Yacht-Club) ....

Ich melde die Yacht .... Eigner ....

für die .... Wettfahrt am ....

Ihre Unterscheidungsflagge ist ....

Die Takelung ist ...., und ihr Rennwert ist ....

Der Einsatz von .... folgt anbei.

Ich unterwerfe mich den internationalen Wettsegel-Bestimmungen und denjenigen der Landes-Vertretung, in deren Bereich die Wettfahrt stattfindet.

Adresse des Eigentümers   Unterschrift
und Yacht-Clubs.   Ort und Datum.

Es ist wichtig, dass die Ausschreibung folgende Einzelheiten enthält:

1. dass die Wettfahrten unter den internationalen Vorschriften stattfinden.
2. alle diejenigen Bestimmungen, welche von den internationalen Vorschriften abweichen oder sie ergänzen (siehe im besonderen die §§ 5 und 10).
3. Zeit und Ort, wo das Programm und die Segel-Vorschriften zu erhalten sind.

Zusatzbestimmung des D.S.Vb.:

Die ausführliche Ausschreibung einer Wettfahrt soll möglichst vor Beginn der Segelzeit, mindestens jedoch sechs Wochen vor dem Tage der Wettfahrt veröffentlicht werden.

Die Ausschreibung soll enthalten:

1. Namen und Art der Wettfahrt,
2. Namen und Adresse des veranstaltenden Vereins,
3. Ort, Tag und Stunde der Wettfahrt,
4. Bahn und Länge derselben in Seemeilen,
5. Angaben der Klassen,
6. Nähere Angabe über die Preise,
7. Etwaige Beschränkungen und Vorbehalte in bezug auf:

   a) den Kurs,
   b) die Dauer der Wettfahrt,
   c) die Ruderführung,
   d) die bezahlte Mannschaft. Falls die Zahl der bezahlten Mannschaft beschränkt wird, so müssen:

   in der 12 m-Klasse 3 bezahlte Leute,
   in der 10 und 9 m-Klasse 2 bezahlte Leute,
   in der 8 und 7 m-Klasse 1 bezahlter Mann

   gestattet werden.

   In der 6 und 5 m-Klasse kann die Mitnahme bezahlter Leute untersagt werden. Für die 23, 19 und 15 m-Klassen ist eine Beschränkung der Zahl der bezahlten Mannschaft nicht zulässig. Ein mitgenommener Lotse ist eine bezahlte Person.

   Es ist freigestellt, eine kleinere Anzahl von Personen als die erlaubte Höchstzahl an Bord zu nehmen (§ 14 der Verm.-Best.).

8. Höhe der Einsätze jeder Klasse,
9. Ort und Zeit des Meldeschlusses.

Die Meldung hat schriftlich in geschlossenem Umschlage zu erfolgen. Auf dem Umschlage soll stehen: „Meldung zur Wettfahrt".

Meldungen unter Vorbehalt sind unzulässig.

Nach dem Meldeschluss einlaufende Meldungen werden nicht berücksichtigt.

Der veranstaltende Vereinsvorstand ist dafür verantwortlich, dass die Meldungen vor dem Meldeschluss nicht bekannt werden. Ein Verzeichnis sämtlicher Meldungen in der Zusammensetzung der einzelnen Klassen ist in der nächsten Nummer des Verbandsblattes bekannt zu geben.

Anmerkung des Verfassers:

Ausser der Veröffentlichung in der Fachpresse ist es zweckmässig, um eine rege Beteiligung an den Wettfahrten zu erzielen, die Ausschreibung denjenigen Yachteignern zu übersenden, deren Teilnahme zu erwarten steht oder wünschenswert ist. Auch ist den Verbandsvereinen eine kleine Anzahl zur Auslage in ihren Vereinshäusern zu übersenden. Zur Vereinfachung der Meldung für beide Teile füge man der Ausschreibung das oben vorgedruckte Meldeformular mit Durchlochung zum bequemen Ausfüllen und Abtrennen bei.

Der Meldeschluss sei nicht zu lange vor dem Wettfahrttage festgesetzt. Immerhin muss in Erwägung gezogen werden, dass zur Beschaffung und Gravierung der Preise, zur Herstellung, Drucklegung und Versendung des Programms und der Segel-Vorschriften an die Wettfahrtteilnehmer, sowie an das Richterkollegium, zur Bereitstellung des Startmaterials und eventuellen Zusendung der Nummerntücher an die Yachteigner sowie zu sonstigen Vorbereitungen eine gewisse Zeit nötig ist.

§ 6. Zurückweisung von Meldungen.

Vorbehaltlich etwaiger besonderer Bestimmungen der Landes-Vertretung darf ein Wettfahrt-Ausschuss eine Meldung zurückweisen.

Zusatzbestimmung des D.S.Vb.:

Der veranstaltende Vereins-Vorstand darf eine Meldung nur mit Genehmigung des Vorstandes des D.S.Vb. zurückziehen.

§ 7. Meldungs-Beschränkung.

Ohne die vorherige Zustimmung des Wettfahrt-Ausschusses dürfen zwei oder mehrere Yachten, welche ganz oder teilweise ein und derselben Person oder Körperschaft gehören, nicht in ein und demselben Rennen gemeldet werden. Eine Yacht darf nicht für zwei zur selben Zeit von demselben Wettfahrt-Ausschusse veranstaltete Wettfahrten zum Zwecke der Auswahl gemeldet werden.

§ 8. Verschiebung der Wettfahrt.

Der Wettfahrt-Ausschuss soll das Recht haben, für den Fall, dass ungünstiges Wetter es wünschenswert macht, eine Wettfahrt zu verschieben oder aufzuheben. Die über das Klassen- oder Wettfahrt-Signal geheisste internationale Flagge N gilt als Zeichen, dass die Wettfahrt verschoben ist.

Unter keinen Umständen darf eine neue Meldung für eine verschobene Wettfahrt angenommen werden.

Zusatzbestimmung des D.S.Vb.:

Der Einsatz wird nur dann zurückgegeben, wenn die Wettfahrt oder das betreffende Rennen nicht zustande kommt.

Muss die Wettfahrt auf Beschluss der Schiedsrichter auf einen anderen Tag verlegt werden, so wird der Einsatz nicht zurückerstattet.

§ 9. Anzahl der Preise.

Jede Landes-Vertretung soll die Mindestzahl der Preise im Verhältnis zur Zahl der Meldungen in jeder Wettfahrt festsetzen.

Zusatzbestimmung des D.S.Vb.:

Die Vereine müssen für jede im Programm enthaltene Klasse die Anzahl der Klassenpreise wie folgt bemessen:

1 Klassenpreis für 1 bis einschl. 3 gemeldete Yachten,
2 Klassenpreise „ 4 „ „ 6 „ „
3 „ „ 7 „ „ 9 „ „
4 „ „ 10 „ „ 10 „ „
und darüber.

(Anmerkung des Verfassers: Demnach sind also die Vereine nicht verpflichtet, bei Beteiligung von mehr als zwölf Yachten in einer Klasse fünfte und weitere Preise zu geben!)

Die Ausschreibung von Wanderpreisen ist nicht gestattet.

Ausser den Klassenpreisen dürfen Nebenpreise, Punktpreise und Herausforderungspreise ausgesetzt werden.

Nebenpreise, d. h. solche Preise, die sofort gewonnen werden, dürfen nur für eine Klasse ausgesetzt werden.

Herausforderungspreise, d. h. solche Preise, die durch zwei Siege mit oder ohne Reihenfolge endgültig gewonnen werden, dürfen mehrere Klassen umfassen.

Die Aussegelung solches Preises hat, wenn er mehrere Klassen umfasst, stets auf Grund der internationalen Vergütungstabelle stattzufinden.

Punktpreise, d. h solche Preise, die den Gesamtwert einer Reihe von Starts oder Siegen durch besondere Berechnung der Einzelleistungen erfassen sollen, dürfen höchstens für die Dauer eines Jahres ausgesetzt werden.

Ausnahmen kann der Vorstand des Deutschen Seglerverbandes gestatten.

Auf Baupreise und vor dem 1. Januar 1908 schon bestehende Wanderpreise finden diese Bestimmungen keine Anwendung.

Die Preisverteilung findet an dem im Programm angegebenen Orte zur festgesetzten Zeit statt, soweit etwa eingelaufene Proteste bis dahin erledigt sind.

Der veranstaltende Verein ist verpflichtet, diejenigen Preise, welche wegen erhobener und unerledigt gebliebener Proteste nicht verteilt werden konnten, dem Gewinner nach erfolgter Entscheidung kostenfrei zuzustellen.

Sollte ein Preis zu Unrecht zuerkannt und ausgehändigt sein, die Rückgabe desselben aber verweigert werden, so hat der die Wettfahrt veranstaltende Verein dem rechtmässigen Gewinner Ersatz zu gewähren, unbeschadet seiner Rückansprüche an den Verweigerer.

Bei Nichtherausgabe eines zu Unrecht zugesprochenen Preises kann der Vorstand des Deutschen Segler-Verbandes auf Antrag den dauernden Ausschluss des Verweigerers von allen offenen Wettfahrten des Verbandes aussprechen.

Anmerkung des Verfassers:

Art und Wert der auszusetzenden Preise muss sich nach der sportlichen Bedeutung der Rennen, nach dem Einsatze und nach der Finanzkraft des veranstaltenden Vereins richten.

Es ist nicht möglich, hier eine allgemeingültige Regel aufzustellen. Es dürfte aber wohl zutreffen, wenn man das Verhältnis des Wertes der Preise untereinander so bemisst, dass der erste Preis 100, der zweite 50—60, der dritte 30, der vierte 20 beträgt. (Siehe ausserdem § 10.)

Bezüglich der Zuerkennung der mehr und mehr in Aufnahme kommenden Punktpreise werden die verschiedensten Berechnungsarten angewandt, deren Aufzählung allein schon einen Band füllen würden. Wenn man im Zweifel ist, wende man sich an einen der vielen Vereine, welche derartige Punktpreise verteilen; man wird gern Auskunft erhalten.

§ 10. Einzelfahrt.

Eine vorschriftsmässig in einer Klasse gemeldete Yacht hat das Recht, über die Bahn zu segeln (unter Berücksichtigung von § 8); der Wert des Preises kann jedoch nach Massgabe der Wettfahrt-Ausschreibung verringert werden.

§ 11. Wiederholte Wettfahrten.

Eine Yacht, welche nach der Meinung des Wettfahrt-Ausschusses einen Verstoss gegen die Wettsegel-Bestimmungen in der ursprünglichen Wettfahrt begangen hat, darf in einer wiederholten Wettfahrt nicht starten.

Eine vorschriftsmässig gemeldete Yacht, welche in der ursprünglichen Wettfahrt nicht gestartet hat, kann unter Zustimmung des Wettfahrt-Ausschusses zur Teilnahme an einer wiederholten Wettfahrt zugelassen werden.

§ 12. Abgekürzte Bahn.

Der Wettfahrt-Ausschuss darf während einer Wettfahrt die Bahn abkürzen. Als Zeichen der Abkürzung muss die internationale Signalflagge S über dem Klassen- oder Wettfahrtsignal gesetzt werden. Im Falle von Nebel oder Dunkelheit sind zwei Kanonenschüsse abzufeuern. Diese Signale bedeuten, dass die Wettfahrt mit der Beendigung der angefangenen Umsegelung der betreffenden Runde aufhört oder zu einem anderen Zeitpunkt, wenn solcher in den Segel-Vorschriften vom Wettfahrt-Ausschusse festgestellt ist. Die Zeitvergütung muss verhältnismässig verkürzt werden.

§ 13. Fehlende Kursmarken.

Sollte eine Kursmarke von ihrer richtigen Stelle zufällig vertrieben oder absichtlich entfernt sein, so soll der Wettfahrt-Ausschuss dieselbe, wenn möglich, ersetzen. Ist dies rechtzeitig nicht möglich, so hat der Wettfahrt-Ausschuss zu entscheiden, ob die Wettfahrt wiederholt werden soll oder nicht.

§ 14. Erklärung hinsichtlich der Beobachtung der Wettsegelbestimmungen.

Bevor der Wettfahrt-Ausschuss die Preise in Gemässheit dieser Vorschriften verteilt, muss der Eigner oder sein Vertreter die folgende Erklärung unterzeichnen, dass die Yacht die Segel-Vorschriften genau befolgt hat.

Formular der Erklärung.

An den Wettfahrt-Ausschuss des . . . . . . (Yacht-Clubs) . . . . .
Ich erkläre hiermit, dass ich Mitglied des . . . . . (Yacht-Clubs) . . . .
bin, und dass ich an Bord der Yacht . . . . war und die Verantwortung für dieselbe gehabt habe, während sie in der Wettfahrt vom . . . . . . am . . . . . gesegelt hat, und dass alle Bestimmungen und Anordnungen während dieser Wettfahrt befolgt sind.

Datum: Namensunterschrift:

Eine solche Erklärung muss dem Wettfahrt-Ausschuss innerhalb 48 Stunden nach der Ankunft der gewinnenden Yacht übergeben werden, jedoch kann der Wettfahrt-Ausschuss, wenn er es für wünschenswert hält, diese Frist verlängern, aber nicht über einen Zeitraum von 30 Tagen hinaus.

Anmerkung des Verfassers:

Obiges Formular der Erklärung ist zweckmässig im Programm bezw. der Segelvorschrift mit Durchlochung zum Ausfüllen und Abtrennen den Wettfahrtteilnehmern zu übergeben und spätestens bei der Uebergabe der Preise durch den Wettfahrt-Ausschuss von den Gewinnern einzufordern.

§ 15. Preisfolge.

Wenn eine Yacht ausgeschlossen wird, so erhält die nächstberechtigte den Preis.

§ 16. Segel-Vorschriften und Programme.

Jede gemeldete Yacht soll sobald als möglich nach der Meldung ein Programm und eine geschriebene oder gedruckte Segelvorschrift erhalten, welche folgende Angaben zu enthalten haben:

1. Die Zeit des Starts,
2. Die Startlinie,
3. Die Startsignale,
4. Die Rückruf-Nummern,
5. Die zu durchsegelnde Bahn mit Bezeichnung aller zu rundenden Marken,
6. Die Ziellinie,
7. Die Länge der Bahn,
8. Die besonderen Vorschriften für die Abkürzung der Bahn, wenn solche erlassen sind,
9. Die Namen und Rennwerte der gemeldeten Yachten,
10. Die Adresse, an welche die Erklärung (§ 14) oder ein geschriebener Protest abzugeben ist.

Es ist wünschenswert, dass das Programm die Zeit und den Ort der Preisverteilung enthält.

Zusatzbestimmung des D.S.Vb.:

Das Programm bezw. die Segelvorschrift muss ausserdem enthalten:

a) die Namen der Starter, Richter und Schiedsrichter;
b) den Versammlungsort der Schiedsrichter nach der Wettfahrt;
c) die Bestimmungen über den Schluss der Wettfahrt und das Signal;
d) Ort und Zeit der Preisverteilung;
e) die Zeit, bis wann ein Protest einzureichen ist;
f) die Anzahl und Art der ausgesetzten Preise;
g) etwaige Beschränkungen der Dauer der Wettfahrt.

Mündliche Instruktionen kommen nicht in Betracht.

Anmerkung des Verfassers:

Besonders dieser letzte Satz ist bemerkenswert. Auf internen Wettfahrten im Binnenlande ist es vielfach üblich, etwaige Beschlüsse über Veränderungen des Kurses während der Wettfahrt durch die Schiedsrichter von dem Richterboot aus den Wettfahrtteilnehmern durch Zuruf bekannt zu geben. Dieses Verfahren ist auf Unions- und Verbands-Wettfahrten unstatthaft. Die Abkürzung ist durch Setzen der internationalen Flagge S am Start oder auf dem Schiedsrichterboot anzukündigen; der bei abgekürzter Bahn zu segelnde Kurs muss aus dem Programm ersichtlich sein. Natürlich ist es aber ausserdem gestattet, die Wettfahrtteilnehmer auf die Abänderung der Bahn durch Zuruf aufmerksam zu machen.

Die zum Signalisieren einer Aenderung der Bahnvorschriften nötigen Flaggen N und S müssen also sowohl am Start bereit sein, wie ausserdem erforderlichenfalls auf dem Richterboot während des Rennens. Ausserdem die die Bahnrichtung anzeigenden Signale (§ 8) sowie ein Nebelhorn zum Abgeben der Rückrufsignale (§ 27).

Den Verfassern des Wortlautes der Segelvorschrift im Programm sei es ferner dringend ans Herz gelegt, bei der Beschreibung der Start- und Ziel-Linie sowie der zu durchsegelnden Bahn sich besonderer Klarheit zu befleissigen. Auf offener See pflegt Start und Ziel meist ohne Benutzung von Landpeilungen ausgelegt zu werden, da dies gewöhnlich nicht ausführbar ist. Man behilft sich in solchem Falle zur Erleichterung für die Starter und für die wettsegelnden Yachten mit der Auslegung einer Peilboje ausserhalb oder zwischen den beiden Startbegrenzungen. An einem der beiden Enden der Startbegrenzung pflegt sich das Startboot genau eingepeilt zu verankern. Im Binnenlande und nahe der Küste ist jedoch die Anbringung von zwei Peilbaken auf dem Lande üblich, wodurch für die Segler und die Funktionäre eine grössere Sicherheit gewährleistet ist, die Start- und Ziellinie genau zu erkennen. (§ 26.) Im Interesse der Neulinge im Wettsegelbetrieb ist es nötig, deutlich darauf hinzuweisen, dass die Start- und Ziellinie sich von diesen Baken bis zum Standort der Richter erstreckt. Wenn also in den Vorschriften das mehrfache Passieren der Ziellinie verboten ist (§§ 26 und 41), so darf keine Yacht nach Beendigung des Rennens zwischen der Startbegrenzung und dem Standort der Peilbaken, sowie zwischen der Startbegrenzung und dem Standort der Richter hindurchsegeln oder Anker werfen. Das Passieren des Starts und des Zieles hat nur zwischen den beiden Startbegrenzungen zu erfolgen, welche genau zu bezeichnen sind.

Als Rückrufnummern werden zweckmässig die Segelnummern der wettsegelnden Yachten angegeben. Die Rückrufnummern sollen aus mindestens 75 cm hohen weissen Zahlen auf schwarzem Grunde bestehen (§ 28) und müssen im Interesse einer zu früh gestarteten Yacht so schnell als möglich gezeigt werden können. Da Bretter oder Metallplatten in den meisten Fällen wohl zu unhandlich und platzraubend sein würden, empfehle ich schwarze Glanzleinwand oder schwarzes Flaggentuch, auf welche die Nummern mit weisser Farbe gemalt werden. Diese werden in einen aus verzinntem Draht von ca. 5 mm Stärke gebogenen Rahmen mit Handgriff eingenäht, etwa wie die kleine Skizze am Schlusse dieses Kapitels zeigt. Natürlich müssen die während eines Starts am häufigsten vorkommenden Nummern in doppelter und dreifacher Ausführung klar zur Hand liegen und es wird von seiten der Wettfahrtteilnehmer dankbar anerkannt, wenn ausserdem durch lauten Zuruf Mitteilung gemacht wird, wer umzukehren hat, weil oft wegen der Abdeckung der Segel die Nummern nicht sichtbar sind. Der Zuruf allein jedoch ist ungültig!

Es ist stets eine grosse Erleichterung für die Yachtsegler, wenn dem Programm eine Bahnkarte mit Tiefenangabe und möglichst genauer Einzeichnung der Wendemarken und der Start- und Ziellinie beigefügt wird.

Schliesslich seien im Programm neben dem Rennwerte der Yachten zwei Rubriken freigelassen, in welche man die gesegelte Zeit und die Preise eintragen kann.

§ 17. Rennflaggen und Unterscheidungsnummern.

Jede Yacht muss eine Rennflagge oder Unterscheidungsnummer oder beides nach Vorschrift der zuständigen Landes-Vertretung führen.

Zusatzbestimmung des D.S.Vb.:

Die von dem veranstaltenden Vereinsvorstand bestimmten und von diesem gegen eine Kaution von 5 M. zu liefernden Unterscheidungsnummern (schwarze Zahlen auf weissem Grunde) sind am Achterliek des Grosssegels unter der Gaffel zu führen.

Die Nummerntücher bestehen für die Klassen von 8 m und darüber aus festem weissen Segeltuch, für die kleineren Klassen aus leichterem weissen Segeltuch von 82 cm Höhe und 90 cm Breite; für die 5 m-Klasse und die Jollen braucht die Breite nur 45 cm zu betragen. Sie enthalten in 1 cm Entfernung vom Rande 16 Messingkauschen von $1/_2$ cm lichtem Durchmesser. Die Entfernung der Kauschen — je 5 an jedem Rande — voneinander beträgt in der Höhe je 20, in der Breite je 22 cm. Die Ziffern sind in 75 cm hoher und in 10 cm breiter Steinschrift auszuführen. Wenn mehr als neun resp. zehn Yachten in einer Klasse melden, folgen an Stelle der zweiten Ziffern die grossen

Buchstaben des lateinischen Alphabets, indes nur in ²/₃ Höhe der ersten Ziffer (50 cm). Die Nummerierung wird nach folgendem System vorgenommen. Es erhalten die Yachten der

  A - Klasse die Nummern A 1, A 2 u.s.f.
  23 m „ „ „ B 1, B 2 „
  19 „ „ „ „ C 1, C 2 „
  15 „ „ „ „ D 1, D 2, „
  12 „ „ „ „ E 1, E 2 „
  10 „ „ „ „ 01, 02 „
  9 „ „ „ „ 90, 91 „
  8 „ „ „ „ 80, 81 „
  7 „ „ „ „ 70, 71 „
  6 „ „ „ „ 60, 61 „
  5 „ „ „ „ 50, 51 „

Die Kielyachten erhalten die ersten, die Schwertyachten die folgenden Nummern ih er Klasse.

Die Nummerierung der Sonderklassenyachten beginnt mit der Zahl 30. Die Jollen werden mit grossen lateinischen Buchstaben bezeichnet. Die nationalen Kreuzeryachten erhalten die roten Nummern 30, 31 (45 qm-Klasse) resp. 40, 41 (75 qm-Klasse).

Es bedeutet hiernach z. B. die Nummer 88 das neunte Boot, No. 8 E das fünfzehnte Boot der 8 m-Klasse. Das zehnte Boot der 5 m-Klasse erhält nur den Buchstaben a, das elfte Boot nur b u.s.f.

Der die Wettfahrt veranstaltende Vereinsvorstand ist verpflichtet, die Nummerntücher mit den vorgeschriebenen Kauschen (auch für die Segel) zu liefern, jedoch soll es jedem Yachtbesitzer überlassen bleiben, die Kauschen für die Segel zu benutzen oder die Nummerntücher einfach auf das Segel zu nähen.

Sollte der veranstaltende Vereinsvorstand ausser den Unterscheidungsnummern die Führung von Rennflaggen vorschreiben, so sind diese von den Yachtbesitzern selbst zu beschaffen und im Top des Grossmastes an einem Flögel zu setzen.

§ 18. Beiboote.

Jede Yacht von mehr als 12 m Rennwert oder von 14 m Länge in der Wasserlinie muss ein diensttaugliches Boot an Deck führen von mindestens den in der nachfolgenden Tabelle angegebenen Grössenverhältnissen, klar zum sofortigen Gebrauch, mit im Boote versicherten Riemen:

Internationale Klasse	15 m	19 m	23 m
Länge	3,00 m	3,35 m	3,70 m
Breite	1,30 „	1,35 „	1,40 „
Tiefe auf ¼ Breite von der inneren Beplankung bis zur Oberkante Schandeck .	0,48 „	0,50 „	0,50 „

§ 19. Ballast und Ausrüstung.

Während einer Wettfahrt müssen sich die Fussböden, Schotten und Niedergangsleitern oder Treppen an ihren Stellen befinden, sowie alle anderen in der Tabelle der Wohnlichkeits-Vorschriften enthaltenen Einrichtungen an Bord verbleiben, mit Ausnahme von beweglichen Schlafstellen für Mannschaften, Decklichtern und nicht fest eingebauten Kochgelegenheiten; die Wassergefässe dürfen weder aufgefüllt noch entleert werden und die in den Vorschriften für den Bau und die Klassifikation von Yachten vorgesehenen Anker und Ketten müssen sich an Bord befinden; der gesamte Ballast muss sorgfältig unter dem Fussboden oder in Verschlägen verstaut sein und kein Ballast oder sonstiges totes Gewicht darf als beweglicher Ballast oder zur Aenderung des Trimms der Yacht benutzt werden. Gewicht und Lage des Ballastes darf nach 9 Uhr abends des der Wettfahrt vorangehenden Tages nicht mehr geändert werden.

Anmerkung des Verfassers:

Während des Rennens müssen demnach an Bord verbleiben:

Tische, auch Klapp- oder Schlingertische bei Yachten von 9 m aufwärts,*)
Schränke „ „ „ 10 „ „ *)
Wascheinrichtung „ „ „ 9 „ „ *)
Klosetts „ „ „ 9 „ „ *)
Anker, Ketten und Trossen bei Yachten aller Klassen, mit Ausnahme der Sonderklasse.

§ 20. Rettungringe.

Jede Yacht muss mindestens einen Rettungsring zum Gebrauche klar an Deck oder im Cockpit haben.

§ 21. Lichterführung.

Jede Yacht muss während der Wettfahrt des Nachts die internationalen Seevorschriften bezw. die nationalen Vorschriften hinsichtlich des Lichterführens beobachten.

§ 22. Nur Handbetrieb zulässig.

Das Heissen und Bedienen der Segel oder das Aufwinden und Niederlassen des Schwertes darf nur durch Handbetrieb erfolgen.

---

*) einschliesslisch der nationalen 45 und 75 qm-Kreuzer,

§ 23. Klubmitglied an Bord.

Bei allen Wettfahrten muss ein Mitglied eines anerkannten Segel-Clubs an Bord sein, welches als Eigner oder als Vertreter des Eigners für die Yacht verantwortlich ist.

Zusatzbestimmung des D.S.Vb.:

Dieses Mitglied muss ein Herr sein.

§ 24. Veränderung der Personenzahl während der Wettfahrt.

Jede Landes-Vertretung kann die Veränderung der Personenzahl an Bord während einer Wettfahrt verbieten.

Zusatzbestimmung des D.S.Vb.:

Nach dem Vorbereitungszeichen darf, einen Unglücksfall abgerechnet, die Personenzahl an Bord — mit Ausnahme der Yachten der A- und 23 m-Klassen — nicht verändert werden.

§ 25. Ruderführung durch fremde Yachteigner.

Wenn ein Yachteigner eine fremde Yacht in einer Wettfahrt steuert, in der seine eigene mitsegelt, ohne dazu vorher die Erlaubnis des Wettfahrt-Ausschuss eingeholt zu haben, werden beide Yachten ausgeschlossen.

§ 26. Startsignale.

Jede Landes-Vertretung kann ein Vorbereitungs-Signal für die verschiedenen Klassen oder Wettfahrten vorschreiben. Fünf Minuten vor dem Start wird ein Schuss abgefeuert und ein von der Landes-Vertretung vorgeschriebenes Signal gegeben. Genau nach Ablauf der fünf Minuten wird ein Startschuss abgefeuert und ein wie oben vorgeschriebenes Signal gegeben. Im Fall der Schuss versagen sollte, kennzeichnet das andere Signal den Beginn des Starts.

Zusatzbestimmung des D.S.Vb.:

Der oder die Starter haben beim Start die betreffenden Signale zu geben und alle beim Start vorkommenden Unregelmässigkeiten den Schiedsrichtern zu melden.

Die Startlinie ist womöglich senkrecht zum Kurse zu legen und in der Regel durch eine Deckpeilung zu bezeichnen.

Der Startmast muss mit drei schwarzen und zwei weissen Feldern versehen sein; auf ihm gleitet der rote Startball. Mit dem fünf Minuten vor dem ersten Start fallenden

Schuss wird der rote Startball auf das unterste schwarze Feld am Startmast gehisst und steigt nach Ablauf je einer Minute ein Feld höher, so dass er bei Beginn der fünften Minute im Masttop steht. Mit dem noch Ablauf der fünften Minute fallenden zweiten Schuss fällt der rote Startball wieder auf das unterste Feld hinunter.

Der zweite Schuss ist der Startschuss für den ersten Start und der Vorbereitungsschuss für den zweiten Start. Der rote Startball steigt wiederum von Minute zu Minute und fällt nach Ablauf der fünften Minute mit dem dritten Schuss, welcher der Startschuss für den zweiten Start und der Vorbereitungsschuss für den dritten Start ist, und so bilden die weiteren Schüsse, im Verein mit dem Steigen und Niederfallen des roten Startballes, die Vorbereitungs- und Ausführungs-Signale für die späteren Starte.

Das Wasser zunächst der Startlinie darf bis zum Beginn der Wettfahrt nur von den Yachten des ersten Starts befahren werden; sinnentspsechend später nur von den Yachten, deren Vorbereitungsschuss gefallen ist.

Nachdem der Vorbereitungsschuss für die betreffende Klasse gefallen ist, ist es den Yachten nicht mehr gestattet, sich schleppen zu lassen, Riemen zu gebrauchen, an einer Boje etc. oder an einem Fahrzeuge festgemacht zu liegen.

Den Vereinen ist es gestattet, den Yachten das Ankern während der Zeit von ihrem Vorbereitungsschuss bis zu ihrem Startschuss zu verbieten.

Anmerkung des Verfassers:

Zur Vereinfachung und zur Bequemlichkeit für die wettsegelnden Yachten empfiehlt es sich, die Abgabe der Startschüsse, der Rückrufsignale und die Bedienung des Startballes an ein und derselben Stelle vorzunehmen; am besten vom Bord eines möglichst nahe an einer der Startbegrenzungsmarken verankerten Dampfers, vom Kopf einer Mole oder von sonst einem von allen Seiten aus leicht zu übersehenden Punkte, der in Rufweite und genau in der Peilung der Startlinie sich befindet und gegen die Zuschauer abzusperren ist. Denn abgesehen von den Gefahren, welche das Abgeben der Startschüsse mit sich bringen kann, ist die Tätigkeit der Starter und Zielrichter eine solche, dass sie gespannteste Aufmerksamkeit und Genauigkeit erfordert. Man bemesse daher auch die Zahl der Starter und Zielrichter auf mindestens fünf, von denen einer die Liste zu führen hat, der zweite und dritte die startenden und später die durchs Ziel gehenden Yachten zu beobachten und anzusagen hat. Einer von ihnen ist mit einem Nebelhorn oder ähnlichen Schallinstrument bewaffnet, um zu früh gestartete Yachten zurückzurufen und den durchs Ziel gehenden den erlösenden Ton zuzublasen. Der vierte muss die Stoppuhr bedienen und die genaue Sekundenzahl beim Start laut zählen, nach der der Ball und die Schüsse bedient werden. Hat man für letztere Arbeiten keine bezahlten Kräfte zur Hand, so wären auch hierfür noch zwei ehrenamtlich arbeitende Herren zu gewinnen. Bei der Durchsegelung der Ziellinie hat der betreffende

Herr wiederum laut die Minuten und Sekunden zu zählen, No. 2 und No. 3 sagen die Nummern der Yachten an und rufen unter Beobachtung der Peilungslinie „Stop", sobald die Yacht mit einem Teil ihres Rumpfes oder ihrer Spieren sich in der Ziellinie befindet. No. 1 schreibt die genaue Zeit in eine vorher sorgfältig und übersichtlich eingerichtete Liste. No. 5 hat das schmerzliche Amt zu übernehmen, möglichst schnell und gut sichtbar die Rückruf-Nummern zu zeigen, falls dies nötig werden sollte. Da jedoch ein Herr immer nur zwei Nummern resp. Buchstaben zeigen, also meist nur eine Yacht auf einmal zurückrufen kann, und auch das nur, wenn die Rückruf-Nummern in der von mir vorgeschlagenen Weise (Anmerkung des Verfassers zu § 16) eingerichtet sind, so empfehle ich für diesen Posten lieber noch eine No. 6 bezahlt oder ehrenamtlich hinzuzuziehen.

Die Tätigkeit der Schiedsrichter beginnt damit, zu entscheiden, ob und welche Bahn gesegelt werden soll. Ihren Beschluss haben sie der Wettfahrt-Leitung vor dem im Programm hierzu festgesetzten Termin mitzuteilen, welche alsdann an die Starter die Weisung ergehen lässt, die entsprechenden Signale zu setzen (§ 8 der Wettsegelbestimmungen). Da mündliche Benachrichtigungen an die Wettfahrtteilnehmer nicht zulässig sind, wird die Zeit, um welche eine Wettfahrt verschoben werden soll, durch Heissen von weissen Bällen am Startmast angezeigt, wobei jeder weisse Ball eine halbe Stunde bedeutet.

Die Schiedsrichter tun gut, ihre ganze Aufmerksamkeit dem Start zu widmen; erfahrungsgemäss ereignen sich hierbei schon häufig Fälle, welche später ihrer Beurteilung übergeben werden, und es ist daher von Nutzen, wenn sie durch den Augenschein bereits von der Sachlage Kenntnis haben. Ebenso verursacht das Runden der Wendemarken die meisten Proteste. Man setze daher die Schiedsrichter nicht auf den für das grosse Publikum bestimmten Begleitdampfer, sondern stelle ihnen ein möglichst schnelles, manövrierfähiges Fahrzeug zur Verfügung, mit dem sie sich stets rechtzeitig in nächster Nähe der Marken einfinden können, ohne die wettsegelnden Yachten zu belästigen.

Während die Schiedsrichter bis zum Ertönen des Schlusssignals ein von vielen beneidetes Dasein führen (wegen des Privat-Begleitschiffes und des obligaten Frühstücks) beginnt nach dem Rennen für sie eine dornenvollere Tätigkeit, die viel Kopfzerbrechen erfordert, sobald die ominöse Protestflagge im Want eines Teilnehmers erschienen ist, oder wenn sie als gewissenhafte Beobachter einen Vorfall entdeckt haben, welcher der Aufmerksamkeit der Gegner entgangen ist (§ 44). Sobald also von ihnen oder von einem der Wettfahrtteilnehmer ein

Protest vorliegt, ist der Partei, welcher der Protest gilt, unverzüglich Nachricht zu geben (§ 45), und die Schiedsrichter haben zu prüfen, ob etwa jemand unter ihnen auf Grund des § 49 oder aus sonstigen Gründen auszuscheiden hat; erforderlichenfalls haben sie unter sich durch das Los auszumachen, welche drei Schiedsrichter aus der Zahl der im Programm als solche benannten den Gerichtshof zu bilden haben.

Es dürfte sich sodann empfehlen, die beiden streitenden Parteien und ebenso etwaige Zeugen zuerst gesondert zu vernehmen und erst bei Widersprüchen die Parteien gegenüberzustellen. Zur leichteren Veranschaulichung des Streitfalles hat es sich als sehr förderlich erwiesen, ganz kleine Modellschiffchen mit verstellbaren Segeln bereit zu halten, vermittelst derer die Sachlage auch von solchen übersichtlich dargestellt werden kann, welche nicht über die Gabe der graphischen Darstellungsweise verfügen.

Da einerseits ein Protest, wie ich bereits eingangs erwähnte, oft recht unbehaglich ist und andererseits die Möglichkeit nicht vorliegt, einen schriftlich eingebrachten Protest wieder zurückzuziehen (§ 43), so wäre es ein gangbarer Weg, unter gewissen Umständen bei Bekanntwerden einer Protest-Absicht (Zeigen der Protestflagge [§ 43]) mit dem Kläger und eventuell mit dem Beklagten unverbindlich zu verhandeln. —

Die Führung des Begleitdampfers sei umsichtigen Seglern übertragen, welche neben der Fähigkeit, den veranstaltenden Verein den Gästen gegenüber zu repräsentieren, vermöge ihrer seglerischen Erfahrung die wettfahrenden Yachten vor Belästigung durch den Dampfer schützen können. Erste Regel sei, sich niemals in Luv der Wettsegler aufzuhalten und nie, besonders bei Flaute, die Yachten durch Erzeugung von Dünung zu stören. Trotzdem muss ein geschickter Dampferführer darauf bedacht sein, seinen Schutzbefohlenen jede Gelegenheit zu geben, die Wettfahrt möglichst nahe und übersichtlich geniessen zu können.

Ueber der ganzen Veranstaltung schwebt das Oberhaupt der Wettfahrtleitung; ein Herr, der darüber zu wachen hat, dass alle vorher genannten Organe ihre Pflicht tun, der die Ehrengäste begrüsst und alle etwa sich ereignenden Störungen der Veranstaltung aus dem Wege zu schaffen hat. Ihm steht es zu, die Ergebnisse der Wettfahrt zu verkünden und den glücklichen Gewinnern die Preise zu überreichen, sofern er dieses Ehrenamt nicht einer zarteren Hand oder einer anderen besonders zu ehrenden Persönlichkeit überträgt. Er hat auch dafür zu sorgen, dass der in § 23 des Grundgesetzes vom Vorstande des

Deutschen Segler-Verbandes geforderte Bericht über die abgehaltene Wettfahrt mit ihren Ergebnissen diesem rechtzeitig eingesandt wird. —

Jede straffe Organisation bringt es mit sich, dass sie getragen werden muss durch ein weitverzweigtes Gerüst von Gesetzes-Vorschriften, deren genaue Kenntnis und fehlerlose Befolgung viel Aufmerksamkeit erfordert. Gar mancher Anfänger im Sportbetrieb strauchelt durch eine unscheinbare Unterlassungssünde, welche indes leicht die unangenehmsten Folgen nach sich ziehen kann. Es ist daher durch diese kurze Abhandlung der Versuch gemacht, den Seglern und der Wettfahrtleitung einen Wegweiser durch das Labyrinth der Bestimmungen an die Hand zu geben, und ich hoffe, dass die Freunde unseres luftigen, sonnigen Sports in der Erkenntnis der Notwendigkeit sich nicht abschrecken lassen werden durch den Aktenstaub der Paragraphen und Klauseln, die ich ihnen hier bieten musste. —

Sachregister.

Abdecken 233, 236, 247, 248
Abfallen, abhalten 79, 117.
 239, 240, 245, 248-254
Abkürzungs-Vorschriften,
 -Zeichen 230, 282-284
Abschlagen, anschlagen,
 anreihen, anmarlen 69,
 210, 212—216
Absetzen, den Kurs 153, 154
Abtrift 58, 59, 77, 198,
 199, 241
Abwettern 123
Achter-Brasse, Achterholer
 23, 31, 32, 76. 224
Achterlicher Wind, s.
 raumer Wind
Achterliek 37, 39, 206, 211,
 218, 220, 223
Amateur 228. 229, 271
Am Wind 57, 58, 115, 116,
 199, 205, 208, 222, 233,
 238, 241, 246, 251, 256,
 260
Am Wind-Ballon (Kreuz-
 ballon) 222, 223, 231
Amerika 209, 214, 218
Anker 89, 130, 198, 234, 256
Ankern 89, 99, 263
Anker ausfahren 96
 „ -Manöver 130
 „ -Platz 128, 137, 164
Anmarlen, anschlagen, an-
 reihen, s. abschlagen
Anruf s. Zuruf
Ansegelungsmarke 139, 165
Arten der Takelung 10
Aufschiessen 70, 71
Auftakeln 62
Auftrieb 45

Auftuchen 73, 74, 231,
 234, 235
Aussenballast 112, 287
Aussenhaut 225
Ausfahrt 131
Ausholer 32, 33, 34, 42,
 65, 75, 76, 215
Aushole-Draht 216
Auskinken s. Kinken
Ausleger 15
Ausschliessen 263, 264,
 269, 271, 272
Ausschreibung 273, 278—
 280
Ausrecken 42, 211
Ausreffen 93
Ausrüstung 287
Austrocknen 226
Auswechseln 94
Ausweicheregeln 103-106,
 179, 230, 233-234, 251-
 263

Backbord 58, 65
 „ -Halsen 260
Back setzen 77, 118, 131
Backstag 25
 „ -Wind s. Raumer Wind
Bahn 290
 „ -Karte 285
 „ -Länge 283, 284
Bake 137
Bakentonne 138
Balance-Ruder 7, 8
Ballast 287
Ballon 34, 36, 65, 75, 211,
 223, 234

Ballon-Flieger 36, 223, 234
 „ -Klüver 36, 223, 234
 „ -Schot 31, 223
 „ -Stagsegel 36, 223, 234
Bauchige Segel 210, 212.
 218, 231
Baumfock 222
Baumwolle 31, 35
Bauzeugnis 276
Bedecken s. Abdecken
Beendigung der Wettfahrt
 264
Befangenheit 271, 275
Begegnung 260
Beginn der Wettfahrt 259
Beglei dampfer 195, 291
Begrenzung der Start- und
 Ziel-Linie 230, 284
Beiboot 84, 96, 125, 263, 286
Beidrehen 123, 125, 233
Beim Wind s. Am Wind
Beisegel 36, 246, 251
Benetzte Oberfläche 53, 99
Bergen der Segel 61, 76
Berufung 267, 270
Besahn 11, 14, 207
 „ -Mast 26
Bewachsen 225, 226
Bezeichnung d. Fahrwasser
 138
Bindereff 93, 206, 207,
 218, 219
Blinkfeuer 172, 174
Blitzfeuer 172, 174
Böe 78, 82, 83, 122
Boje 76, 77, 84, 85, 88,
 89, 245, 247, 255, 276,
 285, 290
Boje runden 245—250

Boot s. Beiboot
Bootskörper s. Rumpf
Bootsmannsstuhl 18
Bootsunfall s. Unglücksfall
Breitfock 24
Bruch 97, 98
Bug 3
„ -Spreizen 27
„ -Stag 26, 34, 202

Cat Takelage 12
Chikane 242, 252
Cockpit 90, 112, 228

Dauer der Wettfahrt 283
Deckspeilung 163
Deplacement 45, 200, 233
„ -Schwerpunkt 54, 55
Deutsche Gesellschaft zur Rettung Schiffbrüchiger 192
Deutscher Kreuzeryacht-Verband 140
Deutscher Segler-Verband (D.S.V.B.) 264, 267, 273, 274, 292
Deviation 145
Dirk 22, 33, 39, 64, 72, 93, 119, 217
Dirkwage 22
Distanz 150
Draht-Tauwerk 70
Drehfähigkeit s. Manövrierfähigkeit
Drehreff s. Patentreff
Dreimast-Schoner 15
Dreikant-Topsegel 36
Dwarswind 57, 233

Ebbe 100
Eigentumsrecht an Yachten 276
Einholer 65
Einsatz 280
Einsegelung 129, 170
Einzelfahrt 281
Elastizität 201, 203
End-Stabilität 50
Erklärung hinsichtlich Beobachtung d. Wettsegelbestimmungen 282, 283
Ersatzmann 275
Eselshaupt 19

Fachpresse 279
Fahrwasserbezeichnung 138, 276
Fall der Masten 28, 202, 208
Fehlende Kursmarken 282
Feuchtigkeit 20
Feuer s. Leuchtfeuer
Feuerschiff 137
Fernsignal 191
Festfeuer 174
Festkommen 95, 263
Fischerbootstyp 10
Flaches Wasser s. Untiefen
Flackerfeuer 179
Flaggleine 23, 39
Flaggenknopf 20
Flaschenzug 30
Flaute 126, 291
Flieger 11, 36, 39, 65, 74, 221
„ -Fall 32
„ -Hals 32
„ -Niederholer 32
„ -Schot 31
Fluid-Kompass 141
Flut 100
Fock 14
„ -Mast 15
„ -Want 26
Form-Stabilität 45
„ -Schwerpunkt 46-49
Fortbewegungsmittel 263
Freibord 9
Fuss 18, 20, 39
„ -Raa 24, 207

Gaffel 12, 17, 23, 34, 38, 201, 204, 211
Gatchen 22, 41, 93, 212
Gefahren 181
Gesetze des D.S.V. 230
Gestörter Wind 235, 238
Gewichts-Schwerpunkt 46-49, 54, 55
Gewichts-Stabilität 45-50
Gieren 119, 241
Gleit-Draht 213, 215
„ -Schiene, -Schlitten 22, 215, 220
Glockentonne 137, 138
Gloriana 6
Gross-Baum 17, 21, 33, 40, 206, 215
Gross-Mast 15
„ -Schot 31, 64, 206, 208, 211, 220, 240
Gross-Segel 11-14, 35, 36, 72, 204·221

Gross-Stag 26
„ -Topsegel 15
„ -Want 15
Grund-Berührung 94
„ -Probe 164
Gruppenfeuer 174
Gut 24—33

Hafen 128
„ -Feuer 176
„ -Manöver 129
Haftung 268
Hahnepot 152, 206
Halber Wind s. Raumer Wind und Dwarswind
Hals 32, 38, 40, 42, 65
Halsen 79, 81, 119, 246, 247
Hals-Talje 32, 38, 74
Handbetrieb 287
Handicap 275
Hanftau 31, 70, 208
Hanger 33
Haupt-Fahrwasser 139
„ -Spant 5, 46, 228
Havarie 94, 97
Hebelarm 48, 50
Heck 3, 4, 199, 226, 229
Heiss 38, 40
Heissen s. Setzen
Heultonne 137, 138
Herreshoff 6, 27
Höhe 58, 81, 83, 116, 245
Hole-Bug 245
„ -Punkt 222, 223
Hülfeleistung 263
Hülfs-Mittel 134
„ -Motor 113
Hundspünt 41

Instandsetzung 225
International Yacht Racing Union (I. Y. R. U.) 251, 252, 273, 275

Jackstag 22, 41
Jolle 10, 12, 29, 45, 109, 274, 275
Jumpstag 27, 202, 203, 205

Karten s. Seekarten
Keep 22, 23, 42
Kentern 47, 48, 81, 94
Kennung 137, 173, 175
Ketsch 13, 15, 207
Kette 90
Kücken 31, 71, 212

Killen, klappern 78, 211, 219, 223, 224, 238, 246
Klappläufer 26, 32, 33, 208
Klar 254, 259
Klassifikations Zertifikat 268
Klau 23, 28, 38, 219
Klau-Fall 12, 30, 63, 219
Kleid 35, 214
Klippersteven 3, 4
Klubmitglied 288
Klüver 11-13, 33, 35, 36, 221
  „ -Baum 12, 13, 20, 33, 65, 203
Klüver-Fall 30, 204, 223
  „ -Schot 31, 222, 223
Knoten 65, 151
Kompass 141, 245
  „ -Aufstellung 143
  „ -Beleuchtung 143
  „ -Deviation 145
  „ -Kurs 145
  „ -Rose 141, 142, 153, 157
Kompass-Strich 142
Konstruktions-Linie 240
Kopf 38, 40, 221
Kopflastigkeit 199
Kopfschlag 69, 70
Korkweste 95
Krängen 97
Kreuzen (s auch Am Wind) 79, 100, 154, 205, 208, 235, 238, 245
Kreuz-Ballon s. Am Wind-Ballon
Kreuz-Peilung 162
Kupferung 225
Kurs 144
  „ -Aenderung 260, 261
  „ -Hindernis 255, 261
  „ -Kreuzung 260
  „ -Marke 255, 261
  „ -Näherung 260
  „ -Signal 230
Kutter-Takelage 12, 13

Land-Marke 137, 146, 154, 245
Land-Peilung 284
Lateral-Plan 3, 6, 52, 53, 56, 58, 81, 198, 199
Lateral-Schwerpunkt 50-55
  „ -Widerstand 52, 53
Laterne 288
Lattentasche (s. auch Segellatte) 38
Leck 115

Lee 58, 79
  „ -Gierigkeit 53, 55, 198, 199, 204 212
Lee-Start 237
Lee-Weg 58, 59
Leichtwetter-Segel (s. auch Beisegel) 36
Leitwagen 220, 222
Lenzen 123, 124
Leucht-Feuer 171 - 176
  „ -Tonne 137, 138
Lichterführung 177-180 287
Liek (s. auch Achterliek, Oberliek und Vorliek) 23, 37, 38. 40, 65, 68
Log 150-153
Logbuch 168
Löffelbug 3, 4
Los von der Boje 76, 77
Lot 90 163. 263
Lotsenamt 140
Luftkasten 94
Lugger 10
Luv 58, 79, 291
Luven 79, 247, 253, 260
Luvgierigkeit 53-55, 198 204, 212, 218

Malen 225, 226
Manila 29, 31, 69, 208
Mannschaft 110, 228-240, 245, 249
Mannschaft-Beschränkung 288
Mannschaft-Veränderung 288
Mann über Bord s. Unglücksfall
Manöver 83, 245, 249
Manövrier-Fähigkeit 4, 62, 85, 87, 110. 246, 248, 252
Mantel 26
Marlschlag 42
Mast 10-13, 18, 201
  „ -Bruch 97, 98
  „ -Kalb 18
  „ -Keil 18
  „ -Kragen 18
  „ -Loch 18
  „ -Ring 69, 220
  „ -Spur 18, 203
  „ -Stellung 56, 201-204
  „ -Top 13, 204
Meldeschluss 278, 279
Meldung 277, 279
Meereskunde 108
Mercator-Projektion 136
Messbrief, Zwang 276

Metazentrum 48
Mischfeuer 174
Massweisung 145
Mittelschwert 6
Modellschiffchen 237, 291
Modernes Heck 5
Molenfeuer 176
Mündliche Instruktion 283, 284, 290

Nachrichten für Seefahrer 140
Nachträgliche Proteste 269
Nachtsegeln 169
Napier'sches Diagramm 149
Nationale Klassen 274, 275, 286
Navigation 108, 133, 153
Nebel 164
  „ -Horn 284, 289
Nebenfahrwasser 140
Neigungswinkel 177, 178 240
Niederholer 74, 75
Nock 18, 65, 207, 213, 215, 229
Notsignal 191
Nullspant s. Hauptspant
Nummern-Tücher 225, 227
Nut s. Keep

Oberflächen-Reibung 53 54, 225
Oberliek (s. auch Liek) 37, 212 213
Ortsbestimmung auf See 155—165

Parallel-Lineal 153
Patent-Reff 21, 40, 207, 218, 219
Peil-Boje 284
  „ -Kompass 147
  „ -Lineal 156—158
  „ -Scheibe 147
Peilung 137, 146 156-165, 176, 289
Persenning 63, 125
Pfahlmast 13
Piek 28, 38, 203
  „ -Fall 12, 28, 30, 63, 204, 206, 217, 219
Positions-Laternen s. Seitenlicht
Preis, Preisverteilung 195, 264, 274, 278, 280, 281 283, 291

Pricke 138
Probeschlag 231
Programm 230, 274, 278, 283, 290
Protest 265–272, 283
„ -Flagge 268, 290
„ -Geld 268, 269
„ -Kosten 271
„ -Urkunde 270
„ -Zurücknahme 268, 291

Querschlag 238, 246

Raa 24, 207
„ -Topsegel 24, 207
Raketen-Apparat 192
Raum geben 233, 236, 256, 257, 261
Raumer Wind 57, 58, 118, 119, 199, 202, 205, 239, 241, 245, 247, 260
Reffen 21, 22. 40. 83, 91, 92, 121, 206, 216, 217, 219
Reff-Kausch 37
„ -Leine 37, 39, 218, 220, 223
Reff-Vorrichtung 21, 216
Regulier-Leine 37, 39, 218, 220, 223
Reibung 53, 141, 199
Reihleine 69, 93, 210, 220, 223
Reiseziel s. Ziel
Rennflagge 225, 227, 285,
Reserve-Deplacement 45
„ -Höhe 246
Rettung 83—88 191—194
Rettungs-Ring 95, 287
Richter 264, 274, 283
Richtfeuer 172, 176
Rollbewegung 115, 223
Rollfock 43
Ruder 7, 9, 14, 78, 79, 98, 116, 241
Ruder-Druck 199, 241
„ -Legen 258
„ -Winkel 240
„ -Führung 288
Rückruf 259, 283—285, 289, 290
Rückschlag 222
Rumpf 2-7, 98, 201, 264

Saling 18, 201
Schäkel 64
Scheinbarer Wind 60, 61

Schiedsrichter 275, 280, 283, 284, 290
Schiedsrichter-Boot 284, 290
Schiffsort 158
Schlagen s. klappern, killen
Schlingern 115
Schlossholz 19
Schluss der Wettfahrt 264, 283
Schoner 13, 15, 207
Schot 28, 31, 65
„ -Block 22, 220
„ -Horn 22, 38, 40, 42, 65
„ -Raa 24
„ -Ring 22, 219
Schwerpunkt 44
Schwertboot 6, 50, 59, 81, 82, 95, 112, 286, 287
Schwimm Fähigkeit 45, 94, 112
Schwimm-Lage 197—199, 229, 240, 242
Sektor 172, 175
Seefähigkeit, Seetüchtigkeit 9, 95, 111
Seegang 114, 126
Seekarten 134, 135, 231
Seemannschaft 127
Seesegeln 107
Seestrassenrecht 177, 252, 253, 258
Seezeichen 137
Segel 34, 43, 50. 51
„ -Fläche 200, 222
„ -Führung 115, 116. 122, 171, 231, 234, 241
„ -Handbuch 134, 140
„ -Latten 39, 210, 211, 219, 221
„ -Nummer (s. Unterscheidungs-Nummer)
Segel-Revier 231
„ -Schnitt 209 - 224
„ -Schwerpunkt 12, 34, 50—55, 198, 202
„ -Setzen 61—76, 230, 287
„ -Stellung 60, 78—80
„ -Theorie 56, 115
Seitenlicht 178
Sloop 12, 62
Sonderklasse 198, 205, 212, 274, 275, 286
Sorgleine 33, 89
Spiegel 4
Spiere 17, 290
Spierentonne 139
Spinnaker 21, 23, 26, 36, 44, 75, 223, 224, 235, 246, 248

Spinnaker-Achterholen (-Achterbrass) 32
Spinnaker-Ausholer 32
Spinnaker-Baum 17, 21, 23, 32, 33, 224, 235
Spinnaker-Hals 23
„ -Schot 31, 224
„ -Topnant 32
„ -Vorholer (Vorbrass) 32
Spitzgatt 4
Sprung 9
Stabilität 6, 9, 44, 47, 48, 200, 205, 208, 209, 229
Stag 25, 26
„ -Reiter 32, 39, 65, 69, 74, 202
Stag-Segel 13, 36, 39, 207, 221
Stag-Segelschot 31, 222
Stahl-Liek 38, 217
Stahl-Fall 30, 208
Staken 23, 89
Stampfen 115, 203
Stampfstock 26
Standlinie 158
Start 232—237, 284, 288, 289
Start Ball 289
Start-Boot, -Dampfer 255, 284
Starter 274, 275, 283, 290
Start-Linie 283—285, 289
„ -Mast 288, 289
„ -Schluss, -Signal 230, 276
Steckbolzen 41, 93
Steine 137
Stenge 13, 19, 32, 203
„ -Backstag 26
„ -Vorstag 13, 26
„ -Want 26
„ -Windereep 20, 32
„ -Top 20
Steuerbord 58, 64
Steuerbord-Halsen 260
Steuerfähigkeit (s. Manövrierfähigkeit)
Steuermann 230, 241
Steuerstrich 143, 153
Stimmenbemessung 275
Stoppersteek 41
Stopp-Uhr 153, 175, 232, 236, 289
Strafbestimmungen 267, 271
Stranden (s. Festkommen)
Streckbug 245
Strecken 30, 67, 68, 208
Streichen 17, 20

Strom 99, 100, 131, 134, 155, 234, 245
Strom-Zeichen 102
Sturm-Segel 36, 43
Sturm-Warnung 185 – 190

Takel 26
Takelage 16, 115
Takelung 2, 10, 201
Taktik 231, 233, 238 - 244
Talje 22, 26, 32, 33, 43, 68, 208
Tauwerk 29, 30,
Technik des Reisens 109—111
Theorie 56, 230, 250
Top 18, 203, 204
Top-Nant 32, 33, 76
Top-Raa 17, 24
Top-Segel 11, 13, 24, 34, 35, 36, 65, 74, 207
Top-Segel-Schot 31, 207
Top-Segel-Schot-Raa 17
Top-Want 25, 201
Top-Zeichen 139
Treibanker 123, 124
Trimm, trimmen 198, 287
Trimmlage s. Schwimmlage
Tripleine 34, 207
Trockenkompass 141
Trysegel 36, 43, 119, 211

Ueberbordfallen 68
Ueberhang 199
Ueberholen 177, 253, 254, 259
Ueberlappung 233, 247, 254, 255, 258, 259, 261
Ueberstaggehn s. Wenden
Umkehrende Yachten 255, 259

Unglücksfall 83-88, 94, 181, 263
Ungültiges Rennen 264
Unkenterbar 112
Unterbrochenes Feuer 174
Unions-Wettfahrt 274, 284
Unterliek 37, 39, 206, 213-216, 221
Unterscheidungs-Nummern 225, 227, 279, 285, 286
Untersegel 35, 66
Unterwant 25, 201
Untiefen 102, 138, 199, 241, 255

Verbands-Wettfahrt 274, 284
Verdunkelung 173, 175
Vereins-Leitung 273
„ -Wettfahrt 275
Vermessung 199
Veröffentlichung 274
Verschiebung der Wettfahrt 279, 280
Vertonung 137
Vierkant-Topsegel 24, 36
Vierstrich-Peilung 159
Voll und bei 255
Vorbereitungs-Schuss 252, 288
Vor dem Wind 57, 118, 202, 235, 236, 240, 246, 249, 251
Vorheissen 66
Vorholer s. Ausholer
Vorliek 32, 39, 219-221
Vorschiff 166, 226, 240
Vorsegel 12, 13, 39, 43, 65, 202, 224
Vorsegel-Fall 65, 94
„ -Schot 24, 31, 94, 222, 223
Vorstag 13, 14, 25, 202
Vorsteven 3
Vortopsegel 15

Wache 171
Wanderring 33, 65
Wanten 25, 201
Wasserstag 26, 34
Wasserverdrängung s. Deplacement
Wasserwiderstand 59, 198
Wechselfeuer 174
Wegerecht s. Ausweicheregeln u. Seestrassenrecht
Wendemarke s. Boje
Wenden 79, 80, 100, 101, 119, 245, 255, 260
Wetterkunde 108, 111; 122, 184, 243, 244
Wettfahrt-Ausschuss 274, 279, 281, 282
Wettfahrt-Bericht 292
„ -Bestimmungen 230, 251, 265, 266, 273
Wettfahrt-Ergebnis 274, 285, 292
Wettfahrt-Leitung 265, 291
„ -Signal 280
Wiederholtes Passieren 264, 284
Wiederholtes Rennen 264, 281
Wiederkehr der Blinke 173, 174
Wind 58, 59, 190, 243, 244
Wohnlichkeit 10
Wolkenform 122
Wrack 139

Yawl-Takelage 13, 14, 207

Zeising 65, 72, 130
Zeitvergütung 276
Ziel der Reise 109 - 111
Ziellinie 283-285, 289, 290
Zielrichter 275, 283
Zurring 213, 215, 221
Zuruf 258, 283 - 285, 290
Zusammenlegung 277
Zusammenstoss 259, 263, 268

Bezugsquellen-Register

Inseraten-Anhang Seite

Boots- und Yachtwerften:

C. Bühnemann, Friedrichshagen XI
Alb. Buller, Spandau-Rust XII
Elka-Werft, Werder a. d. H. (Zernsee) VI
Yachtwerft C. Engelbrecht, Inh.: Fritz Naglo, Zeuthen . . XIV
Gebr. Fuhlendorff, Hamburg, Gertigstr. 10 u. 20 VIII
W. von Hacht, Hamburg 22, Weidestr. 140 VII
Havelwerft, vorm. Hoffmann & Co., G. m. b. H., Potsdam . . VI
H. Heidtmann, Hamburg 21 I
E. Kluge, Hofl., Sacrow b. Potsdam X
C. Sonnenschmidt, Wendenschloss-Köpenick und Spandau-Tiefwerder XI
Wilh. Tschuske, Friedrichshagen, Seestr. 8 VIII

Motorboote:

C. Bühnemann, Friedrichshagen XI
Alb. Buller, Spandau-Rust XII
Elka-Werft, Werder a. d. H. (Zernsee) VI
Yachtwerft C. Engelbrecht, Inh.: Fritz Naglo, Zeuthen . . XIV
W. von Hacht, Hamburg 22, Weidestr. 140 VII
Havelwerft, vorm Hoffmann & Co., G. m. b. H., Potsdam . . VI
H. Heidtmann, Hamburg 21 I
E. Kluge, Hofl., Sacrow b. Potsdam X
C. Sonnenschmidt, Wendenschloss b. Köpenick u. Spandau-Tiefwerder XI
Wilh. Tschuske, Friedrichshagen, Seestr. 8 VIII

Bootsmotoren:

Daimler Motoren-Gesellschaft, Berlin-Marienfelde XV
Evinrude-Aussenbord-Motor: Melchior, Armstrong & Dessau, Berlin S.W. 68, Friedrichstr. 204 IX

Konstruktion von Booten:

Walther Duwe, Spandau, Pichelsdorferstr. 96 X
Yachtwerft C. Engelbrecht, Inh.: Fritz Naglo, Zeuthen . . XIV
Gebr. Fuhlendorff, Hamburg, Gertigstr. 10 u. 20 VIII
W. von Hacht, Hamburg 22, Weidestr. 140 VII
Havelwerft, vorm. Hoffmann & Co., G. m. b. H., Potsdam . . VI
H. Heidtmann, Hamburg 21 I
Schiffbau-Diplom-Ing. A. Neesen, Bremen, Contrescarpe 26 . XI
Civil-Ing. R. G. Schreiber, Hamburg, Börsenbrücke 2a . . . VII

Inseraten-Anhang
Seite

Segelmachereien:

E. Breitsprecher, Pichelsdorf-Spandau X
G. A. Bruer, Hamburg, Hopfensack 11 X
Wilh. Mählitz, Pichelsdorf-Spandau XI
G. Nehls, Berlin, Engel-Ufer 1 b XII
G. Rach, Berlin O., Langestr. 62 XII

Bootslack:

„VALSPAR", J. Rose & Co., Amsterdam, Generalvertreter: Hans
    Harder, Wannsee, Waltharistr. 34 IX

Bootszubehör:

R. Sievers, Hamburg 9, Vorsetzen 25/27 VIII
Max Schindler, Berlin SO. 26, Oranienstr. 24 XI
Ernst Weigand, Berlin SO., Köpenickerstr. 118 XII

Bordschuhe:

Deutsche Gummischuh-Vertriebsgesellschaft m. b. H., Ber-
    lin NO. 43 IV
Emil Jacoby, Sport-Abtl., Berlin W. 8, Friedrichstr. 70 (Herzecke) IV

Vereinsabzeichen:

Max Küst, Berlin SW. 19, Niederwallstr. 32 XII

Vermittlung von Yachten etc.:

Internationale Yacht- und Motorboots-Agentur Max
    Krüger, Berlin SW. 48, Wilhelmstr. 36 IX
R. G. Schreiber, Hamburg, Börsenbrücke 2a VII
Yacht-Agentur und Motorboots-Centrale Paul Roske,
    Berlin S., Oranienstr. 58a III

Amateur-Bootsbau:

Arthur Tiller, Hamburg 21 VIII

Literatur:

Verlag Dr. Wedekind & Co. G. m. b. H., Berlin S. 14 II
    IV, VI, VIII, XIII.